扣好人生第一粒扣子

山东省高校辅导员
优秀工作案例选编(2020)

高校思想政治工作队伍培训研修中心(山东大学)
山东省高等学校学生教育与管理研究会 编

山东大学出版社
SHANDONG UNIVERSITY PRESS
·济南·

图书在版编目(CIP)数据

扣好人生第一粒扣子：山东省高校辅导员优秀工作案例选编.2020/高校思想政治工作队伍培训研修中心(山东大学)，山东省高等学校学生教育与管理研究会编.—济南：山东大学出版社，2023.3

ISBN 978-7-5607-7805-1

Ⅰ.①扣… Ⅱ.①高… ②山… Ⅲ.①高等学校—辅导员—工作—案例—汇编—山东—2020 Ⅳ.①G645.18

中国版本图书馆 CIP 数据核字(2023)第 038607 号

责任编辑 张韶明
封面设计 王秋忆

扣好人生第一粒扣子：山东省高校辅导员优秀工作案例选编.2020
KOUHAO RENSHENG DI-YILI KOUZI: SHANDONGSHENG GAOXIAO FUDAOYUAN YOUXIU GONGZUO ANLI XUANBIAN.2020

出版发行 山东大学出版社
社　　址 山东省济南市山大南路 20 号
邮政编码 250100
发行热线 (0531)88363008
经　　销 新华书店
印　　刷 东港股份有限公司
规　　格 787 毫米×1092 毫米 1/16
　　　　 32 印张 591 千字
版　　次 2022 年 3 月第 1 版
印　　次 2022 年 3 月第 1 次印刷
定　　价 110.00 元

本书编委会

前　言

为深入学习贯彻习近平新时代中国特色社会主义思想，全面贯彻落实全国、全省教育大会和高校思想政治工作会议精神，切实加强我省高校辅导员队伍专业化、职业化建设，中共山东省委教育工作委员会组织开展了全省高校辅导员 2020 年度优秀工作案例推荐评选活动。在各高校选拔推荐的基础上，经专家评审、网上公示等环节，评选出 40 个一等奖、63 个二等奖和 83 个三等奖案例。我们将这些优秀案例结集出版，既是对获奖的高校辅导员表示祝贺，也是希望他们再接再厉，自觉更新教育理念，主动研究当前面临的新矛盾、新问题，积极探索新时代大学生思想政治工作的新模式、新方法，着力提高育人能力，不断提升工作质量，为培养德智体美劳全面发展的社会主义建设者和接班人作出更大的贡献。

同时，也希望全省高校广大辅导员坚持以习近平新时代中国特色社会主义思想为指导，"不忘初心，牢记使命"，注重总结经验，加强工作研究，锤炼过硬本领，提高综合素养，真正成为先进思想文化的传播者、党执政的坚定支持者、学生健康成长的指导者和引路人，努力培养担当民族复兴大任的时代新人。

本书编委会

2022 年 11 月

目　录

育苗培贤，立心铸魂
记“青苗班”学生骨干训练营

山东大学东北亚学院　丁玲　陈昕

学生骨干队伍的培养，是高校培养拔尖人才的有效途径，也为在更大范围内开展大学生思想政治教育与管理工作提供了抓手。山东大学东北亚学院依托“青苗班”学生骨干训练营，形成为期两年的学生骨干群体成长全程化的培养模式，为高校学生骨干队伍建设提供新路径。

一、案例基本情况

学生骨干群体作为大学生群体中的佼佼者，在学生自我教育、自我管理、自我服务方面发挥着重要作用。但随着“00后”大学生进入高校，高校学生群体呈出现新的特点和形势，学生骨干群体培养工作也面临新的挑战。

(一)重工作实际，缺少思想引领

以往学院在学生骨干发挥作用的工作中，多注重实际工作任务的布置和完成，缺少对学生骨干思想引领和培育。特别是在新时期，大学生的学习生活与新媒体密不可分。学生骨干基本的辨别力和正确的思想方向关乎“立德树人”根本任务，也容易影响更大范围的同学。

(二)重激励引导，缺少过程培养

学院以往在学生骨干培养过程中通过以表彰奖励等方式来激励引导，没能帮助学生骨干厘清成长路线，缺乏大学生长远目标导向，这些会使学生骨干出现成长迷茫的现象。此外，学生骨干由于学生工作事务较多，容易出现学习成绩不良的情况，影响长远发展。

(三)重工作布置，缺乏体系化培养

目前学院对学生骨干的任用和培养主要依托相应的工作岗位，授以相应的工作任务进行培养锻炼。岗位换届等情况致使培养工作不能连续，使学生骨干成长路线出现“断点”，导致学生骨干能力提升的效果不尽如人意。

二、组织实施过程

“青苗班”学生骨干训练营启动于2019年，面向大一班团学生干部、学生会成员、社团组织成员进行招募，培养周期为两年，以“助力学生骨干成长成才”的一个核心理念，利用线上线下两个载体，在道（强化思想引领、理论学习、课题研究，提升服务意识及理想信念教育）、学（强化创新意识、团体辅导及领导力课程，提升创新思维）、术（提升综合技能，强化实践能力，提升协作力、执行力）三方面助力骨干成长。

（一）道——加强思想引领，筑牢信仰基石

加强学生骨干理想信念教育，通过邀请理论专家、优秀学生干部代表、骨干教师等进行专题讲座报告，提高学生干部队伍的思想认识，提高学生骨干的理论素养和辨析能力，引导学生骨干对学生干部身份有正确认识。同时借助“学习强国”“青年大学习”等途径，引导学生骨干自发开展理论学习研究活动，参与习近平新时代中国特色社会主义思想“青苗班”专项科研课题研究。

利用寒暑假开展“青苗班”寒假专项社会实践及暑期专项实践活动，邀请学院专业教师担任社会实践指导老师，主要开展党的理论学习研讨、社会热点调研、社会志愿活动。

（二）学——培育创新意识，训练成长思维

在训练营建立之初，开展“积极成长”主题团体辅导，帮助团队成员适应大学生活，正确合理面对大学生活困扰，引导成员树立适合的大学生涯目标。在训练营培养中后期，进行沟通、情绪管理、压力缓解、时间管理等内容团体辅导，帮助学生骨干梳理实际工作中存在的困惑，并借助团队力量引导学生骨干增进了解、拓宽解决问题的思路和方法。

为帮助学生骨干加强人文社科、专业知识等方面的学习，养成良好的学习习惯，在训练营培养期间，组织学生骨干进行学习习惯养成打卡，具体内容见表1。

表1　学习习惯养成内容表

	项目	解释
学习习惯养成	专业学习	每日朗读韩/日文，在打卡群发朗读音频，或每日背韩/日单词50个；阅读国际或国内新闻，并选一篇新闻内容撰写50～100字评述。
	英语学习	利用英语单词App（“百词斩”“知米背单词”等）或者英语单词书，每天至少学习50个单词。
	阅读	每日阅读至少10页课外读物（建议联系读1本书），并撰写50～100字感悟。

发挥学生骨干"传、帮、带"的作用,引导学生骨干及时总结反思。学生骨干训练营组织了"优干小课堂"经验分享会、"红旗伴我行"线下团组织交流会等研讨活动,引导学生骨干结合自身工作梳理工作困惑和工作思考,积极在研讨会上做报告发言。

(三)术——提升工作技能,锤炼扎实作风

围绕学生干部工作内容,邀请工作突出、经验丰富的学团工作一线师生进行新闻宣传技能、新媒体技能、办公软件处理技能、公文处理技能等通识技能培训。

引导训练营成员在实际工作中主动提升组织策划能力,指导训练营学员每学期作为主要组织者组织主题团日活动、心理班会、学业帮扶交流活动及各项学生会活动,在策划撰写、组织协调、现场筹备等方面进行指导。

提升表达能力。举行网络朗读亭活动,鼓励学生骨干们每日朗读一篇"学习强国"平台或《人民日报》评论文章并发布在公共平台,提高学生的政治敏感度和分析表达能力,下设点评区供学生提出改进意见。开展"争先创优"述职演练,采取中期/定期答辩模式进行工作汇报,让学生骨干们适应答辩情境,锻炼心理素质;过程中应注重收集创新型表现形式的新想法,为学院学生组织工作提供思路。组织辩论赛,从社会热点、学生工作等各方面内容中选取辩题;在辩论中真正输出有实质性内容的思考,培养学生的逻辑思辨能力,引导学生全面思考。

培养写作能力。开展网络办公技能培训,指导学生骨干规范进行文件命名、策划案撰写、通讯与公文写作等相关工作,并建立优质文档库,积累学习素材。开展"走一波关注"活动,引导训练营学员积极贯彻学联精神,主动关注学校官网新闻和学团工作、"青年在线"等模块,紧跟学校发展动向。同时,学员需关注至少 5 个其他一流高校的学生会微信公众号,多探索多学习,定期交流学习心得。

三、工作成效

目前"青苗班"学生骨干训练营启动两年有余,已面向 2019 级和 2020 级学生骨干成功组织两期训练营活动,累计受众近百人。在两期培养中,学员的工作理念、团队精神、综合技能有了较大提高,对学生骨干队伍及学生工作均带来了提升,成效显著。

(一)促进学员个体成长

参与第一期"青苗班"学生骨干训练营学员有超过九成在一年后选择继续担任学生干部,并有近四成的成员在院级及以上学生组织担任主要学生干部,学院学生骨干成员连续两年获评"山东省优秀学生干部"。

学员的思想政治素养得到提升。两期“青苗班”学员入党申请的提交率远高于普通班级，同时参加寒暑假社会实践活动，开展理论学习宣讲活动，一支宣讲团成果获评社会实践优秀结题立项。

学员自身专业素养和学习能力得到提高。通过学涯目标树立、时间管理等团体辅导活动，帮助学员进一步明晰学涯规划，并借助学习习惯打卡、专业领域前沿讲座等活动，增强了学员在专业学习中的自觉性和积极性。

学员综合能力得到提升。通过工作技能培训、综合素养提升活动为学员提供了能力学习和提升的平台，以赛促学，在学员中形成了创先争优的意识，促进综合能力全面提升。

（二）带动学生骨干群体的成长

参与青苗班成长训练营的学生骨干以点带面，在日常班团工作中、学生组织工作中发挥了较好的辐射和带动作用，为其他学生骨干群体树立了榜样和模范。同时，将技能培训、能力提升活动延展到学生组织，使更多学生骨干从中收益。学院一班级获“山东省优秀班集体”，一学生社团组织连续两年被评定为星级社团，学院学生会在校区学生会评比中获总排名第三的成绩，实现历史性突破。

（三）有效带动学生工作整体进步

青苗班学生骨干训练营启动以来，加强了学生骨干与学院学生工作队伍的联系和了解，也促进了师生间信息沟通。同时，训练营学员充分发挥了自我管理、自我服务的作用，特别是疫情期间骨干成员主动担任疫情防控网格员，起到了管理和沟通广大学生群体的作用，使网格化管理落实落细。此外，两期训练营成员还自发组织了理论学习宣讲团，面向学生群体开展党的理论学习宣讲活动，通过学生群体喜闻乐见的方式将理论学习深入人心。

青苗班学生骨干训练营的实施，凸显了学生骨干群体的功能，发挥了学生骨干选育、培养的导向作用，进一步提升学生培养和教育成效。

获奖者简介

丁玲，女，汉族，硕士研究生学历，讲师，从事学生工作时间 7 年。主要担任本科生辅导员，负责学院学生骨干队伍建设、学生会、评奖评优工作及心理健康工作，任学校兼职心理咨询师。研究方向为思想政治教育。曾获山东高校辅导员优秀工作案例一等奖、山东高校辅导员工作论坛优秀论文二等奖、山东省大中专学生志愿者暑期“三下乡”社会实践活动优秀指导教师、山东大学（威海）优秀辅导员、山东大学优秀团干部、山东大学在线直播教学比赛三等奖。

获奖感言

学生骨干是大学生群体中的一支重要力量，学生骨干的培养和引导是辅导员工作中的重要一环。“青苗班”学生骨干成长训练营围绕强化思想引领、训练成长思维、锤炼工作作风等方面开展培养教育活动，以点带面推动学生群体素养提升。此次将工作中的所做、所思、所感凝练成工作案例，以期望可以对辅导员开展骨干培养工作带来些许帮助，为我省高校思想政治工作贡献绵薄之力。

将“四史”教育融入校园文化活动

——以中国海洋大学“我与祖国共奋进”研究生党员教育活动十年创新发展为例

中国海洋大学化学化工学院　李新　迟瑞娟　李思潼

青年一代的理想信念、精神状态、综合素质如何，关乎党和国家事业能否薪火相传、后继有人。丰富多彩的校园文化活动是学校课堂教育的延伸和补充，是思想政治教育的有效途径和手段。如何通过大学生喜爱的校园文化活动，把“四史”教育的内容潜移默化地渗透到学生的思想中去，从而收到“春风化雨，润物无声”的效果，是高校思想政治教育工作者值得思考的课题。

一、案例基本情况

2011 年 5 月，为纪念中国共产党成立 90 周年，由中国海洋大学党委研究生工作部主办、化学化工学院党委承办的“我与祖国共奋进”全校研究生党员教育活动正式启动，旨在引领广大研究生“忆党史 · 强党性 · 铭党恩”。历经十年守正创新，本活动已由最初的三个版块，发展成以“四史”学习为主要内容，以“四史”知识竞赛为核心，以实践参观、支部风采展示为特色，以主题征文、演讲比赛、学习讲座为传统的六大活动版块。活动开展形式从线下面对面，拓展为线上线下多媒体、多角度融合呈现；参与人次从最初的 400 余人次增加至每年的 3000 余人次。

如今，“我与祖国共奋进”研究生党员教育活动作为开展大学生“四史”教育的标志性校园文化活动，逐渐成为将思想政治教育做到网络时代大学生心坎上的有效途径。

二、组织实施路径

近年来，化学化工学院党委在学校党委部门的指导下，针对大学生思想实际，适应网络时代发展，加强组织协同和机制保障，在“四个度”上持续发力，打造推进“四史”教育的校园文化活动品牌。

（一）加强组织保障，推进"四史"教育有力度

学校将"我与祖国共奋进"研究生党员教育活动列入"修身立德·行稳致远"研究生素养提升计划，由学生工作部门负责组织立项、过程监督和总结验收，并给予专项经费支持和组织协同保障，近年来每年划拨活动经费5万余元。承办活动的学院党委成立活动组织工作小组，由党委副书记、党建辅导员和学生党支部书记、支部委员、研究生兼职辅导员、理论研究会社团成员等师生党员骨干组成。每届活动得到校党委组织部、宣传部、学工部等多部门协同指导，受到马克思主义学院等20个院系党委的大力支持，各院系学生党支部组织广大研究生积极参与。这都为活动的持续创新开展提供了队伍机制保证。

（二）丰富主题内涵，推进"四史"教育有深度

系列活动始终坚守"四史"教育的初心和使命，精心确定活动主题，并将国际国内时政、校史校情等内容也融入学习教育范畴。我们陪伴广大学子共同庆祝党的十八大和十九大顺利召开，迎接新中国成立70周年与中国海洋大学建校90周年，经历全国奋战抗击疫情……老校长施正铿先生动情讲述海大故事，中国甲午战争博物馆的沉重历史，郭永怀先生舍身为国的光荣事迹，白衣天使们的逆行出征等，都是教育活动中润物细无声的情感传递。不仅强化了学生党员的身份认同，更加厚植了学生的家国情怀和爱校荣校情感，促进"四史"学习入脑入心。

（三）依托载体创新，推进"四史"教育有热度

顺应网络时代学生特点，把握网络思政教育阵地，运用微信平台、手机小程序、网站等，逐步嵌入"微"视频、"微"党课、"云"答题等"微时代"手段。集合网络答题、视频展示、海报宣传、现场讲座和知识竞赛等多种媒体的展现形式皆受到大学生的喜爱。2019年，我们协调多个部门组织全校200余名研究生党员、积极分子同唱并录制《我爱你中国》MV，献礼新中国成立70周年。视频在"中国海大研究生"官微发布，受到校内外师生和校友的广泛关注。2020年，围绕"抗击疫情，爱国力行"的主题，网上答题活动吸引了3000多人参加，全校43个研究生党支部提交"党员为抗疫做贡献""讲述身边的抗疫故事"等网络展示作品，活动参与人数创历史新高，切实增强了"四史"教育的辐射力与感染力。

（四）强化学思践悟，推进"四史"教育有效度

习近平总书记在党史学习教育动员大会上的讲话中强调："要做到学史明理、学史增信、学史崇德、学史力行，教育引导全党同志学党史、悟思想、办实事、开新局。"研究生党员教育活动引导广大学生在学"四史"中加深思考，在实践中深刻领悟。通过网络答题、知识竞赛促进学生学懂弄通党的创新理论，特别是加深对习近平新时代中国特色社会主义思想的学习理解。同时，组织开展"红色行""乡村行""企业行"等社会实践活动，通过参观沂蒙老区、郭永怀事迹陈列馆等革命教育基地，传承红色基因和“两弹一星”精神；通过走访调研农村、企业，紧密结合自己所学专业，为助力乡村振兴和服务地方经济发展贡献力量。

三、工作成效

（一）培根铸魂，提升研究生党支部凝聚力、战斗力

党性教育是共产党人修身养性的必修课。“我与祖国共奋进”研究生党员教育活动根据每年党中央在全党开展的学习教育活动来确定主题，将党史、新中国史、改革开放史、社会主义发展史内容纳入学习教育范畴，依托各学院党委引导各研究生党支部以集体或个人名义参加。很多党支部将教育活动与支部“主题党日”、组织生活相结合互促进，激发了研究生党支部的活力，增强了凝聚力和战斗力。学生党支部“纪念长征胜利 80 周年”主题党课在全国高校“两学一做”支部风采展示活动中获评微党课特色作品。

（二）以文化人，吸引广大团员青年积极向党组织靠拢

“上下同欲者胜。”奋进十年路，研究生党员教育活动紧跟时代主题，创新形式内容，拓展活动内涵，吸引全校广大研究生党支部、党员、入党积极分子积极参与。党员教育活动充分发挥好了“指南针”作用，指引入党积极分子和团员青年学党史、知党情、跟党走。党员教育活动努力汇聚“吸铁石”能量，吸引广大团员青年积极向党组织靠拢，三年来学院研究生入党比例提高 22 个百分点，高知群体党员比例也逐年上升。

（三）以点带面，创新大学生思想政治教育途径载体

创新十年路。研究生党员教育活动努力构建多媒体、多层次、多渠道的党员常态化学习教育载体，提升思想政治教育的针对性、时效性。近两年活动相关推送、视频点击率和网络答题参与人数超过 6000 人。活动逐渐面向本科生党员、党支部、全体入党积极分子、入党申请人开放，覆盖面更广，已累计教育影响数万名大学生。教育活动多次被校内媒体报道，活动十年回顾总结《十年磨一剑，打造学生喜爱的党建品牌》在《中国海洋大学报》刊登。

（四）立德树人，培养出一批优秀党员典型和先进群体

淬火炼真金，重任励英才。学院每一名研究生党支部书记都经历过组织教育活动的磨炼，学校很多学生党员也从教育活动中受益匪浅。2018 级海洋化学硕士党支部书记徐丽曾组织学生拍摄《我爱你中国》，这段经历激励她直博后继续担任党支部书记并被评为校级优秀共产党员。2015 级化学博士党支部书记李磊经过六届党员教育活动历练，毕业后积极到基层就业，现成为山东省海阳市带货助农的“网红”副市长。曾参加过“乡村行”“企业行”活动的研究生党员组成的 3 个研究生博士团荣获山东省大中专学生志愿者暑期“三下乡”社会实践活动优秀服务队。

获奖者简介

李新，女，汉族。硕士研究生学历，副教授。先后从事学生工作 7 年，现任中国海洋大学化学化工学院党委副书记、副院长。2019 年被评为中国海洋大学优秀党务工作者，2020 年获评山东省学生心理健康节暖心战“疫”优秀成长辅导案例，2021 年论文入选山东高校辅导员工作论坛获奖征文。曾获评中国海洋大学优秀辅导员、中国海洋大学抗击新冠肺炎疫情工作先进个人、山东高校优秀辅导员等荣誉称号。

获奖感言

中国海洋大学“我与祖国共奋进”研究生党员教育活动由化学化工学院党委于 2011 年创办，历经十一年创新发展，已成为学校开展大学生“四史”教育的标志性校园文化活动。2021 年，该活动版块之一的“奋斗百年路　启航新征程”全校学生党史知识竞赛，得到教育部党史学习教育第八巡回指导组的观摩和肯定。我们总结经验撰写的工作案例获得山东高校辅导员优秀工作案例一等奖，这是对“我与祖国共奋进”研究生党员教育活动的鼓励，也是对中国海大人坚持不懈、守正创新精神的肯定。

深入学生“主场”，攻坚困难“阵地”

——以“我请导员来做客”为例

中国石油大学(华东)理学院　高旭

宿舍是大学生活的“第一社会”、离家在外的“第二家庭”、学习知识的“第三课堂”,也是学生最能表露真实自我的地方。积极和谐的宿舍氛围能够滋养学生的成长,反之,一旦宿舍风气出现偏差,往往导致整个宿舍学生的成长出现偏差。尤其对于大学新生,面对新环境的各项挑战更喜欢“抱团取暖”,由个人的适应不良可能发展为整个宿舍的“不思进取”。因此,辅导员在宿舍工作中不能仅仅停留在检查卫生、晚点名等管理约束职能,更需要深入学生“主场”,做大学生的知心朋友,发掘宿舍具有的“陶冶”“导向”“同化”等育人功能,营造优良的舍风学风。

一、谋定后动,知己知彼有胜算

在办公室或教室与学生约谈,大多数学生表现拘谨,热情较低,虽有回应但基本是“嗯嗯啊啊”,谈话都很难做到,何来谈心？相对于教室和其他公共场所而言,学生在宿舍更为自由和放松。学生宿舍是学生日常活动的汇聚地,思想、信息的碰撞场,许多深层的思想问题往往在宿舍更容易显露,宿舍里的交流也就更具有真实性。所以,我主动转移谈话阵地,进入学生“主场”,在2020级81个学生宿舍开展“我请导员来做客”宿舍谈心活动。

本次活动由辅导员担任嘉宾和主持人,计划实行时间为两个学期,拉长“战线”,注重谈话质量。以问题为导向进入宿舍,不但观察了解存在心理、欠学分等问题的学生,而且发现问题学生存在问题的根源,进而通过“春风化雨、润物无声”的思想政治教育工作,找到解决问题的钥匙。

如某男生宿舍,成员六人(A,B,C,D,E,F)。该宿舍大一上学期期末考试挂科总门次达到9门,宿舍学习成绩整体较差。与此同时,新生心理测评显示,该宿舍一级心理问题学生2名,二级心理问题学生2名。宿舍成员对年级的早操(读)、晚自习等制度比较抗拒,曾两次集体旷操。由此,我判断该宿舍风气出现了严重问题。

全方位梳理该宿舍所有同学的信息和表现。我制作了该宿舍第一学期个人综合表现指标一览表(见表1、表2)。

表1 该宿舍第一学期个人综合表现指标一览表

姓名	绩点/专业名次	挂科门数	早操(读)未出勤次数	旷课学时数	违纪受通报批评次数	心理问题等级	备注
A	91.4/3	0	2	0	0	无	班级人数28人,专业人数56人
B	78.0/38	1	2	2	0	一级	
C	73.3/43	2	3	2	1	无	
D	83.5/20	0	4	2	0	二级	
E	57.1/56	4	10	6	2	二级	
F	70.3/52	2	4	4	1	一级	

表2 该宿舍学生情况

姓名	A	B	C	D	E	F
情况	家庭困难学生,学习刻苦,成绩名列前茅,与同学、舍友交流较少	沉默寡言,自律性相对其他同学较强,在宿舍起得最早	个性较强,曾因地理原因有退学想法,女朋友在家乡城市上大学	学习委员,相对其他舍友比较积极,有一定组织能力,有主见	家庭条件较好,宿舍长,沉迷电子游戏,挂科门次最多	性格内向,特立独行,体育成绩优越,喜欢自行车,对班级工作和事务漠不关心

在做准备工作时,我尤其注意两个细节:一是增加了“班长预约”环节,“我想本周某天晚上到宿舍和他们聊聊天,时间他们自己选”,给学生主动权,体现尊重,增强他们的“主场”意识;二是为学生挑选了一份既能表达心意又有积极引导作用的礼物。经再三比较我选择了《解忧杂货店》这本书,希望借此点出主题,帮助他们解决难题,重回优秀。同时,携带零食增加谈话的欢快气氛,尽快打开局面。为此我特地制作了活动大纲(见图1)。

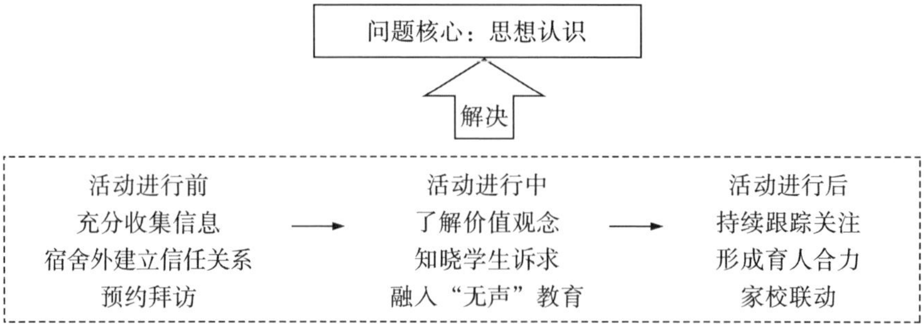

图1　活动大纲

二、润物无声，一枝一叶总关情

活动开始，我笑着和他们打招呼，“我今天来是学闭口禅的，也知道大家平时听我说得‘够够的’，现在我来吃，大家说”。于是，“我请导员来做客”活动在欢声笑语中开始了。

按照之前的活动构思，我倾听了每个人对大学生活的感受，如最大的收获和遗憾、最开心和不开心的一件事等。这期间我注意的有以下三点：

(1)从学生感兴趣的话题聊起，表达关注和肯定，引导学生敞开心扉。如询问E游戏方面取得的“成绩”，对其“游戏操作”水平表示赞叹等。

(2)运用积极关注，发掘学生优点。通过积极关注赋予他们学习和生活的动力，帮他们树立信心，学会“自救”。当然也有活跃气氛的玩笑，调侃C“当时不想报到是不是因为舍不得女朋友”等。

(3)将目标和价值引领融入自然反馈中。整个活动中，我没有提挂科和心理问题。只在学生说起对挂科和未来的担忧时我做出回应：“我大学挂科的同学，现在有的在名校读博，有的在五百强企业风生水起。无论到什么地方，遇到什么困难与挫折，只要好好睡一晚上，第二天太阳照常升起。”

前段以学生自由发言为主的交流可以使交流氛围轻松，为提意见说真话做好铺垫。话题打开后，通过交流直接了解学生内心的真正想法，明确他们不支持工作的原因，从而向他们解释为什么设置早读早操、为什么强制晚自习等等。在交流中改变他们的不合理认知，化解他们内心的愤慨和埋怨，增强他们对学校的归属感和认同感。

在送出礼物时，我引出了这样一个话题：这本书是以爱与家庭为核心的，想象一下在家长心中你是一个什么样的大学生呢？此问题不是每个人都回答，但我能感觉到每个人都有所思考。C更是吐露出内心最大的忧虑：“在老家像我这么大的孩子很多都去打工挣钱了，我真怕花家里这么多钱上大学，最后找到的工作不能让家里满意。”我这才明白 C 的心结所在。

活动最后，大家让 E 表演了刚学的吉他。我也恢复了辅导员的身份，为他们安排工作：“今天以后，B 叫大家起床早读，A 和 D 带大家上课自习，吃饭时 C 给大家分享追求女生的经验，晚上 F 带大家跑步健身。最后回到宿舍，在 E 练习的吉他声中结束这充实的一天。”活动持续了近两个小时，离开时学生热情地送我到楼梯口，口中反复说着“谢谢老师”，脸上流露出真诚的笑容，我轻松调侃了一句：“别送了，我还会回来的。”

活动之后，为了确保学生行动得以有力落实，我与班主任、班干部积极沟通，形成合力。由宿舍长 E 和学习委员 D 定期汇报学习情况，同时进行有效的引导，帮助他们改变思想，明确大学生活和学习的目标。与此同时，我积极与学生家长沟通，委婉告知家长学生在校的表现和改变，嘱托家长多了解学生的内心想法，不要一味地批评教育，加强家校联动，共同解决难题。

三、春风化雨，三月榴花照眼明

在“我请导员进宿舍”活动后，该宿舍学习情况得到很大改善。我再去宿舍时经常看到舍友间讨论学习问题，同学们反映基本没再见到他们在宿舍打游戏。最后的成绩也让人欣慰，本学期三月 9 门挂科有 7 门补考通过，为此我做了补考后挂科门次表(见表 3)。

表 3　补考后挂科门次表

姓名	A	B	C	D	E	F
补考后挂科门次	0	0	0	0	1	1

向班干部了解后得知，该宿舍同学开始关心集体，帮忙策划班级团建和团日活动等，并且乐于为同学们服务。学习委员 D 也给我发信息说：“老师，那次你去我们宿舍让我们很感动，本来以为你会因为我们宿舍挂科批评我们，一开始我们都挺紧张的。可是您一句批评都没有，还很关心我们，鼓励我们。现在 F 每晚都带我们出去跑步，能感觉到从那天相互吐露心扉开始，我们宿舍真的像一个家一样，我们都成为了好兄弟。”

让爱与心灵碰撞，用真心赢得信任。“00”后的学生自我意识较强，在个性独立的同时又渴望被理解和信任。以心交心方可长久，以诚待友才可相交。辅导员在承担学生日常管理工作的同时，应走入学生内心，聆听学生的真实想法，构筑师生间的亲密关系。这样才可做到深入理解学生，并根据学生的不同特点制定相应的培养规划。

积极关注，巧用“无所作为”。卢梭在《爱弥尔》中说道：“什么是最好的教育？最好的教育就是无所作为的教育。”对学生真诚、热情，倾注积极关注，尤其是对自卑感强或因面临挫折而“一叶障目不见泰山”的学生。学生看不到教育的发生，教育却实实在在地影响着他们的心灵，辅导员要帮助他们发挥潜能，让他们看到光明面和对未来的希望。

将宿舍作为学生思想理论教育和价值引领工作的重要阵地。宿舍是像家一般让学生感觉最安全的地方，也是反映学生思想行为和生活状态的重要场所。在宿舍育人工作中，需要努力探索以学生宿舍为单元的思想教育新模式，建立与完善相关制度，采用不断创新的新形式帮助学生树立正确的人生观、社会观、事业观、价值观和恋爱观，积极探索大学生宿舍思想政治教育新途径，充分发挥宿舍育人的阵地作用。

解决实际问题与解决思想问题融会贯通。新时代大学生的很多实际问题是由思想问题造成的，以解决实际问题作为切入点，提高学生思想认识，珍惜韶华、不负青春，努力做新时代的追梦人。

获奖者简介

高旭，男，汉族。硕士研究生学历。2020年7月开始从事学生工作，中国石油大学（华东）辅导员，助教。主要研究方向为大学生网络思政教育、大学生精细化管理与服务研究。

获奖感言

不知不觉，我的学生已由“懵懂少年”成长为学校的“中流砥柱”，而我从事辅导员工作也有一年半的时间。从最开始的不知“怎么办”到学习“怎么办”，再到“怎么办”才好，工作以来我最大的收获就是能与学生一起成长、共同进步。与学生从知心朋友做起，不断学习，努力成为学生的人生导师。人们常说，一粒种子只有深深地植根于沃土才能生机无限。作为一名大学生辅导员，祈盼能沉淀为培育学生的沃土，让希望发芽。

从“安土重迁”到“乔迁之喜”

——一名“键盘侠”在宿舍调整搬迁中的蜕变

山东农业大学动科学院　纪春景

一、案例基本情况

2020年9月，根据学校整体规划和办学需要，涉及全校13299名学生的宿舍调整搬迁工作顺利完成，“顺利”的背后都是汗水和努力，还有意想不到的“曲折”。因前期宿舍调整方案的数度变更，加之顺延的期末考试等因素叠加，部分学生情绪较为激动，网络中充斥着各种不安的情绪，甚至出现了“抵制”的声音。调整方案下发当天，“能不能消停点，就差一年就毕业了怎么还来折腾我们，良心不会痛吗?”“谁爱搬谁搬，反正我们六个人要在一块，四人间又如何，条件好又如何!! 老子就是不搬!!”“我又不是候鸟，不搬迁又不会被冻死饿死”。QQ空间里小华(化名)突然连发三条这样的言论甚是扎眼，不少同学在评论区围观、留言、转发，小华也自诩为“意见领袖”，持续发表各种可能引发争议的言论。

二、案例分析

这是一例大学生将个人主观臆断和感受利用网络宣泄不满，从而引发不明真相网友的围观，很可能引发更大规模和负面影响的网络舆情事件，甚至会影响到学校宿舍调整搬迁。对于辅导员来说，妥善处理处于潜伏期或爆发期的网络舆情危机，妥善处理已经爆发的网络舆情危机，是解决问题的重点与难点。

三、组织实施

(一)溯本清源，全面清理，抑制蔓延

该舆情事件发生在期末考试期间，又是在凌晨，又处于宿舍调整搬迁极其关键的时期。前期学院通过年级大会、班干部例会等形式讲明宿舍调整的目的是为学生营造更好的学习和生活环境，提供便利、安全保障和更为集中、高效的

宿舍管理服务，为营造良好的育人环境奠定基础。同时，也通过学院网格员摸排宿舍调整期间产生的矛盾、纠纷或不满，将可能发生的舆情抑制在萌芽状态。得知事发的第一时间，我拨通了小华的电话，了解她的真实感受和最真实的诉求，帮助小华了解事情的真实情况，在最短的时间内将舆情控制在有限范围内。通过耐心地讲解、安慰和帮助，电话那头的小华承认自己“言论过激”，但也表达了自己“为了考研不想换熟悉的宿舍和环境”“宿舍六个人也不想分开”等诉求，了解到这些情况，我给她表明，网络不是法外之地更不是宣泄的理想场所，言论自由的背后更多的是遵守法律。小华当即表示删掉“过激言论”，并愿意为自己的行为承担一切责任。

（二）扩大认同，尊重差异，包容多样

宿舍调整犹如一个掌勺的大厨，不能让所有的人都说“佳肴”美味，但有时我们必须要根据实际情况具体问题具体分析，做到必要时“开小灶”解决众口难调的问题。第二天，学院全体辅导员通过走访寝室、巡视考场、学生骨干（党员）座谈、网格员反馈专题会等方式，向学生们准确、客观、精准传达学校、学院有关宿舍的安排和具体措施。按照“学院—年级—班级—学生干部（党员、网格员）”的信息反馈层级，将每个宿舍的诉求进行汇总梳理，随时关注网络舆情和学生们的合理诉求。辅导员们做到“整齐划一保大局，尊重合理顾小节”，在学院、年级以及不同专业范围内统筹宿舍资源，尊重合理诉求。通过为学生购买行李打包袋，聘请专业保洁为学生提前打扫迁入宿舍，尽可能让每位学生住进窗明几净的“小家”。

（三）因材施教，人文关怀，全程管理

内向的小华不善言辞，但特别善于运用网络来表达自己的看法和意见。小华在网络中经常发布一些考研备考的学习信息和资料，我主动“牵线搭桥”，帮她联系了几位意愿报考院校的学长学姐，让她在考研的路上多一盏明灯。再一次见到小华是在 11 月的下旬，了解到她的备考之路还算顺利，“感觉时间不够用压力也很大，但宿舍四个人都在互相鼓劲、互帮互助，调整出去的两个人也都在一块自习”。12 月 27 日，考研结束当晚，小华原宿舍六姐妹齐聚珍蔬园一角，一个个比着“耶”，并配上文字“解放啦！××8（原宿舍号），考研犹如砍菜切瓜，跪求通知书早日下发”。简单的几句话却道出了一个“键盘侠”的蜕变，面对“疾风”，小华已然已蜕变为一根“劲草”；宿舍姐妹感情依旧正浓，“键盘侠”已然蜕变为一个能够织密安全保护网、保护自己并能防范不良信息的“蜘蛛侠”。

四、工作成效与启示

从这件小小的舆情事件中，我也充分认识到要培养学生的底线意识和担当精神，让“键盘侠”转变为“理性人”。

(一)台上一分钟,台下十年功

此次突发舆情案例中,依托前期真实、准确、客观的信息传达以及学院健全的网络舆情反馈机制,让舆情的零星火苗没有成为燎原大火,宿舍搬迁等特殊时期紧绷的舆情防范之弦也是此次事件处理得当的另一要素。同时,也是基于对辅导员的信任和情感,学生才能向辅导员敞开心扉,并主动扼制网络舆情的扩散。事件发生后,学院再次通过各种方式深入学生中去,让学生放下心理包袱,建立在准确信息反馈基础上的宿舍调整更加游刃有余。"温馨服务站""党员帮帮团"等学生骨干、学生党员以及部分班主任的参与也让宿舍搬迁充满了"人情味",学院在此次宿舍调整搬迁过程中真正做到了"万无一失"。

(二)瞄准成长"兴趣点",拓展育人"新思路"

我们面对的大多是"00后"的大学生,他们是一个"喜新厌旧"的群体,抖音、"B站"甚至QQ空间都是他们聚集"吃瓜""吐槽""开黑"的网络空间。身为辅导员既要紧跟大学生群体不同成长时期的"兴趣点",也要能够通过这些网络载体积极主动参与他们的网络社区生活,进而能够在网络空间和现实生活中引领他们的思想价值,真正做到紧跟时代步伐、把准时代脉搏,建好网络思政的强大阵地,提升思想政治教育的亲和力和针对性。

(三)传播真善美,弘扬正能量

网络在给我们带来了前所未有的便利的同时,也很容易让我们戴着面具在网络行走。自媒体时代,人人都是麦克风,在信息难以充分肯定的情况下,我们千万不能成为负面信息传播者。像小华一样的"键盘侠"不会成为最后一个,作为一名辅导员更有责任引导学生在网络空间中注意自己的言行,提升自己的媒体素养,挖掘培养学生独立思考和判断是非的能力,而不是被一些不实信息、不良信息"带节奏"。更重要的是我们要坚持正确导向,可公开不涉密的信息要准确、及时地传达给学生,让网络成为学生休闲益智、成长进步的文明空间。

获奖者简介

纪春景，女，汉族。硕士研究生学历，讲师。2014年8月入职山东农业大学从事辅导员工作至今，专注思政教育研究。入职以来先后负责四个年级1400余名学生的日常教育与管理，负责学院学生思想引领、党建、就业指导、新闻宣传、新媒体运营、制度建设、学生组织管理等工作。曾获山东省第四届高校辅导员素质能力大赛一等奖、山东省高校辅导员2020年度优秀工作案例一等奖，获学校十佳辅导员、优秀团干部、新媒体优秀个人、山东省大中专学生志愿者暑期“三下乡”社会实践活动优秀指导教师、招生就业先进个人等荣誉奖励二十余项。

获奖感言

学生工作是一座可再生的“富矿”，里面可以挖掘到生命的灵感，可以找寻到深埋的热情，可以开采到受用一生的“宝藏”，在日复一日、年复一年的工作中，我守望着这座千姿百态的“富矿”，见证着学生的成长，而我也从最初的生涩无措到现在的淡定从容，收获了专属于辅导员的幸福。感谢这个时代，感谢我的学生们，让我在辅导员这个岗位上不断收获、不断成长。未来，我将带着对这份工作的热情，奋力前进，打造属于自己的工作品牌。

以“4+”模式赋能“四史”学习教育

——山师经济学院本科生党支部推进“四史”学习教育工作案例

山东师范大学经济学院　王茜　张晗

从历史中汲取智慧和力量，是中国共产党的优良传统。对于高校学生党员，学习党史、新中国史、改革开放史、社会主义发展史，能够鼓舞斗志、明确方向、坚定信念、凝聚力量、启迪智慧、砥砺品格。

但是，高校学生党员由于缺乏理论素养、缺乏政治历练、缺乏社会阅历，“四史”学习的内生动力不足，对相关历史事件和历史人物的理解不到位，对历史脉络的把握不准确，对历史必然认识不深刻，学习效果不显著。

山东师范大学经济学院本科生党支部通过“理论＋实践”“线上＋线下”“集体＋个人”“品牌＋榜样”的“4＋”模式开展“四史”学习教育，让“四史”学习形式活起来、效果实起来，同时为现阶段开展的党史学习教育提供有益借鉴。

一、案例基本情况

山师经济学院本科生党支部共有党员46人，其中学生党员42人，他们全部是大学期间申请入党、确定为积极分子、发展为预备党员的，这些学生党员学习优秀、工作努力、作风扎实。但是，理论学习不系统，80.95％的学生党员除了《中国共产党章程》以外，没有系统阅读过政治理论书籍；缺乏相关的政治历练，绝大多数学生党员仅通过“三会一课”参加政治生活；社会观察不够丰富，47.62％的学生党员参与社会实践的时间少于10天。

由于高校学生党员的固有特点，他们把“四史”学习当作一般的知识性学习，出现“入脑多，入心少”“记忆多，思考少”“被动多，主动少”“细节多，系统少”的“四多四少”的情况，没有真正把“四史”学习作为坚定理想信念、锤炼党性品格的过程，学习的效果有待进一步加强。

为此，经济学院本科生党支部在开展“四史”学习教育活动时，充分发挥高校学生党员求知欲强、乐于表现的特点，丰富学习形式，充实学习内容，完善学习构架，让“四史”学习真正“扎根”。支部通过理论与实践的统一，让学、思、践、悟充分融合；利用线上和线下两个渠道，实现学习教育广覆盖；发挥集体学习优势，同时激发党员个体内生动力，提高学习教育的针对性；打造“四史”学习品牌，选树学生典型，为学生竖起看得见的榜样。

通过一段时间的系统探索，逐步构建起了“理论＋实践”“线上＋线下”“集体＋个人”“品牌＋榜样”的“4＋”模式，很好地促进了高校学生党员学史明理、学史增信、学史崇德、学史力行，为进一步重点开展党史学习教育积累了丰富的经验。

二、组织实施过程

（一）“理论＋实践”，让理论认知与现实观察相契合

让理论学习上层次、有意思。邀请校党委常委、副校长万光侠为支部宣讲党的十九届五中全会精神，以历史的视角梳理五年规划的演变和新中国的建设成就。邀请学院党委副书记吕益国为支部讲授专题党课“加强‘四史’学习，坚定‘四个自信’，增强历史担当”。特别是针对学生党员开展了“我来讲党课”活动，让支部学生党员自己讲党课，共开展系列主题党团课20余次。通过以讲促学，主讲人的学习自觉明显提升，听众的接受度大幅提高。

点面结合，进行实践教育。组织参观山东省党史陈列馆、中共山东省领导机关旧址，体会我党在山东发展的波澜壮阔历程。以建校七十周年为契机，组织党员参观校史馆，以学校发展历程印证祖国发展成就。组织参观“党的十九届五中全会精神学习图文展”，通过对“十三五”成就的回顾和对未来的展望，多视角加深学生党员对新中国发展成就的认识。

（二）“线上＋线下”，让信息手段与传统做法相结合

通过线上平台建设，让“四史”教育全天候覆盖。依托学院微信公众平台，开设“学四史·铭初心”特色版块，推送了《学党史，知党恩，跟党走》《学习新中国史，面向中国新未来》《学习改革开放史，砥砺奋进新时代》《学社会主义发展史，坚守初心勇担使命》等主题推文20余篇。推出“‘党音话初心’——学习《习近平谈治国理政》中的‘四史’故事”展，通过“音频诵读＋学习感受”的形式，让学生党员开展立体式学习。开展线上“四史”书籍、影片推荐交流活动，让学习随时随地展开。特别是疫情期间利用网络常态化开展“四史”学习，通过“从习近平总书记给北京大学援鄂医疗队全体‘90后’党员的回信，感悟青年的历史使命”等学习活动，将现实观察与历史感悟相结合，取得了良好效果。

创新线下学习形式，让学习有声有色。举办国旗下的“红诗诵读”活动，支部党员集体诵读《红军不怕远征难》《沁园春·雪》等红色诗歌，传承革命精神。开展“四史”知识竞赛，让党员在趣味横生的比赛中获取历史知识。组织支部党

员集体观看影片《金刚川》《我和我的家乡》、纪录片《为了和平》，通过影视手段让党员迅速掌握历史知识。

（三）"集体＋个人"，让组织培养与个人奋斗相融合

促进交流分享，实现"1＋1＞2"的效果。抓住关键节点，组织"纪念抗美援朝70周年""国家公祭日，以史为鉴，和平未来"主题党日活动等，让支部成员在集体学习中坚定理想信念。为每名学生党员下发"四史"学习重要读物《大国追梦》，并通过学习小组的形式开展集中研学，学生党员的学习体会在30次研学交流活动中得到了升华。

推荐学习读物，让每名党员找到自己的兴趣点。推荐《中国共产党创立之路》《细节的力量——新中国的伟大实践》《改革开放成就上海》《这就是中国：走向世界的中国力量》等28本优秀读物，《为了和平》《而立浦东》等7部纪录片，通过"自学＋学习笔记"的形式，让学生党员学深学透。

（四）"品牌＋榜样"，让经验分享与榜样示范相汇合

将"四史"学习嵌入学院品牌活动，实现多点开花。在"院长书记下午茶"中，学院领导结合自身成长经历，与学生党员分享祖国发展历程；在"小知了"大学生政治素养提升课堂上，"四史"专题学习经常得到学生的喜爱。

大力宣传榜样人物先进事迹，让历史可感可亲。观看《灯塔大课堂》中的榜样课堂、"五四"青年奖章获得者直播等，让学生党员了解在奋斗中涌现的先进典型。把革命先烈、模范人物的事迹通过多种形式分享给学生党员，让学生党员在鲜活的事例中感受到道路的必然、奋斗的不易、前景的光明。

三、工作成效

（一）通过"4＋"学习教育新模式的构建，帮助学生党员树立了正确的历史观

通过"四史"学习，学生党员对党的历史进程、新中国的历史脉络、改革开放的奋斗历程、社会主义的发展规律有了清醒而明确的认识，对重要历史人物和历史事件有了全面的了解，对百年未有之大变局和中华民族伟大复兴战略全局有了深刻的理解。学习党员树立起正确的历史观，跟党走的信念更加坚定，投身社会主义现代化国家建设决心更加坚决，能够在时代中寻找际遇和机缘，谋划自身的发展。

（二）通过"4＋"学习教育新模式的构建，支部更加明确了工作的中心任务

培养听党话、跟党走的青年骨干，是支部开展各项工作的出发点和落脚点。支部通过"四史"学习找到了抓手，让提升学生政治素养有了明确的工作手段，支部的工作日益活起来、实起来。

（三）通过"4＋"学习教育新模式的构建，学生党员的先锋模范作用日益凸显

通过学习，学生党员"见贤思齐"，支部涌现出"全国向上向善好青年"候选人山康宁、第一批“拔尖选调”计划人选任飞宇等大批优秀学生，学生党员的自觉性、自主性显著增强，广大学生对学生党员的认可度明显提高。

（四）通过“4＋”学习教育新模式的构建，探索出一条可复制的党员教育培养道路

支部“四史”教育模式，既可复制到其他学生党支部，也可适用于其他党员主题教育活动，特别是在党史学习教育中能够有效借鉴已有做法，提升学习教育的成效。

获奖者简介

王茜，女，汉族，硕士研究生学历，讲师。2013年开始从事学生工作，担任山东师范大学经济学院学工办主任、团委书记，研究方向为思想政治教育。曾获全国高校思想政治工作优秀论文一等奖、全国高校网络教育优秀作品二等奖、全国高校“十大育人”网络作品一等奖、山东高校辅导员工作论坛一等奖、山东省心理健康教育优秀论文一等奖、第一届山东省高校辅导员职业能力大赛一等奖等。

获奖感言

辅导员工作是一项需要不断行而学、学而思的事业，只有不断地从实践中总结经验，才能更好地把握规律，提高工作的针对性和有效性。很荣幸我们的“四史”教育工作案例荣获年度优秀工作案例，我们将以此为契机，持续创新形式、开拓路径、丰富内容，让学生从“四史”中汲取智慧和力量，以更加昂扬的姿态奋进新征程、建功新时代。

烟台大学辅导员2020年度优秀案例参评作品

遵循特点,研本共建,明确路径,破解研究生党员作用发挥不充分困境

烟台大学土木工程学院　王加男

一、案例背景

2018年的一次党员义务劳动中,全院89名研究生党员出勤率不足40%,未出勤研究生党员小王(化名)说:“老师,我经过层层选拔成为一名光荣的中共党员,但入党后,我只能去扫扫落叶,清理垃圾。平时我也挺忙的,但也想为广大同学服务,现在感觉有力使不出,我的作用没有得到发挥。”的确,高校研究生党员是一个庞大群体,但由于支部建设不健全、工科学院日常科研压力大等原因,党员作用发挥并不充分,工作往往陷入“孤芳自赏”的困境。在这种情况下,研究生党建工作如何开展、研究生党员应起什么作用等一系列问题成为急需破解的难题。

二、案例分析

显然,小王的疑问普遍存在,看似是党员个人疑问,但究其本质,是基层党支部标准化、规范化建设和党员先锋模范作用发挥问题。如何让科研能力强、生活阅历丰富的研究生党员发挥作用是支部标准化、规范化建设中一个需要重点突破的问题。

这个案例反映了研究生党支部建设的不足之处,也提醒我们可以根据研究生党员的特点为基础进行建设。研究生党员特点:群体人员数量大,与本科生相比有相对健全的知识结构和较强的自学能力、实践能力和科学研究能力,更注重创新也更善于创新。但由于组织结构和培养模式不同,研究生党员形式上相对松散,科研的压力使他们课余时间少,服务他人的精力有限。

在这种现实条件下,有几个关键问题需要我进行解决:(1)研究生党支部建

设的发展方向是什么？(2)如何建立可持续的研究生党建工作机制？(3)立足实际，研究生党员在哪些方面可以发挥作用？

三、解决思路与实施办法

解决研究生党员作用发挥问题首先要进行党支部标准化、规范化建设，增强党组织的凝聚力和党支部的战斗力，因势利导，通过标准化和规范化党支部建设活动，使研究生党员的先锋模范作用凸显，党支部的战斗堡垒作用增强。

(一)制定目标，明确“学习＋创新＋服务”型研究生党支部发展方向

经上级党组织批示，我支部召开了一次专题党员大会，主要解决部分党员对创建“学习型”党支部的认识不够到位的问题。会议上对学习型的建设目标进行了深入剖析，明确学习的重要意义，号召大家践行学习目标；利用民主生活会开展了一次又严又实的批评与自我批评，对研究生党员中存在的普遍问题——基层支部创建“创新型”党支部信心不足进行了分析和解答，从而增强信心、凝心聚力；制定了《土木工程学院研究生党支部工作标准》，使研究生党员准确把握建设服务型党组织的任务要求。

(二)整合优势，发挥研、本特点，共建“双联互助”工作机制

研究生的专业优势可以引导本科生增强专业知识的学习并激发其科研学术热情，提高动手实践能力和实验操作能力；本科生规模大，组织各类活动多，可以丰富研究生的学习和生活，其活跃的思维也对研究生有帮助。我在三个方向实施“双联互助”:(1)研究生党支部与本科生党支部结对共建的“双联互助”，以专业区分研本支部结对共建；(2)科技学术部牵头，多个学生组织协作的“双联互助”，发挥研究生科研学术能力，提升培育创新项目服务能力；(3)各专业之间团结合作的“双联互助”，发挥专业协同优势直接增强创新能力。

(三)摸索途径，用好科技创新、学科竞赛、社会实践、疫情防控、学风建设工作，发挥研究生党员作用

依托科技创新、学科竞赛、社会实践、疫情防控、学风建设等工作平台，施行“一托一”“一带多”“多帮一”的工作模式，通过牵头组队、政策宣传、技术咨询、后勤保障等工作充分发挥研究生党员的模范带头和榜样示范作用，具体工作内容分为四个层次:(1)研究生参与本科生的学习/实验和学业规划指导；(2)本科生参与研究生的实验或研究项目；(3)本科生和研究生共同参与科技创新活动、学科竞赛和社会实践活动；(4)研究生党员在疫情防控中冲在前排，发挥带头作用。同时，研究生也将正确的学习态度、浓厚的钻研氛围等良好的风气在广大同学中推广，为广大学生服务，进一步提升学院的学风建设水平。

四、实施成效

(一)支部强堡垒,党员走在前,研究生党员平凡贡献助力疫情防控

2020 年疫情期间,学院唯一一支学生党员先锋队全部由研究生党员组成,他们时刻关注疫情发展,统计了 1800 余名学生的返校信息,按照学校政策耐心劝阻部分想提前返校的学生,关注外地返校学生的身体状况和生活需求,帮助健康监测的学生订购生活用品。他们常常忙到一天只吃一餐饭,但没有一个人退出;22 名研究生党员参加了家乡社区的疫情防控活动,政策宣传、体温监测、电话随访、入户调查、核酸预约等一件件平凡无奇的小事均体现了当代青年学生的责任和担当。

(二)从"孤芳自赏"到"花团锦簇",研究生党员影响力显著提升

几年来,研究生和本科生共同组队参加科技创新、学科竞赛、社会实践等实践育人环节,研究生党员们发挥极大作用。研究生党员率队进行的社会实践被评为国家级重点团队;研究生党员在山东省第 16 届大学生课外学术作品比赛获特等奖,实现了学院在该赛事上的突破;两位研究生党员分别在山东省第 12 届创青春大学生创业大赛获得银奖和铜奖,涌现出一大批"互联网+"、结构大赛获奖团队;研本共同组建了"学习强国"研究小组和给水排水兴趣小组;多名本科生在研究生党员带领下进入实验室进行科学研究。

(三)形成了"研本共建,服务全院"长效机制,大力助推全院育人质量

"研本通"——研本共建"学习+创新+服务"型党支部获校党建创新立项,研究生党支部被评为校"优秀党支部"荣誉称号,前文提到的党员小王(化名)与其他 3 名研究生党员被选拔为本科班级"小导师",负责班级管理,为期一年。通过结对帮扶,全院学业困难学生数量快速下降,2018～2020 年党员获得奖学金比例由 23.15%上升至 31.47%,近三年就业率保持在 95%以上。研究生党支部成为全院学生工作的龙头和中流砥柱,支部影响力持续扩大,形成了研本共建党建工作的长效机制,全院育人质量得到显著提升。

五、案例反思与启示

(一)学生党建工作是龙头

支部建设的重点绝不是简单的发展新党员、管理老党员,党建工作要成为学生思政工作的龙头,学生党支部要成为学生思政工作的重要抓手,尤其是研究生党支部更应该发挥自身优势,努力成为团结全院和服务全院的中坚力量。

(二)走进学生,联系学生是基础

学生党建工作的根基在学生,活力在学生,成果也在学生。我们不能等着学生上门来,而是要主动走到学生中去,了解所需所想,将视角延伸到学生学习

和生活的方方面面，才能挖掘和培养优秀的学子，才能发现学生成长过程中遇到的实际困难。

(三)创新形式服务同学是关键

党的宗旨是全心全意为人民服务，学生思政工作要服务中心、立德树人、服务同学成长成才。在打造思想坚、能力强的党员队伍和营造服务学生的良好氛围的同时，创新形式势在必行，只有这样才能“花团锦簇，百家争鸣”。

(四)建设特色支部是目标

学生支部建设应与专业结合，充分发挥学生的专业优势，这样学生作用的发挥就能找到源源不断的“活水”。让学生党员进入“学有所用，用有所获，获有所感”的良性服务模式，从被动参加服务活动到主动作为，实现特色支部的建设目标。

获奖者简介

王加男，男，汉族，讲师，硕士研究生学历。2013 年 8 月至今一直从事学生工作与大学生思想政治教育，多年从事研究生教育管理和大学生党建等工作。曾获评山东省大中专学生志愿者暑期“三下乡”社会实践活动优秀指导教师、烟台大学优秀教育工作者、烟台大学优秀辅导员等荣誉称号。

获奖感言

辅导员是一份幸福的职业，不仅受到各级党委的充分重视，更收获学生们的认可。感谢这份重托和爱戴，我将一如既往坚持“务实”与“谦和”的心态，不忘立德树人的根本任务，牢记“为党育人、为国育才”的初心使命，在辅导员岗位上兢兢业业，开拓进取，为学生们的成长保驾护航。

用"小黑裙"打造学生干部培养"三力六段"新模式

青岛大学商学院　李晓涵

学生干部是高校学生中的骨干力量，是班级建设的领头羊，是学生与老师之间的桥梁与纽带。学生干部的"战斗力"会直接影响到班级整体的氛围与凝聚力。作为辅导员，能够打造一支有信仰、有能力、有担当、有创新的"四有"学生干部"小太阳"团队，对于营造良好育人"小生态"，引领全体同学"自发展"，确保育人工作"最末端"落实落细，具有很重要的作用。

一、案例基本情况

（一）案例简介

我负责的会计学系2017级学生初入校时属于大类招生，大一学年结束，学生根据成绩排名，结合个人意愿进行了专业二次选择，同时原班级被拆分。面对重组班级新形势，学生干部在开展工作中遇到了一些新问题，这些问题主要表现为目标愿景不重视、角色定位不清晰、工作职责不明确、工作态度不积极等，不能很好地推动班级工作有效运行，不能很好地发挥学生干部的榜样示范作用，不能很好地提升班级凝聚力。

（二）问题关键点

这是典型的因重新组建班级而出现的新矛盾、新问题。表面上，有一定的特殊性和突发性，实际上带有普遍性；部分学生干部缺少责任心，缺少工作热情，内在动力和外在执行力也出现了问题。

二、解决思路与组织实施过程

根据过往经验，我一直通过召开学生干部培训班、学生骨干交流会、学生干部谈心会等各种常规方式激发学生干部的工作效能，但是效果不是很理想，"说一说、动一动"的现象仍普遍存在，学生干部工作成绩仍然不尽如人意。自2016

年起，我陆续接受了教练技术的系列培训，发现它在解决学生发展和能力培养等问题方面实用性很强。

NLP思维逻辑层次，形象称为“小黑裙”，最初由格雷戈里·贝特森(Gregory Bateson)提出，1991年由罗伯特·迪尔茨(Robert Dilts)整理，用于教练技术中，是很实用的教练工具。逻辑层次是一套关于“自我”的系统，通过精神、身份、价值观、能力、行动、环境六个层次作为NLP思维逻辑层次图(见图1)来探索。既可以通过“设定目标愿景——确定自己在愿景中的角色——探索角色背后的动力与意义——挖掘自己具备的能力和潜力——激发迈出行动的第一步——审视适应或改变当下所处的环境”来进行“正向循环”，也可以从环境出发，逆循环制定目标愿景。高层次出现变化时，往往会影响到低层次行为的变化；相反，低层次行为变化而高层次意识没有变化，往往难以持久。

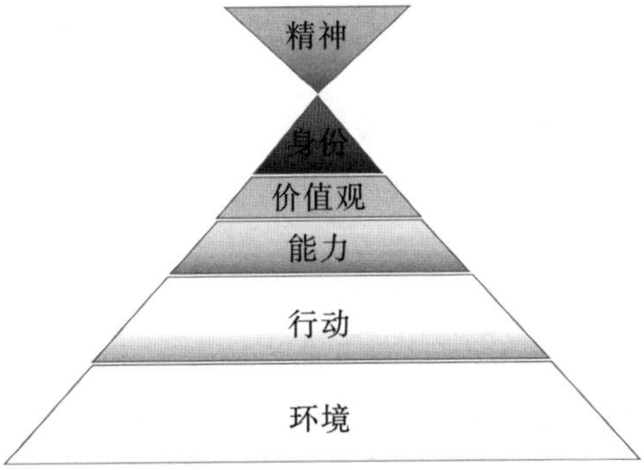

图1 NLP思维逻辑层次图

基于“小黑裙”模型，结合高校人才培养要求，我制定了“三力六段”学生干部培养方案(见图2)。方案由点及面，立足于学生干部的探索能力、管理能力、执行能力，提出“六段”式实施步骤，即信念目标、自我定位、价值取向、技能提升、实践创新、适应转变六个方面。

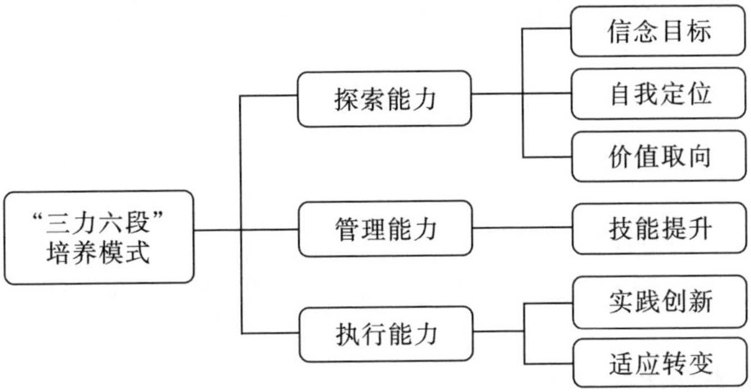

图2 “三力六段”学生干部培养方案

（一）精神，描绘学生干部信念目标蓝图

精神即 For what/who，你理想的画面是什么？在精神层次，我重点解决了“第一段——信念目标”的构建。实施路径主要分为两部分：

1.思想引领，筑牢信仰

学生干部作为班级的领航员，要筑牢信仰之基、补足精神之钙、把稳思想之舵。我利用“学习强国”“全国思政网课”等平台，组织开展自学，每日班团群内打卡；打造“思政微课堂”，每周班团例会留 15 分钟，结合自身，轮流分享学习心得；以党支部为依托，定期组织学生干部参观郭永怀事迹陈列馆等红色革命基地，缅怀先烈，牢记使命。

2.聚焦目标，绘就蓝图

我用团辅的形式，放一段轻柔的音乐，请大家闭上眼睛，用温和的语气请大家想象一下：在未来的某一刻，你所带的班级达到了理想的状态，你对自己的学习、工作和生活的安排游刃有余，整个人都处于一种自信、满足、快乐、成功的状态，这时候，你会看到怎样的情景？情景里有什么？听到什么声音？感受如何？完成冥想后，请大家记录刚才的内心蓝图，以班级为小单位，分享这一画面。绘就个人小目标的同时，也共同绘制班级大蓝图。

（二）身份，有效探索学生干部自我定位

身份即 Who，探索我是谁？带有主动性的身份求知，更加明确自己的身份。在角色层次，我重点侧重于“第二段——自我定位”的探索。

借助生涯“角色饼图”工具，帮助学生干部明确角色定位。具体工具实施步骤：

（1）画一个圆，围绕圆外圈写出自己目前拥有的身份，如：班长、社团部长、学生、男朋友、兼职家教老师……按照他们目前所占比重划分圆形统计图。

（2）再画一个圆，绕圆写下相同的身份。如果生活朝着你理想的状态发生改变，思考未来一年后期望的角色分配比重划分圆形统计图。

（3）对比现状和期望的差距，明确定位，更直观地看到作为学生干部的差距与不足，明确努力方向。

（三）价值观，彰显学生干部核心价值取向

价值观即 Why，我最看重的是什么？在价值观层次，我重点帮助学生澄清“第三段——价值取向”的核心，从三个方面来切入。

1.主题鲜明的班团例会

每一次的班团例会都跟学生交流探讨一个时下热点话题，用生动的案例实现价值观引导。

2.趣味特色的团辅活动

通过举办“价值观拍卖”“价值观交换”等小活动，让学生们弄清楚哪些是自

己愿意花最大价值去购买的、最后不舍得交换的价值观，从而让学生切实体验自己最看重的价值观是什么。

3.线上宣传与线下工作要落实

由学生干部打造班级公众号，以此构建网络价值观宣传阵地，在日常工作中融入核心价值观。如进行奖、助、困、贷、补工作时，强调公开、公平、公正，要求学生干部履行其职责，将公平正义纳入自我价值体系。

（四）能力，提升学生干部技能策略

能力即 How，需要具备什么能力？解决问题的策略和方法是什么？在能力层次，我重点解决了“第四段——提升技能”的路径。方案实施路径主要从三个方面。

1.生涯体验，澄清三大技能

运用职业生涯技能探索，通过“背—练—悟”来加强知识、可迁移能力和自我管理能力三方面的自我技能提升。

2.寻找核心竞争力

通过谈心谈话，引导学生干部挖掘自己的“成就故事”，从中发现他们的优势，鼓励他们加强提升优势，补充劣势，补齐短板，提升核心竞争力。

3.互帮互助，拓宽工作思路

“班团交流会”以座谈交流的形式，介绍好的工作思路和方法，发挥传帮带作用，薪火相传。

（五）行动，扎根学生干部实践创新

行动即 What，你如何做？在行动层次，我重点解决了“第五段——实践创新”的打造。方案实施路径主要从四个方面。

1.学有所悟

要求学生干部务必做到“三零”，即零挂科、零补考、零作弊，把学业放在第一要务；积极参与学科竞赛，发挥自身优势和特长。

2.研有所思

借助学校组织的国家级、省级、校级创新创业训练项目等鼓励学生干部参与学术论文、创新实践课题等研究活动，用科研的态度对待生活和学习。

3.行有所得

“读万卷书，不如行万里路。”利用“三下乡”、调研山东等社会实践活动，走出校园、走向社会，在实践中成长。

4.创有所获

培养学生干部创新创业意识，协助他们与专业老师对接，搭建实践平台。

（六）环境，帮助学生干部适应环境

环境即 When and Where——什么时间？在哪里？在环境层次，我重点解决了“第六段——适应转变”的准备。在行动之前应充分了解外部环境，时刻做好调适准备，适时做出调整，思则变，变则通。

融入生涯适应力（生涯 4C）理论，分四个方面切入，即关注、自主、好奇、自信。以话剧节为例，每班需排练一部话剧。关注，聚焦计划、先拿方案、再实施；自主，聚焦决策、思路清晰，坚定执着的执行计划；好奇，聚焦探索，鼓励学生不断大胆尝试，主动探索未知；自信，聚焦问题，坚持不懈解决难题，相信自己。

（七）反馈，形成闭环提升体系

教练技术的工作流程中，还有一个比较重要的环节，就是跟进与反馈。目标是否合适？选择路径是否正确？效果是否理想？需要定期进行评估与反馈。

可以通过两种方式：

1.时间反馈

一个学期进行一次评估反馈，以述职答辩的形式评估学生干部阶段性成果，及时调整目标和方向。

2.实践反馈

通过每一次学生干部个人或班级目标的完成情况来评估反馈。

三、工作成效与经验启示

（一）工作成效

“小黑裙”模型运用于学生干部培养过程三年来，取得了较为显著的成果。六段式培养模式大大促进了学生干部“三力”建设。

1.提升探索能力，挖掘自我潜力

2017 级学生干部队伍中，预备党员达 18 人，占比 60％；荣获校级荣誉率达到 100％，参加国家级比赛 5 人，省级比赛 3 人，市级比赛 2 人，英语四级通过率 100％，六级通过率 46.67％。“班团服务队”在 2019 年山东省大中专学生志愿者暑期“三下乡”社会实践活动中获得省级、校级优秀志愿服务团队荣誉称号。

2.提升管理能力，班级稳步发展

2017 级 10 个班级均没有出现违法违纪现象，班团群众基础较好，班级凝聚力提升。

3.提升执行能力，班级硕果累累

30％的班级获得校优秀班集体。2017 级会计 06 班预备党员 6 人，四级通过率 100％，校级荣誉获奖率 100％，校“百优学生”2 人，先后获得校级“优秀团支部”“优秀班集体”。2019 年，该班荣获“校十佳优秀班集体”荣誉称号。

（二）经验启示

“小黑裙”模型在学生干部培养方面实用性强。首先，学生干部思考问题的方式由关注过去转变为关注未来，思路更开放；其次，学生干部解决问题的模式由被告知转变为自我提问，探索更主动；第三，学生干部在逻辑层次的闭环体系对话中，下三层与上三层不断循环促进，促使学生干部自我效能提升。该案例的特色在于运用教练思维，体验式唤醒自我觉察，激发学生干部内生动力，从而达到“每个人都是自己的教练，每个人都是自己生活的专家”的效果。

获奖者简介

李晓涵，女，汉族，中共党员，硕士研究生学历，讲师。从事学生工作9年，主要负责学生日常管理及思想政治教育工作，研究方向为高校党建和思想政治教育。曾获第五届山东高校辅导员素质能力大赛二等奖、山东高校辅导员优秀工作案例一等奖、山东高校辅导员讲党史优秀短视频展示活动一等奖、山东省大中专学生志愿者暑期“三下乡”社会实践活动优秀指导教师、青岛大学第六届“十佳辅导员”等荣誉。

获奖感言

每一个案例都是辅导员日常工作的缩影，每一个案例的成功解决，不仅是传道授业解惑的过程，更是辅导员自我成长蜕变的过程。9年的坚守，源于对这份工作的热爱和执着，源于帮助学生筑梦圆梦、成长成才的理想和追求。收获这份激励，是肯定更是挑战。未来，要善于学习新知识、新技术、新理论，研究真问题，解决实际问题，为促进学生成长为全面发展的人而踔厉奋发，为做学生为学、为事、为人示范的“大先生”而笃行不怠。

运用认知行为疗法，提升学生专业认同感

曲阜师范大学工学院 滕艳

一、案例情况

小M，男，23岁，2016年考入本校，就读于E学院A专业。小M高考未被喜欢的数学专业录取，调剂到A专业。入学之初，小M表现积极，主动承担班级事务并竞选班长，因几票之差落选。第一学期末学校有一次转专业机会，因个人原因错过后，情绪变得低落，寡言少语，并在学习及班级活动中出现上课迟到、睡觉，无故不参加集体活动等消极行为。面对小M的不良表现，我决定与他谈一谈，经过沟通，初步认定小M是因对A专业认同度低、转专业未成功而情绪低落、抵触学习、不愿参加集体活动。

二、组织实施过程

大一新生由于受个人兴趣、家庭教育、社会环境等因素影响，普遍存在专业认识片面的问题。本案例中，小M认为自己更熟悉初高中所学科目，大学也应该选择类似的基础学科作为自己的修学专业，因此对其他学科认同度低。而低专业认同度严重影响了学生职业规划的制定和实施。同时，小M长期面对自己不喜欢的专业，可能经常处于情绪低落、烦躁的状态，会对身心健康造成较严重的影响，还会不利于核心竞争力的培养，这一点主要表现在考研和就业方面。

专业没有绝对的好坏之分，每个人对专业的认识和对未来的选择都是不同的，要引导学生接受现实，改变现状，提升专业认同感，更好地完成学业。

我与小M共进行了8次约访，每周1次，每次30～40分钟，分别开展了缓解情绪、咨访关系建立、资料收集工作。我告知小M将运用心理学的认知行为疗法帮助他解决问题，征得了他的同意后，我与小M一起制定了解决问题的工作流程图(见图1)，矫正其不合理信念，建立专业自信。

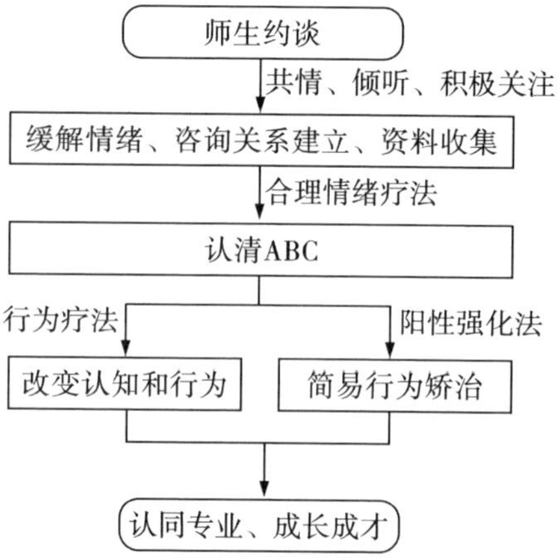

图1　工作流程图

(一)运用合理情绪疗法(见图2),引导学生认清 ABC

1.进行“认知—情绪—行为”的横断分析

通过与小 M 交谈,找出使他情绪困扰和行为不适的具体表现(C),即情绪变得低落,寡言少语,对于学习以及班级活动出现消极态度;上课迟到、睡觉,经常独来独往。同时,找出与这些反应相对应的诱发事件(A),即由于高考发挥失常,使得他未能如愿选读自己最喜欢的数学专业,被调剂到了完全陌生的 A 专业,又遭遇班委竞选失利、错过转专业机会。

2.当前认知与行为的纵向分析

我帮助小 M 对前两项之间的不合理信念进行初步分析(B),即问题的根本在于小 M 一直无法释怀,认为自己非常了解数学,从来没有接触过 A 专业,因此学不好 A 专业。通过积极主动地询问,不断修正、改变小 M 的不合理信念,小 M 主动认识到是自身的不合理信念导致自己对专业的认同感较低。我与小 M 共同分析了自身的优势,并告诉他 A 专业的学习离不开良好的数学基础。

随后,根据问题现状的共同讨论所能达到的目标,即改善低落情绪,发展更加积极的应对行为方式;修正不合理的想法,增强自我价值感;改善上课迟到、睡觉,不积极参加集体活动的行为。

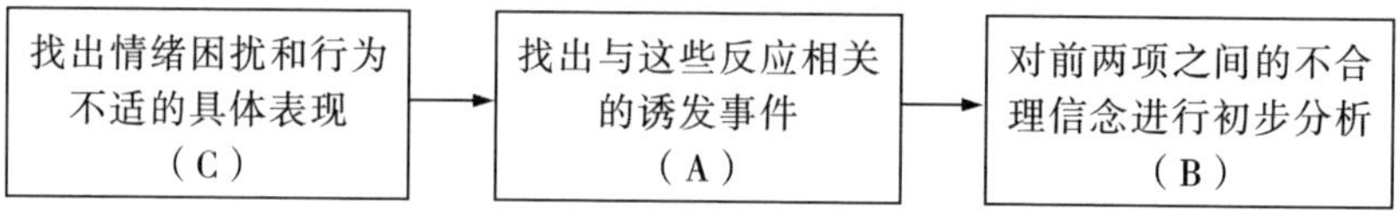

图2　合理情绪疗法

（二）应用行为疗法（见图 3），引导学生改变认知和行为

本阶段我通过运用行为激活、识别和挑战自动思维以及使用问题解决策略，帮助小 M 扭转对 A 专业的认识思维。认知的改变，会让他重新形成良好的学习和生活习惯，而更强的适应性会进一步激发小 M 的行为改变，让他认识到之前的认知是错误的、片面的。

首先让小 M 看到照此发展的恶性循环，因此需要鼓励他通过制定每日活动安排表从而获得愉悦感，采取行为激活打破恶性循环，如按时上课，坐在教室前排听讲，参加体育锻炼等。引导小 M 思考想法、感受、行为之间的相互关系，帮助他了解认知三角模型，启动改变的动机。重点开展自动思维的工作，如针对“我的课堂作业，老师指出了很多问题”的自动思维是“A 专业不适合我，我学不好”，运用思维记录表引导小 M 通过列明正反证据、找例外解释等进行认知评估和挑战，小 M 形成新的认知是：“是我总想着转专业，没有努力去学习，才会出现很多错误，老师是在帮助我。”

由于小 M 对 A 专业认识不足，所以我运用问题解决策略来处理该问题。通过介绍专业导师、优秀学生代表与小 M 一对一谈心，讲述优秀校友、师哥师姐的典型事迹，分析考研、就业数据，他对所学专业的培养目标、学习内容、行业的工作特点和发展方向有了较清晰的整体认知。推荐他加入 A 专业实验室，介绍导师，参与项目研究，进一步了解专业的应用性；鼓励他参与科技创新和社团活动，提高专业水平及人际交往能力。我发现他在学习的过程中更加清晰认识到 A 专业的发展前景及应用价值，专业认同度有了极大提高。

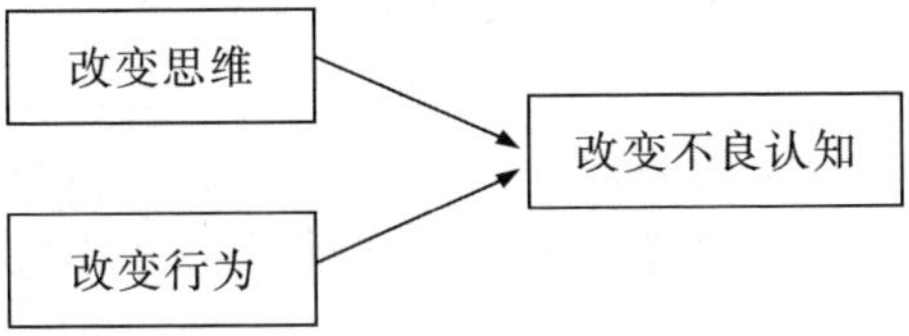

图 3　行为疗法

（三）采用阳性强化法，实现简易行为矫治

1.明确目标行为

目标行为应越具体越好。根据小 M 的现实表现，我帮助他选定的目标行为是上课不迟到、不睡觉。

2.监控目标行为

借助班级同学、舍友的帮助，详细观察和记录该目标行为，发现小 M 多为专业课迟到，迟到时间一般在 5～10 分钟，迟到、上课睡觉原因多为不想上课、听不进去等。

3.设计行为方案，明确阳性强化物

阳性强化物的标准是可行的、可以达到的，是对小 M 有足够吸引力的，是喜欢的，因此才能对小 M 有强化作用。我与小 M ·起设计行为方案，以取得小 M 的积极配合，同时行为方案可根据实际情况随时调整。

4.实施强化

当小 M 出现目标行为时，即按时上课，课上认真听讲，我及时给予了他口头表扬并赠送他喜欢的书籍来进行强化，使得小 M 明确了自己应该更好地遵守课堂纪律的信心。

5.追踪评估

随着行为干预的进行，小 M 本人也掌握了干预方法，在学习和生活中主动制定学习计划和学习目标，达成目标后给予自我一顿大餐、一场电影等奖励。进一步树立了专业信心，从而改变不适行为，获得心理成长。

三、工作成效

通过我积极关注和理解沟通，小 M 对于未如愿在数学专业学习这一现实能够较坦然地接受，放松地面对目前的专业。他的自我概念和 A 专业给他带来的体验之间的冲突减少了，自我变得协调。整体上的改变极大地确立了小 M 的个人目标和理想，个人价值得到了进一步的实现。看到自身优势，他更加信任自己，自信感逐步建立。几次约谈后，小 M 由入学时对 A 专业的认同度低，逐步到对 A 专业感兴趣，并以积极的态度和行为学习 A 专业。小 M 认识到，任何事情都是可变的，并不是固定的，专业的认同感是可以培养和提升的。他认为生命是一个流动的过程，不再刻板地追求一个僵化不变的理想。

2020 年毕业时，小 M 光荣地加入中国共产党，并被评为省级优秀学生干部、优秀毕业生。曾获国家奖学金和校一等奖学金，多次获国家、省级科技创新类奖项。2019 年 10 月，小 M 被推免至山东大学某学院攻读硕士学位。

“运用认知行为疗法，提升专业认同感”这一思路在推动学生成长成才方面取得了明显效果。新生入学初，我通过问卷调查、访谈的形式了解了 A 专业 131 名学生对本专业的认同度，并对数据进行了分析，我及时采用认知行为疗法以及相应的有效措施，极大提高了学生对该专业的认同感。该专业学生在学业发展以及个人成长方面有了明显进步，累计获得省级以上奖励达到 156 人次。毕业跟踪数据显示，截至 2020 年 12 月，该专业就业成功率达 90%，考研成功率达 34.4%。

当前大一新生专业认识片面，转专业现象普遍。导致专业认同度低的因素很多，辅导员要具体问题具体分析，切忌“一刀切”。运用认知行为疗法能够帮助辅导员更清晰地查找问题症结，对症下药，修正学生的不合理认知，改变消极行为，强化积极行为。该方法对于辅导员日常管理工作具有较强的适用性。

获奖者简介

滕艳，女，汉族，中共党员，硕士研究生学历，讲师。2015 年 7 月从事学生工作，现任曲阜师范大学工学院团委书记，本科生第一党支部书记，2020 级本科生辅导员。主持参与省部级课题 3 项，发表学术论文 7 篇，获山东省大中专学生志愿者，暑期“三下乡”社会实践活动优秀指导教师等省级荣誉 6 项，获“曲阜师范大学辅导员年度人物”等校级荣誉 10 项。指导学生获全国大学生智能汽车竞赛、机器人大赛、山东省科技创新大赛、电子设计竞赛等奖励。

获奖感言

高校辅导员是大学生成长成才的指导者和引路人，做好学生工作要怀有一份爱心、一份责任。工作以来，我努力做与学生心灵上最近的人，成为有高度、有温度、有深度的青春领跑人。此次运用认知行为疗法撰写的引导专业认同感低的学生考取研究生的工作案例，获山东高校辅导员 2020 年度优秀工作案例一等奖，对我来说，既是荣誉，也是鞭策。初心如磐、使命在肩，未来我将会继续呵护学生成长，努力做辅导员工作专业化的践行者。

坚定文化自信，提升专业认同

——以专业文化为载体的优良学风引领案例

山东中医药大学药学院　颜培正

一、案例基本情况

A同学，女，高中期间学习成绩较好，喜好文学与传媒，但因高考发挥失常，被调剂到本校中草药栽培与鉴定专业。A同学经过一学期的学习，考试成绩离预期有所差距，感觉无法适应该专业的学习，因此导致学习动力不足，对专业学习失去兴趣，希望退学重新参加高考，报考传媒与文化相关专业。A同学的父母也与我联系，表示她因退学与家里产生了激烈的冲突，一度出现了联系不上的情况，双方无法进行有效沟通，家长心中十分着急。

二、组织实施(处理处置)过程

(一)深入分析问题

对学生的情况进行分析，发现A同学能力较强，也非常有上进心，因高考的失利而被调剂专业，对自身专业的不了解和对兴趣方向的执念，导致对专业的学习失去兴趣。在自我调整过程中，达不到自己预期的成绩，以致专业认同感不足，进而反作用于专业的学习，从而产生了退学的想法。A同学性格固执，在自我想法与父母意愿相左时，无法与父母有较好的沟通，与父母之间矛盾加剧，产生了激烈的冲突。

(二)促膝谈心，指明方向

在充分了解分析A同学的情况之后，我与她进行了谈心谈话。A同学有着较强的进取心，并非那种碌碌无为、虚度光阴的学生，相反她十分希望自己能够有所作为，且十分踏实肯干。在交流的过程中，我结合其对传媒和文学兴趣的热爱，向她讲述了中医药历史故事和几千年沉淀的文化内涵，并指点该同学把传媒相关知识应用于中医药文化的传播与弘扬，并在实践中给予指导，有机地将学生的兴趣点与专业的文化背景结合到一起，给学生指明了一条既可以满足自己的爱好又可以学习专业知识的道路，引起了学生浓厚的兴趣，激发了学生的奋斗动力。

（三）把握新媒体发展机遇，抢占网络意识形态阵地

充分调动学生对传媒的兴趣，学生利用假期到传媒公司进行实习，学习传媒知识。在利用传媒知识的基础上指导其深挖中医药文化资源，建立多个新媒体平台，传播中医药思想和文化。在此过程中，学生通过主动了解中医药文化和专业的相关知识，加深了对自身专业的了解，提高了专业学习的主动性。

（四）走进课堂宿舍，宣讲弘扬文化

以点成线、以线成面，在不断探索学习的方向中，我们扩大影响范围，以各班宣传委员为班底，招募其他有兴趣的同学与该学生共同组成宣讲团，走进课堂、宿舍一起宣讲党的光荣历史与中医药文化。一方面，推动学生在开发宣讲内容的过程中不断学习党的光荣历史与中医药深厚的文化知识，挖掘自己感兴趣的部分，使宣讲内容更加贴近学生；另一方面，宣讲团走进课堂与宿舍，促进了学生之间的交流，拉进了学生之间的距离，帮助A同学更好地融入班级，同时也让更多的学生能够深入了解党的光荣历史与中医药文化背景。

（五）立足中医药产业，社会实践与“双创”教育双推进

以问题为导向，指导学生深入田间地头调研中医药教育与产业现状，发现分析问题，运用所学专业知识在“回乡看齐鲁”“‘互联网＋’大学生创新创业大赛”“‘挑战杯’大学生创业计划竞赛”等社会实践活动与创新创业竞赛中不断磨炼自己，使学生在实践过程中了解自己所学的知识对社会、经济的巨大贡献，进一步把专业知识应用于实践中，提升专业认同感。

（六）挖掘中医药思想内涵，学思结合践行科研育人

了解中医药的文化背景并不是最终目的，在设计问卷、统计分析的基础上指导该学生理解中医药文化背后蕴含的思想哲理，学会用中医药思维处理解决问题，将这些思想活学活用，学思结合提升为科研认知并撰写论文。构建了以“天地人”一体的整体思维模式——完善“三全育人”视域下的思想政治教育机制和途径；辨证论治，提高资助育人的实效性和科学化水平——为实现新时代大学生思想政治教育保驾护航；未病先防，预防网络道德失范——抢占思想政治教育网络阵地；驭气调神，发挥专业认同感的纽带作用——引领个人理想与专业认同相融合；大医精诚，推进创新创业教育——引领“仁、和、精、诚”的创新创业理想；形神并调，引领良好学风——实现学风建设与思想政治教育双促进。以这六个维度为支柱构建中医药思想指导下的思想政治教育体系，引导学生在科研实践过程中进一步树立中医药思维，学会更加理性客观看待分析问题，逐渐形成了良好的学风与学习习惯。

（七）以点带面，全面推动学风建设

经过一段时间的实践探索，立足于该学生在专业认同上暴露出的问题，对带班全体学生专业认同感现状进行调研分析，将在该学生专业认同感提升上的经验总结应用到全体学生中去。带领学生了解中医药思想文化，挖掘中医药文化中的隐形思政教育资源，引导学生树立文化自信，多措并举激发学生学习兴趣，掌握正确的学习方法，引领学生树立优良的学风。

三、工作成效

针对A同学的案例，以专业文化为载体，通过结合所学专业与学生兴趣，开展沟通并进行学风引领，不仅帮助A同学更好地了解自己所学的专业与中医药文化背景和思想内涵，而且激发了A同学的学习动力，提升了她的专业认同感，解决了她与家长之间的矛盾。同时做到了以点带面，对该班级全体学生的文化自信心的树立与优良学风的引领都起到了非常积极的作用，该班级获得学校"十佳班集体""优良学风班""先进班集体"等称号，班级学生获得了"互联网＋"创新创业大赛国赛铜奖、省赛金奖、全国中医药高等院校大学生创新创业大赛国家级金奖等多项国家和省部级的奖项。发表论文共15篇，其中SCI一篇、EI一篇、核心论文二篇，拥有专利六项。探索出了通过对专业文化的挖掘来提升学生专业认同，从而引导优良学风的新思路。

同时，指导该同学及其他学生立足中医药思想文化开展特色工作，建立了微信公众号及微博、知乎等公众平台。微信公众号关注人数432人，发表文章15篇，总浏览量3783，微博累计浏览量超过13万。在QQ平台通过直播的形式开展主题班会，共计3000人次观看。在此过程中，丰富了更多同学的中医药文化体系，帮助学生深入挖掘中医药文化所含的精神内涵，学会用中医药思维思考处理问题，吸引更多人关注中医药文化的历史与未来，坚定文化自信，传承并弘扬中华传统文化。

总结工作中的特色之处进行课题申报及论文撰写，取得了丰硕的成果，获得全国中医药高等教育学会学生工作研究会项目、山东省社会科学规划研究项目、山东省青少年和青少年工作研究重大课题、山东省青少年教育科学规划项目等省级和校级课题立项。获得全国高等学校中药学类专业课程思政研讨会优秀论文一等奖、全国高等中医药院校党建和思想政治工作研究会优秀论文二等奖、山东高校辅导员工作论坛优秀论文一等奖、山东省学习习近平总书记关于扶贫工作重要论述征文活动二等奖、全国中医药院校共青团工作联盟2019年年会优秀论文奖等省级以上奖励。在核心期刊发表的《中医药思想在新时代大学生思想政治教育中的应用》等学术论文四篇，为以专业文化为载体引导学生树立优良学风积累了丰富的理论与实践经验。

获奖者简介

颜培正，男，汉族，中共党员，硕士研究生学历，助教，山东中医药大学药学院副科级辅导员。2018 年 9 月进入山东中医药大学工作，从事辅导员工作已近四年，目前担任药学院 2018 级制药工程、中草药栽培与鉴定 5 个班（245 人）的辅导员。荣获 2020 年度第六届中国国际“互联网+”大学生创新创业大赛国赛铜奖优秀指导老师、2019 年度全国高等学校中药学类专业课程思政教学研讨会优秀论文一等奖、2020 年度全国高等中医药院校党建和思想政治工作研究会优秀论文二等奖、2020 年度山东高校辅导员工作论坛优秀论文一等奖、2020 年度山东省科普宣讲大赛一等奖、山东高校辅导员 2020 年度优秀工作案例一等奖。

获奖感言

新时代中医药院校学生管理面临着新的机遇，也迎来新的挑战。因为肩负着时代使命，所以我坚信在习近平新时代中国特色社会主义思想指导下，在上级领导的亲切关怀下，在各界同仁的大力支持下，个人将进一步把中医药思想文化融入思想政治工作，培国医之气正，筑绝学之垒培，传承中医药思想，书写好中医药院校思想政治教育的创新之作，奋力开创学生工作创新发展的新局面。

“寓”见党建,“出彩”先锋

——基于高校党建引领学生公寓建设案例分析

山东科技大学测绘科学与工程学院　孙金香　周静宜

一、案例基本情况

随着高校后勤社会化发展,学分制的改革,学生管理模式改革及以慕课为代表的授课方式不断变革,原来以班级为单位的学习方式和组织形式逐渐改变,班级观念趋于淡化,学生公寓的育人功能更加凸显。然而,目前的公寓建设存在政治建设不足、思想引领薄弱、文化内涵建设不够、活动阵地缺失等问题。

测绘学院近年来积极探索将党建工作融入学生公寓建设,以学生党建为龙头,以学生公寓为阵地,以思政教育为手段,通过“广结点、紧拉网”的方式实现育人力量的凝聚与辐射,形成“点深、线长、面广”的学生公寓党建“OTO”(Online To Offline)模式,培育优秀人才。

该模式是通过打造以学生公寓楼为中心的现实社区(Offline)即线下实体阵地和以网络平台为中心的网络社区(Online)即线上虚拟阵地,以思想政治教育为桥梁,将二者有机结合起来,营造凝聚学生的社区空间,从而减轻第一课堂力量不足的压力,大力提升立德树人成效。

二、组织实施

(一)深入调研,准确把握问题导向

通过问卷调查、走访考察、田野观察等途径对高校基层党建建设和学生公寓建设开展广泛调研。

调研结果显示,第一,高校基层党建发展不平衡。基层党建在高校受到高度重视,在高校各项事业当中处于引领地位,高质量党建是目前高校谋求发展的重要目标之一。然而,高校学生党建仍存在基层党支部建设薄弱、党支部设置多以年级或专业为主、学生党员的先锋模范作用发挥不充分、与业务工作的

融合不紧密的问题。学生党员和入党积极分子在课堂上的示范带动性要高于在公寓内的示范带动性，其学业成绩高于其在公寓卫生、作息等方面的表现。

第二，学生公寓育人功能发挥不充分。学生公寓作为学生交往最密集、表现最真实、活动时间最长、思想碰撞最热烈、相互间影响最直接（舍友的影响更显著）的场所，被称为学生在校期间的“第一社会”“第二家庭”“第三课堂”。学生公寓的首要任务是保障学生在校期间的居住生活，根本任务是立德树人。而目前学生公寓在育人中仍存在政治建设不足、思想引领薄弱、文化内涵建设不够、活动阵地缺失等突出问题。

第三，学生对公寓育人的认识不到位。虽然大部分学生认可公寓承载的育人任务，积极配合公寓管理，主动参加公寓内的教育活动，但是也有部分学生仅仅将公寓看作个人住宿、生活、娱乐的场所，不能正确认识学生公寓除了这些基本作用外还兼有培养学生高尚道德品格和正确价值观的作用。需要通过加强政治建设、思想引领、榜样示范、文化建设等方面，来提升学生的认识水平和践行能力。通过公寓环境熏陶和文化引领，引导学生在求知中学会交流、在做事中学会成长、在共处中学会发展。

（二）精准施策，构建学生公寓党建“OTO”模式

学生公寓党建主要围绕现实社区（Offline）和网络社区（Online）两个方向建设，坚持和加强党的全面领导，以立德树人为根本，以理想信念教育为核心，以培育和践行社会主义核心价值观为主线，以建立完善全员、全过程、全方位育人体制机制为关键，线下线上有机融合、共同推进，营造学生党建引领公寓育人的社区空间，全面提升高校思想政治工作质量。具体措施如下。

1.建立“三纵两横”社区党建管理机制

从工作队伍维度出发，构建了思政工作者领队、学生党员带队、学生结队三类队伍的纵向延伸机制。思政工作者（包含党务工作者、辅导员、公寓管理员、班导师等）负责拟订方案、整合资源、搭建平台；学生党员（含党员发展对象、入党积极分子）是队伍的中坚力量，负责工作的具体实施，起到联络点、服务站的作用，在做好自身建设的同时凝聚带动其他学生，让周围的学生成群结队加入美好社区；学生是教育管理的客体，也是主体，拥有受教育者和自我教育者的双重身份。

从实现路径维度出发，实施线下线上两种路径相结合的横向覆盖机制。线下有阵地：在学生公寓中成立党员工作站，固定工作场所，党支部书记任站长，公寓内全体党员为工作站成员，实行党员联系机制，分区负责公寓文明建设；建设文化墙，分楼层以爱国主义教育、专业教育、国旗文化教育为主题设置宣传内容；开设支部小课堂，挂牌党员宿舍 63 间，评选先锋宿舍。线上有平台：创建“香香微课堂”微信公众号，推送的 10 余万字以大学生思想政治教育为主题的原创文章，获优秀学生工作新媒体平台一等奖，以该公众号为主体开设的“香香微课堂”被认定为校特色党建工作品牌（建设经费 2 万元）；创办“空中课堂”，组建“云同桌”、分享“云笔记”，缓解了疫情期间学生党员“停课不停学”的压力，这一举措被《人民日报》《中国教育报》等 20 余家媒体相继报道；充分发挥灯塔-党建在线、学习强国等网络平台作用，形成网络社区工作合力，实施“织网工程”。

2.实施“党·团 1+1”联系机制

从组织建设角度出发，构筑“1+1”党支部引领模式。1 个学生党支部，联系 1 个学生团支部。党支部负责指导团支部组织建设、团员思想引领、学业指导、公寓文明建设等工作。团支部的各项成绩指标计入该学生党支部的年度考核和党支部书记述职评议。

从榜样示范角度出发，构筑“1+1”党员领军模式。1 名学生党员，联系一个学生宿舍，负责该宿舍的安全文明建设、文化建设和宿舍成员的思想引领与学业指导等。该宿舍的安全文明（含卫生成绩、违纪情况）、思想状况、学业成绩均计入该学生党员的年度考核、民主评议和评奖评优。

3.构建“4+X”品牌链发展模式

以打造“领航工程”（思想政治教育和党建）、“堡垒工程”（强化党团组织建设）、“先锋工程”（推选优秀集体和个人）、“织网工程”（构建宣传教育矩阵）为代表的品牌为主，将党建育人与社区文化育人融入思想引领、学风建设、公寓安全文明、就业创业等工作全过程，提升品牌力，形成品牌链。

4.探索基于“双向融合”模型的育人机理

设计学生党员作用发挥指标体系，建立社区党建工作效果的热力图模型。从内外双向作为热量辐射源考察，党员作为内部发热源，发挥骨干队伍的辐射带动力，增强凝聚力；普通学生作为外部发热源，组织和吸引广大青年学生主动参与到党建和思政教育工作中，增强向心力。

（三）动态优化，谋求工作最大实效

定期调度学生公寓建设的各项指标，对于超标完成的予以表彰，达标的予以肯定，不达标的予以批评督促；深入剖析各项指标反映的问题、内在的关系、存在的原因，寻求有效对策及时跟进解决，优化模型，不断取得新的更大成效。

三、工作成效

（一）党支部、团支部堡垒作用得到增强

该案例将党支部和团支部联系起来，将学生党员与学生宿舍联系起来，增强了榜样示范引领作用，激发了普通学生向榜样看齐的热情和动力。因工作突出、成效显著，本科生第一党支部、研究生第二党支部分别被认定为校级样板党支部（建设经费均 2 万元），本科生第一党支部还获评学校首届十佳党支部、先进基层党组织，国旗护卫队团支部曾获评全国高校践行社会主义核心价值观“示范团支部”、山东省五四红旗团支部等。

2.学生党员积极性、自主性、示范性得到显著提高

该案例将学生党员引入工作队伍，赋予其主体地位，充分体现了发挥学生自我教育、自我管理、自我服务的理念，激发了学生党员的积极性、主动性。从思想水平、公寓卫生、违纪情况、学习成绩、科技获奖等项目来看，学生党员普遍有着上佳表现。在每年评选的“十大优秀学生及单项奖”人员中，学生党员占70%；在文明宿舍评选中，学生党员及积极分子宿舍占60%。

3.公寓文明建设得到明显改善

从各项指标数据来看，学院公寓文明建设得到提升。公寓内违纪率由5.5人次/月，减少至1人次/月；公寓卫生总成绩同学期相比提高10分（百分制），大一、大二、大三三个年级的成绩均高于90分，年级总成绩最高分为99.45分；满分宿舍数量逐渐增多，占公寓宿舍总数的比重由51.7%上升到80.44%，公寓文明面貌和学生精神面貌焕然一新。

4.辅导员工作能力得到加强

在案例的解决过程中，综合运用了学生党建、网络思政、榜样示范等多种工作方法和多方面知识，不仅使理论所学得以实践应用，而且在实践中有了更多的感悟和理解，个人工作能力也得到了一定的提高。1人次获评山东高校优秀辅导员，3人次获评校级优秀辅导员，6人次获评校级优秀党务工作者。

获奖者简介

孙金香，女，汉族，副教授，博士研究生学历。研究方向为思想政治教育。2010 年开始从事学生工作，主要担任本科生辅导员。山东省高校网络思想政治工作中心专家库专家、省属高校学习贯彻党的十九届五中全会精神宣讲团成员、山东科技大学“山海泉”宣讲团成员。曾获山东高校优秀辅导员、全国煤炭行业优秀团干部、山东省大中专学生志愿者暑期“三下乡”社会实践活动优秀指导教师、山东科技大学优秀辅导员、山东科技大学优秀共产党员、山东科技大学优秀教师等荣誉。

获奖感言

本案例是在坚持问题导向的前提下，以推进党建引领学生公寓建设为方向，实现党建和公寓融合育人为目标的实践中得来。该案例的获奖对我产生了极大的激励和鼓舞，坚定了我以辅导员为职业的决心和信心。案例的评选和出版为全省高校辅导员提供了开阔的工作交流平台，有助于推进全省高校辅导员能力和素养的大幅提升，也将在广大辅导员中形成深入研究、勤于实践、创优争先的浓厚氛围，从而进一步开拓全省大学生思想政治教育新格局。

“123”模式助力学风建设新突破

青岛科技大学高分子科学与工程学院　贾明明

一、案例基本情况

近年来，为主动应对新一轮科技革命与产业变革，支撑服务创新驱动发展，“中国制造 2025”等一系列国家战略，教育部积极推进新工科建设，着力培养具有更强实践能力、创新能力、国际竞争力的新工科人才。

学风是大学精神的集中体现，是教书育人的本质要求，是高等学校的立校之本、发展之魂。营造优良学风环境，对于新工科人才的培养有着极其重要的作用。但是，随着国家、社会对人才需求的不断提高，高校大幅度扩招使高等教育规模迅速扩大的同时，相应的问题也随之而来，新工科人才培养存在重视程度不够、创新力度不足等问题；社会信息化对大学生理想信念导向形成了冲击，使大学生辨别能力下降；文化多元化对大学生道德人格塑造产生了影响，使大学生的道德观念出现认同危机。更重要的是大学生的学风问题日益突出，出现学习目标不明确、学习态度不端正、学习效率低、学习自制力差、学习兴趣不浓厚等一系列现象。不良的学风影响了大学生的成长，也为新工科人才的培养带来了重重困难。因此，高校大学生学风建设引起了社会各界的广泛关注。习近平总书记多次强调学风建设问题，他指出：“学风问题是关系党的事业兴衰成败的一个重大政治问题。”切实加强和改进高校学风建设工作刻不容缓。

青岛科技大学高分子科学与工程学院围绕新工科人才培养目标，坚持把立德树人作为根本任务，立足学科特点，构筑“123”学风建设模式，即树立“实践驱动”学习理念，构筑“实习实践＋创新创业”双驱动，做到“三个精准”，科学谋划，多措并举，进一步加强和改进了学风建设，着力培养“橡尚”高才生。

二、案例实施方法与过程

(一)树立"1"个理念,为学风建设注入"增塑剂"

树立"实践驱动"学习理念,为学生综合素养的提升构建螺旋式发展通道。众所周知,实践是认识的来源和目的,更是认识发展的动力,随着"实践"复杂性逐渐提高,学生的知识、能力和素质可以形成"螺旋式发展"。高分子学院始终坚持立德树人,引导学生开展基于企业生产的学习、基于科学研究的学习、基于竞赛的学习等等,让学生在"实践"中发现问题、解决问题,培养其独立思考能力、发展问题意识、批判性思维,锻炼坚强的意志品质。

(二)构筑"2"个平台,为学风建设注入"促进剂"

依靠学科优势,着力打造实习实践平台和创新创业平台,不断夯实"实践驱动"学习理念,为学风建设注入"促进剂"。

一方面,打造实习实践平台,铺就成才之路。积极构建校内实践、校外实习的"二合一"实习实践平台,全面促进学生健康成长,为学生素质提升注入新活力。鼓励学生进入科研实验室和课题组学习,提早培养学生的科研思维和实验能力,每年有近 100 名学生主动申请进入实验室做实验。积极组织到企业参观学习,帮助学生提早了解企业、融入企业,目前学院共在 56 家企业建立实习基地。

另一方面,构建创新创业平台,开启成功之门。学院依托日新创客空间,着力打造创新创业教育平台,为学生成长成才注入动力。积极组织学生参加国家级、省级、校级科技文化活动和专业技能竞赛,不断提升学生的综合素质。2020 年共组织 1000 余人次参加了挑战杯、PMC 大赛等科技竞赛活动,共有 600 余人次获奖,全面提升了学生综合竞争力。

(三)做到"3"个精准,为学风建设注入"催化剂"

一是精准引导。针对不同年级学生特点,实施"分类护航"工程。大一强基础、树目标:新生入校后,以宿舍、班级、学生组织为依托,将学风建设与思想政治教育结合起来,与养成教育结合起来,积极营造"比、学、赶、帮、超"的学习氛围;大二抓专业、助提升:以"抓学风、强素质、促成才"为学风建设的出发点和落脚点,不断提高同学们的综合素质;大三重引导、讲规划:积极鼓励参加科技竞赛活动,以赛促学,通过科技竞赛类活动激发学习兴趣,同时加强职业生涯规划教育,帮助学生正确认识、了解自己,培养其正确的成才意识;大四稳就业、促升学:加强考研引导,通过考研经验交流会等活动,为备战考研的学生提供全方位、全过程的指导与帮助。分层分类、精细指导、精准推进,不断提升育人质量。

二是精准施策。立足学院实际,从优化人文环境入手,积极构筑了"辅导员主攻思想引领;班主任主攻学风建设;专业教师主攻学业指导;学术导师主攻科研引导；校外导师主攻生涯规划；学生家长广泛参与；学生干部模范带头”的六位一体的学业帮扶体系。先后聘任了8位博士生导师作为本科生的学术导师，启智增慧，着力培养学生的科研兴趣；聘任了16名知名校友、相关企业高管作为学生的职业生涯规划导师，用榜样促进学生成长成才；每年开展一次“高院star”评选活动，用身边人讲身边事，用身边事教育身边人，发挥示范引领作用。疫情之下，学院充分借助信息化手段，通过开展考研线上复试交流会等线上活动，为备战考研的同学提供全方位、全过程的指导与帮助，确保学生学习成长不断线，为学风建设提供了坚强有效的保障。

三是精准帮扶。积极推动因材施教，运用新媒体宣传平台，持续强化“学在高分子，成就高才生”的品牌建设，努力营造“志远行实，学而不厌”的优良学风。对于学业困难学生实行“蓝色预警”“黄色预警”“红色预警”三个预警机制，实现对学业困难生点对点、全覆盖、零误差的预警提醒工作。预警学生接到预警通知，按步骤执行分析原因、制定计划、重点帮扶，各个环节一目了然，确保不让任何一个学生掉队。

三、工作成效及取得的经验

青岛科技大学高分子学院在加强优良学风创建过程中形成了“123”学风建设模式。三年来，学院就业率超过97%，70%以上的毕业生从事与本专业相关的工作；升学率超过50%。值得一提的是，2020年升学的同学中78%的同学考入了浙江大学、四川大学、北京化工大学等“985”“211”高校，20人升入英国谢菲尔德大学、新加坡南洋理工大学和日本大阪大学等全球知名高校继续深造，并涌现出了慧园甲北120和129两个“学霸宿舍”（每个宿舍6名同学均被“985”“211”高校录取）；科技创新成绩突出，在中国“互联网+”、挑战杯等国家A类比赛中获得全国铜奖2项和山东省银奖4项，学生公开发表学术论文达100余篇，15名同学被评为山东省大学生优秀创客，学风建设取得了较好的效果。

对于优良学风创建，高分子科学与工程学院在工作实践中逐步总结出如下经验。

（一）认识到位，切实提升学风建设效果

要站在学风建设是新工科人才培养的必然要求，是加快高校内涵式发展的迫切需要的高度，统一思想、提高认识、达成共识。树立正确的舆论导向，形成良好的学习氛围，要把准问题脉搏，开出对症良方，切实把学风建设作为一项长期的任务，常抓常新，不断提升学风建设效果。

（二）工作在“理”，建立健全学风建设机制

要从实际出发、积极探索、勇于创新，形成领导有力、责任明确、协调配合的学风建设工作机制；要遵循教育教学规律、学生成长成才规律，充分发挥教师的

主导作用、辅导员的引领作用和学生骨干的示范督促作用，引领学风建设方向；要立足校情、生情，明晰不同时期、不同阶段、不同群体的学风建设重点，不断提高学风建设效果。

（三）服务用心，逐步形成全员育人格局

要心系学生成长成才，不放弃任何一位学生，也绝不糊弄任何一个学生，及时了解学生的思想动态、学习情况以及生活状况，用热心服务学生，用关心打动学生，用真心凝聚学生；要用心研究工作，不断提升自己的育人水平；要打造品牌，突出特色，不断形成“正学风，人人有责；学风正，人人受益”的全员育人格局。

获奖者简介

贾明明，男，汉族，国家三级心理咨询师、KAB创新创业导师，讲师。主要研究方向为大学生的思想政治教育。2010年研究生毕业后一直从事辅导员工作，现任青岛科技大学高分子科学与工程学院团委书记兼学工办主任、博士党支部书记、研究生辅导员。先后获得青岛科技大学先进工作者、优秀辅导员、十大杰出青年等荣誉称号近20项，发表论文10余篇，主持参与市厅级课题7项。先后获得山东高校辅导员优秀工作案例一等奖、山东省心理科学优秀成果三等奖等多项奖励。

获奖感言

很荣幸能够拿到这个奖项，作为一名工作11年的“老辅导员”，很感谢这个岗位让我在繁重的工作中成长，也很开心可以体会到作为老师那种“桃李满天下”的幸福感。本次获奖既是荣誉，更是鼓励。习近平总书记指出：“教师是人类灵魂的工程师，是人类文明的传承者，承载着传播知识、传播思想、传播真理，塑造灵魂、塑造生命、塑造新人的时代重任。”今后我将继续坚持爱心、热心、信心、责任心和上进心“五心”工作理念，牢记为党育人、为国育才使命，言传身教为培养德、智、体、美、劳全面发展的社会主义建设者和接班人做出新的贡献。

双“思”齐进

——让学生在阅读中实现思想与思维的双重进步

青岛理工大学机械与电子工程系　高鑫

一、基本情况

为深入了解当下新时代理工科大学生人文素养的状况，我于2020～2021学年第二学期寒假前在所带两个本科班级共78名同学中发放调查问卷，共发放78份，收回78份。通过十年学生工作经验，召开班会、座谈会并结合此次调查数据反映的情况，对理工科学生人文素养目前的状况及原因总结如下。

（一）理工科大学生因知识体系和培养方式的不同，对人文素养知识及认识严重不足

在问题“您了解人文素养的内涵吗？”中，回答“一般般”和“一点都不了解”的人数占了43.59％。根据新时代大学生的特点和以往带班经验，大多数理工科学生更着重于专业领域，缺乏人文历史类知识的积累，人文历史类知识的匮乏极其不利于其身心的全面发展。同时调查发现部分学生对思政课程不够重视，在课堂上仅仅是走马观花，无法深入理解，对新时代中国特色社会主义思想学习不够。就“对于相关的人文课程（比如思修和马原），您认同的是？”这一问题，仅有26.92％的学生认识到了思政课程的重要性，有25.46％的学生选择了“希望能具备一定的素养，但不知道怎么提高”一项。同时，在与学生的座谈中发现，在2020～2021学年第二学期的马克思主义基本原理概论考试中，部分学生感觉无法读懂题目，难以作答。从综合问卷数据来看，大多数学生认识到并认同人文素养的重要性，并且认可人文素养在今后发展中的作用，但是碍于社会导向、课业压力、学校措施等因素的制约，很少有机会提升人文素养，更有少部分学生缺少个人兴趣。因此，无论是人文历史还是思政教育，都要从创造机会、转变观念开始，让学生从心理上接受人文类知识的学习。对于“在下列提升人文素养的方式中，您最愿意下面哪一项？”，近75％的同学选择与读书有关的选项，因而从组织学生从培养阅读习惯入手，逐步地提升人文素养。

（二）个别同学对社会主义核心价值观理解不够透彻，三观上存在一定偏差

三观说到底就是一个人的道德素养，如今国际社会各种非主流思想纷繁复杂、良莠不齐，难免会对一个人尤其是青年大学生的道德养成存在影响。对于“您认为制约理工科大学生人文素养提升的主要原因有?”，有近70%的学生认为社会主流导向造成大学生忽视了人文素养的提升。古语有云：“才者，德之资也；德者，才之帅也。”德与才相辅相成，一个完备的人格，二者缺一不可，德才兼优是圣人，德胜于才是君子，才胜于德是小人，德才全无则乃愚人。错误的三观不利于学生求学和就业。阅读书籍，以辩证的视角从前人的智慧中寻找差距，弥补不足。

（三）红色教育不可或缺

近年来，习近平总书记在诸多讲话中多次引经据典，不仅展现出深厚的文化功底，更赋予经典新的时代含义，与当今我国社会主义建设紧密结合，让倾听者在一次次用典中回归到中华民族的初心。问卷调查显示，有近40%的学生对中国共产党的历史只了解主要脉络，甚至不了解。一个人只有了解了自己国家的历史才能够激起更深刻的民族自豪感和民族自信心；一个人只有了解了中国共产党如何诞生、发展、壮大，才能更加坚定自己的信仰；一个人只有了解了中国共产党如何带领全国各族人民浴血奋战取得了新民主主义革命的胜利，如何开创中国特色社会主义事业并不断发展、壮大，才能用灵魂去解读“祖国”这两个字的含义，才能无愧于我是“中国人”这个称谓。

二、组织实施过程

（1）寒假前，在两个班级中发放调查问卷。

（2）召开读书动员班会并进行座谈。综合座谈和调查问卷情况公布书籍类型和最低阅读量，将人文历史类和自然科学类书籍采取“1＋3”“2＋2”搭配的方式进行组合，要求学生根据自身情况制订详细的读书计划。

（3）班级团支书统计各班寒假阅读书单并留存。

（4）寒假中，在班级群同学之间相互督促学生完成阅读任务和读书笔记整理，并分享读书的乐趣。

（5）返校后，在班会上与学生讨论寒假读书情况，团支书将读书笔记收齐，对优秀的同学提出表扬和奖励，对于完成情况打折扣的，进行一对一的深入交流，找清问题的原因。

（6）针对寒假读书情况问卷调查，并对数据进行分析整理。

（7）根据调查问卷和跟学生交流的情况重新调整了读书方式和书籍的构成。

（8）此次活动目前已转入常态化状态。下一步将试点班级的成功案例进行推广从而以点带面，以班级带年级，以年级带系部的读书热潮，让新时代理工科的学生们在读书中成长，在读史中睿智，在读诗中灵秀，最终让理工科的学生们在阅读中实现思想与思维的双重进步。

三、工作成效

通过对读书成果的分析整理，结合发放的“理工科大学生寒假读书活动的感悟调查问卷”的结果和与学生交流的情况，取得的成效如下。

（一）学生对人文素养的重要性认同感增强

假期中阅读书籍种类十分丰富，涵盖人文历史、西方历史、人物传记等多个种类。对于“通过寒假的读书，对待人文历史知识的态度是否有所转变？”这一问题，94.87%的学生转变了对人文历史知识的态度，学习专业知识和人文历史，迈出了增强综合素养的第一步，激起了对人文社科的兴趣，提高了对思政课程的重视程度，为进一步更全面的发展打下基础。在寒假中学生以阅读代替无营养的娱乐消遣，保持求知的状态，使假期更为充实。

（二）对于纠正学生的三观起到了积极的引导作用

调查问卷数据显示，有47.44%的学生认为读书对提升三观和抵御外界诱惑有作用，更有46.15%的学生认为读书对此的作用很大。在阅读的影响下，学生的三观开始转变，树立了正确的人生目标，主动将书中的知识应用于实际生活。更有87.18%的学生加深了对中国共产党党史的了解，值此中国共产党成立100周年之际，当代大学生用党的传统和历史经验启发智慧，更加坚定理想信念。

（三）人文素养的提升由被动变主动

返校后在问卷调查和学生的交流中发现很多学生主动要求拓宽人文素养的范围和途径。调查显示，超过50%的学生认为当代小说、工具类书籍、人文报纸期刊也可纳入阅读范围，还有学生提出增加举办人文类讲座和报告次数，多组织多种形式的人文类活动等要求。阅读不分界限，优化书籍类型结构和阅读模式，以适应学生的实际情况，更好地汲取人文历史知识的养分。

（四）双“思”齐进，学生在阅读中实现思想与思维的双重进步

就问题“你认为阅读书籍是否有必要进入常态化状态？”，有42.31%的学生认为读书常态化很有必要，这一数据很能说明在本次寒假读书活动中学生获益匪浅。目前班级内读书活动已常态化，每每有学生在与我分享他们读书的喜悦和收获的时候，作为学生价值引领、思想引领的人民教师，个人的价值也得到了更多的体现。让学生在理性学习氛围中感受到更大的人文魅力和更多的人文智慧，坚持推进双“思”齐进常态化全系进程。学生们学会将碎片时间用于读书思考，其思维和思想必将因此而进步，未来走上工作岗位也将因此而受益无穷，成为实现民族复兴的栋梁之才。

获奖者简介

高鑫,女,汉族,副教授,硕士研究生学历,法学硕士学位。自 2011 年 3 月起从事学生工作,现任青岛理工大学机械与电子工程系党总支副书记、副主任。主要从事思想政治教育与学生心理相关研究,数年来一直从事学生工作。获得省部级奖项 10 余项和市厅级奖项 20 余项,目前主持科研项目 5 项,发表论文 16 篇。指导学生获得“挑战杯”大学生课外学术作品竞赛等国家级竞赛 3 项、省级竞赛 20 余项。

获奖感言

我的工作案例能够入选《山东省高校辅导员优秀工作案例选编(2020)》,是一份荣誉,更是一份激励。在未来的日子里,我将继续潜心求索,诠释对事业无上的追求;满腔热情,播撒对学生无尽的关爱;守望心灵,用心触动学生的灵魂;立德树人,致力于培养国之栋梁。教育无他,唯爱与榜样;赤诚无他,唯灵魂启迪梦想。我将始终牢记初心、实干担当、不断作为,在陪伴学生青春逐梦的路上砥砺奋进、灿烂绽放。

“云”家访让学生思想政治教育更“新潮”

——家访十三载，“访”出思政教育工作供给侧改革新动能

济南大学党委学生工作部　刘芝　徐岩

一、基本情况

国家主席习近平在2021年新年贺词中指出：“面对突如其来的新冠肺炎疫情，我们以人民至上、生命至上诠释了人间大爱，用众志成城、坚忍不拔书写了抗疫史诗。”疫情无情人有情，我们始终在路上。疫情面前，我们以战时状态、战时思维、战时方法、战时机制全力以赴做好学生思想政治教育工作，做到立德树人不停摆、教育管理不断线、服务关爱不缺席。从1月6日起，以“送温暖建平台，促就业助成才”为主题的2021年寒假辅导员家访活动如约启动，学校领导带领机关干部、学院领导、思政课教师、党外知识分子和辅导员班主任162人组成的23个工作组线上“奔赴”省内外46个地市、71个县区的171个学生家庭“云”走访。

二、组织实施过程

(一)“走访”+“回访”，“访”出决胜脱贫攻坚区域发展“新画卷”

“2020年，全面建成小康社会取得伟大历史性成就，决战脱贫攻坚取得决定性胜利。”我们始终坚持以学生为本，将回访与走访相结合，持续关注每一位家访学生成长和发展全链条，互联互通学生的梦想担当和家长的期待、社会的期望，以温暖有力的支撑，让更多的学生受更多的益，用学生满满的获得感折射国家经济社会发展进步的新变化。

1月8日下午，学校党委副书记张硕秋，党委常委、宣传部部长贾海宁等一行在土木建筑学院党员活动室通过视频连线的方式“回访”了在岗工作的2018届毕业生小朱。时隔三年，再见小朱时，他已经成为中梁地产的一名总经理助理，“感谢母校和老师对我的支持和鼓励，我一直将这份‘特殊的情感’铭记在

心，努力奋斗，改善了家里的经济状况，为父母翻新了老房子，我自己也买了房、买了车，过上了好日子。”小朱还特意制作了个人成长图谱记录这份“家访记忆”和“奋斗变化”。中梁地产马万祥先生表示，小朱工作非常努力，专业素养高、实践能力强，感谢学校为中梁地产输送了优秀的人才，同时他结合当前社会发展和企业需求，对学校人才培养提出了很好的意见、建议。张硕秋副书记对小朱心怀感恩、不懈奋斗的品格和行为表示赞扬，期盼小朱以优秀校友的身份常回家看看，与学弟学妹们分析个人成长经历与本人所在行业、区域的发展情况，并代表学校向中梁地产表示感谢，并期待学校和中梁地产未来在产教融合方面有更加深入的合作。

“艰难方显勇毅，磨砺始得玉成。”长期以来，我们通过建立健全全员参与、全程跟踪的走访回访机制，构建起了全方位、多角度、立体化的家访育人新生态，着力在产教融合和校企合作上做文章，在服务国家战略和区域发展上下功夫。以辅导员家访的视角探究改革开放的发展奇迹，探查乡村振兴的壮美画卷，展现学校高质量发展的建设成效，绘就学生发展的成长图谱，持续强化实践育人，引导学生把论文写在祖国的大地上。学校的“朋友圈”越来越大，学生的幸福感越来越强。

（二）“思政教育”＋“生涯教育”，“立”好教育评价改革立德树人“新标准”

“教育的实力和魅力，在于让每个人跟着发光体一起发光。”今年的家访，我们严格落实《深化新时代教育评价改革总体方案》，把立德树人成效作为评价的根本标准，围绕中央关心、群众关切、社会关注的问题，聚焦学生全面发展和终身发展，进一步深化家校同心共育、思政教育引领、生涯教育贯通，回答好“培养什么人”“怎样培养人”“为谁培养人”这一根本问题。

1月11日上午，学校党委副书记张硕秋等一行7人在学生成长空间视频连线“走访”自动化与电气工程学院2018级学生、济大繁星“弘毅之星”获得者小刘的家庭，与学生和家长共同探讨学生成长方案。“感谢领导老师们和润生生涯奖助学金捐助者、润生集团董事长孙凯先生对我的关心和帮助，我愿像孙凯学长那样，将自我成长与国家民族的命运紧密相连，不负所学，用专业和技术回报学校、回报社会。”小刘激动地说道。张硕秋说：“作为济大繁星‘弘毅之星’，你名副其实。学校‘以学生为本，关注两个比例、实现两个更多’的学生工作理念，就是要为学生搭建好平台，让你们能够按照党和国家的要求奋斗成长、立志成才。你的成长故事让我非常感动，也让我们的教育工作更有信心、更有底气。”小刘的母亲也全程参与了家访，虽不善言辞，但一句接一句的“谢谢”让我们看到了最朴实的话语背后流露出的真情。家访所在的学生成长空间虽“小”，关注的却是每一位学生的“大”成长。

近年来，我们坚持以立德树人为根本，以激活学生成长发展的内生动力和外在推力为导向，让思政教育“润物细无声”，让生涯教育“飞入寻常百姓家”。一是榜样引领，深挖学生教育着力点，开展“青春榜样 · 济大繁星”评选活动，用“榜样的力量”诠释“看得见的哲理”；二是生涯创领，驱动学生成长增长极，凝聚学院学科生涯教育特色，深化生涯教育“544”一体化模式，获山东省一流本科课程和学校首批课程思政建设立项，推动生涯教育融入思政教育，用生涯话语解开学生思想的“扣子”，拉直学生心中的“问号”。

（三）“线上线下”+“分众分层”，“用”活思想政治教育家校互动“新方式”

“兵者，以武为植，以文为种。武为表，文为里。”人民军队的文化自信与党和人民赋予的使命重托紧紧相扣，与筚路蓝缕的峥嵘岁月息息相关。今年家访中，我们特别注重慰问退役复学学生，了解他们在部队服役的经历与感悟，关心他们回校后的学习生活情况，感谢他们为国防建设做出的贡献，号召和鼓励更多的大学生携笔从戎、投身国防、绽放无悔青春。

1 月 8 日下午，学校党委副书记张硕秋等一行在体育学院党员活动室通过视频连线的方式“走访”退役复学学生小范的家庭，小范向领导老师们详细介绍了服役期间和退役复学后的学习生活情况。言语之间，流露出他为圆自己的军旅梦选择应征入伍的坚定和执着，表达了他对党和军队培养、学校和老师关怀、家庭和父母支持的感恩和感激。在观看了学院为小范精心制作的大学成长视频后，小范的父亲感慨地说道：“感谢学校领导和老师对孩子的教育，没有济南大学，就没有孩子的今天。”张硕秋说：“小范有志向、勤奋斗、知感恩，是你们的骄傲和自豪，也是我们大家共同的骄傲，非常感谢你们把这样好的孩子送到了济南大学。我们进行的是线上家访，我们对学生的爱永远‘在线’。”家访活动中，体育学院将退役复学学生风采编撰成册，主动用好大学生退役士兵开展国防教育和思政教育这本“活教材”。

我们针对不同学生群体分众分层开展家访，做到分类指导、突出重点、精准施策。面向山东生源建档立卡学生，我们撰写《致县委书记的一封信》，寄送到我校 222 名山东生源建档立卡学生所在的 85 个县区，与地方政府协同联动，进一步凝聚起全员育人合力，助力脱贫攻坚。面向少数民族学生，学校 4 位少数民族辅导员和 2 位新疆内派教师组成家访小分队，通过视频连线分头、分时、分区走访慰问 13 位少数民族学生家庭，并计划利用寒假时间努力实现对新疆籍少数民族学生“云”家访的全覆盖。寒假期间，我们持续开通心理援助热线和网络咨询辅导服务，24 小时“不关机”，在线守护学生的“心理健康”；发送《致学生的一封信》和《致学生家长的一封信》，宣传疫情防控知识和技能；开展“家教好故事”征集活动，深化家校之间的温暖对话和良性互动。学校民主党派基层组织、统战团体和部分党外知识分子组建了 5 支“同心 · 暖冬”家访小组，通过座谈会的形式慰问部分学院的少数民族学生代表，这也是学校全员育人、形成合力、全人发展的生动写照。

今年的辅导员家访，我们通过“云”在线的方式，拨开疫情阴霾，让爱与温暖打破时空的阻隔，来到更多学生身边，辅导员、班主任瞬间化身“网络新主播”，用责任与情怀为学生成长“代言”，用初心和使命为思政教育“带货”，打造家访育人实践活动更多的“流量款”和“网红款”。在将家访工作规定动作“常数 K”做到位的同时，各学院也结合专业特点和学科特色，将家访工作自选动作“变量 X”做出彩，推进思政教育“K＋X”模式建设。放假离校前，各学院通过深入学生公寓召开学生座谈会、定制济大文创纪念品、发放暖心大礼包、组织返乡包车、补贴回家路费等形式，与学生面对面交流、心贴心沟通、点对点助力，拓展家访路径，创新育人机制。

三、未来展望

人虽在千里之外，心却在咫尺之间。今年的家访，在严格落实当前疫情防控要求的同时，变线下为线上，变集中为分组，变规定为延展，用“云”端上的“相聚”成功助力思政教育提质增效，传递立德树人的如炬初心，回归立德树人的如磐使命，构筑起政府给力、学校发力、社会聚力、家庭助力的“四位一体”育人大格局。党的十九届五中全会高屋建瓴擘画的宏伟发展蓝图，也为走进新时代的中国教育吹响了“集结号”，站在“两个一百年”的历史交汇点。我们用家访写下思政教育的时代故事，用星光点亮奋斗者前进之路，在推动学校高水平大学建设和高素质人才培养上换挡加速，全员、全过程、全方位为党育人、为国育才。

获奖者简介

刘芝，女，汉族，中共党员，硕士研究生学历，讲师。自2001年起从事学生教育管理服务工作，研究方向为思想政治教育。现任济南大学党委学生工作部（处）武装部部（处）长。

获奖感言

自2001年起，济南大学辅导员家访活动已持续开展了21年。21年间，我们始终坚持“以学生为本，关注两个比例，实现两个更多”的学生工作理念，累计2415人次深入3453个学生家庭走访，足迹覆盖山东16个地市、137个县区，并涉及北京、天津、海南、新疆等全国部分省市，同时阶段性回访学生196人，先后与213家企事业单位合作，建立就业实习基地191个、创新创业基地120个，投入资金共计240余万元，构筑起了学校、家庭、政府、社会“四位一体”育人新模式，实现了从辅导员“单打独斗”到学校上下“全员参与”和学生从“输血功能”到“造血功能”的转变。时任中共中央政治局委员、国务院副总理张德江，时任中共中央政治局委员、国务委员刘延东，时任山东省委书记姜异康等领导分别对济南大学开展“百名辅导员访百家”活动作出重要批示。《光明日报》《中国教育报》《中国青年报》、中国教育电视台、人民网、新华网、《齐鲁晚报》、山东电视台等百余家媒体对学校辅导员家访活动给予宣传和报道。《十年家访，“访”出思政教育供给侧改革新动能》入选第一批全国高校思想政治工作实践育人精品项目。

双维度激励视域下学风建设工作案例

——以聊城大学农学院为例

聊城大学农学院　孟喜龙

一、案例概述

作为辅导员，我发现班级学生学习主动性不高，缺乏学习动力与学业进取心，经常出现上课踩点进教室的情况；部分学生甚至出现旷课、逃课等现象。在课堂上，部分学生学习态度不端正，课后抄袭他人作业、实验报告。晚上，部分同学不睡觉，刷抖音、玩游戏到凌晨，白天浑浑噩噩，不仅学生本人上课打瞌睡，还影响到本宿舍的其他同学。让农学专业的学生青春更亮丽、青春更昂扬、青春更无悔，是辅导员的重要任务。

二、案例分析

综合性大学的农学专业普遍偏冷门，学生第一志愿报考率低、专业认同感差、学习动机缺乏。究其原因，一方面是学生对所学专业缺乏全面了解，同时受传统思想及社会风气影响觉得农学专业没出路；另一方面是自我管理能力薄弱、内驱动力不足，同时从宿舍到班级没有形成良好的学习氛围。为改变这一现状，我计划采取提升学生认知水平、加强纪律意识与解决实际问题相结合的方法，破解影响学风建设的现实梗阻，探索农学专业学风建设新路径，坚持以学生为本和以学业为要，以科技创新为平台，以拓宽就业渠道为出发点，以提升就业质量为落脚点，树立学生学好专业的信心。

三、解决思路及实施方法

（一）解决思路

学生成长环境对学生成才至关重要，从小群体环境（宿舍环境）、班级环境到年级环境、学院环境、校园环境，每名学生都拥有自我认知情感和能力，但有时学生自我管理能力、内驱力不足，这时要靠外在的制度约束和语言引导去激发他们自身潜能，激活其求知欲与主动性。由此，我以优化外部学习环境、丰富活动载体为抓手，激发学生内驱力，激励学生自主学习，促进学风建设。

（二）实施方法

1.以思想引领学，实现从“要我学”向“我要学”转变

注重思想引领，激发学生学习动力，采取线上、线下相结合的方式。线上定期发送专题文章，线下组织学生干部培训会、主题班会、第二课堂等，让学生了解新时代国家、社会、学校对人才的新要求，引导学生认清形势、主动学习，激发学生学习热情，树立“功成不必在我，功成必定有我”的理想信念。

2.以科研引导学，实现从“单领域”向“全方位”覆盖

科技创新是高校学风建设的重要课题，开展科技创新活动是学风建设的重要措施和手段，以科技创新项目、专业竞赛活动激发学生善于思考与求实创新精神，提高学生专业热情及专业技能。实行“一专业一竞赛”常态化，以赛促学、以赛促教，以国家级创新创业训练计划项目、大学生科技创新项目的申请和专业竞赛的组织为契机，全方位营造科技创新氛围，发挥其学风引领作用。

3.以学风督导学，实现从“塑身型”向“铸灵魂”升级

营造优良班风，以班风促学风。良好的班风是学生成长成才的沃土，学生参与班风建设，既是完善自我的内在需求，也能增强归属感和成就感。一方面，我对整个年级的班级实行量化考核学风评比，通过主题班会、经验交流会、优秀团组织建设等等，营造“比班风，正学风”良好的学习氛围；另一方面，按照多元化育人理念，通过五个“一”建设即一周去一次课堂，约谈一个学生，一月开展一次主题班会，进一次宿舍，和任课老师进行一次交流。对学生分类指导、分类管理，发挥学生骨干的中坚力量和优秀学生的带领作用，对后进学生帮扶督促，为优秀学生打开一扇窗，为广大学生打下一根桩，为后进学生垫上一块砖，让每一名学生都能成长为最好的自己。

小环境大影响，宿舍环境对学生成长起到潜移默化的作用，充分发挥宿舍育人功能，引导学生形成良好习惯。通过“我的学霸宿舍”“舍风优良宿舍”“考研宿舍展示”“舍长论坛”等活动加强宿舍之间、师生之间的交流。

4.以辅导促进学，实现从“独奏曲”向“交响乐”演变

针对部分学生学业无目标、方向不明确、缺乏动力，开展升级教育，根据不同专业不同年级需求不同，进行因地制宜的指导。大一以“规划大学生活，了解所学专业”为重点，以新生入学教育为契机，通过专业大讲堂、参与专业社团活动等让学生了解专业，引导做好大学规划；大二以“明确学习目标，夯实专业基础”为重点，牢固专业思想、夯实专业基础，通过专业实践、课程实习、创新创业训练项目、大学生科技创新项目等途径夯实专业知识与技能；大三以“加强应用

实践、培养创新能力”为重点，鼓励参与创新项目的学生发表学术论文，通过参加相关专业竞赛来提升创新实践能力，同时灌输继续深造是高质量就业的思想，引领学生去更广阔的世界和更高层次的科研平台开阔视野，丰富人生阅历；大四以“提升综合能力、实现高质量就业”为重点，对考研的目标学校、方向选择、心理调试、复试技巧等方面给予合理化建议和指导。

同时，对年级实行学业预警制度，对学业困难和不及格学生早干预，有针对性地指导，开展有效帮扶。

5.以专业实践学，实现从“学理论”向“导实践”跃升

专业实践是学生成长的有效途径，可有效弥补第一课堂存在的不足，丰富第二课堂内容。专业实践的经历，能使学生获得成功体验，增加自我效能感及专业能力，一个小成功会激发更大的自信和成功。一方面，依托国家级优秀社团——新农科技社，要求学生隔周要开展专业实践活动，跟随指导老师下乡服务、开展技术讲座及服务；另一方面，强化校企合作，在学院领导支持下建立与通威、大北农、艾格瑞奇等大型企业的合作关系，通过讲座、企业实训、奖助学金、实训班等方式，积极打造实践育人平台。

6.以榜样示范学，实现从“树典型”到“全覆盖”演进

榜样的力量是无穷的，注重以点带面，充分发挥榜样的引领作用。通过展板、网络、经验交流会、专题推送等多种形式，宣传国家奖学金获得者、省级先进班集体、学校十大优秀学生等先进个人或集体，宣传先进、学习先进。充分利用校友资源，发挥优秀校友引领示范作用，定期邀请校友做励志报告。

四、工作成效

(一)学生综合素质得到全面提升

一是学风建设取得成效。在学校学风建设考核中，学院多次名列前茅；在学生工作考核中连续多年获先进单位。二是学生专业学习成绩得到了提升。涌现了考研率高达75%的先进班级，在研国家级课题3项、校级课题5项的争先创优班级。学生的认同感、归属感越来越强。三是专业实践能力得到拓展。专业社团国家级优秀社团新农科技社获得2019年全国“十佳百优”创业社团，近三年获得省级以上荣誉40余项；学生在全国3D、动物医学技能、动物科学技能、“大虫子杯”昆虫知识竞赛、CAD比赛、挑战杯等省级以上专业赛事中获得奖项133项；涌现出山东省唯一在校大学生的援非志愿者、山东青年五四奖章获得者、山东省优秀志愿者、校长奖学金获得者、十大优秀学生等大批优秀学生。

(二)人才培养质量不断跃升

从“相看两厌”到爱上农业并希望在农业领域有所建树，学生专业认同感提

高、学习主动性增强,学院人才培养中心地位不断得到巩固,人才培养质量不断提升。经过多年探索,我所带班级考研率、就业率一直稳居学校前列,一次性就业率一直保持在90%左右,考研率保持在50%左右。

(三)创新创业人才培养模式深入人心

以创新创业项目、专业竞赛、专业社团为抓手,全面提升学生创新创业能力。“一专业一竞赛”常态化,创新项目立项作为提升创新思维和丰富大学生活的有效途径,主持或参与项目的同学在校期间的生活变得更加充实,学生思想上更具有团队协作精神及创新思维,学生创新创业能力得到全面提升。班级学生仅2017年就获批国家级创新创业项目35项、校级46项,2019年参加省级以上专业竞赛20项,获奖人数为40余人次,发表学术论文十余篇。

五、案例启示

(一)心有所信,方能行远

加强理想信念教育,为学生点亮理想的灯,照亮前行的路。学风建设不仅是学习氛围的形成,更是学生全方位的提升。将小我融入到大我中,将个人命运同祖国建设与民族复兴相结合,用中国梦激扬青春梦,方能有更持久的动力。新时代“三农”发展背景下进行专业教育,依托乡村振兴、美丽乡村建设,推进现代农学院创新发展,为国家“三农”政策落地与乡村振兴输送农业科技人才。

(二)建立“教、学、管三位一体”的人才培养模式

育人是系统工程,新农科背景下要建立教、学、管三位一体人才培养体系,形成合力。“教”要解决老师如何将学生吸引到课堂上去,提高“教”的质量,讲课的形式、方法、内容均要与时俱进;“学”要丰富载体,创新形式,稳定专业思想,激发学习热情与内驱力;“管”要提高学生的自律,辅助他律,加强引导与管理。

另外,从宿舍、班级、学院、学校等教育生态环境来看,应该营造与提供有利于个体协作、竞争、成长的氛围与激励机制。

获奖者简介

孟喜龙，女，汉族，硕士研究生学历，副教授。2006年7月开始从事辅导员工作，主要从事学院资助工作，担任116名学生的班主任。研究方向为大学生思想政治教育、资助育人。曾荣获山东省高校辅导员2020年度工作案例一等奖、山东省教学成果奖一等奖、山东省大中专学生志愿者暑期“三下乡”社会实践活动优秀指导教师、第六届Solidworks大学生三维CAD设计大赛优秀指导教师、聊城大学第五届十佳辅导员。所带班级多次获得校级先进班集体标兵、山东省优秀班集体等荣誉称号。

获奖感言

十余年的辅导员生涯中，大多数时间在忙于处理各种日常事务，只知道低头拉车，鲜少仰望星空。这次工作案例是自己分管学院多年学生工作的实践、总结以及思考，获一等奖有点小惊喜，当然也给了自己莫大的信心和鼓舞，这既是对自己既往工作的肯定，同时也指明了今后工作的方向——研究性工作。辅导员工作的广度和强度有目共睹，但真正要实现师生共成长的目标或者说想走得更远，肯定还是要在深度和高度上狠下功夫。

学风引领树新人，科创驱动谱新章

——构建学风建设长效机制工作案例

山东建筑大学材料科学与工程学院　张姿　武岳

一、基本情况

2016级材料科学与工程专业新生入学后不久，就有不少学生向我咨询转专业的相关问题。初入大学，便提出这样的疑问让我非常困惑，于是，我在班级中展开调研，结果发现学生存在“一低两高三多”的特点，一低即一志愿报考率低，只有20%。两高即调剂率高，达到50%；转专业率高，达到10%。三多即农村学生多、外省学生多、贫困生等特殊群体学生多。在这样的生源状况下，学生的学业生涯发展存在许多共性问题：一是学习目标不明确、学习动力不足、不良学习现象存在，部分学生出现厌学情绪，迟到早退、旷课、抄作业、考试作弊、重修等现象时有发生；二是专业认同感和归属感很低，一部分学生在入学时就在心理上对本专业抱有抵触心理，每年转专业率在全校居高不下，对所学专业有排斥心理。

总体看，学生生源质量不高、对专业的认可度低，学风建设成为亟待解决的问题。

二、组织实施

针对以上问题和困难，我便以教育学生树立远大理想、明确学习目的、端正学习态度为中心，以生涯设计和科创能力培养为抓手，以日常精细化管理为保障，以制度建设为重点，着力构建学风建设的长效机制，以“点”的推动到“面”的联动，点面结合，努力培养品德高尚、学业精良、体现学校和学院特色并具有创新精神和实践能力的高素质人才。

（一）以思想教育为先导，为培育优良学风提供内在动力

定期调研新形势下学生思想上出现的新问题，有的放矢地从体制、机制、方

法、手段、载体、内容等多方面改进和加强思想政治教育。一方面引导学生树立正确的世界观、人生观、价值观，端正学习态度，树立远大理想；另一方面，把思想政治教育与解决学生在学习、学业、学风方面的实际困难结合起来，努力提高思想教育的主动性、针对性和实效性。

充分发挥学生党员、学生干部在学风建设中的模范带头作用。把抓好学生党员、学生干部的学风建设作为重要切入点，推动学风建设与学生组织自我教育、自我管理、自我服务的职能结合起来，形成你追我赶、相互促进、共建学风的良好局面。

（二）以学业指导为重点，为培育优良学风提供资源保障

充分借助协同育人合力，根据学生不同的成长阶段、不同的学习特点进行分类指导。低年级阶段，邀请教学科研骨干担任班级导师，开展针对性的学业指导，开展学习教育和专业认知教育，使学生对自己所学的专业有一个明确的认识；进入高年级，邀请责任心强的教工党员担任学生帮扶导师，为学业困难、毕业困难的特殊学生群体开展一对一、一对多的重点帮扶。

实行朋辈导师制，发挥研究生群体在本科生学业发展方面的作用，引导学业困难学生端正学习态度，形成良好学习风气。要求每位朋辈导师根据班级情况制订帮扶计划，做到每个周“三个一”，即“一了解、一检查、一督促”；做到每个月“三个一”，即“一监督、一谈心、一总结”。帮助学生合理规划时间，优化学习方法，使学生不断明确各阶段学习目标、学有方向、学有动力，促进学生自主学习，养成终身学习的习惯。

同时，要求学生定期与班级导师、朋辈导师联系，向导师汇报自己近期学习的情况和遇到的困难，主动寻求导师的指导和帮助，及时改进自己的学习方法，提高学习效率。

（三）以生涯规划和科创能力培养为抓手，为培育优良学风提供能力支持

建立学业生涯规划和职业生涯规划指导内容体系，针对不同年级开展分类指导，整合教师、就业辅导员、高年级学生骨干等校内资源，发挥优秀校友和合作单位的力量，引导大学生认识学业生涯规划的重要性，了解所学专业现状及发展前景。通过测评、咨询和分析等手段了解大学生职业意向和潜能，明确大学生职业发展的目标，确立大学阶段的学业目标和职业发展目标。

由于都是工科类学生，学院将科创能力作为学生素质培养的关键要素，构建了“科技创新领导小组、科技创新导师团队、院团委科创中心、大学生科技创新团队”四位一体的科创育人模式。我便借助这一模式，将科创作为学风建设的重要抓手，把学生的兴趣引导到科创上来。低年级阶段以开放性实验、科创类讲座为契机，推进科创兴趣普及；高年级阶段以学术科技竞赛为契机，着重科创能力提高。对有兴趣组队申报科创项目的学生，帮助他们组建知识结构分布合理的学生科技创新指导教师团队，为参与科技创新活动的学生提供专业技术指导。

（四）以管理服务为手段，为培育优良学风提供基础支撑点

加强日常管理，在早操、课堂考勤、晚自习、晚点名、晚熄灯、公寓卫生安全等方面进行精细化管理和统筹量化管理，每周公布各班级本周内的日常考核成绩和违纪情况并予以奖惩。

严格学业预警制度，建立学风档案。以学生在校学习生活的全过程为出发点，通过学校、家长、学生之间的沟通与协作，面向每一名学生构建多元一体的警示工作系统，将传统的“事后处理型”管理模式改为“事前、事中预防型”的管理模式。建立健全成绩预警、学籍异动预警、毕业预警等制度，完善一对一帮扶机制、重点关注机制、定期谈心机制、分级监护机制和定期反馈机制等配套机制。

深化激励机制，开展典型示范教育。规范评奖评优流程，以各类奖学金评定和学生荣誉评选为契机，挖掘贴近学生实际、具有代表性的先进典型并进行广泛宣传，发挥榜样引领作用。

三、工作成效

（一）考研率、就业率稳步提升

2016 级本科毕业生升学率在 20％以上，位于学校前列，其中考取“985”“211”院校的约占升学学生总数的 50％。学生就业率均保持在 95％以上，就业单位中，中建、中铁、中国水利水电等大中型企业占据半壁江山，就业质量较高。此外，还有部分学生考取选调生、出国留学等。

（二）管理成绩显著提升

各项日常管理成绩显著提升，学生的早操成绩在学校平均排名中名次靠前，晚自习、课堂出勤率达 99％。学院自律会也在学校评比中取得第一名的好成绩。

（三）科创成绩屡有突破性斩获

学院科创氛围日趋浓厚，参与率和获奖团队数量创新高，成效显著，并荣获“山东省创客之家”荣誉。学院每年培育组建 40 余支创新创业团队，学生参与率近 60％。每年科技竞赛省级以上获奖、专利、论文发表达 300 余人次，占学生总数的近 20％。成功立项国家级大学生创新创业训练计划 35 项，荣获“挑战杯”竞赛国奖科创团队 2 项，“互联网＋”大赛国奖科创团队 2 项，省级科创团队金奖 6 项、银奖 6 项。

（四）涌现了一大批优秀典型

从十大优秀学生到校长奖章，学校的多个评优舞台上，总会有材料学子脱颖而出。从省级优秀学生干部到国家奖学金获奖学生代表，材料学子代校出征，总能为学校赢得荣誉与喝彩。学生个人和集体获奖层次和数量稳步提升。

四、工作启示与反思

（一）重视思想政治教育，把脉学生“为谁学”

高校思想政治工作关系培养什么样的人、如何培养人以及为谁培养人的根本问题。因此，“为谁学”是学风建设的首要主题。通过教育引导，帮助学生树立高尚的人生观、价值观，把学习的个人意义和社会意义有机地结合起来，把个人理想与建设祖国的理想相统一，用青春梦激荡中国梦，“为中华之崛起而读书”，为中华民族伟大复兴而读书。

（二）发挥协同育人合力，把脉学生“怎样学”

学风建设的主体不是单一的学生，也不是辅导员与学生的二元互动，而是包容性很强的统一整体，离不开教学、管理、科研和服务人员的共同培育。学风建设需要抓好专业教师、管理人员、学生骨干三支队伍，融教书育人、管理育人、朋辈育人为一体，把学业支持力量一元变多维，形成合力育人新生态。

（三）搭建自我实现平台，把脉学生“学什么”

在马斯洛需求层次理论中，自我实现是最高级的需求。应充分利用各种资源，结合当代大学生实际情况，为学生创建自我实现的途径。通过搭建各类平台，开展学术科技竞赛、社会实践等活动，引领学生学习方向，培养学生学习兴趣，建立学业自信。

获奖者简介

张姿，女，汉族，中共党员，发展与教育心理学硕士，讲师。国家二级心理咨询师，国家创业指导师。现任材料科学与工程学院团委书记、学生科长。发表论文 3 篇，主持或参与省级课题 2 项、厅级课题 1 项、校级课题 4 项，参编著作 1 部。曾获山东省大学生心理健康教育优秀论文一等奖、山东省心理健康节团体辅导大赛（教师组）三等奖。指导学生参加“互联网＋”大赛，获全国铜奖。

获奖感言

学风是大学精神的集中体现，学风建设是一项系统工程。我院学风建设长效机制不断完善的背后，凝聚着全学院协同育人的思想共识和扎实行动。沉甸甸的荣誉是肯定与鼓舞，更是责任与鞭策。一切过往，皆为序章，作为身处高校思想政治教育工作一线的辅导员，未来我将积极把握新时代大学生成长成才规律，聚焦学生学业发展与全面成才，引导学生回归学习本位，强化青春报国初心使命，力促学风上扬，培养时代新人。

真心向党，悉心育苗

——开展大学生入党积极分子教育培养工作案例

鲁东大学资源与环境工程学院　杨春娟

一、案例介绍

在开展“新时期学生党员保持理想信仰和党性修养的调查研究”问卷调查和访谈活动中发现被访学生存在理论素养不够高、理想信念不够坚定、党性修养不足、党员意识不够强、入党动机不够纯等一系列问题。结合当前党员发展、培养和教育过程中存在的重发展轻培养、重数量轻质量、重说教轻实践等问题，我意识到要建设一支数量较多、素质较高、结构合理的大学生党员队伍，首先要把好入口关，做好入党积极分子的选拔和培育，把入党积极分子队伍建设作为提升党员队伍整体素质的基础性工程，作为为党育人、为国育才的重要抓手，抢占时机、多措并举，做到“早育苗、多育苗、育好苗”。

二、组织实施

育苗工程着眼于保证数量、提高质量、主动作为，把优秀青年学生凝聚到党的队伍和事业中。按照教育培养入党积极分子“有人管、有阵地、有载体、有活动、有氛围”的标准，探索实施“一五一十”入党积极分子育苗工程，即一个目标——提高入党积极分子数量和质量，五个到位——把握好关键期到位，加强宣传力度到位，条件保障措施到位，发挥党员模范作用到位，针对性教育引导到位，一个模式——“学做结合”模式，十个平台——一站、一屏、一馆、一窗、一柜、一栏、一岗、一室、一家、一群。

（一）抢抓时机早育苗

1.把握好关键期

新生入学之初，组织党员教师和学生党员结合新生入学教育、军事训练、主题团日活动等，讲好党的故事，传播红色文化，发扬红色传统，宣传党员在新冠肺炎疫情防控、抗洪抢险、保家卫国、学习科研等方面的典型事迹，激发新生入党热情。

2.加强宣传力度

建立辅导员、班主任、党员班助、正式党员与新生谈心谈话制度，深入宣传党的创新理论、中华优秀传统文化和革命文化，进一步培育弘扬学生的社会主义核心价值观，提高他们对党的认识和自身的思想觉悟，在找寻初心中坚定爱国之志，增强他们争做一名共产党员的光荣感。

（二）精准施策多育苗

1.增强条件保障平台

打造十个平台，即学生公寓党员工作站、党建电子屏、红色文化网上教育馆、时政要闻板报窗口、读书交友之党员书柜、校园党建专题宣传栏、发挥作用先锋岗、党员活动室、党员之家、党员QQ和微信群。通过集中学习、观看视频、专家讲座、专题研讨、交流互动等形式，在潜移默化中增强入党积极分子对建设中国特色社会主义事业的责任感和使命感。

2.发挥党员模范作用

坚持和完善入党积极分子联系培养制度。根据入党积极分子的自身特点，精心选派两名政治素质高、责任心强的正式党员作为入党积极分子的培养联系人，由培养联系人按照培养计划和要求对入党积极分子进行党的基本知识、党的历史和优良传统等方面的教育，定期了解入党积极分子的思想、学习、生活等方面的情况，帮助他们解决思想困惑和实际困难。

3.加强针对性教育引导

认真落实入党积极分子思想汇报制度。入党积极分子每季度至少做一次书面的思想汇报，培养联系人结合思想汇报和日常表现情况做出综合评价并记入积极分子考察表。在平时有针对性地引导他们正确对待自己存在的问题和不足，明确努力方向。

（三）学做结合育好苗

1.特色活动有创新

以开展野外实习为契机，充分利用北京、西安、大连、烟台、青岛、泰安、临沂等实习基地的红色教育资源，将思政教育和专业学习相融合，组织入党积极分子遍访革命故地和红色热土，拓展理论深度、实践力度和情感温度，培养他们的国土认知、专业认同和家国情怀。

2.现场教学有情怀

依托胶东公学历史陈列馆、天福山起义纪念馆、郭永怀事迹陈列馆等胶东红色教育基地，组织入党积极分子开展“访胶东红色教育之旅”系列特色教育活动，进行现场爱国主义教育、革命传统教育和理想信念教育，不断提高入党积极分子的思想觉悟。

3.发挥作用有担当

开展入党积极分子“百时奉献日”“责任区”“服务队”“先锋岗”等系列活动，大力实施“形象工程”，组织入党积极分子在学习、生活、社会实践和疫情防控等工作中树形象、亮身份，以实际行动在“勤学、修德、明辨、笃实”等方面做表率。

三、工作成效

“一五一十”入党积极分子育苗工程坚持“规定动作”和“特色创新”并举，贴近实际、贴近生活、贴近学生，学生党建和思想政治工作的针对性和实效性得到了大幅提高。入党积极分子思想政治素质的提高，带动学院学团工作不断进步和党建工作进一步提升。

学院地理信息科学专业的党员和入党积极分子发挥地理学专业特色和技术优势，制作了“鲁东大学红色文化场馆三维教育平台”，设计开发了“鲁东大学红色文化网上教育馆”，拓展了新时代基层党性教育新平台。人民日报“人民号”、新华网“新华号”、《中国教育报》等专题报道了有关做法。

学院党总支获批第二批“全国党建工作标杆院系”培育创建单位；开展的特色鲜明的《让“两学一做”在野外实习中见实效结硕果》被教育部评为第二届全国高校“两学一做”支部风采展优秀案例；学院被教育部高等教育司列为教育部产学合作协同育人项目的爱国主义教育基地；学院连续多年被评为鲁东大学“党建工作先进单位”；学院团总支获评鲁东大学“红旗团总支”。

四、案例反思与启示

（一）唱响主旋律，打好主动仗，增强党组织的凝聚力和吸引力

大力实施“一核两驱”党建工程，切实发挥党支部的战斗堡垒作用和党员的先锋模范作用，加强支部标准化、规范化、品牌化、特色化建设，建强基层党组织，增强组织吸引力，奋力展示新时期党建工作新作为。把握好时机，及早发现和培养好苗子，有针对性地加强教育和引导，着力培养“爱国、励志、求真、力行”的时代新人。

（二）学做结合，知行合一，不断提高青年学子的思想政治觉悟

将思想政治教育和丰富多彩的学生德育教育有机结合，通过主题团日、专题讲座、社会实践等方式加深学生对党的认识，培养他们的家国情怀，坚定他们听党话、跟党走的信念。通过“双认领”“双培养”党建项目的实施，发挥党政领导、班主任、辅导员和优秀党员的思想引领和示范带动作用，激发入党积极分子的政治热情，释放青年学子为党为国贡献力量的激情和干事创业的热情。

（三）提高素质，增强党员意识，充分发挥入党积极分子的主体作用

坚持把入党积极分子在平时的表现与在重大事件中的政治立场、关键时刻

的现实表现结合起来，把入党积极分子完成组织分配任务和发挥模范带头作用情况作为确定党员发展对象的重要考察内容，在实践锻炼中增强入党积极分子的党员意识并提高其综合素质。组织入党积极分子主动帮扶生活困难、学习困难、心理困难的同学，在疫情防控关键时期挺身而出参与地方志愿服务工作等，让入党积极分子切实发挥模范带头作用。

大学生入党问题事关党和国家事业发展，是培养社会主义合格建设者和可靠接班人的需要，是加强党的执政能力的需要，是构建和谐校园与构建和谐社会的需要。把好入口关，不断增加入党积极分子的数量，不断提升入党积极分子的质量，具有重大的现实意义和深远的历史意义。因此，实施“育苗工程”成为提升当前入党积极分子教育培养工作的有效工作方法之一。

获奖者简介

杨春娟，女，汉族，讲师，硕士研究生学历。从事学生工作 13 年，主要研究方向为思想政治教育、党建。现担任鲁东大学资源与环境工程学院正科级组织员，主要从事党建工作。2019 年被评为山东省大中专学生志愿者暑期“三下乡”社会实践活动优秀指导教师，2020 年获山东高校辅导员优秀工作案例一等奖，2021 年被鲁东大学党委评为“优秀党务工作者”。

获奖感言

读懂学生、引导学生、用心用情领航青年学子成长成才是高校辅导员的主责主业；聚焦思想政治教育、党团和班级建设、学业指导、心理健康教育、网络思想政治教育、职业规划与就业指导，立柱架梁、夯实根基，构筑起大学生思想政治工作的四梁八柱，是我们的初心和使命。以案例总结的方式回顾工作，收获了思考、收获了感动、收获了力量，为我们走好走实走远专业化、职业化道路指明了道路、增强了信心。

用"绣花"功夫引导就业观

山东财经大学金融学院　陈玉林

日暮堂前花蕊娇，争拈小笔上床描。
绣成安向春园里，引得黄莺下柳条。

——唐·胡令能《咏绣障》

刺绣之法，匠意于心；绣料为基，针法变幻；借色补颜，清隽活现。

近年来，社会经历宏观经济转型调整，金融人才的需求标准也发生了变化，企业对高水平业务人才、复合型人才需求迫切，这也对高校学生培养提出了更高要求。而大学生自我就业呈现出预期过高、难以适应竞争市场的特点。作为金融学院2018级本科生辅导员，我理应做到眼中有尺、心中有量，用"绣花"功夫引导学生树立正确的就业观。

一、心中有天地，落针皆从容，挖掘升学与就业方面的四大矛盾

2020年初，我对学生进行了就业摸排，发放有效问卷427份，回收有效问卷404份，有89%的学生有意向继续深造，借鉴历年的情况分析，学生在升学与就业方面存在以下几大矛盾。

1.我院研究生教育对高水平学生需求量大，而本科优质生源流失严重

大量学生以"两财一贸""双一流"高校作为自己将来深造的目的地，意向为本校的学生占比只有23.88%(见图1)。报考名校扎堆，学生的专业意向相近，金融学硕(占比24.75%)与专硕(占比64.36%)的集中度最高(见图2)。

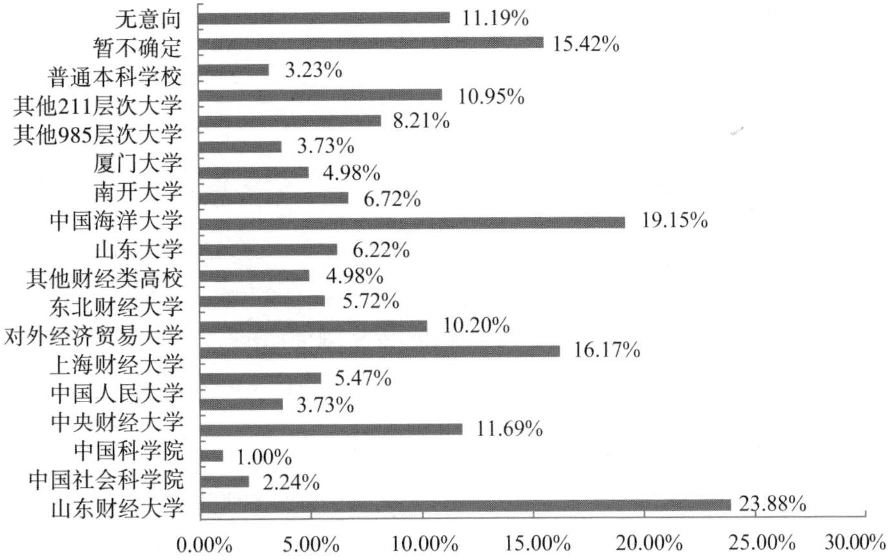

图 1　意向院校报考百分比

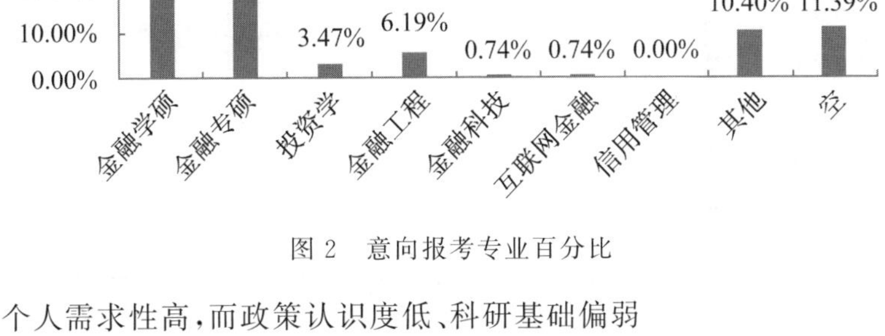

图 2　意向报考专业百分比

2.个人需求性高，而政策认识度低、科研基础偏弱

学生在研招政策上集中关注普通招考（见图 3），对其他通道了解不全面；学生普遍存在科研基础偏弱、论文发表量低、文献检索能力薄弱的问题，与部分高水平院校存在一定的差距。

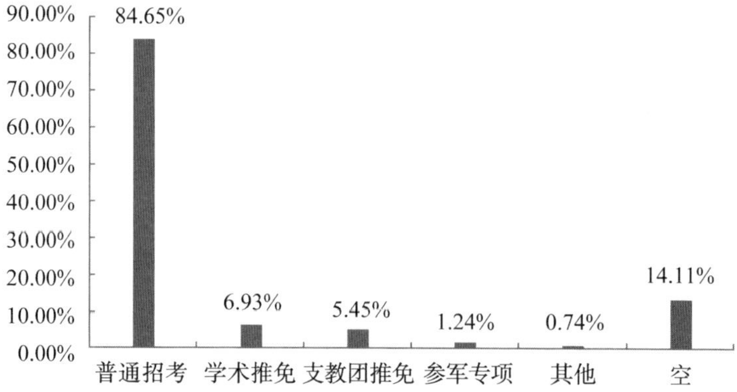

图 3　考研通道关注度百分比

3.就业市场提供的岗位丰富，而学生个人规划形式单一

受社会舆论影响，很多学生一入学就容易犯考研“一根筋”的误，在就业方面积极性不高，缺乏主观能动性，截至 2020 年初，没有参加过招聘会的大二学生占 75.99%（见图 4）。实习经历少，求职目标性不强，有过实习经历的学生占比仅有 14.85%（见图 5）。相应的，没有实习经历，就很难确定自身的求职标准，然而有明确的求职目标的学生占比仅有 7.67%（见图 6）。面对考试失利，没有及时做出应对，从而产生严重的毕业焦虑、就业恐惧。

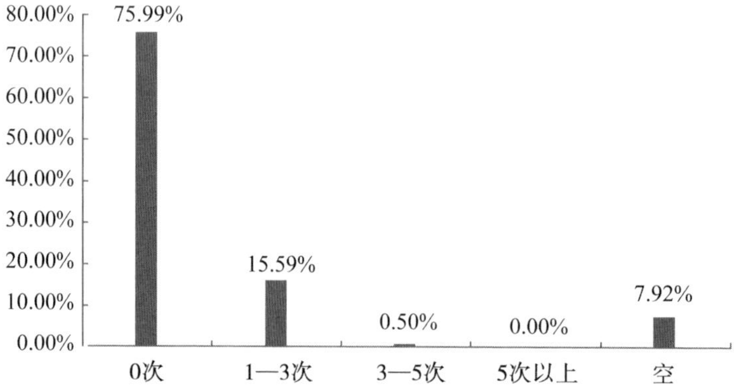

图 4　参与招聘会次数百分比

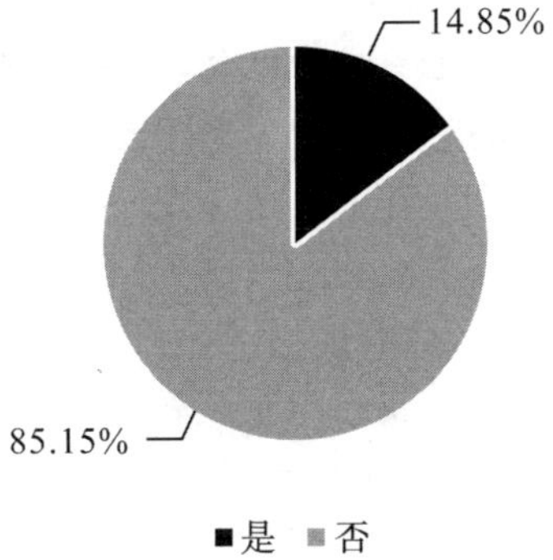

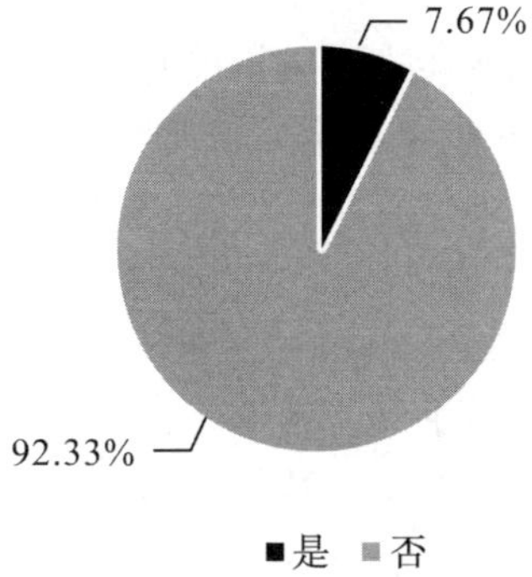

图 5　是否参加过企业或社会实习统计　图 6　是否有明确的求职目标统计

4.就业锻炼机会多，而择业就业应对能力偏弱

金融专业已经成为全产业链发展的一种“应对工具”，与其他岗位和专业具有很强的兼容性，体现在就业岗位众多、就业层次较高等方面。但学生的实际择业就业能力，尤其是科研能力、团队协作能力和语言表达能力却与社会需求不匹配。

二、科研为“针”，十指春风，帮助学生获得就业“硬通货”

1.多点入手，帮助学生建立学科荣誉感

自 2018 级学生入学以来，我利用年级大会、班会等形式，结合金融学院近年来的学科发展特点，从山东省内外就业现状分析展开，向学生重点介绍我院研究生教育的亮点，邀请学院院长、中青年教师、新入职教师从多维度分析我院研究生培养优势，帮助学生建立学科荣誉感。

2.拓宽研招渠道，引导学生争做科研预备军

作为一名获得学术推免和支教团推免的双推免生，我对国家的研招政策有着更深入的了解。一年来，我充分利用自身所学，结合我校研招政策指导，以推免为引线，引导学生把培养研招面试、应聘能力功夫用在平时，以实战面试、学术论文撰写、文献检索能力为着力点，让学生赢在起跑线上。

3.依托校企实践基地，引导学生以科研为抓手，获得就业“硬通货”

鼓励学生在学好专业课的同时，深入永安期货、太平洋寿险等校外明星实践基地学习受训，结合“三千计划”暑期社会实践课题，让学生在实践中提升科研素养和业务能力，获得就业“硬通货”。

三、借色补颜，绣绘并用，用好校内校外两手资源

1.强化求学、就业“两条腿”走路的观念

我从就业实际角度出发，在职业规划课和主题班会上向学生灌输“两条腿”

走路的就业观念，在保证考研复习进度的同时，做好就业各维度的充分准备。包括利用职业能力素质拓展月、大学生成长与发展课等媒介，开展面试培训和指导，通过学生干部能力培训班进行公文写作指导，鼓励学生多参加科创比赛，积极联系导师撰写科研论文，积极与研究生学生建立课题合作，利用课余时间走出去，寻求企业实习岗，为求学和就业做好两手准备。

我也积极承担相关课题，与学生一同组队，培养他们的科研思维和团队意识。为了让学生弄清楚考研、调剂等政策性信息，我还与学院教学秘书合作，通过线上指导帮助学生做好报考的基础性工作。而为了更加全面帮助学生建立正确的求学观，我还邀请了本校和校外升学、就业、出国等优秀学生代表，进行毕业“声”分享会，就复习、报考的细节问题进行共享交流。

2.引导学生拓宽就业方向，建立正确的就业观

在基层就业方面，我吃透近年来国家对应届毕业生的就业扶持政策，鼓励学生到基层去，到落后地区去，用自己的青春汗水支援国家建设。积极引导学生参与大学生支援服务西部计划、山东计划、研究生支教团、“三支一扶”等政策性就业，充分挖掘素材，利用年级大会为学生科普基层就业对自身发展的优势。

3.充分挖掘就业信息，分门别类引导

在就业规划方面，我根据学生的就业地点意向统计（见图 7），分类推送招聘信息。积极向学生推广各省、市的人力资源和社会保障部门、人事考试部门网站以及山东省教育厅招生考试院、山东高校毕业生就业信息网、高校人才网、智联招聘等校外线上线下招聘平台，结合我校就业指导处的公众号推送、年级 QQ 群等媒介平台，实现招聘信息全方位、立体化推送。

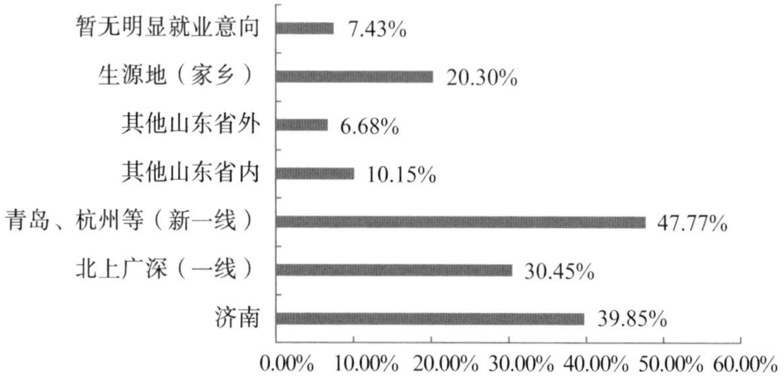

图 7　就业地点意向百分比统计

四、绣者，不拘古法，审时度势，方覆千头，而清隽活现。紧跟时代步伐，结合社会需求，有效提升学生就业竞争力

作为“教育部‘三全育人’综合改革试点院(系)”的一员，我始终做到把全员、全过程、全方位育人放在就业工作的重要位置，将学生就业竞争力培养作为衡量工作质量好坏的重要指标。提升学生就业竞争力的过程就是不断发现问题，并结合社会需求不断解决问题的过程，为此我制定了“绣花”路线(见图 8)。

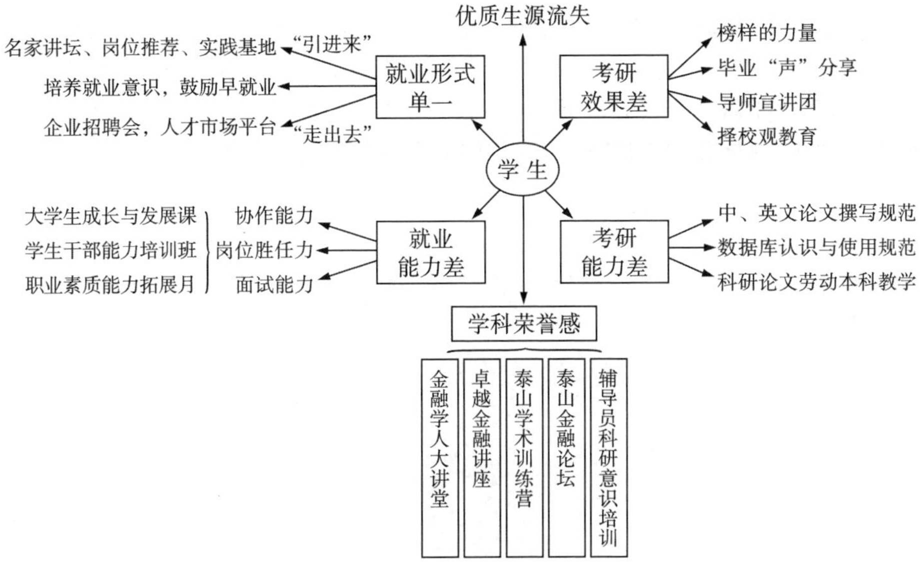

图 8 “绣花”路线

五、“绣花”成效细针密缝，灼灼其华，学生综合就业实力显著提升

1.科研素质提升明显

学生掌握了基础论文撰写的架构。所带专业闫某、郭某、廉某等人都以第一作者身份发表了 SCI、中文核心等期刊论文。

2.科创竞赛参与高涨

以国创计划为例，2018 级学生参与率高达 80%以上，其中 2019 年，作为新生组队的数量(队长身份)25 支，超过校队伍总数的 1/6。其他科创竞赛无论获奖质量还是数量我校均遥遥领先。

3.意向在本校进行深造的学生比例显著提高

进入大三以来，学生更多开始关注本校金融(学)、法硕等专业的报考详情并积极主动与辅导员老师对接，全面了解我校研究生教育优势。

4.学生面试应对能力显著提高

三年来，通过集体面试培训，参加职业能力素质拓展活动和简历设计大赛等方式，学生在无领导小组讨论、结构化面试、简历设计能力等多方面显著提高。

后记

金融专业作为专业结合的“万金油”、全产业链发展的“应对工具”，对金融类人才提出了更高的要求：团队协作、语言沟通、环境承压、科技产业驾驭和多产业融合能力已经上升为金融类毕业生是否优秀的参考标准。未来，作为高校辅导员，我们要做的不仅是关爱学生、服务学生，更要像“绣花”一样，帮助学生形成精细化、立体化的发展格局，投身伟大中国梦的建设进程。

获奖者简介

陈玉林，男，汉族，硕士研究生学历，讲师。研究方向为高校学生资助。2018 年 8 月至今，任山东财经大学金融学院 2018 级辅导员，负责金融学院学生资助工作。曾获 2020 年山东高校辅导员论文大赛省级二等奖、2020 年山东财经大学辅导员论文大赛校级一等奖、2021 年山东财经大学辅导员工作案例大赛校级一等奖、2019 年山东财经大学辅导员素质能力大赛校级三等奖、2018 年山东财经大学国防教育先进工作者、2018～2021 年山东财经大学优秀团干部。

获奖感言

感谢中共山东省教育工委为我们辅导员量身打造了锻炼业务能力的平台，感谢单位的领导老师们给予我成长的帮助。成为一名辅导员是我学生时代的梦想，如今我要怀揣这份梦想，向身边优秀的辅导员看齐，虚心向学、兢兢业业，把服务学生当作毕生的事业追求！做学生的知心朋友，为学生的学习生活排忧解难；做学生的人生导师，为学生的成长成才倾尽所有。

舌尖战“疫”，专业护航

——青春新“食”代志愿服务队线上开展志愿服务工作案例

齐鲁工业大学食品科学与工程学院 孔繁繁 苏娟

《中共中央国务院关于进一步加强和改进大学生思想政治教育的意见》强调，加强和改进大学生思想政治教育，努力提高大学生的思想政治素质，把他们培养成中国特色社会主义事业的建设者和接班人。加强大学生思想政治教育，必须探求合适的途径和载体，大学生志愿服务活动就是新时期大学生思想政治教育的重要载体。大学生志愿服务作为实现高校育人目标，弘扬社会主义核心价值观，推动社会和谐、文明进步的重要途径，应紧握时代的脉搏，不断创新志愿服务的方法。新媒体时代，网络思想政治教育作为高校思想政治教育的重要阵地，发挥着日趋重要的作用，作为一线辅导员，我们要利用好网络新媒体这个载体，本案例就是将志愿服务与网络新媒体相结合，探索网络思想政治教育育人的新模式。

一、案例基本情况

民以食为天，食以安为先，食品安全问题在抗疫这个特殊时期应该受到更多人的重视，更是我们坚守的抗疫底线。疫情期间，根据防控要求，实行居家隔离，减少人员流动，不聚集，全力阻断疫情传播路径。大学生们在此期间也积极响应国家社会号召，自觉居家隔离，开展线上学习、交流等。

作为一名食品专业的学子，在此大背景下，食品学院青春新“食”代志愿服务队的大学生志愿者们开展了一次特殊的社会实践活动，利用网络平台共同交流、学习、普及食品安全相关知识，组建舌尖战“疫”专业小分队，充分借助网络资源，担负起当地食品安全宣讲员的任务，将简洁实用的食品安全知识传递到千家万户，用自己的所学知识服务身边人、回报社会。学院 371 名大学生加入齐鲁志愿者团队。

二、组织实施过程

通过整合社会资源，线上交流学习，大学生志愿者用专业力量普及食品安全知识，倡导健康合理饮食，守护舌尖上的安全。

（一）借助专业知识，把握食品安全知识要点

前期志愿者们在食品学院专业教师的带领下，制作便于网络宣传的食品安全宣传海报、食品安全倡议书等；由山东食品行业专家、食品学院专业教师组成“智囊团”，随时为同学们讲解食品安全相关知识；志愿者们经过线上集中培训学习，熟练掌握专知识、操作技能，为线上开展食品安全宣传做好充足准备。

（二）舌尖战“疫”，化身食品网络安全宣传员

志愿者们积极投入网络食品安全知识宣传中，在社区、街道、亲朋好友中广泛宣传食品安全知识；借助网络直播、朋友圈、微信群、QQ群等各种线上渠道积极宣传食品安全知识，让周围的亲戚朋友、邻居们、网友们认识到食品安全的重要性，充分认识到食用野生动物的风险，呼吁人们要远离“野味”，健康饮食，自觉抵制购买和食用野生动物，呼吁全社会共同守护舌尖上的安全。

（三）注重反馈，及时优化活动内容

在线上开展食品安全知识宣传过程中，大学生志愿者注重互动交流，收集与相关食品安全知识的问题，并及时向“智囊团”求助，及时解答人们的相关疑惑。同时，根据社会需求不断优化活动内容，将实用简洁的食品安全知识传递到千家万户。

三、工作成效

通过开展线上志愿服务活动，让大学生志愿者更多地融入社会，明确了社会责任，培育了公民意识，强化了责任担当。号召大家通过实际行动践行社会主义核心价值观，传播社会正能量。

（一）理论与实践相结合，引领学风建设

在志愿服务活动中，食品学子将日常所学食品专业知识与社会实践服务相结合，将所掌握的专业知识普及到社会中，共同助力食品安全。在参与社会志愿服务的同时，大家也进一步体会到了自己所学知识的不足与局限性，这也将激励他们更努力地投入到专业知识的学习中，以增强志愿服务的本领，也有利于优良学风的形成与引领。做志愿者的学生学习成绩进步的比例较普通学生偏高。

（二）全方面增强学生素养，培养社会担当

通过开展志愿服务有利于大学生道德修养的提升、责任意识的培育、正确价值认知的形成。学生们的社会责任感、社会担当意识大幅提升，学生们的意

志也在志愿服务中得到磨炼。

(三)社会影响力、认可度大幅提升

青春新“食”代线上志愿服务活动多次受到学习强国、大众网、新浪教育、中国教育在线、齐鲁晚报等媒体累计报道40余次,累计浏览量30余万次,产生一定的影响力,受到社会的认可。

(四)创新线上志愿服务思路,拓展思政教育阵地

在当下网络时代,线上志愿服务作为一种志愿服务模式,具有实时性、快速性、辐射范围广的特点,在开展了舌尖战“疫”、专业护航食品网络安全宣传员志愿服务后,青春新“食”代志愿服务团队对线上志愿服务有了更多的认识,也积累了丰富的经验,线上志愿服务的思路也更加开阔。

1.发挥特长,开设“云课堂”

青春新“食”代志愿服务队三百余名大学生志愿者们利用业余时间,通过网络设立“云课堂”,在为抗疫英雄子女、环卫工人子女、“星星的孩子”辅导英语、数学、语文、物理、化学等学习科目的同时,还积极发挥特长,教孩子们唱歌、绘画、吉他、舞蹈等,让他们的业余生活更加丰富多彩,以此向抗疫一线的英雄、烈日下的环卫工人以及在各自岗位上默默辛勤付出的劳动者们致敬。

2.以固定节点为依托,开展形式多样线上志愿服务活动

青春新“食”代志愿服务队的大学生志愿者们利用平时积累的活动素材,通过录制短视频、制作公益海报等,借助新媒体平台在各个节点开展志愿服务活动。清明节期间,大家发出“文明祭祀,从身边做起”的倡议,开展网上祭英烈活动;世界读书日,志愿者们线上学习《井冈山精神》《习近平的七年知青岁月》等红色经典,在读书中丰富知识、坚定信念、升华自我;世界博物馆日,大家开展线上“云观展”活动,通过分享、宣传博物馆相关知识让更多人了解中国传统文化;在高考填报志愿期间,大学生志愿者与学院教授们一起为高考生支招加油,分享自己当年的高考经历、经验,为考生和家长们解读最新高考政策;线上学英雄事迹,向英烈致敬;志愿者们还用实际行动倡议“拒绝舌尖上的浪费”,倡导勤俭节约,并结合所学专业告诉市民如何区分食品质量问题,如何就食品质量问题进行维权。

我们要始终坚守网络思政阵地,以正能量的思政教育实现舆论正向的引导作用。青春新“食”代志愿服务队也将通过更加求真务实的志愿服务模块化行动,向全社会广泛传播“奉献、友爱、互助、进步”的志愿精神,普及志愿服务知识,不断创新形式,加强和改进志愿队伍建设,不断提升志愿服务的专业化水平与组织化程度,形成良好的志愿服务模块化形势和长效机制,为学生们健康成长营造良好氛围。

四、工作启示

(一)增强志愿服务专业化,将理论与实践相结合

在开展志愿服务中,要主动调整服务内容和形式,引导大学生志愿者根据自己所学,从专业角度提高服务水平和层次,结合自身专业特长进行"专业志愿服务",将自己所学专业与志愿服务内容结合起来,形成具有专业性强、科技含量高的专业水准志愿服务项目。

(二)坚持创新为要,将新媒体技术融入网络思政中

网络思想政治教育要善于运用新媒体技术,将云计算、物联网、人工智能、大数据等最新信息技术运用于教育实践之中。作为志愿服务的载体,要推动志愿服务与网络思政高度融合,增强时代感和吸引力。

(三)推动网络志愿服务品牌化,加强社会认同感

网络志愿服务品牌化,是志愿服务发展的进一步有益探索。通过网络志愿服务打造自有的服务品牌,不仅能提高志愿服务的知名度,同时也可以起到宣传作用,增加社会公众对大学生志愿服务的认可度,认识到其中的价值所在。也为大学生参与志愿服务扫清一些障碍,从而让大学生群体与社会联系更加紧密,拓宽大学生参与社会治理的途径。

(四)交流分享是思想政治教育的有效方式

开展志愿服务过程中,学生们每天坚持分享工作心得感悟,相当于搭建了一个线上"空间沙龙"平台。大家相互沟通、取长补短,不仅收获了工作经验,更重要的是互相加油鼓劲、互相比学赶超,形成了见贤思齐、共同进步的良好局面,大大提升了教育效果。

我们要始终坚守网络思政阵地,以正能量的思政教育实现舆论正向的引导作用。青春新"食"代志愿服务队也将通过更加求真务实的志愿服务模块化行动,向全社会广泛传播"奉献、友爱、互助、进步"的志愿精神,普及志愿服务知识,不断创新形式,加强和改进志愿队伍建设,不断提升志愿服务的专业化水平与组织化程度,为学生们健康成长营造良好氛围。

获奖者简介

孔繁繁，男，汉族，硕士研究生学历，讲师。2007年参加工作，一直从事学生思想政治教育研究，具有国家高级职业指导师、国家三级心理咨询师等职业资格证书。曾主持和参与校级教研课题3项、学校高等教育研究项目2项、党建创新项目3项、团中央青少年研究课题1项。指导学生参加各类科创竞赛、社会实践活动，获得山东省“挑战杯”和“创青春”大赛省级优秀指导教师、山东省大学生“调研山东”大学生社会调查活动省级优秀指导教师、“互联网＋”全国大学生创新创业大赛优秀指导教师、山东省大中专学生志愿者暑期“三下乡”社会实践活动省级优秀指导教师、山东高校优秀辅导员等荣誉称号。获得2021年度山东高校辅导员工作论坛优秀论文二等奖。

获奖感言

本次获得山东高校辅导员2020年度优秀工作案例一等奖，心情非常激动，这是对个人十多年从事学生思想政治教育工作成效的肯定，感恩同事们的帮助支持鼓励，感谢学生们的理解陪伴信任。习近平总书记寄语青年：“奋斗是青春最亮丽的底色。”这将不断激励我努力前行，在新时代学生思想政治教育工作的征途中进一步加强理论研究，提升认知水平，踔厉奋发、笃行不怠，努力开创学生工作新局面。

面向留学生讲好中国故事，弘扬抗疫精神

山东第一医科大学国际教育学院　王浩

一、案例基本情况

2020 年 1 月 25 日，恰逢农历正月初一，大家都在欢度春节，来自巴基斯坦的摩恩（化名）却哭着向我诉苦："老师，新冠肺炎疫情太可怕了，武汉都封城了，我很害怕，我想回家。我的爸爸妈妈非常担心我，他们在国外看到了非常多关于疫情不好的新闻。"的确，疫情的高传染性高致病性让人不寒而栗。国外一些媒体肆无忌惮地抹黑中国，更让这些身处异国他乡的外国学生感到无助和彷徨。"我到底要不要赶紧回家，中国到底能不能打败新冠疫情，恢复往日的生机和活力。"在疫情肆虐的 2020 年初，如何让在校留学生树立起战胜疫情的信心，克服封闭管理引发的生活和心理问题，成为萦绕在每一个留学生辅导员脑海的问题。

二、组织实施

（一）更新中国抗疫举措，讲好中国抗疫故事

疫情暴发之后，我们积极向留学生讲好中国疫情防控故事，传播中国疫情防控声音，展示中国疫情防控风采，缓解留学生的焦虑和恐慌情绪，树立留学生战胜疫情的信心。通过发布精心制作的中英双语新冠肺炎科普文章，展示医务人员高效集结、医疗物资有序调配、应急医院快速落成的中国速度和中国效率。邀请援鄂医生通过云课堂与国内外留学生分享抗疫经历，增进了留校学生战胜疫情的信心，也为身在国外的学生家长和奔波在国外抗疫一线的毕业生们分享了中国的抗疫经验。

（二）同舟共济守望相助，师生携手共渡难关

我们把保障留学生的生活与思想教育作为真抓实干的着力点，守土有责、守土尽责，加大教育过程的精力与情感投入，切实解决留学生的生活和学习困

难。留学生管理人员成立“党员先锋队”，24 小时和学生吃住在一起，承担了内外巡逻、出入登记、测量体温、楼内消毒、联络生活物资供应等大量工作，为感冒乏力的学生准备食品和饭菜，与深夜想家念家的学生深入谈心，为他们带来家人般无微不至的照顾，用责任担当织就了一张偌大的安全网络。大家对所带班级在校学生进行谈话式心理辅导，通过面对面交流开展深度谈心谈话，深入了解留学生思想动态，关注情绪低落的人群，全方位、多层次地掌握学生的整体心理状态。通过心理访谈辅导，及时发现问题，从源头上化解矛盾、理顺情绪，及时消除留学生思想方面的疑虑，提高警惕、及时止损，真正做到防患于未然。同时，积极探讨运用“阅读疗法、电影疗法、音乐疗法、朋辈疗法、运动疗法、中医疗法”来解开留学生的心结，缓解留学生疫情期间的心理问题。国际教育学院“知华、爱华、友华”系列推文在学院官微推送，助力老师们探讨加强学生人文关怀的教学方法，起到了教育教学思想引领作用。

三、工作成效

（一）留学生因知华而生安心之感

经过一系列精心的疫情防控教育和学院官方微信平台的疫情防控知识的宣传，留学生不仅对于来华生活愈发安心，还通过视频通话向自己的亲友汇报平安，分享中国社会抗击疫情的最新进展，普及在中国学到的疫情防控知识，自觉成为科学的传播者、谣言的粉碎者、健康的守护者。来自孟加拉国的留学生哈桑（化名）表示：“我的家人刚开始很担心我，但是听到我说中国和学校采取的防控措施，他们就放心了，认为在这里比回到我们自己国家要安全。中国的防控经验为包括孟加拉国在内的世界各国都提供了很好的借鉴，来中国留学是我做出的最正确的选择。”

（二）留学生因舒心而抒友华之情

辅导员的精心陪伴得到了在校留学生的极大认可。在学院组织的“五湖四海心连心”征文活动中，同学们以文抒情，致敬在疫情期间为他们的学业和生活辛勤付出的老师和留管人员，字里行间流露出与中国同舟共济、心手相连的友华之情。来自沙特阿拉伯的依兰（化名）写道：“新冠病毒非常可怕，但没有这场疫情，我不会这么深刻地感受中国人民的友好与爱。”来自印度的莎莉（化名）写道：“丰富的线上课程让我把更多的精力放在学习上。我们一起期待着疫情退去的时刻，更希望有朝一日学有所成，我们可以成为世界和平的桥梁和纽带，用医学的力量为全人类带去更多福祉和力量。”来自巴基斯坦的塔里克（化名）更是深情地写道：“我的家人担心我，但同时他们对中国充满信心，相信中国一定会战胜这种病毒。我的父亲说：‘我的儿子，你不必担心，因为你生活在你的第二个家。’”

（三）留学生因暖心而行爱华之举

学校的贴心安排、老师的暖心陪伴让留学生们在疫情严峻的异国他乡倍感温暖，在这种感染下，留学生们也用实际行动参与到战“疫”中来。多名留学生干部参与了学院许多具体琐碎的工作，比如协助值班老师测量体温，给留学生发放口罩，为语言基础差的学生翻译学院通知等。对于这些工作，留学生们没有任何怨言，每次参与完这些工作，他们还都会说上一句：“老师，您有什么事需要帮忙的，都可以找我，我愿意为抗击疫情做些事情。”多名留学生毕业生在自己国家的工作岗位上也投入积极抗击疫情的战斗中。留学生莎娃（化名）作为世卫组织指派的新冠病毒快速反应和调查小组的协调员，工作在世界上最大的难民营（罗兴亚），了解了中国的抗疫经验后，积极在工作中推广，取得了良好的效果。留学生法函（化名）在巴基斯坦做医生，他在抢救一名感染新型冠状病毒的病人时自己也感染了新型冠状病毒，他被隔离了整整一个月。隔离期间他得到了大量中国师生与他分享的康复经验，这助力他顺利康复并继续以饱满的热情投身抗击疫情的战斗中。

（四）留学生因信心而践亲华之行

中国抗疫的伟大成就让世界各国刮目相看，中国秉持人类命运共同体的理念，优先向发展中国家供给疫苗的举措更是让留学生们对中国的未来充满信心。在海外工作的留学生们纷纷作为中外文明友好交流的使者，积极传播和分享中国的抗疫经验，认同中国和衷共济、团结抗疫、天下一家的发展理念。在巴基斯坦医院工作的玛雅（化名）带头接种来自中国的新冠疫苗，她说：“我在中国学习了五年，毕业之后就考取了巴基斯坦的医生资格证。我深深地了解中国，我对中国的疫苗绝对放心。”

四、反思和启示

（一）敢于担当是前提

沧海横流方显英雄本色，危急时刻才见遍地英雄。面对新冠肺炎疫情的肆虐，辅导员们困难面前豁得出、关键时刻冲得上，方取得了在校外籍师生无感染、无任何输入病例、无任何负面舆情发生的优异成绩。

（二）讲好中国故事是关键

新冠肺炎疫情需要全人类共同应对，世界上每个国家每个民族都深受其害。在抗击疫情过程中，中国坚持人民至上、生命至上，举全国之力快速有效调动各种资源和力量，不惜一切代价维护人民生命安全和身体健康令世界各国人民都留下了深刻印象。同时，中国作为负责任大国，秉持人类命运共同体理念，向国际社会提供人道主义援助，以实际行动帮助挽救了许多人的生命。我们要向来华留学生讲好中国的抗疫故事，让他们成为传播中国文化、促进中外交流的窗口和纽带。

(三)关爱同学是归宿

立德树人是高校教育的根本任务,来华留学生教育作为我国高等教育的重要组成部分,也应积极响应党中央的号召,落实立德树人的根本任务,关爱留学生成长,培养知华、友华、亲华的国际人才。

获奖者简介

王浩，男，1988 年生，汉族，从事学生工作 8 年，讲师，研究生学历。研究方向为文化传播和组织管理，主要在山东第一医科大学（山东省医学科学院）从事来华留学生管理、考务和培训工作。曾获山东第一医科大学（山东省医学科学院）优秀辅导员、山东第一医科大学（山东省医学院）党史知识竞赛二等奖、山东第一医科大学（山东省医学科学院）辅导员征文比赛二等奖等奖项，主持省级课题两项，参与省、市级课题多项。

获奖感言

非常荣幸获得了山东省高校辅导员 2020 年度优秀工作案例一等奖。作为一名普普通通的留学生辅导员，面对荣誉，我既感到欣喜，更多的是感恩和思考。我感恩那些和我们一起同呼吸共努力的辅导员和同学们，感恩始终信任、鼓励、支持我们前行的所有人，是大家让我们有了前行的勇气和信念。我更感恩伟大的祖国和中国共产党，面对百年未有之大变局和全球肆虐的新冠肺炎疫情，在党和国家的坚强领导下，我们全力以赴，坚决打赢疫情防控阻击战，使海内外学子可以讲好中国抗疫故事，弘扬伟大抗疫精神。

传承精华　守正创新

——构建“六位一体”中医药文化育人新模式

滨州医学院中西医结合学院　王樱霖

中医药是中华文明的瑰宝，凝聚着五千多年文明的结晶，在治疗和抗击新冠肺炎的严峻斗争中，中医药发挥了积极的作用，人们开始重新关注和认识中医药文化。本案例以逆袭班级为例，阐述了辅导员在学院学生工作的大环境下，依托专业特点，遵循大学生思想政治工作要求、时代价值引领原则、中医药院校学生成长成才规律，从中医药传统文化宝库中寻找创新源泉，汲取创新灵感，通过中医药传统文化探索培养中医学子“六位一体”的多元融合育人体系。

一、工作案例——最好的青春，班级困境与逆袭之路

2015级中医3班是一个由46人组成的集体，男生17人，女生29人；省内31人，省外15人；城镇21人，农村25人；经济困难学生9人。班级在第一学年第一学期同年级同专业排名中倒数第一；班委对班级管理也出现很大分歧，出现班级小圈子现象；个别宿舍关系不融洽，学生纪律观念不强，上课迟到早退，参与活动不积极的情况时有发生。针对班级存在的问题，辅导员意识到班级管理中存在的问题，通过与学生交流，及时调整班级管理模式。利用中医专业特点，将打造班级凝聚力、专业认同感等作为突破点，将“大医精诚”“医无德不成”“医乃仁术”等理念贯穿班级管理，在中医药传统文化氛围的影响下，逐步形成相同的价值观，共同组建一个勤学、拼搏、向上的集体。

二、案例方法——立足中医，传承中医

将中华传统文化活动对接人才培养需求，通过宣传中医、认识中医、体验中医提高学生对中医的热爱，更加坚定继承中医技能、发扬中医信念、弘扬国医精神，构建“六位一体”的育人模式，即培根铸魂——筑牢理想信念之基；扶正祛邪——提升道德修养之本；固本培元——夯实专业素养之根；强筋壮骨——强

固实践服务之要；养心安神——承启传统文化之源；理气凝心——拓展创新创业之径。

三、案例过程——上下联动、同向发力

（一）培根铸魂——筑牢理想信念之基

依托学院“国医节”大学生思想政治教育活动品牌，组织班级学生积极参与思政专题讲座、主题党日、红色教育基地参观学习、红色经典读书学习分享会等，实现思政工作春风化雨、润物无声，做到思政工作时时处处事事围绕学生、关照学生、服务学生。以党史国情、中华传统文化题材活动为载体，通过讲座、班会、观影、竞赛、写观后感等形式，使学生从活动中汲取营养、获得启迪、受到教育，不再拘泥于课堂和板书。

（二）扶正祛邪——提升道德修养之本

课堂上受洗礼，课堂外见行动。通过开展校史校情教育、大医精诚诵读、考风考纪主题班会等行为规范教育，促进学生文明行为习惯的养成；通过学雷锋系列活动、“一周一公益”、参观中医药馆等课外活动，借助集体力量开展道德教育培育和践行社会主义核心价值观，加强学生医德医风建设，增强学生责任意识和奉献意识。

（三）固本培元——夯实专业素养之根

通过杏林讲堂、中医技能大赛、中医外向治疗体验、本草园药材辨识大赛、中医导引术会操比赛等活动，提高学生的实践动手能力，培养学生对中医专业的学习兴趣。例如，中医外向治疗技术包含针灸、推拿、拔罐、刮痧、火疗等中医技能，学生在活动中接触实际操作，学习技能要点，学中玩、玩中学，熟练掌握各类中医外向治疗技术，以活动提升专业素养和实践技能。

（四）强筋壮骨——强固实践服务之要

组织班级学生和学院杏林志愿者、针推社团组成志愿服务小队，通过“中医健康行”“健康养生宣传进社区”等活动，到周边社区进行四季养生保健宣传，为居民介绍中医治疗常用器具，推广普及中医养生保健知识和易于掌握的理疗、推拿、压耳穴等中医养生保健技术和方法；定期到红洁老年养护中心等周边养老服务机构，开展亲情陪护、测血压、推拿按摩等中医志愿服务，为老人送去关爱和温暖，培养学生服务社会的责任感。

（五）养心安神——承启传统文化之源

发挥中华优秀传统文化育人作用，推进理念思路、内容形式、方法手段创新。通过传统文化情景剧展演、繁体字听写大会、传统文化微课堂、中医药文创作品设计大赛、端午游园会等活动，以创作改编、竞赛、微课堂、诵读、文创设计等形式将中华优秀传统文化内容进行宣讲、展示和学习，继承与弘扬经典艺术，

激发学生对中华传统文化核心思想理念、中华传统美德和中华人文精神的认知，增强民族自信心和自豪感，使传统文化变的“摸得到、看得见”，入脑入心，见行见效。

（六）理气凝心——拓展创新创业之径

加强学生科研思维培养，搭建大学生科技创新平台，组织开展大学生科技创新论坛、优秀学子讲坛等，通过理论学习、专题研讨、经验分享、师生论坛等形式，促进学生参与科研创新的积极性。

三、工作成效

通过一系列举措，班级矛盾解决了，课堂纪律变好了，学生们心也齐了。班级自2016年开始始终保持智育成绩年级第一，累计奖学金获得者达4人次；3人获省级优秀毕业生，10人获校级优秀毕业生；大学生创新创业项目立项的数量实现了新突破，其中国家级立项1项、省级立项1项、校级立项4项，占年级立项总数51%，发表学术论文3篇；1人获山东省2019年中华经典诵读写大赛三等奖；1人获烟台市莱山区读书朗诵大赛一等奖；2人获山东省大中专学生志愿者暑期“三下乡”社会实践活动“优秀学生”；大学英语四级通过率90%，考研率50%，年级考研过线率63.6%，1人考取选调生。

四、工作启示

（一）汇聚“微观”力量，发挥学生干部领头雁作用

创新活动载体，丰富活动内容，按照“六位一体”育人目标，形成党员、学生干部带头，全员共参与的良好氛围。学生干部是班级的骨干核心、思想引领的“领头雁”，由点及面，向班级全辐射。学生党员、团支部带头确立班级核心价值观，学生干部积极向党组织靠拢，做到思想入党、行为入党，组织班级成员开展丰富多样、寓教于乐的支部活动，使学生们在活动中有感想、有收获、有所思。

（二）编织“中观”记忆，让班级成长有迹可循

班风产生强大而又无形的约束力，影响着班级的每一位成员。推进党建团建与班建相结合，形成“正党风、带班风、促学风”的良好班级氛围。努力做到三贴近，一是贴近学生生活，建立班级“档案”；二是贴近学生学习，抓考勤、组建学习小组、成立学生党员学业帮扶团，让考试复习、四六级英语学习、考研备考等重要事情，全班同学无一掉队；三是贴近学生思想，通过组织和参与不同的特色活动凝心聚气，编织班级同学们共同成长的记忆。

（三）汇聚“宏观”力量，以文化浸润学生心田

中国传统文化博大精深，经千年发展渗透进中医药文化中，传统文化活动既是第二课堂的有力支撑，又是第一课堂内容的补充和延续，探索形成一整套

以传统文化为平台、以专业特色为参照、以兴趣爱好为引导、以素质提升为目标的传统文化人才培养体系，充分体现“以学生为本”的个性化、定制化、系统化“六位一体”的培养模式，提高学生的知识应用能力，助力“三全”育人工作。

我深深体会到，要吸引凝聚学生，必须构建有亲和力、影响力和凝聚力的活动品牌，即要把握“一个根本”——一切为了学生。坚持“两项原则”——在接受学生影响的基础上影响学生，在赢得学生认可的基础上引领学生。提出“三种做法”——开展学生受用的活动，采取学生喜欢的方式，多做学生需要的事情。思政工作永远在路上，今后我将继续认真研究工作规律和学生特点，结合专业实际，把中医药传统文化融入学生心田，助力班级建设、提升育人实效，培养更多优秀的中医专业人才。

获奖者简介

王樱霖，女，汉族，硕士研究生学历，讲师。国家二级心理咨询师。主要的研究方向为激发大学生专业学习兴趣、关注大学生自我心理健康发展、互联网时代下大学生自我抗压、舒压、解压方法等。自 2013 年工作至今，主要从事学院学生管理工作，担任 2017 级中医学专业 196 名学生的辅导员。曾获 2019 年山东省大中专学生志愿者暑期“三下乡”社会实践活动优秀指导教师、2018 年烟台市优秀青年志愿者、滨州医学院 2019 年度辅导员优秀工作案例一等奖、2021 年第二届滨州医学院优秀辅导员等荣誉。

获奖感言

惊喜、鼓舞、鞭策、再出发，是我得知自己的工作案例获奖后的第一感受。感谢省教育工委对一线辅导员工作的指导和肯定，用心汇集辅导员的点滴工作案例，展示有温度、有高度、有情怀、有信念的辅导员形象。这是一次思想碰撞，也是一场学习热潮，相信每一位辅导员同仁都能够感受到这份荣誉背后的鼓励和期许。接下来的工作中，我会励志努力完成立德树人的根本任务，坚定学生理想信念，助力学生德智体美劳全面发展。最后，真心感谢学校和学工处对我长期以来的培养，感谢身边始终如一指导、帮助和陪伴我的领导、同事和学生。今后我将以更大的热情投入辅导员工作中，用心用情温暖如一，坚守初心筑梦前行；用万千微芒汇星河，以于无声处润桃李，呵护每一位学生全面成长。

夯实艺术专业特色打造育人品牌
——以山艺双线"艺术+思政"育人项目为例

山东艺术学院学生工作处　吕春玉

一、案例背景与概述

山东艺术学院建校于1958年，是山东省人民政府与国家文化和旅游部共建高校，具有5个一级学科硕士学位授予权，为山东省2017～2023年博士学位授予立项建设单位。学校坚持将立德树人作为根本任务，把思想政治教育工作贯穿教育教学全过程，努力在专业教学、日常管理等工作中实现全员育人、全过程育人、全方位育人。学校近年来通过线上+线下，形成双线结合、齐头并进的学校思政新格局，突出艺术专业特色，依托学校"六艺育人"体系，着力打造"艺术+思政"育人品牌。

根据结合实际，该育人项目着力打造以"时·艺空间"党建、思政进学生生活园区为代表的线下育人新阵地。同时以"一微一端"线上平台为依托，即"山东艺术学院学生处"官方微信公众号、艺苑易班平台，形成线上线下联动，让学生思政教育引领从"平面"走向"立体"。

艺术类大学生具有鲜明的特点：思维活跃，但思想抵抗力差；可塑性强，但可控性弱；专业性强，但思维包容性弱。如果在大学这个关键阶段不让正确、正向、正态的思想入脑、入心、入行，就有可能使他们的成长"营养不良"。

二、案例分析与应对

（一）该项目着力打造以"时·艺空间"党建、思政进学生生活园区为代表的线下育人新阵地

根据《教育部2019年工作要点》和中共山东省委高校工委提出要推动"三全育人"综合改革，2019年4月，在校级党建和思政建设一级空间——"时·艺空间”的基础上，各二级学院积极探索，结合各艺术专业特色，将学生思政工作与“六艺育人”体系有机结合，努力在学生思政工作中践行“以文育人、以画育人、以乐育人、以舞育人、以戏育人、以影视育人”。在两校区学生生活园区构建了9个党建和思政建设二级工作站。疫情期间，该项目以“时·艺空间”党建、思政进学生生活园区各主题工作站为依托，开展了以“旗帜引领奋进方向，艺术传递战疫力量”为主题的“云党建”接力活动，依托艺术类专业特色，推出了“文、图、唱、写、画、声”等多种形式的系列艺术作品，力图做到疫情期间党建学习不停步、专业夯实不断档、思政引导不掉线，取得了良好的效果。

（二）该项目以“一微一端”线上平台为依托，形成线上线下、双线联动，让学生思政教育引领从“平面”走向“立体”

该项目依托易班平台，加大青年学生对各类思政活动的参与度、反馈度，通过双线合力，引导青年学生坚定理想信念、体悟使命担当。该项目努力打造学生大学期间全生命周期管理与服务平台，运用信息和通信技术手段，分析、整合学生工作核心系统的各项关键信息，围绕“六艺育人”目标，对学生个体的思想引领、日常安全管理及事务管理和服务、就业创业等各种需求做出智慧响应，从而推进拓展我校“艺术＋思政”工作理念，提升思政工作质量，构建山艺大学工的思政格局。

三、工作成效

学校自2019年起，启动了山东艺术学院双线“艺术＋思政”育人项目。截至目前，该项目共组织各类活动50余次，直接参与学生3000余人，间接辐射学生超过万人。各类系列活动新闻报道率100％，其中2020年“艺心战疫——云党建接力活动”两次登上学习强国，获得广大师生的广泛认可。该育人项目通过形式多样的系列活动，在夯实专业学习的基础上，有效形成了第一课堂、第二课堂的融合，积极引领青年学生在继承信念的基础上做到知行合一。

四、案例启示

（一）促进青年学生全面成长，要抓好项目规划落实

落实项目的定期规划、统筹、跟进，总结项目推进方案的各类活动，加强对于爱国主义、中国传统文化、励志教育、创新创业教育的研究，全面落实习近平总书记在全国高校思想政治工作会议上的讲话精神，把思想政治工作贯穿教育教学全过程，实现全员育人、全过程育人、全方位育人。

（二）提升育人效果，要抓好项目管理，推动思政小课堂与社会大课堂紧密结合

通过抓好制度完善，优化项目推进模式，实施“学校要有规划、学院要有特色、工作要有亮点、活动要有风格、成果要有转化、育人要有成效”的“六有目标”和“六要工作法”。通过抓好“常态化”思政教育的同时，夯实学校“六艺育人”体系，结合国家时政大事和重要的时间节点，提升学校双线“艺术＋思政”育人效能。通过积极推进项目良性、高效发展，引导青年学生关注社会、关注人民、关注时代，“与新时代共成长，与大中国共命运”。

（三）抓好学生思政研究，要发挥艺术专业特色，创新推进育人项目建设

学校现有 31 个本科专业，50 个专业方向，6 个专科专业，其中有 3 个国家级特色专业、6 个山东省品牌特色专业，2 个山东省高水平应用型立项建设专业群、11 个专业获批国家级和山东省一流专业建设点。学校充分利用学校艺术专业建设平台，实现“艺术＋思政”育人成果转化，形成一批“有话题”“有层次”“有口碑”的艺术作品，推进学校“六艺育人”理念，即“以文育人、以画育人、以乐育人、以舞育人、以戏育人、以影视育人”，切实增强青年学生的使命担当，用艺术之笔谱写时代颂歌。

该育人项目立足艺术专业实际，在夯实专业素养的基础上，着力推进“艺术＋思政”育人品牌，力图引导青年学生能够更加深入地把握时代主题，更加敏锐地捕捉创作灵感，用多样化的艺术形式，深刻反映我们这个时代的历史巨变，描绘我们这个时代的精神图谱，创作更多叫得响、立得住、传得开的中国形象和山东故事，用艺术精品奉献祖国、奉献人民。

获奖者简介

吕春玉，女，汉族，中共党员，硕士研究生学历。第一届（2021～2025 年）全国普通高校毕业生就业创业指导委员会委员。先后从事招生工作十余年，2016 年 7 月担任山东艺术学院党委学工部部长、学生处处长、人民武装部部长，主要研究思想政治教育。多次获得先进个人、优秀党务工作者、山东省教育招生考试工作先进个人等荣誉称号。工作之余，笔耕不辍，发表各类论文十余篇，多次获得辅导员优秀论文等省级以上奖励，出版专著两部，主持参与多项校内外课题，参编多本教材。

获奖感言

作为一名多年从事专业艺术院校工作的教师，本人既熟知艺术类大学生的鲜明特点，又对高等学校艺术教育有着依托于自身工作学习的特殊感受，从学生管理者的角度，比较容易找到二者的最佳契合点。在这个基础之上，坚持立德树人作为中心环节，依托学校“六艺育人”体系，努力打造双线“艺术＋思政”育人品牌。

经过多年来不断的摸索实践，我们取得了阶段性成果，青年学生能够通过他们的专业优势，深入把握时代主题，汲取创作灵感。他们用自己的方式谱写属于当代青年学生的时代颂歌。在后续的时间里，我们将把这种美好传递给更多的人，用艺术之笔承载青年学生的使命担当，描绘时代的精神谱系。

同学，你真的被“内卷”了吗？

山东交通学院交通土建工程学院　吴燕妮

2020年以来，“内卷”一词热度居高不下，这个来自国外的被用来描述“投入越来越多，增加的收益越来越少”的社会学名词被频繁地应用于各个领域。随着高校“宽进严出”的政策逐步落地，大学生“划水”的时代也随之结束，同辈竞争加剧，高校“内卷”应运而生。

一、案例基本情况

小蓝是班级里的学习委员，一天他找到我，向我哭诉：“老师，我们班出了很大的问题，我在‘知乎’上看见了‘内卷’这个词，发现我身边的同学‘内卷’很严重，他们总是在拼命地考教师资格证、计算机二级等，可这些与我们的专业并不相关，让我一直也犹豫是否报名。我本身对这些证书并不感兴趣，如果报名了我会耽误复习专业课的时间，如果没通过我在以后求职的过程中又比别人少一项技能。同学们之间这种你争我夺的现象，甚至影响到了班级内的关系，我因为舍友自习时间比我长而对她产生厌烦情绪，我每天也都很忧虑，不想加入这种‘内卷’生活，却总是不自觉地加入，请您帮我出出主意。”

小蓝的问题在大学生中普遍存在，反映出他们在面对日趋激烈的竞争现状的迷茫情绪与不够坚定，进而影响了学习和生活。

二、组织实施过程

（一）分析行为，纠正思想

在听完小蓝同学对班级内卷行为的描述后，我首先纠正小蓝思想并向她解释了“内卷”的真正含义和表现形式，她描述的这些行为并不符合内卷的特征，是学生们在成长过程中不断提升自身竞争力的表现，这种行为是积极向上的，不应当被定义为“内卷”。

（二）广泛调查，认清形势

在纠正小蓝的错误认识后，我对所带班级进行调查，采用调查问卷的形式统计出对“内卷”行为的认识程度和来源。

有 90%的学生认为高校内卷是指非理性的内部竞争或“被自愿”竞争，与“内卷”本身的含义大相径庭；有 100%的学生对内卷行为的认识来源于“知乎”和“微博”等社交平台；有 60%的学生认为“内卷”行为已经影响到了自己的学习生活节奏，产生心理压力。

由此可见，大部分学生通过各种非官方渠道了解的“内卷”并非其本义，部分同学已经被网上有失偏颇的网络词汇带偏，需要调整思想，纠正观念。

（三）调整认知，引导转变

我迅速针对所在班级展开思想引领，首先，策划了一堂名为“今天，你被‘卷’了吗”的特殊职业生涯规划课，就“内卷”行为的本质进行了讲解，并对同学之间的正当竞争行为和“内卷”行为做了区分，肯定了学生的奋斗精神，对无益的恶性竞争行为严令禁止。

同时，对同学们面对竞争时的迷茫和不够坚定表示理解，并分享了面对竞争保持自我的三种有效方法。一是要树立健康的上进心，上进心对于自己而言是对美好生活的追求，但如果是盲目的上进，看不得别人比自己好，那么就只能产生焦虑的心理问题，严重的可能损害他人和社会的利益。二是要有强大的自信心，每个人都有自己的舞台，只有正确认识自己，检验自己的素质，才能实现人格的独立，才能勇于开拓拼搏，才能注重真才实学，走向成功。三是不要随波逐流，不要只局限于眼前的利益，要明白真正的目的是自身的成长，要跟自己比，莫与他人攀。

其次，召开“知乎治校，微博议政，大学生你怎么了?”主题班会，为的是强调信息的重要性。一是任何信息都应通过专业书籍、专家讲解、新华网和《人民日报》等正规渠道获取，要提高辨别能力，不要依赖微博、微信等非官媒平台；二是现在网络环境非常复杂，大学生很容易被网上贩卖焦虑的行为带入到情绪当中，要保持初心，要有选择地接受网上的信息，培养科学的辩证思维。

（四）总结反思，未雨绸缪

会后，我对该事件进行反思，网络时代信息瞬息万变，作为辅导员更应该加强对学生的思想引领，切莫被错误的网络思潮带偏。同时，在本月的辅导员工作汇报中将此事的全部过程记录下来，希望学院领导和其他同仁提高警惕，及时发现，及时止损。

三、工作成效

(1)经过班会和职业生涯规划课的正确引导，小蓝的困扰已经解决。她不再关注别人的想法与做法，不再盲从地纠结考取证书和上自习所造成的时间冲突，而是根据自己的兴趣爱好，致力于专业课学习和科技比赛，在 CAICS 比赛中斩获一等奖。

(2)学生对"内卷"行为的误解已经消除,因竞争产生的迷茫和焦虑得到了缓解,更加坚定地寻求自己的发展道路,班级里恢复了往日的和谐。

(3)学生对于网络信息的判断更加准确,辨别能力得到了提高,也不再一味地关注只具有娱乐性质的社交平台,对官方媒体的关注度提高,日常信息来源更加准确。

四、案例启示

(一)学生事无小事,事事关心

辅导员老师的一切工作,都是从学生的问题出发,对学生提出来的问题,哪怕很细微也要高度重视、认真倾听、认真研判,及时回应学生关切,坚持以学生的诉求为导向,深入到学生中去。同时,以点带面,个例问题可能存在于群体之中,要认真调研、科学应对,时刻做好学生的人生导师和知心朋友。

(二)要紧跟形势,善于分析,对症下药

新时代带来新问题,但任何问题都在十大育人体系的范畴,通过认识学生带来的教育新课题,紧密结合十大育人体系,剖析新事件背后的旧原因,在结合理论知识的同时创新形式,对症下药。让学生真正信服,更好担起学生健康成长指导者和引路人的责任。

(三)要提升意识形态领域的引领力

对于学生出现思想多元、获取信息多元、价值多元、理想目标迷糊等问题,作为辅导员更应将社会主义核心价值观融入学生工作中去,积极宣传党的主张、开展理论教育、引导校园热点、疏导学生情绪、提高学生的科学辩证思维和能力,在复杂的社会环境下坚定理想信念和保持清醒头脑,努力成长为德智体美劳全面发展的新时代中国特色社会主义事业的合格建设者和可靠接班人。

获奖者简介

吴燕妮，女，汉族，硕士研究生学历，讲师。从事学生工作4年，研究方向为学生教育管理。主要从事学院党建工作、宣传工作、学生学风建设工作、第二课堂和就业工作。曾获山东交通学院就业先进个人、工会积极分子等荣誉称号。

获奖感言

非常荣幸能够获得2020年度山东省高校辅导员工作案例一等奖，我想用“感谢”和“行动”两个词来表达获奖的心情。

感谢——感谢中共山东省委教育工委给予的宝贵平台，让高校辅导员群体能够充分展现自我；感谢山东交通学院这个温暖的大家庭，对我们年轻辅导员的辛勤培养和帮助；感谢我的学生们，陪伴我在辅导员工作中一路成长。

行动——荣誉代表过去，行动创造未来。辅导员工作是一场没有终点的修行，时刻提醒我们不忘立德树人初心，牢记育人育才使命，接下来我将以更大的热情投入辅导员工作中，用爱引航青春力量，用心守护学生成长。

“网络新时代　思政新教育”

——网络思想政治教育辅导案例分析

山东政法学院网络空间安全学院　李妍

当今时代，随着网络技术的完善与普及，网络舆情、网络传播、网络交流等现象愈发成为高等学校思想政治教育中不可忽视的一部分。将新媒体网络技术与传统教育相结合，运用大数据分析等方式进行网络思想政治教育已成为主旋律。高校辅导员应进一步加强网络信息技术、新媒体技术与传统思想政治教育的融合，规范学生网络用语的使用，增强网络使用的安全风险观念。

以下是所带学生的真实案例，通过这个案例来分析新时代如何将网络思想政治教育与传统思想政治教育相融合。

一、案例基本情况

刘同学，男，18岁，云南人，大一在校生。由于刚刚从高中步入大学，第一次离开家乡，来到新的生活环境，面对学习进度快、知识难度大的专业课程，刘同学不能及时调整状态，上课期间难以跟上教学进度，课后空余时间无法找到合理的学习方式，复习进度缓慢，期末考试成绩并不理想，多门科目未及格，收到学业警告。家人的责备和自己给自己施加的压力，导致他在新学期心情低迷，从原来的积极乐观变成整日不语、性格孤僻，学习状态下滑严重，进而沉迷社交网络。

二、案例分析

刘同学因为远离家乡到新的生活环境，无法及时适应，同时难以找到适合自己的学习方法，导致成绩不佳，逐渐对学习产生了畏难以及厌烦心理，在个人压力得不到排解和受到家人苛责的同时，网络信息的大范围传播，使他在虚拟世界开始了封闭生活，逐渐脱离了班集体。究其原因，是青年大学生正处于一个认识社会的萌芽阶段，人生追求、价值取向、世界观还没有完全形成，心理状态很容易受外界因素的影响而出现波动甚至逐渐封闭自我。尤其是在网络社会,青年学生极易陷于网络世界,难以发现现实生活中的美好事物,从而无法走出虚拟世界,进而产生极端心理。

三、解决思路

对于刘同学这种情况,我从和善沟通,加以引导出发。首先,和家长沟通,告诉家长不要给他施加压力,寻找合适的时机进行沟通交流,采用线上和线下相结合的方式对该生进行关心问候,通过谈心和鼓励的方式帮助其建立信心,走出虚拟世界。其次,尊重刘同学在网络平台的社交方式,在正确合法的途径下,进一步关注他的生活以及学习情况,以合理的方式发现并剖析他的心理问题,在不剥夺个人自由社交的条件下,引导其正确看待困境。最后,再次联系刘同学家长,进一步交流他存在的问题,从家庭和学校方面,以不同角度引导树立一个积极向上的生活和学习心态,做到教师、家长联合帮助他树立正确的人生追求、价值取向、世界观。

对于环境等原因引起心理急速变化的学生来说,及时发现、及时沟通、及时疏导是最重要的。首先,完善整个思想政治教育工作体系,将原有的思政教育体系进行整合,同时结合新时代新的网络媒体,如微信公众号、微博、微信、QQ等现代网络平台及科学技术,进行新时代、新思政的教育,结合新时代青年喜欢上网的特点,融入学生喜爱、热爱、追捧的元素,打造新颖的教学理念,利用网络传媒强化传统教育,增强学生关注身心健康、思想政治等方面的意识。其次,紧密联系各班班长和团支书,构建完善的服务链,深入观察学生状态,定期开展心理、思想政治教育班会,及时发现学生中存在的心理不健康问题,给予相应的指导与帮助,秉持“治标先治本”的理念从根本上杜绝学生不正确的思想。最后,根据每次班会的开展情况,及时总结并反思,制订以及完善相应的心理健康干预及教育计划。

四、处理过程

(一)尊重学生,利用网络沟通方式让其敞开心扉

为了帮助刘同学转变心态,我通过网络聊天的方式和他进行交流,这种非面对面的交流方式,可以缓解刘同学紧张情绪和压力,让他充分信任我,将心里话全部说出来。通过聊天,了解了他的真实想法,可以消除他心里的芥蒂,与我成为朋友。在整个聊天的过程中,我充分尊重他、理解他,真正让他敞开心扉。

(二)家校联动,通过网络远程沟通配合

为了深入了解刘同学的心理状态,我和他的父母通过网络进行沟通,一起制定了适合他的心理疏导方案。沟通后,家长与他经常通视频,缓解了他的思

乡之情。同时，我们都尊重他的习惯，不反对其玩网络游戏，而是循序渐进地引导他恢复原来的生活习惯。

（三）针对学生特长，制定适合该生的活动

在刘同学的父母、同学以及舍友的配合下，从他的网络社交平台上了解到他对于文案编辑、视频制作、微信推文等新媒体技术有着较高的天赋和兴趣。基于此，我以他感兴趣的网络技术方面为切入点，制作了一个以“走进学生，服务同学”为主题的短视频，逐步引导他打开心门，诉说其烦恼。同时，关注他的社交平台，以网络沟通的方式肯定其特长，鼓励他参加各种活动，帮其树立信心，找到学习的方向，想清楚为什么学习，坚定学习信念，保持良好的学习态度。

（四）发动学生干部、寝室同学、专业课教师等人员共同进行帮助

在多次和他聊天后，发现他特别聪明，只是由于一直找不到学习方法成绩才一直下滑。我及时联系他的班长、团支书、室友，告诉他们该生的相关情况。他们表示，一定会帮助刘同学走出低谷。除此之外，我也和专业课老师及时交流，老师们表示会多关注他的成绩，平时也会加强和他的沟通交流。

（五）开展心理健康教育讲座，加强理论教育

通过以小见大的方式，借刘同学的心理事件开展心理健康教育讲座，从理论上深化青年大学生对心理健康的了解。讲座上采用不同方式加深学生对心理健康重要性的认识，鼓励学生勇敢说出自己的问题与困惑，并给予相应的解决措施。通过该形式的活动，鼓励刘同学打开心门，和同学们一起探讨自身的问题，使他以更加积极乐观的态度面对困境。

五、工作成效

经过多次的沟通交流，刘同学的状态有了明显的好转，不仅通过寻求老师、同学的帮助制订合理的学习计划，同时也正确看待虚拟世界与现实生活的联系及利弊。由于擅长新媒体技术，现在他已经有了自己的公众号平台，通过网络媒体发表自己的生活感悟、学习心得，整个人开始向着更好的方向发展。

六、案例启示

当今时代成长起来的青年，思维活跃、吸收能力较强，而过于硬式化、流程化的思想政治教育工作在网络环境下或许已经不够体现出自己的优势，如何在网络新时代下充分理解思想政治教育形式，结合网络平台优势，合理利用科学技术的发展推动文化教育的完善，已经成为不得不认真探索的新教学方法。

网络时代的高校育人工作，应把握网络发展态势，尽快转变工作方式，用新时代、新思政网络思想加强思政育人理念，把网络思政工作作为推动传统思政工作创新的重要发力点。深入理解时代内涵并转化为大学生容易接受的教学

方式，合理运用信息网络技术，融入更多时代因素，增强思政教育吸引力，增强思政教育的时事性。同时，思想政治课也不仅仅是帮助他们树立正确的人生追求、价值取向、世界观，也是从心理上辅导他们，让他们拥有一个积极、乐观、向上的心理状态。我们要注重引领学生充分发挥自身长处，树立正确的意识形态，提高自身的抗压能力以及辨别是非的能力，激励学生坚定理想信念，明晰未来方向，掌握过硬本领，勇挑时代重任。

获奖者简介

李妍，女，汉族，1978 年 8 月生，中共党员，硕士研究生学历，讲师。现任山东政法学院网络空间安全学院党总支委员，学生党支部书记。在“课程思政”方面，一直以网络思政作为研究方向，主持省级课题《融合新媒体及思想政治教育创新工作研究》；主持校级课题《“加强思想道德建设”研究》等多项课题。发表《新形势下大学章程建设的思考与探索》《浅谈大学生心理健康问题》等多篇论文。《大学生社会实践与志愿服务长效机制研究》获省级二等奖，《大学生校园和谐文化建设探索》获省级三等奖，《学有坦途，风生正气——学风建设辅导案例分析》在全省高校辅导员 2019 年度优秀工作案例中获二等奖，《高校学生劳动素养培养的新走向》在 2020 年山东高校辅导员工作论坛上荣获优秀论文二等奖。

获奖感言

感谢山东省教育厅、中共山东省委教育工作委员会为广大辅导员提供这么好的平台，让我们能和诸多同仁交流学习工作经验。感谢山东政法学院学生处领导精心准备本次比赛，成绩的取得离不开学校的培养。我会将此次获奖作为今后继续前行的动力，深刻地分析思想政治工作现状，认真研究新形势下思想政治工作的新情况、新问题。

搭建高校学生党支部“五力”实践育人新平台

——基于“00 后”学生党员培养案例分析

山东青年政治学院会计学院　左宝宝

“00 后”学生党员群体是新时代社会主义建设的主力军，是实现两个“一百年”奋斗目标的中坚力量。作为高校辅导员，准确把握“00 后”学生党员群体特征，深入探索“00 后”学生党员思想政治教育培养路径，凝聚起实现“中国梦”而奋斗的青春力量，具有十分重要的意义和价值。

一、案例基本情况

“00 后”学生党员已经成为高校学生党员的主要组成部分，“00”后学生党员的培养质量直接影响到学生党支部的作用发挥。加强高校学生党支部建设，必须准确把握“00 后”学生党员群体特征，将党的工作真正下沉到支部，使学生党支部成为团结学生的核心、教育党员的学校、攻坚克难的堡垒。我们通过调查发现，“00 后”学生党员具有自主性、探索性和创新性的学习生活，呈现出个人意识强烈、网络行为多样、处事态度理性等群体特征。我们将面临“00 后”学生党员中精致利己主义者增多、易受情绪影响、需求灵活多变和时间焦虑强烈等亟待解决的问题。针对这些问题，我们以学生党支部为单位，以学生党员为主体，搭建起向心力、学习力、传播力、战斗力、竞争力的“五力”实践育人平台（见图 1），整合实践育人资源，通过主流价值引领不断激发“00 后”学生党员群体潜能，提升“00 后”学生党员群体的思想政治教育实效，并取得突出成效。该项目先后被中国青年网、大众网、中新网、齐鲁壹点等各级各类媒体广泛报道，引发强烈社会反响。同时，本年度我们依托该项目顺利完成“山东党建工作样板支部”培育创建的验收工作。

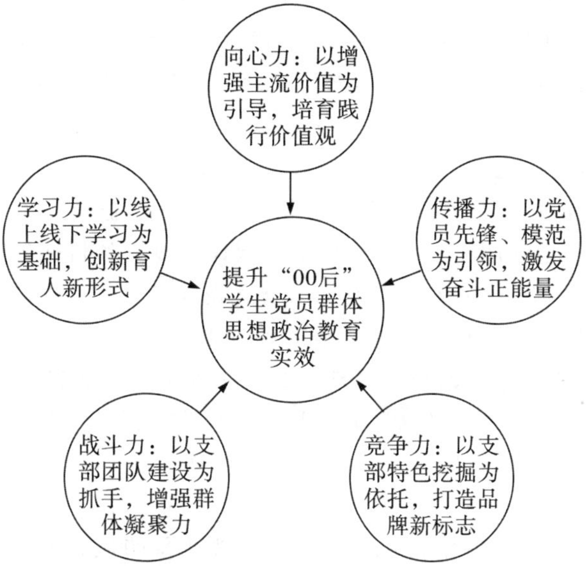

图 1 “五力”实践育人平台

（一）向心力：以增强主流价值为引导，培育践行价值

习近平总书记指出：“马克思主义始终是我们党和国家的指导思想，是我们认识世界、把握规律、追求真理、改造世界的强大思想武器。”坚定对马克思主义的信仰、对共产主义的信念，是中国共产党强大向心力的精神之源。针对“00 后”学生党员个体意识强烈的群体特征，首先，要高质量学习马克思主义和习近平新时代中国特色社会主义思想的“三会一课”，以主流价值观为引领，树牢“四个意识”、坚定“四个自信”，提升学生党支部的向心力和凝聚力；其次，针对“00 后”学生党员中精致利己主义者增多的群体特征，要加强道德建设，开展公平、正义、利他主义教育，引导“00 后”学生党员把个人发展与社会进步和国家富强结合起来，以国家和社会需要为先追求个人价值，实现个人与集体的有机融合，努力培育和践行社会主义核心价值观。

（二）学习力：以线上线下学习为基础，创新育人新形式

《中国共产党普通高等学校基层组织工作条例》指出：“学生党支部应当加强思想政治引领，筑牢学生理想信念根基，引导学生刻苦学习、全面发展、健康成长。”这对学生党支部的功能做出明确的界定，要加强学风建设，创新学习形式。针对“00 后”学生党员网络行为多样的群体特征，我们发现 KOL（关键意见领袖）所发表的内容更容易引起他们的关注和思考。因此，以“山青先锋”微信平台为网络对话阵地，打造独具视角和创新风格的“学生党员 KOL”，运用互联

网个性化的方式表达观点，带动和引领他人产生情感共鸣和价值认同。语言方面，开设“青锋宣讲”和“党建半月谈”等专栏，用“00后”学生党员喜闻乐见的“地方话”“时代强音”进行表达；形式方面，开设“党育先锋”“思想汇报”等专栏，开展“时间短、形式活、接地气、效果好”的微党课，以生动的育人形式，增强“00后”学生党员的学习能力。

（三）传播力：以党员先锋模范为引领，激发奋斗正能量

习近平总书记强调：“距离实现中华民族伟大复兴的目标越近，我们越不能懈怠，越要加倍努力，越要动员广大青年为之奋斗。”结合“00后”学生党员的价值表达和情感状况，采用“走出去”“请进来”的传播途径，一是以党员先锋模范为引领，邀请党建工作专家和优秀基层党务工作者走进支部，用鲜活的案例激发学生内在动力；二是充分发挥“第二课堂”实践育人作用，达到开阔视野、拓展知识和增进身心健康的目的；三是用好身边榜样力量，毛泽东同志说过：“典型本身就是一种政治力量。”在新冠肺炎疫情防控过程中，我们身边涌现出众多为家乡站岗、乐于奉献的先进事迹，如学生第二党支部组织委员王雯雯，第一时间报名山东精准支持留英学子抗疫辅导计划，全力投身战“疫”执勤和心理辅导的第一线，获聘全英中国学生学者联谊会“抗疫辅导员”。要善于将身边先进事迹宣传出去，用身边榜样培养人。

（四）战斗力：以支部团队建设为抓手，增强群体凝聚力

一个组织或团体的战斗力，通常来自组织成员间的信任感和认同感。结合“00后”学生党员群体特征，加强学生党支部战斗力的核心是增强成员间的吸引力和对群体的认同感。调查发现，以“00后”学生党员追星为例，他们更倾向于通过挖掘对方身上的才艺和品格，找到“戳中”自己的某一点，即找到情感和价值的认同。从支部团队建设入手是观察和了解双方特质的很好的着眼点，一是以小组活动为方式创新支部主题党日，拧紧支部成员间的情感纽带；二是制定《入党积极分子和党员成长手册》，通过量化考评方式激励成员主动作为，并为设计团队建设活动方案提供综合研判的科学依据；三是开通“小树洞”QQ专线，实时收集“00后”学生党员在学习、生活、工作和团建活动中的困难与疑惑，建立高效便捷的沟通渠道，增强学生党支部的战斗力和凝聚力。

（五）竞争力：以支部特色挖掘为依托，打造品牌新标志

新时代提升学生党支部核心竞争力的关键是准确把握“00后”学生党员的群体特征，挖掘支部精神内核，打造标志性品牌。为适应“00后”学生党员碎片化、易变的需求，我们踩准节点、瞄准热点、聚焦痛点，积极搭建思想碰撞、信息反馈的“青年思享汇”交流平台，做好“00后”学生党员管理的“问题回收站”。“话题”是“青年思享汇”活动的核心环节，一个能够吸引“00后”学生党员主动参与的话题才是一个好的话题，也是我们的最用心之处。本项目依托“青年思享汇”获评全国高校“两学一做”学习教育支部风采展示活动工作案例类特色作品,《“青年思享汇”助力学生党员思想建设》入选山东省委教育工委主编的《山东高校基层党建典型案例50篇》,《“青年思享汇”让思想引领更有温度》入选中组部《基层党组织书记案例选编(高校版)》。

二、案例工作成效

“五力”实践育人平台紧密结合“00后”学生党员群体特征,对高校学生党支部建设进行了有益探索和创新,为深入探索“00后”学生党员思想政治教育培养路径,提升思想政治教育实效,打通学生党支部落实的“最后一公里”起到了十分积极的作用。

实践锻炼是“00后”学生党员培养的重要路径。从本质上看,“00后”学生党员以“体验式”教育模式在实践中检验真理和发展真理,既可以提升运用党的创新理论指导实践的能力,更有利于激发学生党员对党支部的归属感和向心力,让党的创新理论入脑入心,在实践中落地生根、开花结果。

理论学习是“00后”学生党员培养的重要保障。在项目实施过程中,我们发现理论基础扎实的学生党员,在组织和参与实践活动时的获得感更强,他们把学习中的“务虚化”和实践中的“功能化”有机结合,使学到的理论知识落在实处,同时通过实践加深对理论的理解。

加强互动是“00后”学生党员培养的有效方式。项目实施过程中,我们努力构建线下“面对面”和线上“云”分享的互动平台,搭建学生党支部之间、学生党员之间、党员与团员之间沟通联动的桥梁。学生党支部不仅要能“搞活动”,而且关键是能在“实战”中总结经验,交流收获,使得支部成员将学习成果内化于心、外化于行。

总结反思是“00后”学生党员培养的重要环节。每一项活动的开展,一是需要党员个人总结反思,在反思基础上向党组织反馈自身动态;二是党支部要总结反思,从反思中摸清“00后”学生党员群体特征,更好地指导实际工作;三是党总支要了解学生党支部的实际工作情况,反思是否指导到位,从而真正达到提升“00后”学生党员思想政治教育实效的最终目的。

获奖者简介

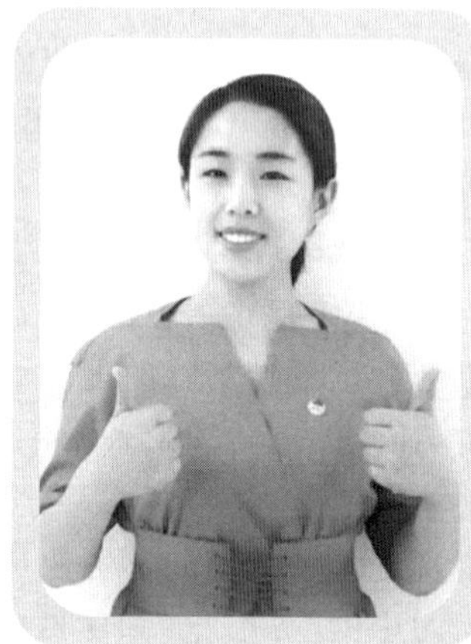

左宝宝，女，汉族，中共党员，讲师，硕士研究生学历。从事学生工作8年，主要研究大学生思想政治教育和党的建设。曾荣获第五届山东高校辅导员素质能力大赛一等奖、山东高校优秀辅导员、济南市优秀共青团干部。2014年9月进入会计学院担任辅导员，负责会计学、审计学、审计学(数据式审计方向)专业各年级二十个班级，学生多次获得各类荣誉和奖项。

获奖感言

作为一名大学生思想政治辅导员，本人始终坚守在思政工作一线，坚守为党育人、为国育才的初心使命，以“引领学生思想进步，促进学生全面发展”为根本遵循，做好学生思想成长的实践导师、专业导师和精神导师。以“新”平台为助力，抓牢政策“压舱石”、深挖传播“加速器”、用好德智体美劳“助推器”，尽职尽责做好学生思想成长的引路人。

树好一面旗，拧成一股绳：四大载体打造新时代铸魂育人体系

山东大学马克思主义学院　魏廷义

一、基本情况

育人之本，在于立德铸魂。新时代立德树人工作的关键是做好习近平新时代中国特色社会主义思想的“三进”。在实际工作中，我结合马克思主义学院的学科特色，充分盘活各方面资源、多方面力量，推进习近平新时代中国特色社会主义思想入脑入心，为培养更多地“学马”“讲马”“信马”“用马”的马克思主义理论人才贡献力量。开展“读原著·学原文·悟原理”经典读书会活动，搭建青年学“习”平台，引导广大青年在品读经典的过程中发现问题，分析问题和解决问题，真正养成“读马克思主义经典、悟马克思主义原理”的习惯；打造青年宣讲团，引导广大青年走出课堂，走进不同群体，将马克思主义理论的最新成果以问题导向、学术视野和学生话语的形式进行传播；组织青年实践团，搭建实践育人平台，将思政小课融入社会大课。拓展党建实践基地，深入开展党的理论教育、历史教育和实践教育；形成从立项、实践、答辩到总结的链条式社会实践管理办法，打造理论宣讲实践、专业教学实践、思政比赛实践、假期社会实践四位一体的实践育人体系，让学生在实践中增强对习近平新时代中国特色社会主义思想的认识和理解，做马克思主义的坚定信仰者和忠实践行者；举办大学生讲思政课比赛，引导青年在比赛中回顾中国共产党成立以来的光辉历程，充分展现新时代大学生的马克思主义理论素养和精神风貌。

二、组织实施

（一）学“习”：开展经典读书会

1.经典读书会

经典读书会每周举办一次，以学生导读＋自主阅读＋问题解读＋专家领读的形式进行。导读志愿者梳理本次阅读书目的内容，并结合自己的思考与体会在读书会前半小时向读者做简单介绍。随后读者有一个小时的自由阅读时间，在自由讨论阶段，活动参与者根据阅读内容抛出问题、讨论问题、解决问题，交流自己的理解与感悟。每本经典著作阅读的最后一期会邀请专家，通过讲座的形式对本期阅读书目进行精彩解读，解答读者疑问，相互研讨交流。

2.经典著作推荐

经典著作推荐是对线下经典读书活动进行的线上补充。以微信推文的形式，在公众号平台——“马院之声 SDU”进行系列推送。推荐内容包括对推荐书目的整体介绍、代表性版本图片介绍、书目写作背景简介、书目内容简介、著作影响介绍、点睛妙句摘抄以及书目电子版下载链接。

3.经典读书征文

每学期末采取征文评比＋分享交流的形式，将前期阅读马克思主义经典原著的所思所想，阅读成果沉淀下来，历经思、品、悟的过程，最后形成体系、付诸文字，激发学生阅读思考理论经典的积极性。

（二）传“习”：打造青年宣讲团

以青年应有的责任和担当，自觉承担起宣传习近平新时代中国特色社会主义思想的重要使命。我们通过举办“青年宣讲团”成员选拔大赛，从本、硕、博学生中遴选出具有优秀宣讲能力和潜力的人员组成宣讲团，对宣讲团成员进行精准打磨和系统培训，试讲成型后带领青年宣讲团，走进高等院校、中小学、社区、企业进行有针对性的主题宣讲。我们在 2020 年 1 月先后前往山东青年政治学院、章丘三涧溪村、齐鲁师范学院和山东省实验中学开展以“宣正言讲良策，助力国家治理体系和治理能力现代化”为主题的党的十九届四中全会精神解读宣讲。2020 年 8 月以“绽放战疫青春 · 坚定制度自信”为主题，联合全国各地 11 所高校的马克思主义理论类社团开展线上宣讲，并前往济南市长清区南黄崖村革命纪念馆、济南市东村党支部两个代表性社区党群中心进行线下宣传。

（三）践“习”：组织青年实践团

每年寒暑假，组织全院本、硕、博开展社会实践活动，2018 年暑假开展以“寻访齐鲁红色基因，弘扬新时代家国情怀”为主题的社会实践活动；2019 年暑假组织学生赴延安开展“不忘初心，牢记使命”社会实践活动；2020 年寒假社会实践团走进山东青年政治学院、齐鲁师范学院、山东省实验中学、章丘三涧溪村开展社会实践。这些实践活动是青马学子在实践活动中探索马克思主义理论的一次次有益尝试，是弘扬马克思主义学风的积极探索。通过实践学习，青马学子进一步明确要把人生抱负落实到脚踏实地的实际行动中来，把学习奋斗的具体目标同民族复兴的伟大目标结合起来，立鸿鹄志、做奋斗者，以青年应有的责任和担当，自觉承担起学习、宣传、发展马克思主义思想的重要使命。

（四）"讲习"：举办大学生讲思政课比赛

面向山东大学一校三地所有在校本科生、研究生举办大学生讲思政公开课比赛、短视频大赛。比赛采用初赛和决赛，线上与线下相结合的模式，并邀请思政相关专家、教师进行专业评选、打分、评价。让高校学生讲思政课这一新颖的授课方式，在比拼与较量中激发了学生对于思政学习的热情，增进对思政课教学内容的认识和思考，深化了对思政课的感情。在校研究生积极踊跃参与，在比赛过程中，同学们精选主题、精巧构思、精心讲述，为思政课的建设提供了新思路和新视角，有利于拓宽思政课的教学路径，促进思政课教授内容和讲课模式的创新与发展，提高思政课的吸引力与感染力。同时，大学生讲思政课是将思政元素融入实践的直接呼应，在讲学中，不仅增强了大学生对党和国家的自觉认同，而且也可以帮助学生了解为人处世的法律道德，加强大学生对社会现实问题的建设性思考，增强大学生观察时代、引领时代的理论智慧，从而达到乐学化育、润物无声的效果。

三、工作成效

通过四大载体有效引导青年学子做习近平新时代中国特色社会主义思想的传播者和践行者，做到"真学、真懂、真信、真用"，调动广大青年在奋斗中释放青春激情、追逐青春理想，以青春之我、奋斗之我活出精彩人生。

（一）营造读书氛围，感悟经典力量

以"读原著·学原文·悟原理"为特征的马克思主义经典读书会获得了同学的一致认可，获评山东大学"一院一品"校园文化建设重点立项项目和后续持续支持特色项目，山东大学党委书记郭新立曾两次参与主题研读活动。截至目前，马克思经典著作共推送 26 期，马克思主义经典读书会共开展 36 期，在校内外引起广泛影响，提高了青年学子对马克思主义经典的学习热情，加强了不同学院学生之间的思想交流、情感交流，为青年学子学习、研究马克思主义经典提供了科学方法指导，对青年马克思主义者的培养起到一定推动作用。

（二）拓宽教学路径，激发思政热情

大学生讲思政课公开课比赛得到了山东大学济南、青岛、威海各校区学生的积极响应，有来自 32 个学院的 113 个团队共计 450 余人报名参加。通过高校学生讲思政课这一新颖的授课方式，学生在比拼与较量中增进了对思政课教学内容的认识和思考，深化学生对思政课教学内容的认识。在比赛过程中，同学们精选主题、精巧构思、精心讲述，为思政课的建设提供了新思路和新视角，有利于拓宽思政课的教学路径，促进思政课教授内容和讲课模式的创新与发展，提高思政课的吸引力与感染力。

（三）理论结合实践，推动思想传播

青年宣讲团从青年学生的视角出发，理论联系实际，引领并带动更多的青年学子主动学习新思想、践行新思想，为广大青年学子搭建理论学习阵地和思想交流舞台。马克思主义学院青年宣讲团自成立以来，编写了《实现中华民族伟大复兴是近代以来中华民族最伟大的梦想》和《我国社会主要矛盾的变化是关系全局的历史性变化》两本精品讲义。前往山东财经大学、山东建筑大学、山东青年政治学院、曲阜师范大学、德州学院、聊城大学、齐鲁师范学院、淄博市傅山村、滨州市西王村、济南市三涧溪村等地进行主题宣讲25次，宣讲人数上千人，有力地推动了习近平新时代中国特色社会主义思想深入人心。

获奖者简介

魏廷义，男，汉族，硕士研究生学历，传播学方向，从事学生工作4年。凝练打造"学'习'""传'习'""践'习'""讲'习'"四大育人载体，推进新思想入脑入心。坚持在研究状态下开展工作，发表学术论文3篇，参与各类课题6项，在光明网、学习强国等主流媒体网站与平台发表新闻作品12篇。获得山东省高等学校优秀科研成果二等奖、山东省大中专学生志愿者暑期"三下乡"社会实践活动优秀指导教师、山东大学优秀团干部、青年突击手、网络新闻宣传优秀作者等荣誉称号。

获奖感言

这项荣誉既是对已往工作的肯定，也是对未来工作的激励。我很感谢领导和同事对我的帮助和鼓励，也很感谢学生们对我的支持和理解，这份荣誉是我们团结协作的结晶。作为一名辅导员，我深感思政工作对落实立德树人根本任务的重要意义，未来我将始终保持不变的情怀，勇担思政育人使命，在与学生同呼吸、共前行，齐奋斗中践行初心使命。

成功何为?

——从“尖子生”的认知焦虑与心理困惑谈起

山东大学基础医学院　李振铭

一、案例简介

钱理群教授说:“我们的一些大学,包括北京大学,正在培养一些‘精致的利己主义者’,他们高智商、世俗、老道、善于表演、懂得配合,更善于利用体制达到自己的目的。这种人一旦掌握权力,比一般的贪官污吏危害更大。”我所带专业的学生高考录取名次基本在我省 2000 名以前,当他们回忆自己的中学生活时往往都会提及自己“学习好”“成绩好”“尖子生”等。奇怪的是,就是这群从小到大“别人家的孩子”在步入大学校园后却普遍比普通学生更容易产生心理问题。通过对 10 名学生[①]进行长时间、多维度、宽面向的谈话和观察,我发现“尖子生”普遍存在着相似的认知焦虑与心理困惑。作为学生思想引领和心理建设的辅导员,理性地引导学生明德至善,加强爱国主义和公共品格教育,树立多样的成功观任重道远。

二、案例分析

(一)案例主要体现问题

第一,对与自己“利益”无关的事情毫不关心,政治敏感度低,对参与公共事务冷漠。

第二,学习兴趣与学习结果相悖,学习热情的降低和对成绩的过度追求使他们常常处于分裂之中,厌学情绪高涨。

第三,自己刻意制造“假想敌”,无法正确地处理和潜在竞争者之间的人际关系。

① 笔者首先对本专业所有学生三年来学习成绩进行汇总排名,然后选取年级前 5%的 10 名学生作为谈话对象。

第四，情绪敏感、心理脆弱，高度在意他人的评价，患得患失。

（二）案例原因分析

1.畸形的成功观

人的一生是从家庭开始的，父母是儿童的第一任教师。这些“尖子生”的家长往往从小给孩子灌输“只有好好学习考上好大学才能找到好工作走向成功”的理念。更有甚者，家长为了让孩子全身心关注文化课学习包办除孩子学习之外其他一切事情。唯成绩论，在校内的成功是以考试分数和排名来体现，在校外的成功是以薪资报酬多少来衡量，缺少对孩子内心情感的关注。受此影响，这些学生把成绩当作成功的唯一标准，一切有利于加分的活动都参加，与此无关的都忽视。①

2.信仰的缺失

功利主义至上的观念使得“尖子生”们只把“争优秀”当作人生的动力，好胜心和好战心都很强烈；至于为什么去学习、为什么去拼搏，却没有足够的思考，缺乏家国情怀，囿于自我的小的利益得失，对学习没有足够的动力。那些既为自己负责又能在公共领域贡献力量，造福于社会和他人的才是梁启超先生所言的“私德”与“公德”兼备的人。②

3.缺少负面情绪宣泄途径

首先，“尖子生”从小生活在他人的喝彩和掌声中，被社会、学校、同辈当作“榜样”，被视为“强者”。受“晕轮效应”影响，社会普遍认为成绩好的“尖子生”可以做好一切事情，刻板印象让他们内心深处认为表达负面情绪是“软弱无能”的象征，与自己的标签不符，会影响自己在他人心中的形象。其次，长期受到唯成绩论的畸形成功观影响，“尖子生”难免以成功者自居，不愿和其他同学沟通，自尊心和好胜心极强，抗挫能力差。另外，“尖子生”把大量的时间和精力都投入到应试的学习中，很少有时间发展自己的兴趣爱好，一旦学习成绩下滑就像丢失了唯一的救命稻草。③

4.学习压力大，缺少减压方式和时间

客观上讲，我所带专业学生从一年级开始课业压力就要比其他类别专业学生大，具体体现在：第一，课时量大。每周周内基本满课，周六、周末也往往要安

---

① “我从小到大一回到家父母问得最多的话是考了第几名，我只知道我要考高分，我也不知道对什么感兴趣，连高考志愿也是我爸妈给我填的，他们觉得这专业出去好找工作赚钱多。”（学生1、5、6、7）

② “刚上大学我爸妈就告诉我要入党，其实我自己对入党没有什么很明确的概念，知道这是荣誉，大家都去争，自己也难免要去争。”（学生3、9）

③ “刚开始成绩好的时候没什么，时间久了你就被架上去下不来了，老师、家长、同学会觉得你什么都能行。”（学生2、3、10）“在我们高中学习好就是王道，按成绩排座位，学习好的很难有机会和其他同学沟通，爸妈也不让我们在一起玩。上了大学后我们的专业课太多了，根本没法像别的大学生那样轻松一下。”（学生4、8）

排上课。第二,课程设置紧密,前后连贯性强。对于某个知识点如果理解不到位对于后面知识掌握就会存在一定困难。第三,除理论课学习外还会有专业实习、见习等课程安排。总之课业压力大为该专业显著特征,“尖子生”与其他同学相比对于知识学习所花时间比例会高于其他同学,课余时间相对较少。

三、处理过程

(一)高频谈话,建立师生信任

谈话时间贯穿在开学初、学期中、放假前、假期中和开学前几个时间段,有面对面和线上两种形式。谈话人员涉及学生本人、学生的父母、舍友、朋友等。前期调研过程中充分倾听,了解学生们的基本情况后,对学生当前的现状表达共情,表示愿意同学生一起解决困难,与学生建立良好的信任关系,与学生一起分析导致问题存在的原因,并及时进行归类。我所带的学生均为“00”后,是互联网的“土著居民”,他们更喜欢在虚拟世界表露自己的心声,因此我对学生的朋友圈、微博、抖音等社交平台内容进行深度阅读,深入了解每个学生的心理状态和轨迹,把握节点事件,“一生一对策,一生一思路”,对症下药。

(二)师生合力,搭建互助平台

在与学生谈话结束后,我与心理中心老师取得联系,了解学生下一步可能会出现问题。同时,通过“尖子生”们的舍友了解其日常表现情况,便于后续开展心理咨询提供帮助。此外,在保密原则基础上,告知其所在班级班委、所在宿舍舍长、班主任、学业导师,对学生密切关注。

(三)家校互助,重建支撑系统

“尖子生”出现厌学等不良情绪主要是由于自身和家庭原因,一方面,应该让学生进行适当的心理放松和情绪的宣泄;另一方面,建议家长更加关注学生心理状态,可以通过网络等形式进一步加大与孩子谈心谈话的时间和次数,了解孩子在学校最新情况。

(四)合理宣泄,疏解负面情绪

多次与学生以轻松的方式进行谈话,通过运动打卡、电影分享、读书交流、结合自身经验等形式与学生讨论关于“成功”的界定。在工作之余走进学生宿舍与学生们做朋友,以开放式思路回应学生疑问。同时,在假期期间通过“云家访”形式及时关注学生在家状态,为学生、家长、辅导员创造更多的交流机会,给学生更多的鼓励,让家长更加放心和舒心。此外,学生在校期间建议学生预约心理咨询中心的相关课程/活动进行心理放松,在家期间建议家长利用社会资源进行多方面的心理疏导。

四、处理结果

经过多方交流,存在认知焦虑和心理困惑的学生在不同程度上得到缓解,他们对学习态度发生一定转变，对“成功”有了更全面和多元的认知，人际关系方面得到一定改善。其中几位同学利用课余时间进行兴趣爱好学习，大部分谈话学生的性格比之前开朗许多。家长也能认识到自身教育上的问题，乐意配合学校、老师，让学生有更完整的人格和多彩的大学生活。

五、分析与启示

（一）以小见大：家庭教育是学生心理教育的基石

出现心理困扰的学生很难避开原生家庭的因素，学生出现问题时一定要了解学生的家庭状况和他的成长轨迹，全面考虑学生的心理轨迹变化。取得家长的配合，在进行学生心理疏导的同时也要让家长认识到自身家庭教育上的问题，注重利用学生最亲密的支持关系，通过家校合作，为学生心理健康保驾护航。

（二）以微知著：一生一策是学生心理教育的路径

所谓教育关怀，始于主体对他者的关心，致力于主体之间的合作互助和共同成长。根据个性差异调整咨询方式，在咨询过程中要注意被咨询者身份的转换。例如，要本着先以过来人的身份为切入点进入，再以朋友的身份告知其观点存在不足，最后以老师的身份提出改进的建议。同时，在进行案例倾听时要注意学生性别不同。例如，女生相比较男生而言，更为敏感、多疑，在做女生的案例时，被咨询者要更加细致、耐心；女生的语言表达能力强，这就需要我们多听，多看，多与其身边的同学、朋友沟通交流。此外，在与他们交流时要更加注意用词的严谨性。

（三）以点带面：“三全育人”是学生心理教育的支撑

学生在学校出现心理状况时一定要充分把握学校全员育人、全过程育人、全方位育人理念，促进辅导员、班主任、宿舍楼管等多元主体，将教室、课堂等学习和生活领域相融合打通，全过程、多元化了解学生日常轨迹，便于应对学生突发状况。学校要普及心理知识，提高学生自我调节能力。要不断提升学校心理健康服务水平，通过入学筛查、课程教育、活动引导等方式在潜移默化中提高学生的心理健康水平，同时要将专业知识化繁为简，使专业知识更具有操作性。

获奖者简介

李振铭，男，汉族，硕士研究生学历，讲师。2018 年从事学生工作，现就职于山东大学基础医学院。主要研究青年思想引领与价值判断、大学生思想政治教育等。目前主要负责学院团委日常管理、学生党支部建设、新闻（公文）写作、学院思政平台运营与维护、招生拓展、学生日常管理等工作。现主持省部级课题 1 项、校级重点课题 2 项，参与课题 6 项，获得共青团山东大学优秀团干部、山东大学新闻宣传先进个人等多项荣誉。

获奖感言

2021 年是一个特殊而又重要的年份，我们共同庆祝中国共产党成立 100 周年，充分感受到“90 后”与“00 后”在抗疫前线的责任担当。我的案例关注的正是以“精英”著称的“医学尖子生”的心理焦虑和成功观建构问题。在“内卷”的社会高压和“躺平”的无奈选择下，精致的利己主义者大行其道。通过案例分析我试图引导学生树立正确的成功观，将个人生命融入历史的洪流之中，涵养以天下为己任的胸襟抱负。

感谢评委们对我的认可，感谢山东大学为辅导员们提供了优质的平台和资源，感谢学生们对我的信任。“君行吾为发浩歌，鲲鹏击浪从兹始。”我愿与山大一起做百年新梦想的引领者，愿与山大青年一起做百年新征程的逐梦人！

厚植家国情怀，点亮青春底色

——毕业生赴西部和基层就业引导的实践与启示

中国海洋大学国际事务与公共管理学院

黄立田　赵超　迟凤姣　齐晓敏　阿达莱提　龚丽羽

一、案例介绍

人生的第一粒扣子该怎么扣？站在择业的十字路口该怎么走？是每一代青年学生都必须回答的一道人生考题。引导青年大学生响应党和国家号召，投身基层和祖国西部，将个人理想追求更加紧密地融入党和国家事业中，是高校思想政治工作的一项时代课题，也是辅导员立德树人的一项重要使命。在多年的工作实践中，我们牢记习近平总书记的嘱托，围绕学校、学院人才培养目标，以高度的责任感和使命感，厚植学生家国情怀，为教育引导学生投身基层、西部建功立业吹响"集结号"，以奋斗精神点亮青春底色。多年来，学院一批批毕业生踊跃投身西部和基层建功立业，活跃在全国脱贫攻坚、乡村振兴和基层治理的第一线，书写最美青春、实现报国梦想，涌现出全国先进工作者、第一书记阿依帕尔·艾斯卡尔和中国优秀大学生村官李伟等先进典型，产生了良好的社会影响。

二、主要做法

（一）铸魂引航

西部是大熔炉，基层是磨刀石。在大学这个育才关键期，需要理想信念教育的深度融入，将心比心、以心换心地引导学生扣好理想信念的扣子，去审视解决"为什么要扎根基层、投身西部"的根本问题，进而树立正确的成才观。在工作中，我们一是强化党建引领，着力打造学院"时代先声"教师理论宣讲团，以党建引领团建和班建，统筹党团班开展30余期主题教育活动，将理想信念教育充分融入到专业教学和日常思想政治教育，引导学生听党话、跟党走。学生入党意愿和党员比例均居学校前列。二是抓住关键节点,新生入学举办由名誉院长主讲的开学第一课,使学生在了解学科历史和发展方向中明确成才方向;将西部基层就业与研究生支教团等内容纳入新生入学教育课程,上好第一堂奋斗成才课;毕业季举办毕业生临行嘱托等活动,开展廉洁从政和艰苦奋斗教育,点燃学生奋斗报国之情,拧紧理想信念总开关。

(二)融情化人

每一名学生都是一颗宝贵的种子,投身西部、基层的沃土,在自强不息中生根发芽,既是党和国家的需求,更是有志青年奋斗成才的必由之路。需要我们辅导员坚持春风化雨、以文化人,讲好基层故事,以榜样的力量和情怀的滋养,引导学生从"被需要"转变为"我需要"。一是发掘学科育人资源。开展学习院训、设计院徽、建设文化长廊等活动,以"笃行为公、明政致远"的学院院训凝心聚力,发挥学科文化育人作用,促进思政元素更好融入课堂教学,在浓厚的全员育人氛围中,浸润学生自觉涵养家国情怀、践行公共精神。二是用好宝贵校友资源。讲好成才故事,举办学院基层、西部就业表彰和座谈交流会,开展基层、西部就业宣传月活动,在校报专版、学院官微专栏推出系列先进事迹;组织开展"海之子"校友访谈活动,引导学生采访西部和基层就业校友事迹,在面对面的接触中接受生动的成才教育。三是把握重点学生群。实施"同心筑梦"行动,召开学习座谈会、师生下午茶等活动,教育引导少数民族学生铸牢中华民族共同体意识,使爱祖国、爱家乡观念入脑入心;将资助、就业等国家政策讲解透、执行好,引导学生增强感恩意识、自强精神。四是实施关爱行动。传承践行"有高度、有温度、有气度"的学院文化,组织赴新疆、西藏、广西等地走访校友,为毕业生送去关心和鼓励。

(三)用心护航

投身西部、扎根基层不仅要有理想、有情怀,更要有本领、能担当。学院坚持精准引导、对接需求、充分沟通、悉心培养,切实解决学生"愿不愿去""能不能去""去了能做什么"等后顾之忧,使真正有情怀、肯吃苦、善开拓的学生能够乐于去、扎下根、做成事。一是将大学生职业发展指导课纳入人才培养方案,聘请选调村官、西部就业校友等组建职业发展导师团队,系统指导学生找准职业定位、人生航向。二是建立基层、西部就业学生储备库。将少数民族学生、家庭经济困难学生、学生党员等重点群体积极纳入储备库,采取一对一、点对点精准引导。三是实施"春雨"行动,赴新疆、西藏等地回访调研、对接了解当地人才需求,为人才培养提供精准导向。四是实施职业能力提升计划,依托学院合作设立的乡镇、街道等实习实训基地,开展挂职锻炼,大力组织参加"助力乡村振兴"、脱贫攻坚等主题社会实践活动,鼓励和支持学生深入西部开展调研服务,提升综合实践能力。

三、案例效果

近年来，学院学生投身西部和基层地区干事创业的氛围愈发浓厚，赴西部和基层建功立业的意愿更加强烈。据统计，近三年来，学院有近 90 名毕业生到西部和基层地区就业，占劳动合同就业和协议就业毕业生总数的近 30%，分布在新疆、西藏、贵州、广西等 11 个西部省份，以及黑龙江、江西、山东等 10 个省份的基层地区。涌现出一批优秀校友典型，比如 2014 届本科毕业生阿依帕尔·艾斯卡尔参加选调生计划回到家乡新疆工作，2017 年底，在自治州党委组织部工作的她主动来到阿克陶县巴仁乡巴仁村担任第一书记，带领贫困率高达 43.3%的深度贫困村农民脱贫致富，其先进事迹受到《人民日报》等媒体专题报道。作为代表，她参加联合国人权理事会第 41 届会议并做专题发言讲述中国扶贫故事，荣获 2020 年“全国先进工作者”荣誉称号。比如怀揣建设边疆梦想，毅然到西藏建功立业的 2017 届毕业生朱斌、2019 届毕业生张志永等，比如跨越千里来到新疆，只是“想为新疆贡献自己的一分力量”的 2018 届毕业生郝然、2014 届毕业生米倩倩等。这些毕业生以扎根西部、苦干实干的实际行动，践行新时代青年的使命担当，赢得了当地和社会广泛认可。他们的先进事迹也成为学院和学校大学生思想政治教育的宝贵资源，在立德树人过程中发挥着积极作用。

四、案例启示

（一）教育引导工作应突出思想价值引领

思想政治教育工作从根本上是做人的工作，做好基层、西部就业教育引导必须始终坚持立德树人、铸魂立根，将能力培养与理想信念教育、社会主义核心价值观教育有机结合，积极引导广大青年学生听党话、跟党走，自觉将小我融入祖国的大我、人民的大我之中，扣好人生的扣子，行稳致远。

（二）教育引导工作应围绕“三全育人”综合改革

教育、引导学生投身基层和西部建功立业不仅是就业问题，其背后仍然是立德树人问题，需要思想政治教育的久久之功。做好就业育人，应紧紧围绕“三全育人”综合改革，从“三全育人”视角去看待、思考问题，把各项工作的重音落在育人效果上，打通育人“最后一公里”，使思政教育更有温度，思想引领更有力度。

（三）教育引导工作应有情有义有爱

就业是最大的民生。我们应始终围绕学生、关照学生、服务学生，切实做好就业教育、引导和帮助，想学生之所想、急学生之所急，在解决实际困难中培养学生的感恩意识、自强奋斗精神，切实架起学生通往西部、基层的桥梁。

（四）教育引导工作应遵循学生成长规律

教育、引导和帮助学生到基层、西部就业不能一蹴而就，更不能依赖“突击培训”。只有善于发现学生的闪光点，把握学生内在特点，坚持全过程精心指导，全方位精准施策，才能使思想政治教育工作发挥作用，才能真正给学生以人生启迪、智慧光芒、精神力量。

获奖者简介

黄立田，男，汉族，1977 年出生，硕士研究生学历。2002 年起从事学生教育与管理工作，2018 年 12 月起担任国际事务与公共管理学院党委副书记、副院长。曾荣获山东省高校学生教育与管理工作优秀科研成果评选一等奖、山东省高校思想政治教育优秀成果二等奖等奖励。

获奖感言

我们的案例有幸获奖是对我们辅导员团队的认可，更是对中国海洋大学及国际事务与公共管理学院立德树人工作的认可，感谢中共山东省委教育工委提供的展示交流的平台。辅导员工作光荣而崇高、任重而道远，未来我们将继续秉持“海纳百川，取则行远”的校训精神，以高度的责任感和使命感深耕辅导员工作，不断推动立德树人取得更大成效。

构建“123-42”工作机制，推动学生党建提质增效

中国石油大学(华东)化学工程学院　魏孟吉

学生党建工作是高校党建工作的重要内容，也是高校立德树人根本任务的重要组成部分。着眼新时代，如何进一步提升高校学生党建工作质量，是当前高校党建工作者面临的重要课题。随着高校“三全育人”综合改革不断深化，全员、全过程、全方位的育人格局也带给了学生党建工作思路与机遇和不断探索。创新高校学生党建质量提升的机制和对策，成为促进新时代高校学生党建工作开展的方向。

2018 年，《中国共产党支部工作条例(试行)》指出，各级党委(党组)书记应当带头建立党支部工作联系点。以此为思路，基于学院长期坚持的干部深入基层工作法，我们开始探索实施领导班子成员“四联系”工作法。2019 年《关于加强和改进高校领导干部深入基层联系学生工作的通知》明确要求，建立健全学校、部处、院(系)领导干部深入基层联系学生制度，深入一线联系学生，推动形成育人合力。我们对“四联系”工作进行了升级和扩容，正式实施领导班子成员“四联系”和教工党员“两指导”工作法，并在实践探索中，构建起“123-42”学生党建质量提升机制(见图 1)。

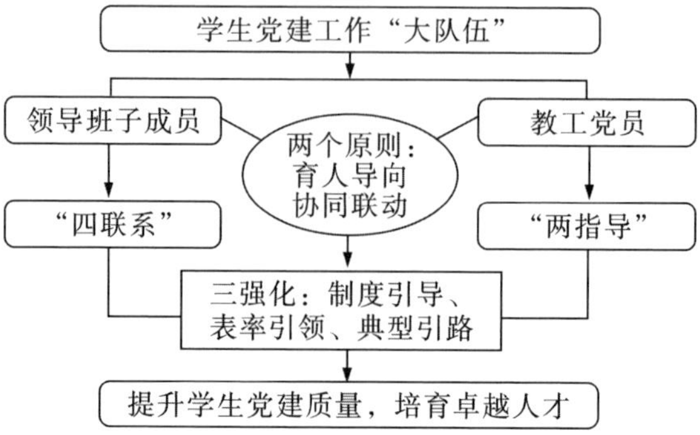

图 1　“123-42”学生党建质量提升机制

一、整体设计

“123-42”学生党建质量提升机制，即依托以领导班子成员、专任教师党员和辅导员为主体的一支学生党建工作“大队伍”，坚持育人导向和协同联动“两个原则”，通过强化制度引导、表率引领和典型引路的“三个强化”为“大队伍”深度参与学生党建工作“定标定量”，切实将“四联系”“两指导”工作落到实处，进一步落实立德树人根本任务，深入激发基层组织工作活力，提升学生党建工作质量，为全力培育卓越人才注入新能量。

（一）建设“1”支学生党建工作“大队伍”

在持续深化“三全育人”综合改革过程中，我们将全员育人理念融入学生党建工作，推动学院全体干部和教师树立政治、思想和行动自觉，参与到学生党建工作中，将教学、科研、管理、服务与人才培养紧密结合，建设一支领导班子成员带头，专任教师党员和辅导员为主力、班主任和导师协助、学生党员辅助的学生党建工作队伍。

（二）坚持“2”个原则

坚持育人导向原则，保持育人同向性，不断加强统一领导，做好育人资源和育人力量的统筹协调，强化教育、管理、服务的协调一致；坚持协同联动原则，充分调动各方面育人积极性，充分发挥学生党建工作“大队伍”的协同作用，特别是利用党员干部党龄长、工作经验与人生阅历丰富等优势，补齐辅导员“多面手”和学生党员“身边人”的短板。

（三）做好“3”个强化

强化制度引导，以文件和制度的形式从上到下、由院到系，为学生党建质量的提升提供制度保障；强化表率引领，领导班子成员通过为学生党员讲党课，以普通党员身份参与学生支部组织生活，带队开展主题实践教育等形式践行工作要求，引领学院全员落实学生党建提升机制；强化典型引路，通过评优争先、经验总结等，树立一批先进师生党员典型和优秀工作案例，起到示范作用，引领党员干部投入学生党建工作，激励学生党支部创新开展工作。

（四）落实“四联系”“两指导”

1.领导班子“四联系”，全面提升基层“能量级”

领导班子成员“四联系”工作，即每一名班子成员联系一个教学系（室、中心）、一个学生党支部、一个学生班级、一个学生课堂。每学期至少指导教学系（室、中心）工作 1 次、参加所联系学生党支部的组织生活 2 次、参与班级活动 2 次、听课 4—6 次。推动学院班子成员深入联系师生，形成全员育人、全程育人、全方位育人良好氛围，激发基层组织活力，提升学院党建工作的科学化水平。

一是联系一个教学系（室、中心），推动教师“守好一段渠，种好责任田”。通过做好政策宣传、开展调查研究、解决实际问题、强化协同理念，形成育人共同体，共同促进协同育人工作落实到位。二是联系一个学生党支部，指导规范开展工作，提升组织生活质量。通过强化思想引领、指导支部工作、提升工作针对性，教育引导学生党员强化理论武装，用学生喜闻乐见的方式开展思想政治教育，进一步激发基层组织工作活力，加强学生党支部建设。三是联系一个学生班级，了解学生思想动态，做好传道解惑。通过掌握学生思想动态、指导开展班级建设、主动回应学生关切，从而做好传道解惑的工作，引导学生树立正确“三观”，促进良好班风学风形成，努力帮助学生解决困难，落实立德树人根本任务。四是联系一个学生课堂，强化课堂管理，推进课程思政，促进教师提高教学水平和课程思政能力。

2.教工党员“两指导”，充分利用师生“势能差”

教工党员“两指导”工作，即教工党员指导学生支部建设和指导学生党员发展。教工党员通过指导支部规范开展工作、创新开展活动、讲授专题党课、推动服务群众，从而加强党员教育管理，使每个学生党员都做到在党爱党、在党言党、在党为党，切实推动支部工作科学发展；通过做好入党积极分子的培养考察、发展对象的推荐、预备党员的培养考察等关键环节工作，提升学生党员培养质量，发挥学生党员模范带头作用，引领全体学生树立远大理想、热爱伟大祖国、担当时代责任。

一是指导学生支部建设，把好支部“建设关”。指导支部规范开展工作，创新党建活动，做好党史学习教育工作，强化理论武装；定期与党支部委员谈心谈话，听取党员意见建议，协调解决学生实际困难；讲授专题党课，切实带领支部党员做好理论学习。二是指导学生党员发展，把好党员“培养关”。担任入党积极分子的培养联系人，定期开展思想交流，每半年填写一次培养考察意见；做好发展对象的推荐工作，向学生所在党支部提交培养考察意见；参与预备党员的培养考察，在预备期满时给出综合考察意见。

二、实际成效

（一）注重工作协同，打造了学院“三全育人”新载体

以提升机制促进协同育人，让领导班子成员能够以上率下、以身作则，让教工党员能够率先垂范、深入学生，有力推动全员育人；选派党性强、作风正、水平高、责任心强的教工党员参与党员培养发展，切实加强教师在学生思想成长和个人成长全程中的作用，是全过程育人的有效尝试；推进教师参与课堂、主题班会、团日活动、支部活动、网络交流等，全面加强师生联系，实现全方位育人。

近年来，学院党委获评山东教育系统先进基层党组织；化学工程系党支部获评山东省高校先进基层党组织，同时入选山东党建工作样板支部培育创建单位，“三精三炼”支部工作法入选《山东省高校基层党建典型案例50篇》；环境与安全工程系党支部刘芳工作室入选学校“双带头人”教师党支部书记工作室创建单位；窦雅琴获全国“第十届高校辅导员年度人物”提名、山东高校辅导员年度人物、全国高校辅导员素质能力大赛三等奖、山东省特等奖；一项目获山东省高校学生教育与管理工作优秀科研成果二等奖，一论文获山东高校辅导员工作论坛一等奖，一案例获山东高校辅导员2019年度优秀工作案例二等奖。

（二）注重工作实效，推动了学生党建质量新提升

依托“123-42”推进“三抓三强”，切实提升学生党建质量。一是抓认真规范，强化发展质量。通过教工党员参与入党积极分子和发展对象培养，把好学生党员“入口关”和“培养关”，保证党员发展质量。二是抓教育实效，增强素质能力。通过领导班子联系学生支部和教工党员指导学生支部，保障支部工作规范与拓展支部教育形式，切实提升党员各方面素质。三是抓责任担当，加强典型引路。通过“四联系”“两指导”切实提升党员服务意识，推动党员先锋模范作用发挥，涌现出一批先进集体及个人。

参与联系工作的学生集体中涌现出一个山东省五四红旗团组织、三个山东省先进班集体，所联系班级均达优良学风班标准并获先进班集体；一团队获第五届中国“互联网＋”全国大学生创新创业大赛全国银奖，取得学校历史性突破；党员带队出征学校田径运动会，勇夺得四连冠，多名学生党员打破校纪录；学生中涌现出践行社会主义核心价值观先进个人标兵、中国青少年科技创新奖获得者、大学生自强之星获得者、山东高校十大优秀学生、校长奖获得者、王涛英才奖学金获得者等先进典型。

（三）注重工作创新，树立了学生党建工作新品牌

创新开展了一系列可复制、可推广的活动，为学生党建工作注入了活力。一是实施“党支部书记—辅导员—组织员—党委委员”四级责任制，保障党员发展环节到位，材料规范；二是开展“学生党员主题教育周”，推进“两学一做”学习教育常态化、制度化；三是组织“先锋”主题教育实践活动，丰富党员教育形式，助力模范作用发挥；四是排演“党建小剧场”，让身边人讲身边事，用小故事论大道理。

三、工作启示

在落实“123-42”过程中，我越来越清晰地认识到，“协同育人”作为整合高校“三全育人”资源要素的黏合剂，体现了立德树人的内在要求，契合了人才培养的客观需要，对高校党建与思政工作的深入开展具有重大意义。我们的辅导员工作也要善用“协同理念”,将思想政治工作渗透进人才培养的各个环节,推动学校、家庭和社会等育人主体相互配合,发挥互相融合、互相嵌入、互相渗透的协同育人效应,为培养德智体美劳全面发展的社会主义建设者和接班人而不懈努力。

获奖者简介

魏孟吉，男，1990 年 12 月生人，汉族，硕士研究生学历，讲师，研究方向为网络思想政治教育。2016 年从事辅导员工作以来，主要负责学生教育、党建和宣传等工作。曾获中国高校校报好新闻通讯类一等奖、山东新闻奖三等奖、学校优秀辅导员、优秀教工记者、征兵工作先进个人、就业工作先进个人、优秀青年工作者、德美高科优秀辅导员奖励基金、思想政治教育优秀论文一等奖等 20 余项荣誉奖励，一参编著作入选教育部《高校思想政治工作研究文库》。

获奖感言

回望是为了更好地出发。2020 年，我所带的 2016 级学生顺利毕业，总结与同学们同心、同行、同成长的四年，有收获也有遗憾，认真反思、一一梳理，形成了一个个雕刻着时光的珍贵案例。感谢本次评选，为我的辅导员征程给予了肯定，也为中途修整提供了前行动力。未来，我将始终牢记为党育人、为国育才的初心使命，做好筑梦、追梦、圆梦路上的耕耘者，精准供给所需养分，在青春梦田里种桃、种李、种春风，努力培养德智体美劳全面发展的社会主义合格建设者和可靠接班人。

此稻草，彼稻草

——通过重构社会支持系统解决学生心理危机问题的工作方法探索

哈尔滨工业大学(威海)信息与电气工程学院　郝秀娟

在心理学领域流传着一个关于“最后的两根稻草的故事”：一根是给人希望的、能救命的“好稻草”；一根是压垮别人、能致命的“坏稻草”。稻草看似“轻如鸿毛”，但关键时候却能起到“重如泰山”的作用。虽然我们辅导员的工作初衷都是希望自己能成为那根“好稻草”，但如果不具备助人能力，没有掌握助人艺术，往往会事与愿违地成为那根“坏稻草”。本案例通过帮助一名有自残行为的严重心理问题学生重新建构社会支持系统，来解决其心理危机的工作过程，探讨辅导员助人技术和工作艺术。

一、案例基本情况

肖某，男，大学二年级学生，来自一个普通工薪阶层家庭。母亲懦弱，无法支持和共情肖某；父亲严苛，对肖某要求极其严格。肖某本人自我要求高，人际敏感，没有朋友，并特别惧怕父亲。中学时期经历过舅妈车祸惨死、失恋两个重大心理创伤事件，对肖某打击很大。进入大学后，由于期待高、压力大、考试紧张，成绩不理想，极度自我否定，又怕父亲训斥，于是出现焦虑和抑郁心理状态，并伴有自残行为。我在第一时间发现问题、了解情况、分析原因后，判断肖某是社会支持系统不良引发的心理危机，于是在肖某进行医学治疗同时，通过纠正其父亲错误的教育方式、改变肖某的错误认知模式，去除压在肖某内心的致命的“坏稻草”，随后通过帮助肖某重塑家庭关系，重新建构师生关系、同学关系，在肖某内心搭建起支持性的、救命的“好稻草”。经过一年的持续干预，肖某心理状态稳定，能客观理性地看待自己，没有再发生自残行为，与父母、老师、同学也建立起和睦的良性关系，学习步入正轨，还拓展了科创方面的能力，成了大家眼中的“科创达人”。

二、处理处置过程

我针对肖某心理问题形成的原因和关键点，确立了由浅入深、由客观到主观、由外在到内在、由边缘到核心的问题解决思路，并实时跟踪肖某的细微变化，循序渐进地加以实施。总目标是去除压在肖某内心的“致命稻草”，为他提供更多、可靠的“救命稻草”。

（一）启动危机事件处理程序和办法，避免问题恶化和周边系统进入恶性循环

由于肖某出现了自残行为，虽然没有危及生命，但也造成严重的影响，于是立即启动危机处理程序，迅速对肖某进行“陪护”并协同监护人送医治疗，避免问题恶化。对与肖某有接触的学生、老师进行及时的解释和心理疏导，避免问题扩大。

（二）启发学生改变不合理的认知方式，树立重塑社会支持系统的信心

由于从小父母教养方式失当和遭受人际关系方面的创伤，肖某逐渐形成了一系列不合理的认知：习惯以悲观甚至灾难性的思维方式思考问题；习惯用绝对化的标准要求自己、衡量他人；习惯用偏狭的眼光看待一切。这些不合理的认知导致了他的情绪持续低落且起伏较大。为此，在肖某进行医学治疗的同时，我采用“产婆术”，引导他认识到不是事物本身存在问题，是自己对事物的不合理认知造成了问题的发生。同时，采用“焦点解决技术”，引导肖某关注自己正向、积极的一面，学会利用人际资源来扩大每一个微小的进步。由此，肖某内心的心结逐渐打开，与父母、老师、同学交流时也有了一定的开放度，能够逐步尝试主动与他人交流、互动。

（三）引导父母改变不恰当的教养方式，确立建构良性家庭关系的决心

从本案例中，我们看到肖某的父母特别是肖某的父亲存在比较严重的教养不当行为。这对肖某人格形成、心理发展产生了非常不利的影响，以致肖某在家庭中处于既惧怕父亲又被母亲忽视的孤立无援的境地。为此，我首先引导肖某的父母正视肖某的现状及其家庭关系中存在的问题，鼓励肖某的父母首先做出改变，以促动肖某其他社会关系的积极转变，然后采用“萨提亚家庭治疗模式”，启发肖某的父母有意识、有目的地改变家庭沟通和互动方式，科学、恰当地关注、关爱肖某的内心感受和真正诉求。通过持续的工作，肖某的父母接纳了肖某需要进行心理干预和治疗的现实，真诚地向肖某表达了对过去不当教养方式的歉意，也逐渐摸索着用适合的方式建构家庭关系。家庭关系的改变也极大地鼓舞了肖某建立更广阔社会关系的信心。

（四）鼓励朋辈改变不主动的交流方式，激发形成友好同伴关系的爱心。

因为肖某之前有过失恋的创伤，再加上存在比较强烈的病耻感，肖某上大学后在人际交往方面非常退缩，从不主动与他人交流，甚至用早出晚归的方式

回避与他人接触。因此，同学们也逐渐与他疏远。为此，我与班干部和肖某宿舍的同学进行沟通，向他们普及人的心理运作机理，引导他们理解个体间的差异，从而从内心深处接纳肖某，同时向他们介绍马斯洛需求层次理论，让他们意识到每一个人都有“爱与归属”方面的需求，鼓励他们积极、主动地向肖某伸出“友谊的橄榄枝”。肖某逐渐开始与舍友有了更多的交流和互动，也能坦然地向舍友公开自己患病的事实和感受，与舍友关系的好转促进了肖某与其他同学发展出比较好的合作、互助关系。随后，他还承担起了一个对低年级学生进行科创培训的项目，将人际关系网拓展到了更大的范围。

（五）协助教师改变不匹配的教育方式，促进建立和谐师生关系的仁心

受其父亲的影响，肖某对于所有的“权威”都心存恐惧，因此他害怕与老师进行交流，而且将老师正常的要求当作对他“不良学习行为”的“惩罚”。这种信念致使他学习压力很大，一旦考试成绩不理想就情绪崩溃，甚至用“自残”的方式“惩罚”自己。因此，我与班主任和相关任课教师进行了沟通，共同商议针对肖某的个性化教育方案，对肖某正向行为予以及时的激励，同时积极关注其学习中面临的困难并给予辅导；此外，通过与肖某科技创新方面的指导教师进行沟通，交流肖某的心理状态和情绪变化，并据此调整指导方案。在各位老师的悉心指导和帮助下，肖某大一学年的科目全部及格，科技创新方面也做得有声有色，这更增强了他回归正常生活的信心。

三、工作成效和启示

在此案例中，我抛弃了“头痛医头，脚痛医脚”的“消防员式”的工作方式，而是从问题的根源出发，以系统的观点和方法，构建以学生为中心、以系统为基础、以全员育人为机制的工作方法。在去除致命的“坏稻草”，改变不良的社会关系的同时，迅速铺垫上支持性的“好稻草”，构建起温暖有力的支持系统，因此在帮助学生解决眼前问题的同时，也取得了促进学生的长远发展，推动良好育人环境和机制形成的深远效果。

（一）学生心理危机问题得到根本解决

在上述干预后，学生心理危机得到根本解决，没再出现自残行为，心理状态稳定，能够理性客观地看待自己，重新建构了与家庭、同学、老师的关系，学习步入正轨，还在科创领域成为独当一面的负责人。

（二）全员育人为机制的工作方法得以形成

心理问题的学生必须获得多方的支持才能克服自身的障碍、实现正常发展，然而，他们通常不具备主动寻找资源、利用资源的能力，需要我们学校、家庭甚至社会相关人员主动作为、全员参与、各尽所能，才能为心理问题学生提供充分的、全方位的支持与帮助。因此，在本案例中，我作为离学生最近的、对学生

了解最多的人，主动承担起全员育人工作的牵头、组织、协调、推动工作，从而也掌握了学生、家庭、学校、社会四位一体，学生、老师、咨询师协同配合的工作方法。

（三）以系统为基础的工作思路得以拓展

通过本案例，我将学生的问题放到他的成长脉络和生活境遇去理解，抛弃“想当然”的主观臆断，同时通过关键环节的解决促进全系统的积极、正向运转，形成了“以点带面，以关键促全局”的工作思路，提高了工作的水平和艺术。

获奖者简介

郝秀娟，女，蒙古族，副教授，硕士研究生学历。自2006年5月参加工作以来，一直在哈尔滨工业大学（威海）担任辅导员。主要研究方向为大学生思想政治教育、大学生心理健康教育。曾获山东省优秀辅导员、山东省大学生心理健康节活动优秀指导教师、山东省大学生社会实践优秀指导教师、山东省高校辅导员职业能力大赛三等奖等荣誉。

获奖感言

不知不觉间从事辅导员工作已经15年了，这15年来见证了1000多名学生的成长与蜕变，也实现了自我的超越和升华。一个人能够从事自己喜欢的工作是人生最大的幸事，因此对于我，能一直在这个岗位上与学生们相伴成长，既是一种幸运也是一种幸福。随着时间的推移，辅导员工作对于我而言，已经从一种工作变成了一种事业，从一种事业变成了一种生活。希望在未来的日子里，与学生们相互成就，将所有的困难和挑战转化为生命的乐趣与滋养！

用真诚和耐心，走向下一站幸福

——疫情影响下大学生心理健康问题解决及教育

山东农业大学林学院　聂鑫

一、案例概括

2020年10月底，在一个很平常的晚上，我接到了班长小张的电话，在他检查班级人员签到的时候，班内的小侯不在宿舍，电话、微信都联系不上。接完电话，我首先跟家长确认孩子是否回家了，得到否定答案并安抚好家长后，我给小侯发了QQ和短信，在发了十几条信息后小侯给我回了电话，告诉我他现在正在外面，在学校的封闭管理和课程学习让他感觉到压抑，想出去散散心，就去了亲戚家，而因为疫情管理比较严格，同时又有侥幸心理存在，因此没有请假就出了校门。听到小侯的理由，我是又气又无奈，时间确实比较晚了，让他立刻回来也不现实，因此在确保他安全的情况下，我同意了他第二天一早回来的请求。

挂了电话，我不禁回想起来开学到现在小侯的变化，在疫情之前，小侯是个活泼开朗、热爱篮球的男孩子，学习也在班级前列，每次去检查卫生，他的床铺、桌子永远是同宿舍最整洁的。可是这学期回来后，球场上没有了他的身影，篮球训练也不再参加；宿舍卫生没有了往日的整洁不说，整个人都感觉颓废了很多；每次去查课，课堂上一定有他睡觉的身影。找他聊了几次，他都表示是因为疫情在家太久了，突然回来有点不适应，因此产生了一些懒惰的思想。每次谈完话小侯都会有几天的改变，出于对他的信任，就没有对他的行为深入的追究；但直到这一次，他出现了违纪违规的现象，我开始意识到或许事情比我想象得更加严重。

二、案例分析

小侯回来后，通过和他还有舍友、班级同学的交流，对他的个人状况有了更为详细的了解。其原因主要有以下三个方面。

(1)成绩原因：在学期末，小侯一门课程得到了偏低的分数，这让按时上课、按时交作业的小侯十分不解，备受打击。

(2)疫情影响：随着新冠疫情的到来，让原本的假期大幅度延长，封闭的环境、不同于以往的线上教学，都让活泼好动的小侯感觉到了巨大的不适应。每天的睡觉时间从晚上十一点到十二点再到凌晨两三点甚至天亮，白天要么在睡眠中度过，要么就昏昏沉沉无精打采，对待学习生活完全没有了兴趣，更不要说以前最喜欢的篮球运动了。

(3)心理压力：成绩的滑落和学习的不在状态，让小侯产生了强烈的焦虑感，学习越跟不上越没有去追赶的动力，也害怕家长埋怨、同学们嘲笑。虽然每次也都下定决心去改变，但总是在学习的过程中没办法集中精力，在这样的状态下，小侯愈发自暴自弃。而在交谈的过程中，他总是躲闪我的目光，一米八的大小伙子佝偻着背，好像身上背着千斤重担；他的手指总是不自觉地搅动，反映出他的内心充满不安和紧张。

三、办法和措施

听了小侯的叙述，明白了这次违纪并不是对学校规章制度的漠视，而是各种因素导致其在一定程度上出现了心理问题，问题关键总结为：心理健康的恢复、学习状态的调整和对生活积极性的重塑。

(一)充分了解自我是心理健康的起点

在慢慢从紧张和焦虑情绪中走出来后，小侯告诉我，就是从那门成绩较低的课程分数出来后，他开始对学习有些抗拒情绪，他没有耽误过一节课，课堂笔记、课下作业也都按时上交，考试也做了准备，得分较低是因为老师不喜欢他。为了解决这个问题，在征得老师同意的情况下，我和小侯一起跟他进行了沟通，老师从课堂表现、作业完成和考试卷面三个方面为他进行了分析，让小侯了解到不认真和敷衍才是分数较低的根本原因。小侯听了以后表示，因为从小到大学习成绩不错，一直都是自我感觉良好，没有认真地剖析过自身不足，因此遇到了困难习惯性找外界的原因。我告诉他，每个人的进步都是从正确的自我认识和自我分析开始，只有正确地了解自我，才能在遇到问题时用积极健康的心态去面对。

(二)正确认识心理变化是心理健康的根本

精力不能够集中、总是不自觉产生焦虑和悲观情绪都反映小侯心理健康有了一定问题。在沟通中，在小侯对于心理问题有了正确的了解和看法后，我提出找心理医生进行心理疏导。一开始小侯认为这是小题大做，心里有一些抗拒，在给他解释心理疏导是帮助人们树立正确的理想信念，对于心理是一个“排毒”的过程后，小侯表示回去思考一下。过了几天，小侯在与家人沟通后，找了一个心理医生进行了线上心理咨询后，告诉我感觉心情轻松了很多，晚上睡眠也得到了一定改善。还表示以前自己对待心理健康问题有一个比较错误的认识，一直坚信自己是绝对不可能有心理问题；但与医生沟通后才知道，日常生活过程中，会有一些情绪产生。心里的“垃圾”越来越多，加上疫情期间的封闭管理，彻底让内心的情绪爆发出来，但因为没有一个正确的排解方式，所以导致了焦虑、消极的表现。而经过与医生的沟通，小侯表示能够积极正确地面对心理问题，这对于他的心理恢复，有很大的帮助。

（三）科学合理的规划是心理健康的体现

在小侯心理状态有了进步后，为了改变之前懒散、拖延的状态，我和小侯经过商讨，共同制定了一份生活作息表。为了保证能够每天实施，他还专门找了一名同宿舍的好朋友进行督促。小侯每天晚上都会给我打卡，一开始因为之前的习惯，小侯觉得每天早起十分痛苦，每次总是想找理由逃避，但随着习惯慢慢改变、同学的鼓励和自我成就感，小侯坚持了一天又一天。在这个过程中，小侯的皮肤黑了、笑容多了、背挺拔了，身体素质有了很大提高，学习效率也逐步提升。

（四）父母朋友的正确关怀是心理健康的保证

在小侯回校沟通后的当天，我就与家长对其表现进行了沟通，家长表示从小到大小侯都是一个自理能力比较好的孩子，特别是上了大学以后，认为孩子长大了，有自己的想法，哪怕在假期期间有了异于往常的行为，本着尊重小侯的念头，并没有进行过多的关注。直到出现了这一次的事情，小侯父母才意识到问题的严峻。在沟通过程中，我也表示，很多家长尊重孩子行为和想法是正确的，但是父母的正确关爱和沟通，也是孩子成长过程中必不可少的，家庭里过紧或过松的管理，都会对其有一定的影响。经过建议，小侯的父母与小侯一起与心理医生进行了沟通与学习，也了解了应该如何进行正确而又积极的交流，对小侯心理状态的良好恢复起到了家庭保障。

四、工作成效与启示

经过半学期的努力，小侯的精神状态有了很大改变，认真学习、积极生活，接下来自己也制订了清晰的计划，成绩也稳步提升起来，看着他的改变，我也产生自豪感。工作四年来，在与有心理问题学生的交流中，我从最初的迷茫、紧张到现在的得心应手，在考心理咨询师的过程中，课本教会了我一些专业知识，而在与他们沟通中我收获了一些课本上没有的内容。心理帮扶是辅导员必要掌握的技能之一，可这不仅仅是通过专业知识来完成的，而是针对每一个学生、家长、家庭等综合考量来的，但除了专业知识的丰富，耐心和真情才是打开心理问题学生心扉的钥匙，往往这一类的学生比正常状态下的学生更加敏感和不信任他人。心理辅导工作更不是一蹴而就的，只有真正地了解他们、消除他们的紧张和不安，才能起到心理帮扶的真正作用。

五、结语

心理教育是高校辅导员的工作之一，也是高校日常管理和教育工作的重要组成部分，理论是实践的前提，而实践才是理论的最终体现。我们要用心去帮助学生，用温暖的真心去换取学生的信任，帮助他们渡过难关，走向下一站的幸福。

获奖者简介

聂鑫，女，汉族，硕士研究生学历，讲师，山东农业大学林学院团委副书记，研究方向为思想政治教育。从2016年9月起从事学生工作，主要负责学院2018级日常管理、学生党建和团建、学风建设、宣传报道、学生干部队伍建设、奖优评定、心理健康教育、文化活动等工作。荣获2017年度全国林科十佳毕业生评选优秀组织个人、2018年"创青春"山东省大学生创业大赛优秀指导教师、2019年山东省大中专学生志愿者暑期"三下乡"社会实践活动优秀指导教师、2020年度山东高校辅导员工作论坛优秀论文一等奖。

获奖感言

感谢中共山东省委教育工作委员会对我工作案例的肯定。我和其他辅导员一样，工作琐碎而繁杂、生活辛劳而简单，有过半夜接到学生电话时的焦急，有过遇到学生突发状况时的害怕，有过学生违规违纪时的生气，更有工作中的压力。但是这一切，都成为激励我前进的能量。我想看到学生灿烂的笑脸，想看到他们健康地成长，想得到他们真诚的认可，更希望他们能够有所收获。我始终坚信，把一切平凡的事做好即不平凡，把一切简单的事情做好就不简单。

“双高”建设背景下以分类引导为目标的本科生学风建设探索

山东师范大学教育学部　刘永慧

山东师范大学教育学部一直高度重视本科生培养质量，特别是2020年学校入选山东省高水平大学、教育学学科入选高水平学科建设名单以来，更加重视本科生的培养质量和学风建设。教育学部的本科生历来学习态度端正，学风积极向上。但是随着招生形势的变化，教育学部本科生在普通招生的基础上，增加了综合评价招生、公费师范生、少数民族高层次骨干人才计划等。学生来源不同、学习习惯不同、所学专业不同、毕业去向不同。学习状态、学习风气随之出现了分化，有些学生目标不明确，学习动力不足，学习主动性降低，学习没方向、随大流等现象在本科生群体中时有显现。

作为教育学部分管学生工作的党委副书记、2017级辅导员，我配合教育学部本科生培养方案修订，在引导本科生分类发展、加强学风建设上做了一些思考和实践。主要是尝试与专业学习、业务课教师相配合，分别为本科生创造专业技能提升和科研能力训练的机会，促使学生在明确自身定位的同时激发学习动力，改进学习风气，提高培养质量。

一、案例基本情况

教育学部现有本科生1224人。其中，教育学专业306人，学前教育专业474人，教育技术学专业276人，小学教育学专业162人。其中，小学教育学和学前教育学专业学生就业定位较为明确，教育学和教育技术学专业在中小学中适合岗位较少，就业面不广。

因此，本科生学风开始出现两种不良倾向：一是教育学和教育技术学专业的本科生入校后在专业定位和就业走向上会经历一段迷茫期，然后大部分学生在就业、家庭、环境等多重影响下选择成为考研大军中的一员。但是，相当一部分学生并非真正想要从事理论研究，仅仅是一种逃避心理，不仅享受不到学习的乐趣，反而会不断在考研和就业之间纠结摇摆，学习状态和学习效果不佳。二是部分学前教育学专业的学生，特别是公费师范生（共 171 人），因为未来就业走向已确定，常常一边感叹深造机会少，对现状不满；一边得过且过，学习懈怠。

针对以上学风问题，我尝试从第二课堂入手，配合第一课堂，对学生进行不同发展方向的引导。一是通过营造读书氛围、设立科研培育项目、复刊学术杂志等方式，引导对科研感兴趣的本科生向研究型基础人才成长；二是通过举办师范生技能竞赛、实践支教、志愿服务等方式，引导对教学实践感兴趣的学生向专业技能型人才成长。

二、组织实施过程

（一）通过构建“读书—研究—产出”螺旋式学习进阶模式，引导有志于理论研究或升学深造的本科生发展成长为厚基础、会思考、能钻研的研究型教育人才

1.开展阅读推广行动

推动学生在经典阅读中提高文化素养，拓宽专业视野，夯实学风基础。通过与临沂一家企业商洽，2020 年初在教育学部教学楼设立了公益图书角，为学生提供专业学籍和中小学阅读书目，免费供师生阅读，营造良好阅读氛围；同时，企业每年出资 10 万元，设立阅读励志奖学金。邀请专业教师为学生推荐阅读书目，通过微信公众号不定期推送给学生。举办师生读书分享会，邀请专业教师定期与学生共读教育学经典书籍，为本科生创造与教师课下进行专业交流、研讨提升的机会，促进学生对专业的理解和认识。

2.设立本科生科研培育项目

2020 年，面向全体本科生并以大二学生为主，征集评选本科生优秀科研培育项目。广泛动员有志于提高科研能力的学生组建团队，动员热心指导学生的专业教师提供研究题目，为两者牵线搭桥，鼓励开展学术科研、社会调研活动。争取到学部支持，为重点培育项目配备经费；鼓励本科生关注社会热点、教育现象，善于发现教育“痛点”问题，运用所学知识尝试解决问题，在夯实专业基础的同时提高科研意识，培养科研能力，进一步提高本科生的专业水平和综合素质。

3.复刊本科生刊物《育林》

将教育学部已停刊多年的学生刊物《育林》重新定位为本科生学术性刊物，将其打造为对本科生进行科研训练的专业平台。2020 年初，开始组建学生编辑部，带领 12 名学生编辑历时 8 个月，经无数次研讨、修改，确定栏目、广泛征稿、联系教师、不断改进，于学校 70 周年校庆之际出版了校庆特刊。本期《育林》虽然只有 6 个栏目，25 篇文章，但是在本科生中引起了很大反响，不仅吸引了对理

论研究感兴趣的高年级本科生竞相投稿，而且成为许多低年级本科生大学期间进行科研训练的第一个奋斗目标。

（二）突出技能教学、实践锤炼、志愿服务，引导有志于到教学一线就业的本科生发展成为技能型、实践型、创新型专业人才

1.配合课堂教学，以赛促练，为师范生专业技能的提升搭建训练平台

以小学教育专业为试点，配合“三字一话”教师基本技能相关课程要求，开展师范生专业技能比赛，有效提升在校师范生将来从事教育教学工作的基本技能。申办学校首届科技创新节系列活动之“星辰计划”师范生教师职业技能提升活动，以“比赛、训练、认证”三位一体的形式，以逐步提升为原则，在面向学校全体师范生开展教师职业技能比赛的基础上，邀请教育学部专业教师对参赛学生分级进行技能培训，并在学校团委的指导下对达到一定水平的学生给予技能认证。

2.针对性开展寒暑假支教活动，以教促学，为师范生专业素质提升创造实践机会

多年来，教育学部一直将社会实践活动作为提高学生实践技能的重要载体，高度重视、精心组织。2020年寒暑假，因疫情原因，不便开展大范围社会实践活动，我们组织学生以家庭所在地开展社会实践和线上支教活动；同时以校庆70周年为契机，重点开展面向校友的职业生涯人物访谈活动，督促师范生在访谈校友、走向社会、走进学校、走近学生的过程中，深入教育一线，将课堂所学转化到支教实践中，了解了教学实际，锻炼了教学能力，提高了综合素质。

3.结合“希望小屋”项目，在志愿服务中培育师范生教育情怀

与阳谷、宁津、夏津三地团县委联合开展“希望小屋”帮扶志愿活动，组织在校师范生与“希望小屋”孩子结成帮扶对子，每周在线进行学业辅导、朋辈陪伴、心理疏导、自护教育等；寒假期间，组织当地户籍本科生利用回乡过节机会对“希望小屋”孩子进行线下帮扶。参与志愿服务的本科生不仅提升了自己的能力，而且对乡村教育有了深刻的思考和感悟，激发了对教育工作的热爱。

三、工作成效

学风培育是一项长期的工作，朝夕之间难以立竿见影。但是经过一年多的努力，教育学部本科生学习面貌有了一定的改变，主要体现在以下几个方面。

（一）学生读书氛围越来越浓

“公益读书角”开办一年来，已成为许多教育学子的“常驻地”，同学们每天来此打卡、读书、交流；教育学部所在的田家炳教育书院走廊里也随处可见学生看书、朗读的身影；教室里，每到熄灯时还有很多同学不愿离开。业务课教师反应，学生的读书积极性明显提高，找他们请教读书问题的学生也越来越多。

（二）学生科研积极性越来越高

新一期《育林》杂志编辑部纳新时，本科生报名特别积极；征稿启事一经刊出，前来咨询的学生人数与第一期相比有了大幅增长；学生报名参加科研培育项目的积极性也特别高，仅 2019 级本科生就申报了 41 个团队。

（三）学生专业素质和创新能力越来越强

学生在关注社会、思考教育热点问题的过程中，创新能力也不断增强，教育学部本科生组建的团队在 2020 年“互联网＋”“挑战杯”比赛中各获得省级银奖 1 项。

（四）本科生考研成绩再创新高

明确了发展方向的本科生，在升学深造的路上格外坚定。2020 届教育学部本科毕业生考研率有了很大提升，由之前的 25％上升到 34％，而且所报考学校的层次也有了明显提高。

获奖者简介

刘永慧，女，汉族，硕士研究生学历，助理研究员，现为山东师范大学教育学部党委副书记。从事学生工作 20 年，主要研究方向为大学生思想政治教育、党建理论与实践。被评为 2019 年山东高校优秀辅导员、2013 年山东省优秀共青团干部、山东省大中专学生志愿者暑期“三下乡”社会实践活动优秀指导者、济南市优秀志愿者。主持省社会科学规划项目 1 项、省人社厅就业创业理论研究课题 1 项，发表论文十余篇。

获奖感言

学生工作是琐碎而又繁重的，如果辅导员陷入繁忙的事务性工作中无暇思考，必将走向无序，终将导致倦怠。本次高校辅导员优秀工作案例评选，为全省高校辅导员创设了一次总结工作、反思提高的好机会。获奖是对我们努力工作、用心思索的莫大鼓励和肯定。一个个案例，就像一颗颗不起眼的沙粒，但这些沙粒终将聚集成塔，成为托举青年学子成长的阶梯。未来可期，我们肩负责任、满怀激情、躬行不怠！

紧抓“时”，善析“势”，活用“式”：疫情背景下高校毕业生精准思政路径探索

曲阜师范大学管理学院　李静琪

2020年初，新冠肺炎疫情暴发，2020届毕业生经历了被迫成为“宅男”“宅女”的委屈、焦虑和最终的理解支持。为有效控制疫情蔓延风险，党中央、国家各级教育部门做出延迟开学决策。2020届毕业生总数高达874万，而疫情给经济带来了一系列负面影响：生产要素流动受阻、经济活动放缓，尤其是重创了解决中国80%以上就业问题的中小微民营企业。学生面临就业的现实压力和心理压力，学校正常开学也成为大家共同的期盼和渴望，不少毕业生参与“延迟开学是否影响毕业”的话题讨论。

加强毕业生思政教育是做好疫情下就业工作的现实需要。作为辅导员，引导毕业生树立远大理想，促进学生把就业选择融入国家事业发展意义重大。

一、案例基本情况

2月8日，教育厅、人社厅下发关于再次延迟春季学期开学时间的通知；2月11日，学生陆续收到全国硕士研究生统一招生考试初试成绩；3月，2020届毕业生春季线上招聘全面启动；4月，教育部关于做好2020年全国高校毕业生就业政策相继落地……返校时间未定，备考复习空间改变；求职计划打乱，招聘需求和形式改变；全民居家要求，毕业情况有变。

与学生线上沟通发现，毕业生的思想和行为普遍呈现两类问题：一是有强烈就业意愿的毕业生出现明显的焦虑、担忧和畏惧情绪；二是无明确毕业目标的毕业生拿疫情形势和延期开学开脱，表现为“慢就业”和“懒就业”。

二、组织实施过程

（一）案例分析

案例是由社会因素和个人因素共同导致的毕业生思想认识和困惑问题。

1.社会因素

疫情初期，国家应对突发公共卫生安全事件的应急机制尚有不足，蔓延传播速度快，民众心理恐慌；个别媒体、基层组织对“少聚集，不出门”过度要求，加大了民众恐慌；无症状感染者是病毒传播的巨大隐患，各级政府决定延迟开学。这些均给毕业生带来不同程度的思想负担。

2.个人因素

内因决定外因，个人主观因素是关键。学生对主流价值观高度认同，但缺乏社会经验，心理尚不成熟，易受他人影响；学生认可成功主要靠个人努力奋斗，但自我发展的规划意识不足，目标不明确、不坚定；他们对国家和集体的认同感高，但在家庭全方位保护下，抗挫折能力不容乐观。

3.预判出现的行为误区

疫情期间毕业生思想问题凸显，容易每日沉迷等待、动摇初心、自我放弃，同时面临各方毕业压力，心理调节能动性差，迷失方向、自我否定。

（二）解决思路

1.紧抓“时”，点燃大学思想政治教育的“最后一把火”

思想政治教育是一个持续动态的过程，毕业教育相比于入学教育，对培养学生的责任感、使命感价值重大。人生需要仪式感，本科毕业的重要节点尤为重要。毕业当天，温情赠予每位毕业生临别“娇子”和毕业纪念印章，一件小礼物传递的是深深的母院情，激发学生找寻归属感、获得感，引导学生和母校成为唇齿相依的命运共同体。

2.善析“势”，坚持解决突发性现实问题与长期思想政治教育相结合

（1）引导学生从正规渠道了解疫情动态，重视学生主流意识形态教育

依托 QQ 群、微信群，提醒学生从正规渠道了解疫情动态，主动学习疫情防护的知识和技能，不信谣不传谣，减缓紧张情绪；依托学院融媒体平台，宣传教育学生理性认识国内外疫情形势，时刻保持政治敏感度；及时关注毕业生网络思想动态，严防学生宣传思想领域产生波动。

（2）开展全方位思想价值引领，建立线上线下思想政治教育“大库房”

融合教育资源优势，围绕毕业生心理健康、学风建设和就业指导，与毕业生共同观看 8 场线上主题直播，组织十余场云端主题班会，开展毕业生一对一线上交流 200 余次；围绕做好特殊时期毕业生的思想价值引领这一任务，重点开展了“无规矩不成方圆”的规则教育、“命运与共”的爱国主义教育、“思想行动总开关”的理想信念教育、“舍生忘死”的责任担当教育和“人与自然和谐共生”的生命观教育。

（3）与学生同情共理，多渠道做好“三导”工作，为学生缓解压力排忧解难

“由心而治”的心理疏导。坚持找准重点方向、明确价值取向和把握情感趋

向的原则，一方面引导学生理性认识疫情、积极主动作为，消解毕业的心理困扰；另一方面充分利用新媒体平台，配合学校心理咨询中心做好个别学生的心理咨询和疏导工作，加强人文关怀。

“情理交融”的规划引导。以“稳就业保就业”为目标，建立书信温暖心间、云端撒网摸排、强化分类指导、共破供需矛盾和多元精准服务的“五位一体”工作体系；《给 2016 级学生的碎碎念》一文引导学生坚定理想、积极行动；云端撒网摸排回收问卷 175 份，帮助学生正确定位，调整毕业心态；以“就业工作”和“考研复试调剂”为标准建立“就业上岸”和“考研复试不孤单”的微信群，强化分类指导；依托 QQ 群通知、个别电话沟通和线上答疑（如简历修改等）方式开展多元精准服务；借助校友资源、合作企业，发挥榜样教育功能，开展企业职业环境教育。

“润物无声”的生活辅导。坚持用爱守护每一位毕业生，不仅做到“屏”对“屏”、“键”对“键”，更做到“心”贴“心”、“情”连“情”，做好毕业生就业证明、政审材料、学习资料、证件文件等邮寄服务，满足毕业生的现实需求。

3.活用“式”，把握思想政治教育关键节点，积极开展毕业教育

科学规划和开展特色毕业活动，形成“以毕业典礼为龙头，系列活动为拓展，服务平台为支撑”的毕业教育体系。

（1）精心规划教育主题和形式

结合毕业生的思想特点，拟定“感恩”和“责任”主题，我亲自参加各团支部“最后一次班会”，加强对学生的感恩教育，强化学生的责任意识。

（2）重点组织毕业典礼

精心组织“戴口罩”和“走红毯”的毕业典礼，院长为学生上“最难忘的思政课”，并为每位同学拨穗正冠，为学生送上“爱与幸福”的终生教育。

（3）积极开展系列活动

组织开展“席坐话家常、晒晒旧照片、毕业感言征集、毕业祝福推送”毕业文化节活动。特殊毕业季，学院老师与学生共同拍摄“云”毕业照，留下了特殊毕业留念，增强了毕业生的自豪感和责任感。

（4）有效搭建服务平台

构建了“学生家长、专业导师、辅导员、学生干部”相互配合的“四元主体”学生成长关爱体系。建立起学生家长与辅导员“云”座谈，专业导师与辅导员“云”交流，辅导员与毕业生“云”思政，学生干部与辅导员“云”联络的服务平台，形成了常态化、长效化的沟通反馈机制，实现了思政教育互动相长。

三、工作成效与启示

（一）工作成效

毕业生的思想政治教育促进了学生“知情意行”的改变。疫情之下，227 名毕业生顺利毕业，思想认知和择业观念发生变化；毕业选择和路径多元，离校时就业率达 91.98%，就业质量和就业稳定性明显提升；8 人到沂水团县委、蓬莱区蓬莱阁街道办事处、招远市辛庄镇机关、莱阳市山前店镇财政经管中心等基层一线服务锻炼；3 人成为乡村教师，用青春力量传递育人价值；70%的学生到中小企业管理运营部门工作，用专业技能服务经济社会发展。毕业生对母校满意度及用人单位对毕业生的满意度均达 90%以上。

（二）工作启示

1.坚持“全景式”大思政工作理念

毕业生思政教育要坚持以问题为导向，以“大思政”为依循，融合院校和社会资源优势，从日常、专业、文化和网络等维度协同联动推进，这符合党中央“三全育人”的总体要求，也是新时代开展毕业生精准思政的实际需求。

2.善于运用现实情境的生动素材

疫情下的毕业生思政教育，节点把控是关键，应以点带面、循序渐进，立体化展开，莫以就业谈就业，莫用“上岸”论成败。用好疫情防控这本思政教育的“活教材”，开展好爱国主义教育、制度自信教育、媒介素养教育等“做人”的教育，以此激发毕业生就业的内驱力。

让每个学生赢得人生出彩的机会，是我做好工作的初心。

获奖者简介

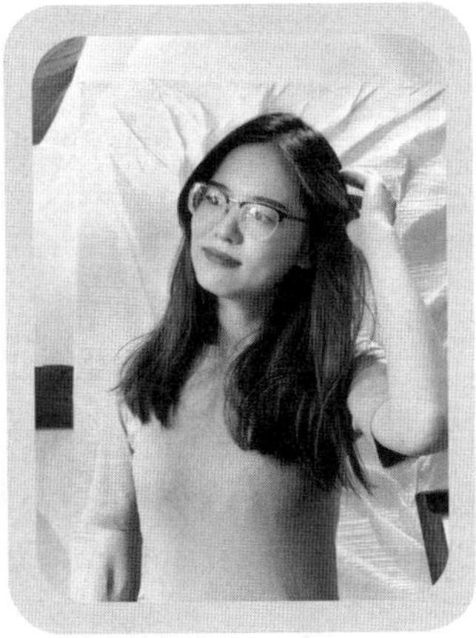

李静琪，女，汉族，1992 年 9 月出生，硕士研究生学历，讲师，曲阜师范大学管理学院本科生辅导员。从事学生工作 3 年，主要研究方向为学生教育管理、辅导员队伍建设。曾获第四届中国“互联网＋”大学生创新创业大赛“优秀创新创业导师”等国家级奖励 2 项、山东省大中专学生志愿者暑期“三下乡”社会实践活动优秀指导教师等省部级奖励 4 项、辅导员讲课比赛校级一等奖、2020 年度辅导员年度人物等校级奖励 10 余项；发表学术论文 3 篇，参与课题研究 3 项；指导学生参加 2020 年全国大学生职业发展大赛获国家一等奖 1 项、国家二等奖 1 项，指导学生参加各类科创赛事获国家铜奖1 项、省级二等奖 3 项、省级三等奖 6 项、大创省级立项 1 项。

获奖感言

每每引导违纪学生知错能改，调皮学生浪子回头，后进学生知耻后勇；每每帮助学生解决困难渡过难关，正视失败并跌倒重来，获得成功又再接再厉；回想学生毕业时与我挥手擦肩的场景，畅想多年后他们的精彩人生……让学生在人生路上走得更稳更远更好的初心便愈加笃定，“成就学生就是成长自我”的感悟也愈加深刻。梁启超先生说：“负责任最苦，尽责任最乐。”感谢学生，让我不能懈怠、不敢辜负，努力做一名“专业型＋陪伴型＋研究型”的辅导员。

扶贫更扶智，成为“筑梦人”

——一名建档立卡学生成长的精准帮扶之路

青岛科技大学经管学院　王聪　刘跃宁　孙一君

此案例是我在学生管理工作中一个较为典型的案例，该生是建档立卡学生，受原生家庭影响，性格内向自卑、敏感封闭。通过抓住学生闪光点，精准评价、精准指导，扶贫更扶智，助力学生完成了灿烂绽放的蝶变，成为自立自强典型，在脱贫攻坚、乡村振兴路上贡献了资助育人力量。

一、案例基本情况

陈静（化名），女，2016 年大一入学时，我发现该生衣着简朴，行李简单，没有父母相送。进一步翻阅学生档案，发现为建档立卡户，来自贫困县山东临沂费县，家里的经济来源就是地里的收成。母亲无劳动能力，父亲做过大手术，爷爷脑溢血生活不能自理，家中还有一个正在上初中的弟弟。学生高考成绩优秀，数学取得 142 分的高分。但据班长反映，陈静在班内沉默寡言、敏感内向，自信心不足，与同班同学、同宿舍同学缺乏交流，常常不接听电话。

在与陈静联系的过程中，发现问题有一些棘手。一是电话联系，她一般不会接电话，但在线上联系会回复；二是陈静认为父母重男轻女思想严重，自身归属感低；三是性格上敏感自卑，对于经济条件回避，对于未来要有出息这一观念非常在乎又十分迷茫，内心火热又封闭自我，渴望被爱又害怕拒绝，处于十分矛盾的状态，精神不佳，压力过大。

二、组织实施过程

（一）盯紧心理线，细致入微的关心

以往带学生经历告诉我，由经济贫困导致心理贫弱的现象并不少见，部分学生可能还会导致心理崩塌。要帮扶好学生，心理关爱是第一步。结合陈静特点，前期我以线上沟通为主，在为学生建立一个可以安全诉说，能够被温暖抱持

的人际关系铺垫下，找了一个安静的会议室，多次约她深入交流。在交谈中，了解到陈静家中的详细情况以及父母对自己和弟弟关爱不同带来的心理负担，也正因为害怕自己不够优秀而压力过大，不愿意接听父母老师电话。

我用自身小时候在奶奶家成长的经历找到共鸣话题，并认真帮她分析：一是家庭的贫困是暂时的，知识是可以改变命运的，只要有目标，只要肯努力，就可以在大学成长为更好的自己；二是以一个母亲的身份向学生阐释了父母的爱子之心，解释了父母对她和弟弟的关爱、态度不同可能是方式方法的问题，并答应找机会一定跟她的家长好好沟通；三是告诉她："别怕，我会和你在一起，老师愿意陪着你一起去尝试。"讲完后我能明显感觉到她抬起头，眼睛里有了小星星。

在随后的日子里，我们建立起了每周一次的谈话联系，并在寒假期间到陈静家中走访，详细和父母深谈了学习、生活和心理情况。在与女儿沟通的方式上父母也接受了给予更多关爱的建议，信任危机逐渐缓解。

（二）拉紧政策线，成长路上一个也不能少

如何让学生有尊严地接受资助，或者说是保护学生"敏感的自尊心"是一项技术活，做得好的"法宝"是换位思考。一方面，我为陈静详细讲解了"奖贷助、勤补免"政策，并以老师需要她来做小帮手的名义申请了学工办勤工助学岗位；另一方面，通过讲述自立自强典型榜样，鼓励她积极学习，向国家励志奖学金发起努力。依托学院校友奖助学金，在保护好隐私的前提下，为她申请了临时性困难补助，知道陈静非常希望能够用自己的力量帮助其他人，我告诉她学院校友奖助学金就是为传递爱而设立，等她成长起来了也可以加入进来。在校院联动下构建了坚实兜底网，解决了陈静实际困难，确保她可以将精力放在学习上。

（三）打通培优线，发展型资助筑梦花开

如何让学生在获得资助的同时素质能力同步提升？如何从短期的资助中获得长期"续航"能力？除了经济帮扶和心理关爱，学生还需要什么？这是我们一直思考的问题。扶贫更扶智，才能更好地筑梦花开。通过和陈静写下五条缺点、五条优点详细梳理，为她走出自卑建立自信打下基础。对于缺点我们逐个击破，比如"太在意别人的看法"的背后是不会沟通，针对性地找到改变办法；对于优点，我们运用 PEM 法，即通过可以依靠的人（Person）、物质资源（Material Resources）和精神支持（Emotional Support），进一步整合资源，找到可以"让长处更长的点"。在高考中她的数学接近满分，在第一学期微积分考试中更是拿到了 97 分的好成绩，梳理后我们决定将数学作为发展着力点。我带她一起拜访了数理学院数学建模指导老师，并在后面参与学校集中培训，三年来先后参加了国际数学建模大赛、全国大学生数学建模大赛、山东省大学生数学建模大赛；带着不断在大赛中建立起的自信，又投入互联网＋、三创赛等科技创新竞赛中。一路拼搏、一路奔跑，成长进步成为陈静最好的良药和法宝。

（四）完善思想线，润物无声的教导

感恩教育和励志教育一样，都要“走心”，通过润物无声的滋养，用一棵树摇动另一棵树，用一朵云推动另一朵云，用一个灵魂触动另一个灵魂。根据陈静热心的特点，我鼓励她加入了院学生会的志愿者协会，每周二前往自闭症康复中心关爱“星星的孩子”。学院与临沂残障弃儿之家有长期志愿服务联系，大二暑假我带着她前往社会实践，因为放不下那里的孩子，大三暑假她又自己组队去了一次。在四年长达720多个小时的志愿服务中，陈静充分感受到“奉献、友爱、互助、进步”的志愿精神，也培养了自立自强、知恩感恩、勇于担当的品质。

三、工作成效

四年的关怀鼓励、跟踪培养、精准评价、精准指导，自卑敏感的陈静走出了一条励志的追梦之路。在学习上，获国际大学生数学建模竞赛国际一等奖、全国大学生数学竞赛二等奖、三创赛山东省二等奖，获国家励志奖学金两次，并通过奖学金实现了经济独立。在志愿服务上，一次被评为省暑期社会实践先进个人，在中国财富论坛等数十项赛事中被评为优秀志愿者；疫情期间，她积极投入村里疫情防控，收获了肯定。在成长上，陈静尝试以更体谅的心情去理解父母，虽然人际交往方面离完全打开心扉还有一段路要走，但大学四年积极迈出的每一步都成为走出自卑的助力，她变得更自信、更感恩，也更从容。2020年9月陈静考取了中国海洋大学的研究生，四年的陪伴，我已经成为她的心灵港湾。毕业后，我们仍保持每月至少一次的联系，在育人的路上，她也带给我更多步伐更稳的力量。

这个案例，对我有以下几点启示。

（一）爱是永恒的主题，辅导员要把工作做进学生心里

如何对特殊学生进行精准识别，如何打破学生的情感壁垒，辅导员要对学生倾注爱，用爱心、耐心、仁心、细心把工作做进学生心里。对于许多学生来说，辅导员要先成为健康成长的知心朋友，才能做好成长成才的人生导师。

（二）扶贫更扶智，做好资助育人要“一生一策”，精准帮扶

经济困难学生通常表现出积极、努力、执着、有毅力，对自己的要求高的特点，但也在一定程度上存在内向自卑、容易受伤的情况。每一个孩子背后都是整个家庭的期盼，面对特殊情况我们不能一推了之，更不能只提供经济帮扶，要按照《高校思想政治工作质量提升工程实施纲要》的要求做好资助育人，真正做到“一生一策”“一人一档”，在扶贫、扶智、扶志中总结经验，形成适合学生特点的帮扶体系，帮助更多学生进入“解困—育人—成才—回馈”的良性循环。

（三）整合资源，明晰路径，三全育人要走实走深

学生的成长需要辅导员、专业课教师等全员参与，需要从入学到毕业的全

时段覆盖，需要深入挖掘各类资源的育人元素。辅导员要站在培育有理想、有本领、有担当时代新人的角度，全面掌握文件精神，整合育人资源，形成育人合力，用爱与智慧交融的思政教育推动青年成长。学生的成长是对我们职业最大的认同，让我们可以带着满足感和使命感在育人的路上继续坚定地走下去。

获奖者简介

王聪，女，汉，硕士研究生学历，讲师。2016年9月起在青岛科技大学经管学院担任辅导员，主要研究学生思想政治教育。先后荣获第七届全国高校辅导员素质能力大赛二等奖、第四届山东省高校辅导员素质能力大赛特等奖、山东省2020年度辅导员年度人物、2020年度山东高校辅导员工作论坛优秀论文一等奖、2020年度山东高校辅导员工作论坛优秀工作案例二等奖、2019年度山东高校辅导员工作论坛优秀论文二等奖、2019年度山东省心理科学优秀成果二等奖、2019年和2020年山东省“三创赛”优秀指导老师等荣誉20项；并荣获校2021年度思政工作先进个人、校2020年度十大年度人物、校2020年度十大杰出青年、校优秀辅导员等校级荣誉20余项；主持包括2021年山东省人文社科课题在内的省市级课题4项。

获奖感言

沐浴着时代政策的春风，辅导员们感受着来自党和国家、社会的关爱和肯定，被赋予沉甸甸的育人责任和思政工作者的光辉。作为青春引路人，我们需要塑造能力满怀、时刻备战与全力以赴的坚强自我，更需要在疲惫后进行思考，思考后进行沉淀，沉淀后进行提升，将经历总结成成果，将经验上升为科学。也只有用专业化的力量改变自我、改变工作，方能用我们的成长反哺更多学生的成长，为国家发展和民族未来播撒种子、积淀力量。

“五微思政”，见微知著

——网络思政育人品牌“五微思政”建设案例分析

山东理工大学农业工程与食品科学学院　戴洁

一、案例基本情况

年轻人几乎无人不网、无日不网、无处不网，谁赢得了互联网，谁就赢得了青年。习近平总书记在全国高校思想政治工作会议上指出，要运用新媒体新技术使工作活起来，推动思想政治工作传统优势同信息技术高度融合，增强时代感和吸引力。时代要求及实践证明，互联网技术推动了高校思想政治教育创新，以“微思政”为代表的新的思想政治教育模式已在高校兴起，并得到大学生的广泛关注和接受，是新时代思想政治教育的有效手段。

在此背景之下，身为高校二级学院分管学生工作的副书记，怎样带领辅导员团队利用学院新媒体平台因势而谋、应势而动、顺势而为，创新思政工作教育模式，将当前网络流行、大学生喜闻乐见的短视频、音频、网文、微课、贴吧五种不同载体蕴含的思政元素有机融合，打出一套网络思政“组合拳”，推动传统思政教育形式与新兴媒体的融合发展亟待破题。通过平台升级、流程优化、资源整合，我带领团队打造的涵盖“微思剧”“微思音”“微思享”“微思课”“微思吧”五个栏目的“五微思政”网络思政育人品牌，于 2019 年 12 月 30 日正式上线，实现学生思政教育从传统的“面对面”延伸至不受时空限制的网络思政“键对键”。

二、组织实施过程

（一）找准定位，丰富“五微思政”品牌内容

“五微思政”秉承“贴近学生”与“内容为王”的宗旨，紧扣大学生关注的时政热点、校园生活、思想困惑、心理问题、成长感悟等，推出“微思剧”“微思音”“微思享”“微思课”和“微思吧”五个栏目，使网络思政教育与大学生成长成才同频共振、同向同行，增强思政工作的针对性和亲和力，切实推进网络思政育人文化建设。

微思剧:以身边人,演身边事。通过短视频的形式,用讲故事和演绎的方式,刻画身边鲜明的大学生形象。让镜头既聚焦思政热点,又对准学生日常点滴;精耕故事情节,用身边故事感染教育身边人,用身边榜样激励鼓舞身边人,反映现实,引人反思,让思政教育“活起来”“火起来”。

微思音:传承文化,诵读经典。通过录制音频的形式,将优秀传统文化经典作品进行诵读,在诵读中感受文化魅力,弘扬社会主义核心价值观,增强广大学生的民族自豪感和文化自信心,树立正确的历史观、民族观、文化观,让传统与经典根植于心,践之于行。

微思享:文字隽永,润物无声。通过网文的形式,从“微领域”“小切口”鲜活案例入手,剖析大学生成长成才道路上的案例,以小见大,反映思政工作大主题。将学生思政教育和日常事务管理相融合,以润物无声的方式向学生传递为人为学之道,实现对大学生价值观的引导和思想的塑造。

微思课:浓缩课堂,深入浅出。通过讲思政课的形式,将思政教育阵地从课堂延伸到网络平台,以贴近大学生的话语表达方式来浓缩思政课知识,通过故事讲道理,通过道理讲价值,通过价值讲认同,为大学生树立正确的世界观、人生观和价值观,树立坚定的理想信念形成正确的政治思想态度奠定基础。

微思吧:互动交流,答疑释惑。通过建立交流答疑平台的形式,提供学生互动交流、答疑解惑和建言献策的新渠道,将学生群体中普遍共性的问题以交流答疑方式进行面上答复,提高日常思政教育的及时性和实效性。

(二)全员参与,强化“五微思政”品牌保障

“五微思政”从人员、设备、场地、资金等方面强化保障,做到“五有”:有专项经费支持,有专用办公场地,有固定工作队伍,有明确工作目标,有完备的工作机制。我向学院申请了5万元专项经费用于品牌建设,先后购置电脑、无人机、数码相机、录像机等专业设备,为工作提供了强有力的技术硬件支撑。突出全员参与理念,引导鼓励学院师生共同参与剧本创作、音频录制、网文写作和意见反馈等环节,增强网络思政教育的互动性,扩大品牌的覆盖面,实现全员育人、全过程育人、全方位育人,打造立体式思政大格局。

(三)线上线下,推进“五微思政”品牌发展

坚持“以生为本”,我时刻关注学生“用户体验”反馈,结合传统教育手段,通过定期召开座谈会、问卷调查、面对面与学生交流等,及时掌握学生的思想动态,实现精准“抓题”;谋划推出有针对性的网络作品,“知行合一”,合力“破题”,达到最好教育效果。此外,特别注重新媒体学生团队的建设,通过组织专题培训、技能比赛、团建活动、考核表彰等,不断激发宣传工作内生动力,深度推动“融媒体”建设发展。

三、工作成效

(一)推出了一系列有吸引力、影响力、感染力的网络文化作品

从品牌上线至今,我始终坚持推出贴近实际、贴近生活、贴近师生的网络思政作品,打造内容有品质、信息有增量、制作有品位的“五微思政”品牌。品牌上线至今,共推出作品61期,其中微思剧5期、微思音14期、微思享32期、微思课7期、微思吧3期,总阅读量达1.5万次。自新冠疫情暴发以来,“五微思政”更成为全方位推进学生思想引领、保障学生疫情期间成长成才“不掉线”的主阵地。疫情期间,制作推出了“防控疫情,我们在一起”专题作品19期,其中微思剧《小农自省感悟青年担当》、学生改编演唱的MV《你的答案》、微思音《七律二首·送瘟神》、微思享《假期延长,在家“修炼”还是“修仙”?》、微思吧《想开学?想上学?你们关注的教学问题在此一一回复》等作品在做好特殊时期学生情绪疏导与思政教育方面发挥了重要作用。

(二)打造了一个全员、全过程、全方位的思政育人体系

“五位思政”品牌因其创新的形式、丰富的内容吸引了学院全体教师的积极参与。食品科学与工程专业教师赵新河结合自己的课程思政立项建设成果,将专业知识与短视频制作结合,推出微思剧——《“食”在有意思》。视频内容聚焦食品专业热点,融入食品领域相关知识,由学生自导自演,诙谐幽默,一经推出便广受好评,充分激发了学生对专业学习的兴趣,培养了学生的专业认同感与归属感,实现了课程思政与思政教育的有效融合。山东省有突出贡献的中青年专家孙霞教授,山东高校辅导员年度人物张佳,学校优秀教师李富军教授,亲自向学生们讲述思政知识,推出《来自孙霞教授的一份研究生居家指南》《海纳百川,择善而学谨以此文献给中国共产党成立99周年》《李富军教授关于研究生复试的几点建议》等高水平作品,坚持了价值性与知识性的相统一,寓价值观引导于知识传授中,有力开拓了“三全育人”新格局。

(三)培养了一批成熟、文明、理性的大学生网民

“五微思政”强调发挥学生的主体作用,学生既是受众者也是传播者,他们作为“导演”和“第一主角”的身份,充分发挥自己的主观能动性和创造性,用易于接受的内容和形式开展网络思政教育,扩大传播范围,增强传播效果。在“五微思政”的引领下,学院涌现出一批在重要时间节点、社会焦点、舆论热点中自觉弘扬正能量,传播真声音的大学生网民,形成了学生关心学校学院发展、刻苦学习、奋发有为的新常态。比如山东省优秀毕业生王善钰,学院优秀毕业生、“创青春”创业计划竞赛全国铜奖获得者解春季,考研率57.9%的“最牛考研班”农机1605班,国家奖学金获得者刘照启。学院通过倾心整理,推出《致学弟学妹的一封信》《谈大学生科技创新》《知物由学,“照”萤映雪》等

原创精品，薪火相传，实现学生自我教育、自我服务，有力激励身边其他同学立鸿鹄志，做奋斗者。“五微思政”网络思政育人品牌推出一年多以来，关注人数突破8100人，总浏览量近1.5万余人次，实现了作品质量与在线流量的双提升。

获奖者简介

戴洁，女，汉族，讲师，本科学历。从事学生工作 21 年，现任山东理工大学农业工程与食品科学学院党委副书记。研究方向为大学生思政教育、礼仪教育。先后荣获山东省高校思想政治教育工作先进个人、第十一届全国运动会志愿服务优秀工作者、山东省第二十二届运动会志愿者形象大使、山东省第二十二届运动会等赛事筹办工作先进个人并记个人三等功、山东省志愿服务先进个人、第十届中国艺术节志愿服务活动个人贡献奖、山东省大中专学生志愿者暑期“三下乡”社会实践活动优秀指导者、山东省优秀教育志愿者等荣誉称号。

获奖感言

辅导员的初心，就是一切为了学生，为了学生的一切。不忘初心，方能致远。我将始终坚守立德树人根本使命，做一名“肩上有责、腹中有墨、手中有法、心中有爱”的辅导员，把辅导员职业做成一生发现爱、追寻爱、传递爱、播撒爱的事业。

停课不停学，隔空不隔爱

——《为了这一天》案例

济南大学政法学院　马思源

一、案例基本情况

2020 年，突如其来的新冠肺炎疫情触发了一次“史无前例”的大规模在线教学实践。“学生在哪里，教育就在哪儿发生”，线上授课打破了学校、家庭和社会的边界，使教育有了更多可能。疫情发生后，教育部启动“停课不停学”工作，济南大学积极响应、认真落实，线上课堂成为高校教师的抗疫主战场。全体教师在开展线上授课的过程中克服了许多困难，也涌现出诸多感人事迹。为展现高校教师在抗疫斗争的伟大实践，在真实发生的事件基础上，我策划并带领学生拍摄了微视频《为了这一天》，讲述了“线上新学期”开学前十天两位教师为更好适应线上教学新形势，不断总结经验、调整方式、克服困难，最终确保了正式线上授课有序高质量进行的故事。微视频表现了人民教师应对新冠肺炎疫情所做的坚守与付出，既鼓舞了教师，也教育了学生。

二、组织实施过程

（一）坚守本职岗位，书写立德树人初心

新冠肺炎疫情不仅是对国家治理体系和治理能力的一次大考，也是对高校教育教学的一次大考。2020 年 2 月 5 日，教育部在印发的《关于在疫情防控期间做好普通高等学校在线教学组织与管理工作的指导意见》中指出：“积极开展线上授课和线上学习等在线教学活动，保证疫情防控期间教学进度和教学质量。”可以说“三尺网络讲台”是特殊时期教育教学的“主战场”，按时开课，高质量地开展线上网络授课是对教师提出的岗位职责要求。

然而对教师来说，无论是网络技术条件限制，还是教师作为普通公民在新冠肺炎疫情中受到的冲击和影响，想要上好一堂网课并不是一件容易的事。对

年长教师而言，设置网络环境、掌握直播工具令人疲于奔命；对年轻教师，特别是对刚刚走上工作岗位的教师而言，苦于如何让本就不太娴熟的教学方法在线上呈现良好的课堂效果；对担负家长角色的教师而言，授课时间内无法照看家中的孩子也是现实问题。

我所在的政法学院全体教师在学校和学院的领导下积极迎接准备这场“大考”。开学前，人力资源与社会保障系全体教师集体备课，每天交流讨论线上授课经验技巧；法学系侯中华副教授为了提升授课效果，自费近万元购置直播设备，并在家人的帮助下不断彩排演练；社会学系教师王霞上幼儿园的孩子停课在家无人看管，为顺利完成授课，早早同孩子做好约定，上课前给孩子准备好平板电脑、食物和玩具……发生在我身边的一切都是平凡的，又是伟大的。所有的付出都是为了坚守自己的本职岗位，呈现出较好的课堂效果，书写立德树人的初心和使命。

（二）网课学困生，网课没有那么简单

学习自控力一直是高校学风建设研究的重点，我所带的年级长期以来也饱受学生学习自控力低下的困扰。面对网课的新形势，学生能否适应、能从课堂上收获多少都是疫情期间学生工作需要面临的新挑战。

线上授课开始一段时间以来，通过老师和同学们的反馈，学生在线上学习的情况差别很大，出现了一批“网课学困生”。一是多数老师反馈直播时明显感觉到很多学生都不在状态，还有的学生在那边放音乐、玩游戏，并不尊重教师为网课教学做出的努力和牺牲；二是居家环境中不可控因素过多，没有良好的投入学习的氛围；三是受网络条件等影响，学生实际收听效果并不好。传统课堂都很难吸引学生的注意力，更别说这种毫无约束力的直播课了。

（三）解决一个矛盾，拍摄一个视频

作为线上授课学期的亲历者、教育者、观察者，一个解不开的矛盾始终萦绕在我心头：一方面是广大教师为了开展好线上授课持续不断做出的努力和牺牲，另一方面是学生低下的学习效率和不高的学习主动性，学生理解不到每一堂网课背后的来之不易。为了解开这个矛盾，也为了更好地开展好疫情防控之下的大学生网络思想政治教育，让更多的学生了解到人民教师在疫情防控中的抗疫力量，我决定用视频的方式记录下这个不一样的学期。这一切也促成了《为了这一天》的摄制。

几经修改，很快《为了这一天》的剧本大致完成。故事聚焦于教师群体，着力反映疫情期间人民教师响应“停课不停教”号召，提前结束假期，主动应对，积极求变，为同学们提供优质线上教学服务的奉献精神。我将时间背景设置在济南大学距正式开学时间前的 2 月 15 日，分别讲述一名从教多年的老教师与一名刚入职的年轻教师为更好适应线上教学新形势，不断总结改进试讲测试中出现的各种问题，积极转换教学方式，调整教学内容，并最终确保了正式线上授课高质量进行。在学院侯中华老师、胡艳蕾老师的帮助下和学生朱赫的协助拍摄下，微视频得以顺利制作完成。

三、工作成效

视频制作后首先在政法学院师生范围内展播，收到的效果出乎我的意料。老师们看到后很受感动，表示从中看到了自己的影子，看到了坚守在工作岗位上的每一个自己。学生们也借此机会能够走入老师的个人生活，理解了教师工作的艰辛和为学生付出的努力。2020 年 4 月视频摄制播出以后，学院学生的线上学习参与率有显著提升，学院教师的授课熟练度有所提升，学生的学习主动性也都有所增强。

2020 年 9 月，在接到《关于举办山东省首届高校思政课短视频大赛的通知》后，我抱着试一试的想法带着作品参与了比赛，很幸运地获得了教师组三等奖。作品经由大众报业集团相关平台在全网传播，在社会上传播了高校教师的温情力量，鼓舞了一大批为线上授课默默付出的人民教师。

如果说抗击疫情时期的教育有了特别的温度，那么这个温度一定来源于全体教师的创新与付出，线上课堂教学是特殊时期教育温度的延伸。线上教学是网络思政的主战场，讲好、传播线上教学故事也是进行网络思政的作为和担当。线上教学变化的是教学环境、学习形式，不变的是立德树人的初心和使命。这是一种社会责任，更是一种时代担当！这是教育工作者的战场，是属于人民教师的动人故事。

获奖者简介

马思源，男，汉族，讲师，硕士研究生学历。从 2017 年 9 月起从事辅导员工作，目前担任济南大学政法学院本科生辅导员。研究方向为大学生思想政治教育、少数民族学生管理、网络思政，负责学生党建和新媒体宣传工作。曾获山东省首届高校思政短视频大赛教师组三等奖、山东省大中专学生志愿者暑期“三下乡”社会实践活动优秀指导教师、济南大学辅导员素质能力大赛一等奖、济南大学“我来讲党课”活动二等奖等荣誉。

获奖感言

2016 年全国高校思想政治工作会议召开，习近平总书记站在实现中华民族伟大复兴全局的战略高度，科学回答了高校培养什么样的人、如何培养人以及为谁培养人这一根本问题。思想政治工作是高校各项工作的生命线，需要推动网络思想政治教育创新，不断拓展优质载体，为大学生的成才搭建展示青春正能量的平台，为主旋律的传播搭建线上线下融合交互的平台，形成同频共振、联动发力的思想教育阵地。在庆祝中国共产党成立 100 周年大会现场，天安门广场上回响着青年学生“请党放心，强国有我!”的铮铮誓言。中国共产党立志于千秋伟业，必须培养一代又一代可堪大用的国之栋梁。这更需要我们继续抓理论武装，不断提升新时代高校思政工作质量和水平，为实现中华民族伟大复兴的中国梦贡献一份力量。

“馨家园”

——为孤儿大学生点亮心灯

聊城大学学生工作处　唐玉琴

党的十八大以来，以习近平总书记为核心的党中央向全国人民发出了向实现“两个一百年”奋斗目标进军的号召，把脱贫攻坚摆到治国理政突出位置，提出“扶贫先扶志”“扶贫必扶智”“精准扶贫”等提出一系列新思想、新观点、新方略。孤儿大学生是高校中的特殊困难群体，存在经济拮据、就业困难、心理困惑、人际关系紧张等一系列问题，如何帮助他们顺利完成学业并充分就业，是辅导员应认真思考和解决的重要问题之一。

一、案例概述

小张自幼未见过母亲，12 岁失去父亲。他刚踏入大学校园时，一讲话就脸红，手心冒汗，不敢抬头。小姜因身有残疾，出生就被父母遗弃。参加活动时，总是坐在角落，低着头，刘海儿遮挡了大半个脸庞，说话声音小而颤抖。像小张、小姜这些的学生还有很多，家庭的变故，给了他们不同常人的成长轨迹。为了帮助这些特殊困难学生群体，我们成立了“馨家园”。一次次走近这些学生，与他们交流谈心，帮助他们解决经济、学习、思想、心理、就业等方面的困难和问题。在我的教育帮助下，小张 1 个月通过了心理咨询师资格考试，3 个月考取人力资源师资格证，在校期间还成功当选了校就业创业部部长，本科毕业后考取本校的硕士研究生，2020 年毕业后成功入职泰安一所高校任专业教师。小姜也顺利考取了山东师范大学硕士研究生，2020 年毕业后考入德州一家事业单位。

像小张、小姜这样的孤儿大学生还有很多。自 2014 年“馨家园”成立以来，我们通过点亮“微心愿”等平台，已资助帮扶了 126 名孤儿大学生，他们全部顺利完成了学业，就业率在 95%以上。

二、组织实施

（一）案例分析

由于生活和成长环境的差异性，孤儿大学生群体具有显著的特点。问题的关键点在于：学生经济困难而产生自卑心理，情感缺失造成的心理问题和人际关系障碍，亲人陪伴的缺失而缺乏安全感，学习成绩不理想而造成对未来就业和生活的困惑和迷茫，等等。产生这些问题的原因，既有学生主观方面的因素，也有来自家庭、学校、社会等方面的客观原因。

（二）工作思路

坚持问题导向和需求导向，按照“发现问题—分析问题—解决问题—效果测评”的工作思路，利用座谈调查、比较分析、一对一帮扶、情感激励等方法，做好学生的教育、引导、疏导、资助、帮扶、转化工作，构建孤儿大学生帮扶长效机制，以期形成“解困—育人—成才—回馈”的良性循环。

1.制定帮扶方案

将学生的教育指导工作与解决学生的实际问题相结合、共性与个性相结合，根据学生不同类别、不同层次、不同需求，精准制定教育、指导和帮扶工作方案。

2.组织实施

学生思想方面，强化价值引领，培育学生家国情怀；认知方面，提升学生自我认识能力，激励学生自尊、自信、自立、自强；行为方面，规范言行，提升学生综合素质与核心竞争力。

3.育人效果检验

综合学生的自助能力、就业能力等因素，检验帮扶育人成效。

（三）工作措施

1.打造温馨之家，关怀氛围

新生报到季，我们在“绿色通道”窗口设有“馨家园”接纳点，为学生登记造册，建立信息档案。搭建了“六关爱”资助平台解决学生临时困难。一是搭建“微心愿”资助平台，第一期活动，聊城市公安局100名干警现场实现学生“微心愿”50个，捐助生活、学习用品200余件；二是“爱心大礼包”，每年为学生准备充足的学习、生活用品；三是“爱心超市”，按照师生捐助、超市运作、学生免费领取的模式，每年捐助3000余件；四是“爱心单车”，为孤儿等特殊困难学生购买自行车，学生免费领取；五是“爱心银行”，按照“诚信抵押，无息外借”办法，解决学生的燃眉之急；六是“爱心眼镜”，每年免费为孤儿学生配备眼镜；七是“爱心保险”，为“馨家园”等家庭经济困难学生缴纳商业保险。学生把“馨家园”当成自己的家，设计了家徽和家训，“馨家园”是他们共同的心灵港湾。

2.打造安全之家，安心铸业

孤儿学生的共同特点之一是缺乏安全感，我们通过多元化帮扶的方式弥补学生的情感缺憾。一是坚持开学必访、寒暑假必访、逢年过节必访、生病住院必访、发生意外必访的“五必访”行动，通过与学生零距离接触，面对面交流，了解学生所思所想所需，及时提供帮助；二是开展“一帮一”警校牵手活动，增强学生对和谐校园、和谐社会的认同感；三是建立了QQ群和微信群，随时关注孤儿学子的生活困苦和心灵困扰，营造浓厚“家庭”氛围；四是开展“警惕校园贷”“安全知识100条”等知识竞赛、报告会和座谈会，不断提高学生的自我保护意识、安全防范技能。

3.打造和谐之家，培养阳光心态

一是开展“名师讲坛”“名师茶座”“博士茶座”“大学生热点问题面对面”等活动，师生一起谈理想、谈生活、谈学习、谈自己的困惑和打算，让学生认识自我、改变自我、超越自我；二是开展“最美微笑大使”评选活动，学生通过自我展示，或是彼此间简单的问候与交流，或是分享获得奖学金的喜悦与学习经验等方式，在欢声笑语中以民主投票的方式评选“最美微笑大使”；三是开展趣味运动会、团体游戏、“我心飞翔”征文活动，培养学生积极的情绪、良好的意志品质。

4.打造奋进之家，育心强能

将“扶困”与“扶智”“扶志”深度融合，促进学生全面发展。一是为满足学生就业创业需求，实施“就业创业能力拓展计划”，该计划包括团队辅导、专题报告、参观学习、素质拓展、面试辅导、职场体验等10个环节，采取专业老师第一课堂教学、企业导师第二课堂辅导、学生到企业职场体验的形式；二是实施“百项工程建设计划”，组织学生开展创新创业计划设计、资助政策宣讲、科技支农帮扶、关爱留守儿童等活动；三是实施“润育梦想成长计划”，每年开展教师资格证、社交礼仪、视频剪辑、office应用、就业创业技能、书法、视频剪辑、PS软件、化妆品化学、公文写作等课程培训。逐步构建起“资助与教育同行、助困与育人并举、扶志与扶能共进、素质与能力同育”的工作格局。

5.打造文明之家，提升综合素质

一是指导学生尽快适应大学生活，针对刚入学的孤儿大学生因学习环境和学习方式的改变造成的学习不适应，因理想与现实的落差造成的矛盾与失落情绪，因环境与人际关系的改变而引发的不同层面的矛盾心理等问题，通过心理健康排查建立学生心理档案，开展生命安全教育、财产安全教育、职业生涯规划启蒙教育、人际关系讲座等，引导学生尽快适应并科学规划大学生活；二是开展校纪校规教育，增强学生的纪律观念，养成遵纪守法的良好习惯；三是开展基本道德文明教育，教育学生诚实守信，规范言行；四是开展爱校爱家教育，通过“馨家园”牵手活动与伙伴计划等，激发学生集体荣誉感和“馨家园”的归属感。

三、工作成效

(一)助力学生成人成才取得好成绩

“母亲,我即将踏上走向未来的人生之路,背负的行囊里有您赐予我的力量,有您在1460个日夜为我缝制的生命之衣!”这是小张毕业临行前写给我信中的一句话。近年来,他利用空暇时间走进农村、敬老院等地,帮扶留守儿童和孤寡老人,将“馨家园”的爱心和互帮互助的“家风”向社会辐射和传递。近年来,“馨家园”学生中,1人获得“全国大学生自立自强之星”提名奖,1人获“山东十大慈孝人物”,1人获得山东高校“爱心传递”优秀学生,12人次获得国家和省政府奖学金,76人次获得校级奖励。

(二)理论研究取得新突破

我们将理论研究与实践创新相结合,总结案例式教育、压力释放、谈心谈话、挫折教育等42项教育与指导方法,立项并获首届全国高校辅导员工作精品项目。撰写的《高校家庭经济困难学生的多维透视》一书,入选教育部高校德育成果文库。

(三)工作成效得到广泛认同

近年来,山东卫视、山东教育电视台、《大众日报》等新闻媒体专题报道了“馨家园”资助育人事迹。教育部思政司、中共山东省委教育工作委员会、山东省教育厅等上级领导来校考察、指导工作,湖南、重庆、安徽等20余所高校学习交流经验。

(四)个人发展进入新阶段

作为“馨家园”的“家长”,我制定学生指导方案100余份,积累访谈笔记10余万字,获得“全国优秀教育工作者”“全国高校优秀辅导员”“全国学生资助工作优秀个人案例典型”“山东高校辅导员名师”等荣誉称号。

四、案例思考

学生工作是一项职业性、专业性、技术性、规范性很强的工作,辅导员应按“四有”好老师的标准,履职尽责,奋力前行。

(一)坚持多维度帮扶理念

高校应融合育人资源,优化工作理念,从经济帮扶、思想引领、能力拓展和道德实践四个维度加强孤儿大学生等特殊困难群体的教育和帮扶工作,促进学生全面发展。

(二)树立“双线”时空教育观念

打造“互联网+”育人平台,通过线上线下“双线”载体,做到教育、管理、服务工作在时间、空间上的全覆盖。

（三）增强创新意识

坚持需要导向和目标导向，不断拓展教育内容，做到工作理念、方式、实践、理论等方面的创新，不断增强育人实效。

（四）健全完善协同育人机制

加强第一课堂与第二课堂，专业教师与思想政治教育工作者，学校、社会和家庭，学校教育与学生自我教育等方面的协同性，构建多维多层的开放育人体系。

（五）强化职业意识

辅导员要始终坚持把育人的责任担在肩上，把每一个学生放在心上，把业余的时间和精力放在业务发展上。以高度的职业素养、职业认同和价值定位尊重学生、爱护学生、关心学生、帮助学生，做学生工作的热心人与学生的知心人和引路人。

获奖者简介

唐玉琴，女，汉族，硕士研究生学历，教授，硕士生导师，聊城大学正处级辅导员，大学生事务服务中心主任，从事学生工作28年。获全国优秀教育工作者、全国高校优秀辅导员、全国学生资助工作优秀个人案例典型、山东高校辅导员名师等荣誉称号。主持的山东高校辅导员名师工作室“唐玉琴工作室”以家庭经济困难学生教育与指导为主要研究方向，在省内外高校享有较高的声誉，其先进事迹多次被大众日报等新闻媒体专题报道。主持省部级研究课题十余项，出版专著4部，发表论文40余篇，获首届全国高校辅导员精品项目等科研奖十余项。

获奖感言

辅导员工作案例是辅导员工作的总结和提升，体现了辅导员立德树人工作的责任感和使命感，包含了辅导员工作的理念和态度，体现了对学生的关心、帮助、鼓励、引导和鞭策，是学生思想引导、学业指导、生活帮扶、就业指导等经验做法的优化，可引发辅导员的思考和判断，具有很强的典型性、理论性、实践性、针对性和创新性，对辅导员的学习、研究和借鉴，提升辅导员自身的人文素养、业务能力和整体素质具有重要的理论和实践意义。

创新工作理念，为青年学生的成长营造清朗的网络空间

山东建筑大学图书馆　朱雅文

做大学辅导员工作后，我一直在思考："我的中文专业知识能为理工科学生带来什么积极影响呢？""酷爱上网，手机不离身的当代大学生，到底愿意接受什么样的思政教育？""身为教师，就一定要站在学生的对立面吗？""只有'说教'才是开展教育的唯一形式吗？"

观察、了解所带学生近一年之后，我渐渐意识到，走进学生内心，和学生拉近距离，就更能听到学生的心里话，就更容易了解到学生的所想、所需。既然学生喜欢上网，那我们就主动走上网络，用同学们喜闻乐见的方式开展思政教育。

一、案例基本情况

自参加工作以来，我就积极发挥专业优势，探索互联网环境下如何利用新媒体平台开展大学生思政教育。截至目前，我负责学院团委新媒体建设工作已五年，日常工作中，通过组建新媒体工作室，充分利用微信、微博、网站等平台，报道学生工作新闻，发送思政类正能量文章来更好开展工作。

2020上半年疫情期间，开创"宅家抗无聊计划"和"学子赤心"板块，引导学生稳住心神，坚持自我隔离，同时使居家期间的个人成长与学习更有意义，不仅个人积极撰写有利于学生成长的网文和原创干货文章，还带动学生参与创作，创作的文章受到广泛关注。

工作之余，我坚持跨界学习，创新理念、创新思维、创新方式，把整理收纳这个爱好学精做专，于2020年7月获得一级生活规划整理师的中日双认证，并将规划整理技能应用于大学生思政教育，通过开展形式多样的线上分享活动，引导青年学生更好地认识自我，提升自我管理能力。

二、组织实施过程

（一）主动占领网络思政教育阵地，打造受学生喜爱的新媒体品牌

在工作的第二年，我主动请缨，负责学院团委的新媒体工作，积极发挥专业

优势，探索互联网环境下如何利用新媒体平台开展大学生思政教育。接管工作后，我将原学院微信公众平台运营团队更名为新媒体工作室，重组编制，成员全部为在校大学生；改版学院团委微信公众号，板块更加细化，内容更加贴近学生生活；报道学生工作新闻，发送思政类正能量文章，采访学院优秀学子或团队，展示当代大学生的丰富校园生活。

网络思政教育开展有一定成效后，在领导的鼓励下，我创建了个人微信公众号和工作微博。我将其定位为：个人成长历程见证。我们总是引导学生要树立榜样，但这个榜样往往不是“身边人”，距离感让榜样显得不那么真实。身为大学生成长成才的人生导师和知心朋友，把自己打造成一个“典型”，让同学们在我个人的经历中受到触动，从而形成榜样影响力不是更好吗？你想让学生成为什么样的人，那就先让自己成为什么样的人。于是，我在个人公众号里推送原创干货文章，内容涵盖优秀书籍、影片推荐，良好生活习惯的养成，保持心理健康的方法，时间管理能力和学习能力的培养，等等。把学生的关注点从网络游戏、负面新闻和不实言论上吸引过来，让学生感受到正能量的同时也能在个人生活、学习、成才上得到实际帮助。

（二）疫情居家隔离期间积极撰写干货文章，引导学生形成健康生活态度

疫情居家隔离期间，“稳住心神，坚持自我隔离，同时使居家期间的个人成长与学习更有意义”是那一时期青年学生思政教育工作的重心。

作为青年学生成长成才的引路人和知心朋友，在坚决做好疫情防控各项刚性工作的同时，也要有效利用新媒体平台，营造清朗的网络空间。陆续创作《居家隔离，不如来一场自我整理》《有为青年居家隔离的正确打开方式》《跟着文姐来读书/看电影》《文姐教你为新学期制定计划，遇见更好的自己》《文姐再教你让计划“落地”，宅家也能不“丧”》等网文，并在学院团委微信公众号上逐渐形成“宅家抗无聊计划”专题板块，引导学生“居家隔离养成良好生活习惯，培养时间管理能力，增进亲情交流”。文章风格亲切自然，幽默活泼，在分享“干货”的同时，进行了潜移默化的思想政治教育引导，并与广大同学互动，使学生们的自我隔离更有意义。

2020 年初，学生们心系武汉，心系祖国。为了引导广大青年学生能够抵制谣言，抵制负能量，以正确的态度关注疫情，为武汉加油，为祖国祈福。我在学院团委微信公众平台开设“学子赤心”板块，报道学院师生、校友积极投身疫情防控志愿服务工作的感人事迹，开展线上党日、团日活动，征集爱国主义主题书画、篆刻、手账、摄影、诗朗诵作品，弘扬主旋律，传播正能量。

（三）跨界学习破圈分享，创新思政教育和大学生日常管理工作理念

经过将近两年的学习，我将整理收纳这一个人爱好学专做精，于 2020 年 7 月获得一级生活规划整理师的中日双认证（中国第 192 位）。在学习实践的过程中，我逐渐意识到规划整理不仅是一门生活的技术，而且也是一种思维方式。把它应用于大学生日常教育管理中，可以更好地引导青年学生认识自我，建立健康的人际关系，增强秩序感与自律性，树立理性消费观，提升自我管理能力。

2019 年 5 月，我在学院里开展了一场主题为“你并不是一只废柴，你只是需要一场断舍离”的心理健康讲座，普及“惯用脑”心理测评工具的使用，引导学生正确认识“断舍离”在心理健康方面的作用。

2020 年 11 月 1～11 日，在整合学习和实践经验的基础上，我组织开展了一次“自我整理训练营”线上系列活动，学院 260 余位同学积极参与。在我的带领下，同学们根据当日的整理主题，结合自己的情况进行自我整理并积极分享感悟。

同时，我在做就业工作时了解到，大学生在离开校园步入社会之初，在面临角色转换、职场适应、独立租房居住等问题时是有很大压力的。基于此，我将规划整理的理念和技术与这一现实情况相结合，开发出一套适合大学毕业生的生活规划整理网络课程。目前该套课程正处于试用阶段，初期效果良好。

三、工作成效

改版后的学院团委微信公众号受到在校师生、家长、校友、同仁的广泛关注和热烈好评，目前已成为学院思政教育重要媒体平台。

疫情期间我创作的系列文章得到师生和学生家长的好评，校级媒体也积极转发并与我约稿。尤其关于整理收纳的内容，学生们读完文章后，纷纷在家实践起来，在学校中兴起“整理物品，也是整理心情”的热潮。我的这一举动，也带动了其他同事、学生参与到正能量网文创作中来，还增加了优质摄影作品、短视频等多种形式。如专业课教师撰写的《隔离在家，自我学习》一文，介绍在家自学技巧，引导学生们端正学习态度，提高学习效率；体育专业出身的辅导员撰写了《居家隔离，不如燃烧你的卡路里》一文后，学院师生纷纷发来在家健身的短视频，酷爱上网的同学们也能自觉放下手机，加入到“健身抗疫”的行列中来。

学院评价我的这一举动说：“体现了学院辅导员无私奉献的精神和对青年学生发自内心的关爱，用大家喜爱的文字为疫情防控教育画出彩虹，为打赢‘防疫’战贡献了力量。”我本人也获评 2020 年校级“最美青年”网络素养类提名奖。

规划整理主题的分享活动的持续开展，吸引了一批感兴趣的在校生和毕业生，逐渐形成相对稳定且黏合度较高的社群，活动氛围健康向上，积极乐观。学生们在跟随我学习整理之后，不仅养成了自我整理的好习惯，还能去探索更精彩的人生，成为更优秀的自己。

四、反思与启示

工作理念上，力求创新的基础仍是大学生日常工作和实际困难，基于此的创新才能以生为本。例如，运用网络新媒体对学生开展思想引领、学习指导、生活辅导、心理咨询等。

工作方法上，新形势下，作为大学生健康成长的人生导师和知心朋友，需站在学生的角度上，真正了解学生的所思所需，从而因势利导，这才是适宜现阶段思政教育的创新型方式方法，如加强与学生的网上互动交流。

工作思路上，要始终把“立德树人”作为主要目标，再合理运用新媒体新技术，建设网络思想政治教育阵地。发挥自身专业优势、个人特长，勇于跨界学习、破圈成长，探索大学生思政教育的新思路。

获奖者简介

朱雅文，女，汉族，硕士研究生学历，讲师，日本JALO和中国CALO双认证一级生活规划整理师。2015年9月～2021年8月在山东建筑大学管理工程学院从事学生工作，连续四年被评为省级社会实践优秀指导教师。2018年指导学生团队获“创青春”全国大学生创业大赛全国银奖，本人获评省/校级优秀指导教师；参与教育部课题1项，主持校级课题1项；发表论文5篇。擅长内容产出、跨界学习。通过撰写原创干货网文教育引导学生，在面向大学生开展“规划整理＋”主题分享活动十余场。

获奖感言

很荣幸能够获奖，这代表着我在工作中一直坚持的“以生为本”，力争理念创新、思维创新、方式创新的理念得到了莫大肯定。本次工作案例的撰写其实是对我六年学生工作一次很好的总结、梳理和提炼。不论是本次工作案例的获奖，还是在工作中取得的其他成绩，都离不开领导、同事的指导、帮助，也离不开学生对我的认可、喜爱。在此对你们道一声谢谢。虽然已经转岗，但我仍然心系学生，不忘初心，会持续用撰写网文和打造课程的方式，教授青年人积极生活的方法，帮助更多人收获生活的美好和人生的意义。

丰富“大思政课”的打开方式

——依托微信公众平台实现大学生网络思政教育的嬗变

鲁东大学商学院　杨柳

一、工作背景

近年来，以微信公众平台为代表的新媒体矩阵成为“大思政课”格局下青年学生思政教育的第二课堂，各大高校以此作为网络思政教育变革的切入点，助推传统思政教育的升级迭代，但囿于部分平台思政素材内容刻板、形式单一、学生主题不凸显等，互动性不强，育人效果差强人意。我负责的鲁东大学商学院官方微信公众平台也存在类似问题，常因内容不鲜活、形式不丰富，无法契合青年受众喜好，吸引力和凝聚力不足，思政育人功能无法发挥作用。因此，如何落实“大思政课”理念，探索以微信公众平台为代表的高校网络思政育人路径成为当下亟待解决的时代问题。

二、工作思路

基于对上述问题的思考，我结合工作实际，充分分析了学院概况和受众特点。经调研，我所在的鲁东大学商学院现有全日制本专科学生1800余人，所学学科以经济学和管理学为主，学生出生年份主要集中在1997～2002年，学生家庭环境受“4＋2＋1”小型结构影响，伴随移动互联网和内容大爆发时代成长，多数深受网络文化、电子游戏和高科技产品熏染，自我意识和独立意识更为鲜明，善于利用互联网学习知识、选择信息、表达思想，是当下青年学生群体中的典型代表。

谁赢得互联网，谁就赢得青年和未来。因此，基于学院青年群体的特征及网络思政现实情况，我聚焦新媒体前沿动态，把握互联网传播规律，借助微信公众平台的传播优势和实践价值，积极推进网络思政中主体地位、内容供给、语言范式的三维嬗变探索，构建走进青年、打动青年、凝聚青年、赢得青年的特色网络思政育人高地。

三、组织实施过程

(一)提升主体地位,增强话语说服力

在网络语境下,教师与学生不再是一种主客体关系,学生不再是话语被动接受者,而应充分发挥其主体性,真正实现在网络语境中的自我思考和自我超越。一方面,让学生成为思政素材的生产者。疫情期间,抗疫故事、社会舆论、家庭关系等话题为自我思政教育提供了思辨素材。我积极引导学生主动创作个人思政教育内容,通过自述、人物专访、视频创作等形式,推出 16 期"战疫纪实"和"宅家专题"系列文章,生动展现疫情期间学生党员的战疫故事和宅家趣事,大量鲜活动人的真实案例在学生群体中传播,学生成为自己的思政课教师,实现网络思政环境下的二次教育效果叠加。另一方面,让学生成为思政素材的主人公。积极围绕我院优秀青年个体或团队进行突出报道,其中有取得国家创新创业大奖的科创选手、有双双考取中国海洋大学硕士研究生的学霸情侣、有用奖学金购置防疫物资的学生骨干……通过优秀事迹的立体展播,在正向激励和朋辈影响下,青年学生自我觉醒和自觉接受。同时,聚焦学生入学、毕业、就业时的心理状态,抓住关键情绪节点,回应学生情感诉求。其中,《小商带你游东区》一文面向新生介绍校园内外环境及设施,《最后的离别祝福》一文展现疫情期间师生毕业前的不舍与祝愿,通过贴近实际的校园身边事,不断强化学生主体地位,凸显思政教育的人文关怀和终极价值。

(二)完善内容供给,强化思想渗透力

互联网对青年学生的广泛连接和对精神世界的强劲渗透,使得网络思政教育要适应互联网生态,完善网络思政内容供给。一方面,思政素材体现时代热度。我深度聚焦当下时政热点,第一时间制作推送紧贴青年的系列思政内容。开展党史学习教育以来,推送《你,为什么入党》《少年》等建党百年主题视频;得知卫国戍边战士以身殉国感人事迹,推送献给边防战士的英雄战歌;在"两会"召开之际,推送相关主题文章等,通过打破学生对时政消息的接收壁垒,保证育人素材的无缝衔接,使学生思想和国家意志精准对接,实现个人和国家社会的同频共振、并肩作战。另一方面,思政内容彰显文化温度。结合青年学生现实世界,我广泛利用当下热播剧、综艺和话题人物等积极传播社会主义先进文化的价值取向和精神观念。其中,围绕电影《你好,李焕英》创作弘扬传统文化题材内容,传递尊老爱亲的价值理念;结合热播剧《隐秘的角落》组织最美校园角落征集活动,打造爱校荣校的校园文化亮点;通过优质内容与学生主体的多维交互和强劲连接,有效提升思政教育的思想渗透和育人实效。

(三)优化话语范式,提升教育引领力

网络空间作为青年学生交际对话的主要言语场域,话语范式需顺应时代发

展，回应青年诉求，通过把思政素材的外在表现形式转化为具有互联网思维的“网言网语”，营造令青年可亲可信的精神家园。一方面，充分认识“标题”赋予思政内容的价值内涵。好标题会产生第一视觉冲击，实现网络思政传播效果的深层推进。关于普及校园安全知识的标题为《这些事你得知道！》，学生党员带头开展除雪破冰行动的标题为《“北极圈”下的坚守》，倡议诚信应考的标题为《必看！喝“烤柿粥”必须注意的》……众多符合青年话语规律的优质标题，激发了阅读兴趣，提升了育人效果。另一方面，充分把握“声画结合”的传播特质。多采用短视频、直播等丰富思政素材的表现形式，高度满足图像化、立体化、感性化的网络阅听习惯。借助 VLOG 记录优秀学生干部的 12 小时，全方位展现学生榜样的生活学习动态；宅家上课期间，利用短视频对校园环境“云呈现”，引发学生爱校敬校的校园情节；通过 H5 生动展示学院关于就业、考研等的服务举措，加深学生对学院育人理念的理解，切实提升服务育人成效。

四、工作成效

（一）平台影响力逐步扩大

依托微信公众平台，进行我院网络思政育人路径探索以来，据统计，平台年度发文量从 60 余篇增至 300 余篇，阅读量从 3 万＋增至 16 万＋，点赞量从 200＋增至 4 万＋，学生用户从 1000 余人升至 4000 余人，其中近 3000 人具有黏性需求。网络思政教育平台青年学生受众量更广，关注度更高，互动性更强，于 2019 年荣获鲁东大学“十佳新媒体平台”荣誉称号。

（二）对外宣传工作初见成效

结合商学院抗疫青年事迹、网络思政育人工程、疫情防控常态化下高质量就业等题材，撰写了多篇外宣新闻报道，引发校内外良好反响。其中，《鲁东大学商学院加强网络思政教育提升育人质量》被《人民日报(海外版)》采纳，《党旗在肩，战“疫”必胜——商学院学生党支部疫情防控工作纪实》被《大众日报》采纳。同时，多篇报道刊登在“胶东在线”、水母网等市级媒体平台，大幅提高了学院在新闻宣传方面的影响力和战斗力，助力学院向社会讲好育人故事，传递鲁大声音。

（三）思政育人质量显著提升

在学院网络思政教育引领下，通过众多思政素材的有效覆盖和持续强化，立德树人成效日益凸显，思政育人质量显著提升。学生主动就关于国家社会等重大议题发出青年声音，在思想和行动上与党和国家保持同向同行。特别是疫情期间，“抗疫要闻”“宅家专题”等战疫栏目推出后，全院学生自发参与抗疫志愿服务、捐款捐物等，累计捐款共计 45142.94 元；学生党员开展手写祝福寄语接力活动等，真正实现了思政教育第二课堂的有效延伸，深入推动了“大思政课”育人理念的贯彻落实。

获奖者简介

杨柳，女，汉族，艺术学硕士，毕业于山东师范大学戏剧与影视学专业广播影视语言艺术方向，现任鲁东大学商学院辅导员，助教。2019 年 8 月入校工作，主要从事学生网络思想政治教育工作，担任年级辅导员、班主任。入校以来，曾获鲁东大学高校辅导员 2019 年年度优秀工作案例三等奖、鲁东大学 2020 年年度“先进工作者”荣誉称号，撰写的多篇新闻报道被《大众日报》等省市级媒体采纳。

获奖感言

入职鲁东大学两年多来，学校对我的培养，领导、同事对我的帮助，使我迅速成长。多年来，鲁东大学积极为辅导员们营造干事创业环境，提供成长锻炼平台，提高待遇保障水平，让我能全身心地投入繁忙却又快乐的学生工作中，努力成为学生成长成才的人生导师和健康生活的知心朋友。此次获奖是鼓励，更是继续前行的动力。我将继续凭借对教育事业的敬仰和对学生工作的热情，不断探索学生工作的丰富内涵和科学方法，助力更多学生成长成才！

防微杜渐，远离网络诈骗

——互联网背景下大学生网络诈骗案例分析与反思

青岛农业大学化学与药学院　辛鑫

当前大学生在日常的学习和生活中使用网络频率高，网络依赖性强，但是由于大学生社会经验缺乏，思想单纯，安全意识和防范意识较差，所以大学生容易成为遭受网络诈骗的常见人群。通过对学生遭遇网络诈骗案例的分析研究，探索应对网络诈骗的措施，对于进一步保障学生的财产安全，维护校园的安全稳定具有极为重要的现实意义。

一、案例基本情况

（一）案例简介

小 L，女，2020 级新生，山东济南人，独生子女，家庭经济条件较为优渥。小 L 性格温柔，也比较懂事，父母对其十分宠爱。小 L 本着让父母刮目相看的想法，大一刚开学，她就开始搜集兼职信息。2020 年 10 月，小 L 看到兼职群内有人发送了淘宝刷单的信息，刷单可返还 10% 费用作为酬金，操作流程简单，只需要在手机上操作即可。小 L 信以为真，为了向父母证明自己在大学已经独立，便私聊添加了其好友，在对方一系列诱骗引导下，进行了刷单操作。由于小 L 家庭条件较好，因此开学时父母便给了她充裕的生活费，小 L 便利用这些钱进行刷单。刚开始，对方只是给了小 L 金额不大的单子，美其名曰让小 L 熟悉业务，很快小 L 就收到了返还的本金和酬金。尝到甜头的小 L 就降低了警惕性，由于手上现金充裕，小 L 表示想进行大额的刷单。对方强调后续的刷单要求是三单返还一次本金，酬金在每次刷单后可直接转给小 L。在其哄骗下，小 L 很快又投入了 2000 元进行刷单，但是对方只返还了刷单的酬金，没有返还垫付的本金。小 L 马上联系了对方，对方以支付宝结果显示延迟为由，所以本金还没有到达小 L 账户，并给小 L 看了转账记录。接下来，在其一步步诱骗下，小 L 又陆续投入了 6000 余元，最终对方失联，小 L 直到多次联系未果后才如梦初醒，意识到自己被骗。被骗后的小 L 十分懊恼和自责,感觉自己很笨,而且不敢告诉家长和朋友,情绪十分低落,出现了上课精神不集中和睡眠质量下降的情况,一直郁郁寡欢。

(二)案例分析

以上案例为典型的网络诈骗案例,究其原因,既与学生本人有关,也有家庭、社会以及学校等多重因素影响。

1.学生法律观念淡薄,安全意识较低

由于当前大学生从高中步入大学社会经验匮乏,辨别能力较差,且盲目寻求经济独立,容易被诈骗分子的谎言迷惑;另外,大学生普遍自尊心强、好面子,被诈骗后很多人选择隐忍或者自行处理,耽误了最佳的处理时机。案例中的小 L 在发现自己被骗后,第一反应是感觉羞耻,不想被周围的同学、老师甚至亲人知晓;在老师进行劝说后,才想到进行报案处理,维权意识较差,在个人的合法权益受损后,没有及时用法律维权。

2.家庭教育缺位

当前大学生基本以“00 后”为主,多为独生子女,家庭经济条件优越,受父母保护,成长经历中没有遭受太大挫折;父母缺乏给孩子普及安全知识的意识,导致孩子缺乏警惕性,容易轻信他人,给不法分子以可乘之机。案例中小 L 由于父母忙于工作,没有及时给孩子普及防诈骗等生活常识,且对孩子过于宠溺,一次性给予孩子大量现金,导致小 L 没有及时甄别骗术,上当受骗。甚至由于父母与子女缺乏沟通,孩子在被骗后也不愿跟父母分享。

3.社会环境问题

当前,随着网络的高速发展,一方面诈骗方式不断“更新换代”,往往诈骗发生后,即使当事人马上报案,也很难采取有效的追踪,而且目前诈骗成本很低,对违法人员的惩处力度不够,助长了犯罪分子的行为。另一方面,由于监管措施不够严格,个人信息泄露的问题日益严重,给犯罪分子的违法行为提供了便利条件。

4.学校教育不够深入

学校采取的安全教育主要集中在讲座、新生入学教育、展板等传统教育形式,对学生而言仅仅是参与其中,没有做到入脑入心,教育效果不够理想。案例中在小 L 被骗前三天,班级已举行过防诈骗的主题班会,但小 L 仍旧在相同的骗术上中招。

二、组织实施过程

(一)及时了解情况,做好学生安抚工作

辅导员在知晓小 L 的情况后,第一时间与其取得联系,同班主任、班干部和

舍友共同对其进行安慰，减轻其心理压力和消沉自责。我在了解了全部被骗的过程之后，果断上报学院分管领导；拨打报警电话，协助其说明情况；保存其转账记录，收集被骗证据。

（二）家校联动，协力进行学生心理疏导

事发后，首先帮助小L明确对该事件的认识，引导其提高对网络诈骗的警惕性。经过交谈了解到，小L在被骗后对其影响最大的并非钱财的损失，主要还是担心父母对自己失望所造成的心理压力，因此不愿与家长联系，只向自己关系最好的闺蜜倾诉了此事。在此情况下，我及时与其闺蜜进行了联系沟通，在其闺蜜和辅导员的多次交流劝说下，最终小L放下顾虑，与父母进行了深入交谈。

此后，又与小L父母取得联系，详细说明了事件具体情况、小L当前状态以及采取的措施等，并向家长介绍了小L入校以来的表现，希望家长平时多关心小L的情绪变化，与学校共同做好小L的心理纾解工作，帮助其尽快度过当前此次心理危机。

（三）密切关注动态，确保学生健康成长

被诈骗学生既担心被家长责备，被同学议论，又渴望能有人倾听。作为辅导员，一是嘱托其舍友、班干部密切关注其日常动态，发现异常行为及时反馈给辅导员和班主任老师；二是告知家长加强与学生的交流沟通，了解学生真实需求；三是在日常多次同小L谈心，纾解其心理困惑，帮助其尽快跨过这道坎。

（四）见微知著，加强学生网络安全教育

针对网络诈骗形式复杂多变的情况，结合本次案例，我收集了当前较为常见的诈骗方式及其应对措施，开展班级主题班会，通过向学生讲解现实事例，传授甄别骗子骗术的实用技巧，避免照本宣科。其次，利用学院微信公众号进行相应的防网络诈骗的宣传和教育，引导学生了解常见诈骗陷阱，提高防诈骗意识，保护自身财产安全。

三、工作成效与个人反思

此案例通过及时果断的处置以及后续跟进的关心疏导，学生情绪很快趋于稳定，小L恢复了正常的学习生活，经后续了解，目前状态稳定，学习生活一切正常。

当前进入信息时代，各种网络诈骗、电信诈骗甚至熟人诈骗频发，学生在五花八门的诈骗陷阱前屡屡中招，切实加强大学生网络防骗教育已迫在眉睫。作为辅导员，我们不仅要熟知各类诈骗陷阱，做好学生防骗的教育，更要做好学生的心理疏导，帮助学生尽快走出诈骗阴影，恢复正常的心理状态。

（一）全面提升学生安全防范意识

针对大学生安全防范意识薄弱的情况，进一步加大防诈骗安全防范教育的宣传力度，创新形式，丰富内容，确保宣传教育的质量；分节点、分类别，增强安全教育的实效性；广泛依托社会资源，邀请专业人士，利用更鲜活生动的素材，增强教育的感染力，真正让安全教育入脑入心。

（二）做好突发事件的应急处置

辅导员是学生突发事件应急处置的一线人员，必须形成一套行之有效的应急处置办法。学生遇到突发事件后，辅导员应尽快介入，及时处置，稳定局面；同时要及时报告，形成处置合力，拟定处置方案。此外，还要做好学生后续安抚工作，消除事件影响。

（三）加强家校协同，形成育人合力

学校和家庭对学生的培养目标都是让学生健康全面发展，成为学习成绩优、实践能力强、综合能力高的高水平人才。面对当前个性张扬的“00后”学生，仅仅依靠学校的力量是不够的，这就要求我们革新观念，与家长携手共建家校协同育人的新模式，进一步增强与学生家长的沟通交流，发挥家长在学生思想教育、心理健康和素质养成等方面的作用，全方位促进学生成长成才。

获奖者简介

辛鑫，女，汉族，毕业于山东大学，微生物学专业硕士，现为青岛农业大学化学与药学院辅导员，助教。主要研究方向为大学生思想政治教育。从事学生工作3年，目前主要负责党务、宣传、就业指导、学风建设、研究生管理等工作。获ECE、TTT、大学生就业指导技能HR思维训练培训等资格证书。承担《大学生就业指导Ⅱ》课程教学工作，曾获学校就业工作先进个人、优秀共产党员等荣誉。

获奖感言

时光荏苒，不知不觉已是担任辅导员的第四个年头。虽然“千条线一根针”的辅导员工作模式既琐碎又繁杂，但是很感谢这个工作让我不断学习成长。同朝气蓬勃的大学生在一起，让我总能保持积极向上的心态。在与他们共同成长的过程中，看着他们在各个方面有所成就，就是对自身工作最好的肯定。感谢学校学院多年的关心培养，感谢同事们的支持帮助，感谢学生们的配合，未来我会朝着成为一名为人师表、学生爱戴的辅导员而继续努力！

搭建“战疫思政”协同育人“立交桥”

临沂大学费县校区　张茂坤

一、基本情况

突如其来的新冠肺炎疫情，给2020年寒假中的大学生居家学习、生活、思想、心理等带来极大冲击。学生李强（化名）网络交流询问：“老师，什么时间开学啊？我快疯掉了！整天封闭在家，吃饭睡觉打游戏，好无聊啊！”学生张蕾（化名）微信交流说：“老师，现在我很担心疫情会不会伤害到我和家人，天天关注疫情信息，情绪高度紧张，身心疲惫，我该怎么办？”在涉及动物保护的疫情网上问卷调查中，学生陈茜（化名）留言：“新冠疫情没有什么可怕的，我身体好，不会被传染。即使被感染了也是命该如此。疫情之后，舌尖上的野生美味该享受的还要享受。”由此可见，因“疫”而来的各种迷茫困惑、焦虑恐慌、“佛系”言行等“情绪的瘟疫”在大学生群体中具有一定代表性。

二、实施过程

（一）基本思路

根据三位同学不同的战疫心理和思想表现，我归纳为“迷茫型”“焦虑型”“佛系型”三种类型。经过问题检视和深入思考，我确定了施教思路：遵循“三全育人”与德智体美劳“五育并举”的“大思政”育人理念、马克思主义劳动学说、习近平总书记“中国特色社会主义劳动观”以及陶行知“生活教育理论”和人民教育家于漪“育人要育心”教育思想等理论，利用网络第三课堂为学生组织了一堂特殊意义的“战‘疫’思政课”，消除居家大学生“思政空档期”，为学生穿上“思想和心理的防护服”，全力搭建起学校、家庭和社会协同育人的“立交桥”。

（二）处理方法

1.坚持思想引导

丰富“战疫思政工具箱”，以中国抗击新冠肺炎疫情伟大实践培养学生一颗

"中国心"。彪炳史册的疫情"人民战争",为高校思政工作提供了波澜壮阔的实践样本、内涵丰富的生动教材、震撼心灵的鲜活载体。我抓住这次机遇难得的思政教育契机,为学生推送战疫典型事迹、故事、音频,组织"'舌尖上的战疫'网上主题班会",开展"疫情形势与政策网课——源头战疫:战疫之后的战役"等网络思政形式,重点从两个层面塑造学生的"中国心":

一是从"制度防疫"引导学生体会"中国特色社会主义制度优势"和"制度自信"。引导学生感悟什么是伟大的"中国精神""中国规模""中国速度""中国力量";引导学生重新理解和认识中国是"不可与之交战的国家"的国家名片、中华民族是有着"不可战胜的民族"的民族秉性和中国人民是有着"无坚不摧的人民"的人民血性,重塑学生世代赓续、热爱祖国的中国心。

二是从"一线防疫"引导学生感受什么是信仰与担当、生命与价值。从"逆行者"的背影引导学生体验什么是"职责与坚守",从高龄院士疲倦的脚步和噙泪的双眼引导学生读懂什么是"科学与使命",从一张张"请战书""申请书"上鲜红的手印引导学生读懂什么是共产党人的"理想与信仰、牺牲与担当"! 让大学生在中国心里留住一份善良,在服务国家成长中扛起一份担当,在追求梦想中实现一份价值。

2.坚持科学引导

以科学防疫引导学生践行科学精神,给学生穿上"心理防护服"。时疫之变,催动许多教育人士深度思考;疫情之后,生命教育、科学教育必将迎来新的重构。我从两个维度为学生编织"心理防护服"。

一是对学生开展科学教育、生命教育。联合国曾提出一个口号:"千万不要死于无知。"我在"战疫思政"实施过程中,持续搜集、不断更新和连续推送"战疫科学防护知识手册、读本、图文、音频资料",组织"网上战疫沙龙",引导学生科学防疫,尊重科学规律,理性认识疫情,正确把握和运用防疫知识,做好个人防护;引导学生珍爱生命、尊重生命,居家"独善其身"的同时,靠专业特长宣传科学防疫知识,兼顾家人与社会。

二是加强舆情引导和心理疏导,遏止学生"心理瘟疫"滋生。疫情猛于虎,谣言猛于疫。我注重引导学生正确认识全民战"疫"在网络上形成的官方和民间的两大舆论场,加强对学生极端化、非理性的宣泄言辞和自媒体舆情表达的管控与疏导,教育学生不信谣不传谣不造谣。针对学生出现的各类"压力应激反应"的疫情心理问题,不激化学生反向情绪,引导学生进行精力调节与转移,防止学生因整日淹没在各类负面信息中而出现负面情绪。

3.坚持劳动引导

丰富宅家生活的劳动载体,培养学生中国特色社会主义劳动观。陶行知先生在"生活即教育"理论构建中,特别强调"过什么样的生活,便是受什么样的教育”。有鉴于此，我抓住学生居家防疫的特殊契机，在“原生家庭”亲人的陪伴中发挥家校协同育人作用，开展感恩与劳动教育。

一是陪伴父母亲人，感受亲情，学会感恩。“学会求知、学会做事、学会共处、学会生存”是学生未来必须掌握的人生目标。全民战疫让学生与亲人之间获得了难得的共处时间。遵循“亲情与陪伴也是一种教育”的理念，我在班级发起了“学会感恩”的网上主题班会，让学生在陪伴亲人、体验亲情的同时学会感恩。

二是倡导居家劳动，树立正确劳动观。社会是一所大学校，生活是一本教科书。生活在哪里，劳动教育的载体就应该延伸到哪里。我遵循“增值评价”理念，为学生寻找生活中的每一个成长点，拓展居家劳动的小而活的载体，在班级发起了以“爱的奉献”为主题的家庭劳动活动，鼓励学生“我替妈妈做晚餐，我为爸爸洗洗脚，我为家人叠叠被、拖拖地、洗洗碗……”，让学生树立“辛勤劳动、诚实劳动、创造性劳动”的理念。

4.坚持活动引导。

开展师生“战疫艺术创作网上主题教育”活动，丰富学生居家精神生活。将美育融入战疫思政的主题活动，让学生“动”起来，让思想“活”起来，让育人“实”起来，凝练战疫思政的亮点与特色。我组织全校师生开展了朗诵、文学、美术、书法、歌曲“众志成城，抗击疫情”网上战疫艺术创作活动。活动期间，我持续为学生推送了五期系列战疫艺术作品专集，旨在用艺术的形式、美育的力量、“以文化人”的价值，为武汉加油，为中国加油！

一是遵循心流理论，让学生专注于战疫艺术创作，去感受艺术创作这个精神劳动过程中“高度的兴奋及充实感”的心理体验，从而取得“战疫忧虑感消失、主观时间感改变”的效果。二是引导学生参与社区抗疫志愿服务，在躬身参与抗疫斗争的社会实践中增强社会责任感，为精彩人生涂抹靓丽底色。

三、工作成效

战疫思政课搭建了协同育人“立交桥”，学生参与度高，育人成效显著。这期间，我推送了网络战疫文章和音频等各类资料120多篇、网上战疫主题班会3次、“战疫形势与政策”主题网课1次；收到学生《源头战疫：战疫之后的战役》心得文章80余篇，组织师生创作和推送战疫诗歌朗诵作品9件、战疫文学作品30余篇(首)、战疫书法和美术作品20余件、战疫歌曲创作4件。其中，我个人撰写的《战疫思政：高校辅导员硬核职责》《费县校区：给学生穿上思想“防护服”》文章被推送到“学习强国”发表；创作撰写的原创歌词《天使告诉我》，被学校团委录制成MV并在全国公开出版发行，创作的歌词《新冠告诉我》和书法作品在学生中也产生了积极的育人效果。

战疫思政课为学生穿上了“思想防护服”：精神与心灵受到洗礼，思想与品格得到升华，“三观”与信仰获得提纯，心理问题得到缓解，模糊认识得到澄清。

四、经验启示

打造思政“金课”，只有遵循“大思政”育人理念，突出“融入式”思政育人模式，将思政“融入学生生活、融入学生活动、融入社团组织、融入网络课堂”，只有强化“思政供给侧”教学改革，坚持“内容为王”，拓展思政载体，凝练思政特色，才能取得思政实效。

获奖者简介

张茂坤，男，汉族，副教授，本科学历。2011年从事学生教育管理工作，坚持“以透彻的学理分析回应学生，以彻底的思想理论说服学生，用真理的强大力量引导学生”。专注于高校“大思政”研究，出版《同质守正，特色创新——地方高校“大思政”研究》学术专著1部，主持山东省社会科学规划课题2项，发表多篇学术论文，2016年被山东省公安厅授予“二等功”。

获奖感言

新时代高校辅导员应坚持把思政理论研究置于新时代大学生文明实践中，拓展学术视野，构建“思政课程主体引领，课程思政和专业思政两翼驱动，全员全过程全方位协同，学校家庭社会全域延伸拓展”的高校“大思政育人立交桥”，做到政治上坚守信仰“彻底”，实现“让有信仰的人讲信仰”；业务上追求理论“彻底”，实现“让有理论的人讲理论”；能力上笃行实践“彻底”，实现“让有实践的人讲实践”。

基于高校大学生综合素质提升的先进群团组织建设案例

齐鲁工业大学管理学院　刘伟

高校群体组织是教育管理的基本组织单元。新的历史条件下，高校思想政治教育面临诸多新挑战、新机遇，聚焦“什么样的群体组织最能引领学生”，构建一种从需求端出发的全新群体组织范式，让优质育人要素通过融合重组成为引领学生成长成才的制度机制，是一种全新的尝试。

一、案例综述

我所在管理学院是学校最大的学院，长期面临班级数量多、学生基数大、辅导员配备不足的窘境，构建一种全新的群团组织范式，推动学生管理由“人治”到“法治”，成为多年的夙愿。历经十余年实践探索，2019 年，一个全新的大学生思想政治协同创新示范区（以下简称“示范区”）正式落地，涵盖“红旭”学习精英训练营、“红星”党员先锋讲师团、“红领”学生干部骨干训练营、“弘毅”大学生强体营、“鸿声”大学生合唱团、“洪流”大学生创新创业示范团以及“红心”大学生志愿服务实践团等 7 个功能性群体组织，围绕“强学、凝神、提质、强体、唱响、塑能、厚德”等多维度开展“造星运动”，集中打造各领域的“星系”和“雁群”，让个体和群体交相辉映、熠熠生辉，形成了“点亮一个、成就一批、带动一片”的良好氛围。

二、案例组织实施

（一）“心”领神会，凝练思路理念

本人和学工团队在充分研判新时期思想政治工作规律、精准聚焦学生多样化需求基础上，改变传统由学院到班级、由教师到个人的单链条模式，探索构建一种供需对接、精准聚焦、全员参与、条块协同的全链条范式。对不同教育主体和学科要素进行深度融合，按照学生意愿、需求和特点，打破原年级、专业、班级界限，组成全新群体组织，以群体“区块链”连接“需求链”和“供给链”，以精准帮

扶思维分类群体指导，以朋辈感召浸润团队成员同频共振，以“伴手榜样”引领大学生和谐成长，最终实现学生自觉成才、集体成才“矩阵式”协同发展。

(二)苦“心”孤诣，夯实实践经验

示范区最早以“学习精英训练营”和“学习标兵讲师团”两种形式呈现，以组织学生主动学习和引领学生对标学习为目标。训练营目前已连续举办 7 期，培训学员 1500 余名。

讲师团模式于 2014 年底开始在全校范围推广并连续举办 5 期，58 位讲师在校内外举办 120 余场报告会，最终获评 2018 年度教育部思想政治工作精品项目。2018 年，学校启动大学生思想政治教育协同创新工程，大力进行辅导员“名师”、学生骨干“名品”“名匠”工作室建设。以此为契机，示范区牵头成立2 个辅导员“名师”、3 个学生“名品”“名匠”工作室，积累了丰富实践经验，为示范区最终成立奠定了基础。

(三)匠“心”独具、范式创新重组

经过反复探讨、充分调研，以及和学校有关部门深入沟通，2019 年 12 月，示范区正式挂牌成立，并先期组建了 7 个群体组织，形成了横向协同、纵向联动、全面覆盖的 360 度全息育人格局。

1.“红旭”学习精英训练营

以“强学”为价值旨归，全力打造理论型、学习型、专业型、实战型的超级“学霸”组织，力争在两年左右的时间内全体营员实现“三零三百”的目标，即“零违纪”“零作弊”“零不及格”，“百分之百获得奖学金”“百分之百通过英语四六级”“百分之百优质就业”。

2.“红星”党员先锋讲师团

以“凝神”为价值引领，进一步点亮党员“身份名片”、凝聚“精神力量”、找准“党建切口”、激活“神经末梢”，切实提升党团组织的凝聚力和引领力。

3.“红领”学生干部骨干训练营

以“提质”为价值内核，借鉴“黄埔军校”“抗日军政大学”等精英领袖人才培养范式，推进学生骨干培训“理论化”“体系化”“实战化”“标准化”“信息化”，切实提升学生干部队伍的整体素质。

4.“弘毅”大学生强体营

以“强体”为导向，以弘扬体育精神、提升身体素质、锤炼意志品质为目标，组织引领广大青年学生走出课堂、走出教室、走向操场，在体育锻炼中增进友谊、增强体质、健全人格、锤炼意志。

5.“鸿声”大学生合唱团

以“唱响”为价值韵律，以讴歌时代和传颂经典为出发点，唱响“中国故事”、唤醒“红色记忆”、激活“精神密码”、强化“文化认同”、传递“青春力量”。

6.“洪流”大学生创新创业示范团

以“塑能”为价值目标，以“创新创业能力提升”为靶心，以“创新思维锤炼”为抓手，以孵化高水平创新创业团队为载体，全力打造创新创业孵化体系，引领广大青年学生在创新创业中增长智慧才干、强化干事创业本领。

7.“红心”大学生志愿服务实践团

以“厚德”为价值追求，以新时代雷锋精神为引领，深入开展志愿服务和文明实践活动，全面培养广大青年学生大爱精神、奉献精神、劳动精神和奋斗精神，夯实道德基础。

三、案例建设成效

示范区打破了传统碎片化、断裂式、单一性的教育模式，形成了合纵连横、条块协同的“闭环”格局，目标更清、范式更新、离学生更近，受到了同学们和社会各界的广泛认同，形成了同向同行、同源共进的良好育人氛围。

（一）学生参与度高

示范区成立后，全院1000余名学生第一时间报名，涵盖各个年级、各个专业以及本科和研究生，部分班级和宿舍整建制报名。最终，经过双向选择和重点遴选，602名学生光荣成为首批成员，并被授予示范区特制“身份”勋章。

（二）辐射带动作用明显

“红旭”训练营215名成员学习成绩提升明显，60名以上学生有望获奖学金、提前结营。“鸿声”合唱团代表全校参加2019年度山东省大学生合唱艺术节比赛获二等奖。“洪流”示范团1名成员获第十六届“挑战杯”全国大学生课外科技作品竞赛一等奖，实现了学校在该项目上零的突破；1名成员创业成功，注册成立山东匠绘文化创意有限公司，并获“全国大学生创新创业计划”国家级立项；2021年“挑战杯”大学生课外科技作品竞赛，“洪流”示范团60名成员全部组队参赛，形成高质量申报书27项。

（三）社会影响广泛

示范区被新浪网、中国高校之窗等多家主流媒体报道。疫情防控期间，“红心”志愿团79名成员以各种形式深入社区、街道开展志愿服务，以实际行动向“逆行者”致敬，事迹被大众网、齐鲁网、齐鲁壹点、《济南日报》等多家主流媒体报道，赢得了广泛的社会赞誉。

四、案例总结展望

示范区通过构建朋辈群体组织，以精准思维对不同群体分类指导，实现了不同教育主体和学科之间的创新重组，为每一名学生找到了志同道合的团队，树立了触手可及的“伴手榜样”，形成了积极向上、生动活泼的良好氛围。其主要建设经验如下。

（一）打造了一种全新“范式”

示范区着力构建了一种全新的群体文化和育人范式。这种范式拒绝了“高、冷、远”，体现了“亲、暖、近”，普通学生看得见、用得着、跳一跳能够到，摒弃了以往“一阵风”运动式教育模式，演化成一种源源不断的长效发力机制。

（二）凝聚了价值共识

示范区深度聚焦大学生渴望认知、渴望进步、渴望认可的内在需求，以群体活动为载体，既可以使普通学生明确一名优秀大学生应该具备的行为准则和价值特质，激发他们内心对实现自我价值的呼唤，又可以引导他们以身边优秀学生为参照物，进行内向度的自我改造和自我提升。

（三）实现了供需对接

示范区分类遴选、按需入营、灵活组团，做到了因人而异、因事而调、分类辅导、灵活机动，实现了“讲、学”对接、“送、需”匹配，把复杂枯燥的理论术语转化为简明生动的身边故事，达到了春风化雨、润物无声的效果。

接下来，示范区将以学校大学生思想政治教育协同创新中心为依托，在深度对接、精准聚焦、协同创新、联动赋能上持续用力，进一步强化顶层设计，完善运行架构，推进深度融合，全面激活先进群体引领示范和辐射带动作用，使示范区真正成为新时代引领学生、服务学生、带动学生、提升学生的“试验田”和“样板间”。

获奖者简介

刘伟，男，汉族，副教授，硕士研究生学历。从2009年8月起从事学生工作，主要研究方向为优秀传统文化传承以及大学生思想政治教育。获评2019年“山东高校辅导员年度人物”、第11届“全国高校辅导员年度人物”入围奖、第12届“全国高校辅导员年度人物”提名奖、全国大中专学生志愿者暑期“三下乡”社会实践优秀指导教师等荣誉称号以及2019年度全国高校思想政治工作优秀论文征集一等奖、2018年与2019年度山东高校辅导员工作论坛优秀论文征集一等奖。

获奖感言

“鉴古而知今，彰往而察来。”工作案例是高校辅导员开展大学生思想政治工作的真实写照，是运用先进理论指导实际工作的生动实践，兼具学理性和实践性的双重特征，对指导广大学工战线学习先进经验、借鉴典型做法、更好开展工作、推进立德树人具有重要意义。本次申报的《基于高校大学生综合素质提升的先进群团组织建设案例》，聚焦“什么样的群体组织最能引领学生”，以打造大学生协同创新示范区为主线，构建一种从需求端出发的全新群体组织范式，让优质育人要素通过融合、重组，成为引领学生成长成才的制度机制，产生了良好的育人实效。

“四史小课堂”:让党史故事在青年学生心中活起来

——构建系统化“四史”学习教育方式探索

潍坊医学院医学检验学院　王琳

一、案例基本情况

调研发现,对大学生开展马克思主义信仰教育活动中还存在以下几个问题:教育活动开展较多,但形式还相对单一;学生被动参加教育活动较多,主动学习不多;教育活动实际效果不理想。如何增强马克思主义信仰教育的说服力,激发大学生将“四史”中蕴含的智慧和力量融入“爱国心”“强国志”和“报国行”中,要求我们在进行马克思主义信仰教育的时候要结合学生身心特点。针对马克思主义信仰教育形式要保证效果又要“接地气”的问题,某学生党支部在各种专题教育活动中进行了方式探索,形成了围绕“讲故事”来开展“四史”学习教育的方式,打造了支部特色项目“四史小课堂”。其中新思想是通过辅导员引导和把关,让学生自主查阅、自主探究、自主讲述、主动践行的方式来深刻理解“四史”,真正达到将马克思主义外化于行、内化于心的育人功效。

习近平总书记指出:“做好高校思想政治工作,要因事而化、因时而进、因势而新。”2020 年 4 月,在中国共产党的领导下,中国人民团结一致,疫情防控取得了战略性成果,彰显了中国特色社会主义制度的优势。某学生党支部决定开展对青年学生的“四史”教育,让青年学生从现实和历史中更加坚定“四个自信”。

二、组织实施过程

(一)以“启”为先,在开展“四史”学习教育动员上下功夫

2020 年 4 月,某学生党支部对“四史小课堂”安排部署进行了动员,明确了“四史小课堂”的重要意义和计划安排,要求每名党员探究一个“四史”小故事

进行专题分享，对“为什么讲”“讲什么”“如何讲”“如何做”提出了明确要求。支部书记通过讲授“传承和发扬中国共产党的奋斗精神”专题党课，讲述了党的百年奋斗历程中具有代表意义的精神形态和历史事件，正式开启“四史小课堂”。

（二）以“学”为基，在引导学生自主探究上下功夫

支部给党员提供学习资料，主要是《中国共产党历史（第一卷）》《中国共产党历史（第二卷）》以及习近平总书记有关“四史”学习的重要论述。指导党员对“四史”相关主题进行研读，围绕主题自主查阅材料。在故事的选择上既要有政治性，又要有温度；既要如实反映不同阶段的特点，又要抓好典型。

（三）以“讲”为主，在要求准确“讲故事”上下功夫

辅导员对学生要讲述的“四史”小故事进行把关，确保立场正确，发挥正向引导作用。要求“讲故事”要结合史实和自己的思考来讲。“四史小课堂”上，党员结合自己的兴趣，从青年毛泽东到青年习近平，从红船精神到抗疫精神，用生动、感人的语言讲述了自己查阅的一个个“四史”小故事。

（四）以“悟”为要，在力求收获学习效果上下功夫

“四史小课堂”的主旨是引导学生通过自主探究、自主学习、自主讲述的方式达到对“四史”的深刻理解。读书分享会是检阅知识、分享知识、交流体会的重要方式，使大家对“四史”的学习有总结、有提高。某学生党支部多次召开线上线下“四史”学习读书分享会。目前，支部党员通过读书分享会交流了阅读“为人民服务”“愚公移山”“纪念白求恩”“论共产党员的修养”后的心得体会，真正使党员结合实际受到了教育。

（五）以“行”为本，在力求践行学习效果上下功夫

把“四史”中蕴含的经验智慧、精神力量转化为青年学生社会实践、志愿服务的务实举措，将“四史小课堂”学习成果落实到行动中，是支部“四史”教育的根本目的。在督促党员进行“四史”学习的同时，党支部开展了践行学习成果的各种活动。例如，针对毛泽东开展调查研究的历史，学生党员会同学生骨干开展了评优评先、学生干部队伍建设、学生诉求等各方面的调研，下半年形成调研报告 5 篇，为解决学生实际问题提供了参考依据。针对学习刘少奇《论共产党员的修养》的篇目，支部在学生党员、学生骨干中开展了“加强道德修养，提升服务质量”的工作体检活动。支部结合专业特色，联合潍坊市中心血站，将献血车开进校园，积极开展献血知识宣传和医学技能操作活动，增强了志愿服务的效果。

三、工作成效

(一)探索了学生自主学习“四史”的有效方法,激发了青年学生学习“四史”的积极性

目前某学生党支部“四史小课堂”涵盖了学生讲故事、读书分享会、知识竞赛、社会实践、志愿服务等活动,将生动、鲜活的党史小故事讲得绘声绘色。通过“四史小课堂”,不仅提升了全体党员人人讲“四史”、人人讲“故事”的支部学习热情,也提升了学生自主探究、自主学习的能力,还凝练了支部特色活动。

(二)坚定了青年学生的马克思主义信仰,强化了青年学生的奋斗精神

通过引导学生自主探究“四史”、结合感悟讲述“四史”故事,增强了学生对党的政治认同和情感认同。在奋斗精神的激励和推动下,学生在科研、学习、创新创业方面的激情竞相迸发。2020 年,学生申报各类科技创新竞赛十余项,学生党员先后获得校长奖学金、国家奖学金、山东省优秀学生等荣誉(称号);2020 届 18 名毕业生党员 13 人考取研究生;截至目前,2021 届 17 名毕业生党员中上线 10 人,入党积极分子上线 40 余人。

(三)提升了青年学生服务社会的奉献意识,推动了青年学生社会实践的主动落实

“将四史中汲取的智慧与力量落实到服务社会中去”是党员自主学习“四史”后的直观感受。通过“四史小课堂”,他们从思想上树立了奉献社会的意识,更从行为上落实了“为学生服务”的服务意识。学生党员在给低年级学生开展入学教育时,倡议从我做起努力奋斗,将自己的成长融入实现中国梦中去。2020 年,25 名学生党员、入党积极分子等参与疫情防控志愿服务活动;77 名学生参加义务献血,共计献血 23100 mL,受到相关部门表彰;学生结合专业特色,节假日到医院进行导医志愿服务,主动为社会服务。

四、案例启示

(一)辅导员要在构建青年学生话语体系上下功夫

辅导员要了解大学生的成长规律、身心特点和实际需求,主动将“四史”中蕴含的精神力量有效融入思想政治教育话语体系建构,增强学生对教育内容、教育活动的认知与兴趣。通过“四史”教育将价值引领与学生认同结合起来,通过学生的话语体系来教育学生,更能激发学生的内生动力。

(二)辅导员要在探究思政工作规律上下功夫

辅导员要树立终身学习的理念,要时刻保持向学生学习的心态,既要以深厚的理论功底引领、教导学生,又要立足学生的实际状态,解决现实问题,能与学生共建话语情景、产生情感共鸣。要经常研究育人规律,不断根据育人规律、

思政规律做好各项思想政治教育工作，提升工作的切实效果。

（三）辅导员要把理想信念教育与学生专业学习、实践相结合上下功夫

如何激励青年学生将“四史”中汲取的智慧和力量用到学习生活中去，如何将所学投身到建设社会主义现代化国家中去，是进行“四史”教育的重要目的。只有将理想信念教育与专业教育结合起来，才能更好地促进实践。辅导员在进行日常思想政治教育活动中，要多挖掘、总结与专业特色相关的社会实践、志愿服务等活动，引导学生在服务社会中得到成长和锻炼。

获奖者简介

王琳，女，汉族，讲师，硕士研究生学历。从事辅导员工作 9 年，研究方向为党的建设、大学生思想政治教育。现任潍坊医学院医学检验学院学生工作办公室主任、国家一级人力资源管理师和三级心理咨询师。先后荣获山东省大中专学生志愿者暑期“三下乡”社会实践活动优秀指导教师、山东高校辅导员职业能力大赛三等奖、山东高校辅导员工作论坛三等奖、山东省高校思想政治教育优秀成果三等奖、“创青春”山东省大学生创业大赛铜奖（指导教师）、山东省无偿献血先进个人、潍坊医学院优秀党务工作者等称号。

获奖感言

获得山东省高校辅导员 2020 年度优秀工作案例二等奖，是对我们工作的激励和信任。针对高校思想政治教育既要保证效果又要“接地气”的问题，结合青年学生的特点探索形式多样的学习教育方式，是我们一直研究的课题。青年大学生“四史”学习教育案例，既总结了我们前期工作的经验，又探究了学生自主学习的规律。接下来，我们将继续做好青年大学生理想信念教育的研究工作，做好辅导员这份有价值、有意义的工作。

“恋爱出逃记”

——一例因情感问题引发的突发事件处理与思考

济宁医学院护理学院　田由甲　薛刚　李雪

随着时代发展，高校大学生恋爱现象越来越普遍，作为国家未来的希望，很多学生在学业与恋爱关系的处理上不成熟，导致在感情中迷失自我，荒废了学业，甚至因错误的爱情观而陷入困境。恋爱观和恋爱行为正确与否，会影响大学生的学习和生活。所以只有树立正确的恋爱观才能使当代大学生获得健康的身心、美好的爱情，拥有幸福人生。本文以某高校学生恋爱出走失联事件为例，分析高校辅导员在遇到此类事件时，应采取怎样的措施去帮助错误恋爱观的学生走出困境，又如何引导在校学生正确对待恋爱和学业的关系，树立正确的恋爱观、交友观，避免类似案件发生。

一、案例简介

李某，女，某高校大一新生，该生在新生入学期间就多次向我提出校外住宿申请。经过与李某宿舍同学谈话了解到，该同学入学前通过游戏平台认识了一社会男子并与其交往密切，建立恋爱关系。我随即找到李某并进行深入的交流，引导其树立正确的恋爱观、交友观。经过多次交谈，李某表示接受老师的劝告，好好学习不再与校外男友联系。某日我在排查学生夜不归宿时，发现李某不在宿舍，立刻与李某电话联系，通知他尽快到办公室说明情况。但李某迟迟未到办公室，当我再次与李某联系时其电话处于关机状态。

二、解决思路

（一）多方联动，合力确保安全

发现李某失联后，我第一时间将详细情况上报学院领导，同时与李某的家长取得联系告知情况。李某的家长表示尽快想办法联系李某返校。李某的家长通过微信与李某取得了联系，但李某拒绝告诉其所在位置，并宣称自己要退学。出于对李某安全的考虑，我即刻去派出所报警，凭借警方提供的手机定位，李某的家长连夜乘车赶往李某所在城市找到李某，确保了李某的安全。

（二）沟通引导，积极稳定情绪

家长找到与男友在一起的李某后，李某表现出严重的厌学情绪，仍然拒绝回学校，并坚持要求退学。在与其父母交流过程中，我发现李某从小就极其叛逆、执拗，结合与李某前期交流，发现李某其实是内心极其敏感且自尊心极强的学生，激烈的言语只会更加刺激到她起到适得其反的作用。针对李某现阶段状态，我在后面沟通的过程中极其注意语气措辞，首先对李某此时的心情表示理解，然后帮助李某冷静思考分析自己的未来，并通过讲述真实的案例代替摆事实、讲道理式的说教，使其能对老师家长敞开心扉。

（三）精准施策，妥善解决危机

我通过与李某深度沟通，发现她出走的根本原因是家庭教育缺失引起的依赖心理，谈恋爱只是为了弥补内心的空虚，导致形成错误的恋爱观，因此引导家长对李某的教育要有责任心和耐心，与孩子建立信任关系，才能逐步解决问题。通过坚持不懈的引导教育，李某终于认识到了此次出走的错误行为带来的严重后果，逐渐接受了老师和家长对她交友方面的建议，放弃了退学的想法，向学校提出申请休学一年进行社会实践和情绪调整。我将此事上报学校和学院后，学校和学院也予以同意，随后积极协助李某办理相关手续，由家长将其带回调整。

（四）持续关注，呵护学生成长

我与李某的家长保持密切联系，时常就李某的近况及时沟通，目前李某状态良好，积极参与社会实践活动，准备复学。

三、经验启示

大学生正处在人生的重要阶段，拥有正确积极的爱情观将对他们认识自我、完善自我、发展自我、超越自我起到积极的作用。爱情是大学生的重要课题，也是大学生踏上人生之路的必修课。树立正确的爱情观，不仅是当代大学生的一项重要课题，也是每一位辅导员老师重要的学习内容。

（一）全方位掌握学生动态，建立预警机制

在新生入学时，辅导员应当全方位了解学生家庭、心理、恋爱等各方面情况，建立个人档案，发动学生骨干力量定期关注、跟踪问题学生的思想、心理、生活动态，按照“宿舍—班级—年级”的层级管理体系，做好日常思想动态摸排和研判。定期进行谈心谈话，一对一个性化辅导，一方面，准确把握每位学生的性格特征，为学生量身定制合理的成长方案；另一方面，通过走进学生内心，帮助学生打开心门，从而建立信任关系，使其更积极主动地配合辅导员工作。

（二）重视学生情感教育，引导学生树立正确的爱情观

当今社会网络十分发达，大学生群体正处于心理尚未成熟的年龄，其价值

观、爱情观处于发展不稳定阶段，具有易波动、迷茫的特点，对一些外界的人和事缺乏理性判断和全面考虑的能力，不善于控制和支配自己的情感，因此正确的引导和交流是非常必要的。辅导员应当把帮助大学生树立正确的爱情观、择友观作为一项重要的日常教育管理内容，加强对学生的正向引导。通过有计划地开展相关教育课程和讲座，将其融入日常教育引导工作中，使学生树立健康正确的爱情观。

（三）用爱心、耐心和诚心打开学生内心世界

辅导员是学生的知心朋友，也是他们的人生导师，当学生犯错误时不能简单采用粗暴方式解决问题。一刀切的解决方式只会引起学生的反感和抵触，应在详细了解问题根源后，根据具体情况制定个性化的解决方案，从而妥善解决相关问题。同时，还需要辅导员多倾听和赞美学生，问题学生的改变过程需要时间与耐心。如果还未改变，要么是时间不够长，要么是交流不够深。作为一名辅导员，要用爱心、耐心和诚心与学生相处，努力成为学生的知心朋友。要尊重学生并给予他们帮助，让他们从心底发现你设身处地在帮助他们，促使他们内心转变，从而在思想上认识到自身问题。

（四）提高对问题的把握与预判能力

任何危机事件的发生都有一定的预兆，作为一名辅导员，要注意日常工作中的每一个细节，尽可能地将问题消灭在萌芽状态；畅通信息上报机制，做到早发现、早研判、早预防、早解决；提高归纳总结的能力，通过研究促进工作，争取早日走上辅导员职业化、专业化道路。

获奖者简介

田由甲，女，汉族，2019 年开始从事学生工作，助教，硕士研究生学历。主要研究方向为思想政治教育，2019 年 9 月担任济宁医学院护理学院思想政治辅导员，2021 年 9 月担任济宁医学院学生资助中心科员，2022 年 10 月担任济宁医学院学生资助中心副主任。先后获山东高校辅导员 2020 年度优秀工作案例二等奖、2021 年大学生心理健康节团体辅导作品特等奖等奖项。

获奖感言

尽管入职时间较短，但我始终坚持“围绕学生、关爱学生、服务学生”的教育工作理念，立足本职岗位，刻苦钻研，贴心服务学生，脚踏实地做好每一项工作。荣誉仅仅是一种形式、一种鼓励，今后将不忘初心，再接再厉，不断探索新时代大学生思想政治工作的新途径、新方法，为培养德智体美劳全面发展的社会主义建设者和接班人作出更多贡献。

转危为安，助力成长

——一起涉疫危机事件应对实例

山东工艺美术学院建筑与景观设计学院　娄彦

一、案例基本情况

2020 年春季之后全国疫情防控进入常态化阶段，学校也正式开学。秋季开学的前一天，也是各学院学生分批报到的最后一天，中午我接到学生小静(化名)的电话，她用颤抖的声音告诉我她刚刚接到家庭所在地疾控中心的电话，自己被确定为新冠肺炎确诊病例的密切接触者。此时大部分学生已经返校报到，全校师生都做好了正式开学恢复线下授课的各项准备，对新学期充满了期待。这是一次涉疫危机事件，关系全校师生的安危。如果不及时妥当处理，不仅有可能影响全校师生的身体健康，还有可能造成校园恐慌，引发其他次生危机事件。

二、组织实施过程

(一)立即隔离，即刻上报

按照学校疫情防控应急处置预案，我接到电话后第一时间安排小静戴好口罩来到临时留观区，并在留观区外陪同，通过电话和微信的方式不断陪她聊天，安抚她的情绪，同时将这个情况上报学校疫情防控领导小组，启动校级疫情防控应急处置工作。长清区疾控中心接到学校报告后将小静接到长清区疾控中心做核酸检测，并安排她在长清区疫情防控隔离点进行隔离。

(二)迅速排查，防止扩散

在留观区外陪同期间，除了安抚她的情绪，还及时了解小静入校后接触的其他人员。由于小静到学校时间不长，除了接触过同宿舍的舍友没有近距离接触过其他人员。因此，在等待疾控中心的同时，我迅速通知了小静同宿舍的其他几名学生戴好口罩立刻到校医务室疫情防控隔离区进行集中隔离，并教育引导学生正视困难，不散播不确切消息，避免造成校内恐慌，一定要严守纪律，隔离期间严禁外出。随后通知后勤处和公寓科，立即对小静所在宿舍和临时留观区进行全面消杀，并在宿舍外设置警戒线。

（三）持续关注，暖心关怀

在学生被隔离期间，通过微信、电话的方式每天都与学生联系，与她们交流，一方面时刻关注她们的心理、生活、学习、情绪等各方面的情况，另一方面也向她们传达学校、学院的领导、老师们对她们的关心。

1.进行心理建设

学生被隔离的第二天我联系了学校心理健康教育中心的老师，通过电话分别对被隔离学生进行电话咨询，进行心理建设。

2.给予生活关爱

学生被隔离的当天，我安排了她们所在班级的几名班干部隔离期间轮流值日（后来其他几名学生也主动要求加入），给她们把餐食、饮用水、水果等送到隔离区外（被隔离学生自取），并提醒买饭的学生被隔离学生当中有一名回族同学，需要准备清真食物。通过日常交流发现隔离区小院夜里特别冷，就立刻上报学院领导，当天购买了薄棉被、被罩等给学生送过去，及时为学生送上温暖。

3.提供学习保障

为了保证学生在隔离期间不耽误学业，我在跟任课教师沟通线下授课的同时开启线上授课设备，方便学生通过网络直播听课；同时向网络中心为这几名学生申请免费开通了专门的网络通道，确保学生观看网络直播课网速通畅；安排班干部课上同步录屏，课后发给被隔离学生，确保课程内容无遗漏。

4.平抚紧张情绪

坚持每天通过网络、电话跟学生交流，引导她们敞开心扉，建议学生在房间内通过网络学做健身操、阅读书籍、观看影视作品、与同学好友或老师聊天等丰富课余生活逐渐平抚紧张的情绪。从最初我安慰、疏导她们，到后来她们主动地跟我说："老师我们现在一切都很好，除了换了一个居住场所，感觉其他方面跟之前也没有什么不同。"。

接到学校的解除隔离通知后，我先后到长清区和学校的隔离点接回学生。学生们以良好的精神状态重返校园。

（四）因势利导，助力成长

隔离解除后，我组织班级召开"团结一心，共克时艰"的主题班会。对小静同学有异常情况主动及时报告，被隔离同学服从安排、遵守纪律和班级同学表现出的友爱协作、帮助同学的精神与行动进行鼓励；在给学生们分析此次事件的过程中，特别强调因为有学校党委的正确领导，有学校、学院各级领导对学生们的关心，有学校各部门的积极配合，通力协作，才能保证学生们平安度过隔离期，整个学校平稳开课、正常运转。放眼全球的疫情防控形势，中国与其他国家形成鲜明的对比，中国共产党带领中国人民团结一心，共同战疫，向世界展示了中国速度、中国力量与大国担当，展示了社会主义制度集中力量办大事的制度优越性；我们要切实增强“四个自信”，坚决做到“两个维护”，努力学习，增强本领，展现青年人的责任与担当，为实现“中国梦”做出积极的贡献。通过此次事件，提升了学生克服困难的勇气和毅力，增强了团结协作的集体意识，班级凝聚力明显提升，学生参加活动的积极性提高，优良班风和学风日渐形成。

三、工作成效及启示

习近平总书记在全国高校思想政治工作会议上指出：“思想政治工作从根本上说是做人的工作，必须围绕学生、关照学生、服务学生，不断提高学生思想水平、政治觉悟、道德品质、文化素养，让学生成为德才兼备、全面发展的人才。”思政工作要“因事而化、因时而进、因势而新”，从这件涉疫危机事件的处理中，我认识到及时妥当处理危机事件，不仅可以转危为安，还可以促进学生个体和集体的成长。

（一）要注重因事而化，加强教育引导，完善应急预案，确保校园稳定

此次危机事件中，依托前期对学生进行了充分的疫情防控知识教育，学生才能做到第一时间向辅导员报告。同时，也是基于学校前期制定了详细的疫情防控应急预案，并参加多次疫情防控应急演练，才能在实战中按照预案和演练迅速做出反应，快速行动，使涉及人员和影响范围尽可能得到控制，保障了校内生活教学秩序。

（二）要注重因时而进，增进情感交流，关照服务学生，增强工作实效

学生正是出于对辅导员的信任和情感，所以在遇到困难的时候愿意向辅导员敞开心扉、寻求帮助，并且愿意听从辅导员的安排和教导。辅导员应全方位地关心学生学习、生活、心理、情感、健康等各方面的情况，建立良好的沟通，特别是在遇到困难需要帮助的时候，能够及时把温暖送到学生身边，把力量注入学生心里，真正做到关照学生、服务学生，切实增强工作实效。

（三）要注重因势而新，关注时代背景，抓好思政教育，助力学生成长

当前，我们面对的大多是“00后”大学生，他们是网络的原住民，在网络空间更为活跃。辅导员作为思政工作者必须要倾听时代声音、紧跟时代步伐、把准时代脉搏，结合当下时事加强思想政治教育，建好线上线下思政工作的双重阵地，增强思政工作的时代感和吸引力，提升思想政治教育的亲和力和针对性，有效地教育培养学生树立担当精神，增强爱党爱国信念，提高综合素质与能力，助力学生成长成才。

获奖者简介

娄彦，女，汉族，中共党员，教育学硕士，现任山东工艺美术学院建筑与景观设计学院党总支副书记。牢记立德树人根本使命，切实加强自身专业化、职业化建设，用心、用力、用情做好学生的教育、管理和服务工作。获得过省级就业工作先进个人、省级社会实践优秀指导教师、省级三等奖等荣誉。

获奖感言

非常感谢山东省高等学校学生教育与管理研究会为大家提供了这么好的交流平台，可以共同分享、学习全省各高校的优秀辅导员的宝贵工作经验和先进做法，有助于促进对自身工作的思考，进一步提升专业化水平和工作实践能力，更好地服务学生成长成才。

精准施策，用爱心和智慧为学生搭建进步的阶梯

——悉心引领研究生创建优良学风案例

山东体育学院研究生教育学院　王琳

一、案例背景与简介

良好的学风是培养高素质人才的关键，关系到培养什么样的人、如何培养人这个根本问题。党的十八大以来习近平总书记多次强调学风问题，他指出："学风问题是关系党的事业兴衰成败的一个重大政治问题。"《国家中长期教育改革和发展规划纲要(2010—2020年)》指出："充分调动学生学习积极性和主动性，激励学生刻苦学习，增强诚信意识，养成良好学风。"能否营造一个优良学风环境，关系到高等教育的科学发展和教育事业的兴衰成败，切实加强和改进高校学风建设工作刻不容缓。

在担任研究生辅导员的工作实践中，我发现近年来我校研究生的学风建设还存在一系列亟待解决的问题。作为一名思想政治辅导员，我时常认真思考我在研究生学风建设中应该如何定位？应该如何精准施策去解决存在的问题？2020年，在学院领导的指导下，我坚持把立德树人作为根本任务，精准施策，用爱心和智慧架起一座学生和学术、学生和导师、学生和社会、学生和学生之间沟通的桥梁，形成合力，明晰学生学习方向性，增强学生学习主动性，严格学生学习纪律，营造了良好的学风氛围。

二、案例实施方法与过程

(一)充分调研，深挖影响学风建设的根源

我充分利用值班、班会等机会，深入学生宿舍、班级、餐厅，和学生交流谈心，梳理影响学风的主要问题。经过调研，主要存在学生学习自律意识需要加强、学术研究兴趣不够浓厚、创新创业意识不强、导师在引导学风中的作用发挥不到位等问题。我将这些问题在学院工作例会上汇报研讨，听取合理化建议，

制定针对性整改措施，这样从根源上解决影响学风的本质问题，起到了事半功倍的效果。

(二)架起学术桥梁，促进优良学风的形成

上半年疫情防控线上教学期间，通过一系列的努力，营造了良好的线上课堂学风。每周召开“云班会”，做好学风建设动员，端正学生学习态度，增强学生学习积极性和主动性。结合实际，制定了“居家学习生活期间作息表”，通过定时打卡、个别抽查等方式督促学生遵守生活作息制度，养成良好的学习生活习惯。同时，我非常关注学生心理健康状况，提供心理健康服务，积极开展线上谈心谈话工作，预防、减缓和尽量控制疫情以及线上学习的心理影响，努力提升学生学习效率。

下半年学生返校后，我根据疫情防控常态化实际，创造条件带领同学们积极参加线上线下国内外学术活动。运动人体与运动康复、体育教育训练学与民传、体育人文社会学等多场专家的报告，让学生们听得不亦乐乎，学术视野大大开阔。

纵贯全年的线上线下学术讲座、读书活动对学生们树立正确的学术观、价值观起到了促进作用，学生们由被动接受知识灌输转变为主动思考、研讨学术，学风日趋好转。

(三)架起与导师沟通的桥梁，合力育人

研究生导师在促进班级学风建设上有着不可或缺的作用，但现实情况是导师在学风建设方面发挥的作用不够，很多学生和导师沟通较少，沟通渠道不顺畅。为此，我非常注重与研究生导师的沟通交流，架起学生和导师沟通的桥梁。本年度我拜访了学校四分之三以上的研究生导师，和他们沟通交流，探讨学生的成长。研究生导师分布在学校的各个学院，不乏领导、专家，日常事务繁忙，为了学生们的成长，我时常登门，哪怕有的要去几次才能见到。我真诚的态度也感动了他们，他们都非常配合我的工作。这种沟通形成的合力对加速同学们的学业成长起到了非常好的作用。

(四)架起融入社会的桥梁，激发学生学习动力

2020年暑期，我根据疫情防控形势，采用“云组队”方式组织“后疫时期　星火燎原”研究生志愿服务队在全国12个省开展实践活动。体育教育训练学方向的学生主要在社区、在农村组织少年儿童开展体育教学及体育活动，为孩子们的生命中注入了体育之光、健康之光；运动人体科学方向的学生用专业的体质监测和康复手段帮助老年人，普及健康生活常识，缓解他们的病痛，提高生活质量；应用心理学方向的学生在社区设置心理咨询点，帮助有需要的人群进行心理疏导；体育艺术方向的学生在社区挥汗如雨，指导大家规范开展广场舞运动，带队参加线上排舞比赛。学生们在实践中得到了更为深刻的洗礼和锤炼，

专业水平得到了提高，精神世界得到了升华。团队中还涌现出了社会影响较大的佼佼者，济南市大明湖社区防疫志愿者张鑫蕊用稚嫩的肩膀担负起社区防疫的责任，她连续工作34天，事迹被省、市媒体转发，被团省委授予“青春贡献奖”。我也于2020年10月被共青团山东省委授予“山东省青年志愿服务先进个人”称号。

11月份，组织同学们承担了历城区94所中小学校学生体质测评工作。大家秉承认真、负责的工作态度，创新工作方法，保证了测试工作的顺利进行。

此外，还邀请优秀校友分享成长经历，用榜样促学生成长成才。坚持公正公开透明的原则做好研究生先进个人、优秀学生干部、奖助学金评定等工作。通过树立典型，发挥示范引领和榜样带动作用。

这些丰富多彩的活动正能量满满，潜移默化地增强了班级的凝聚力，引导学生端正学习态度、人生态度，提升了班级学风。

（五）分类指导，精准抓好学风建设

多年的研究生工作经验，加之不断地学习总结，使我摸清了研究生学业的一些周期性规律。每个学期，我都会为同学们量身定做一个深度辅导工作表，结合每个阶段学生的思想动态和实际需求，有计划、有准备地找学生谈心、深入沟通交流、因材施教、分类指导。通常研一注重学生专业思想建设和班级凝聚力建设，研二着重培养学生创新创业能力、学术能力，研三围绕论文答辩、深造、就业、创业等方面对学生进行深入辅导，并指导学生做好求职前的准备工作，为毕业生高质量就业打下坚实的基础。此外，我还依托学业规划课程和毕业校友大数据案例库，充分发挥学业规划和思想政治教育的引领作用，取得了很好的成效。

三、学风建设成效

作为一名思想政治辅导员，我从未认为学生学业和我的关系不大，恰恰相反，我主动发力，发挥桥梁作用，从我的工作角度积极和学院其他职能管理科室、导师、任课教师配合，共同推动良好学习风气的形成，同学们的学业顺理成章取得了累累硕果。2020年度，学术成绩、创新创业等方面均成绩斐然。

学术成绩。1名研究生撰写的论文被SCI期刊*Sports Biomechanics*录用，1名研究生撰写的论文被SCI期刊*Research in Sports Medicine*录用，1名研究生发表CSSCI论文1篇，7名研究生的论文被第68届美国运动医学会（ACSM）大会录用；3名学生被录取为博士研究生；我带领研究生申报的科研项目《山东省高校学生党支部标准化、规范化建设研究》获山东省社会科学规划研究项目立项。

创新创业竞赛成绩。本年度，我带领学生积极参加教育部“互联网+”创新创业大赛。获得省赛铜奖 2 项,校赛各类奖项多项,本人被评为优秀指导教师。此外,还获第七届山东省大学生科技创新大赛三等奖。

总结一年来的班级学风建设工作,我以调研为基础、以学术为引领、以导师为合力、以活动为载体,严格管理、分类指导,用爱心和智慧为学生搭建起进步的阶梯,取得了让人欣慰的学风建设成绩。学风建设无止境,下一步我将切实增强学风建设的自觉性和坚定性,继续健全学风建设的体制机制,采取更加有力的措施,悉心引领学生营造风清气正的学风环境,培养德智体美劳全面发展的研究生。

获奖者简介

王琳，女，汉族，1987 年出生，硕士研究生学历，讲师，山东体育学院研究生教育学院思想政治辅导员，2014 年 8 月开始从事学生工作。主要研究方向为高校学生党建、研究生思想政治教育。现主持省部级课题(山东省社科)一项，发表核心期刊论文 3 篇，在学术会议及工作论坛发表论文数篇并获得多个奖项。2016、2017、2020 三年被评为山东省大中专学生志愿者暑期“三下乡”社会实践活动优秀指导教师，2019 年获得全国社会实践优秀指导教师，2020 年获得山东省五四青年标兵，2021 年获得中国青年志愿者优秀个人。此外，还是山东省 ESB 大学生双创教育认证教师、山东省普通话水平测试员、国家级社会体育指导员。

获奖感言

感恩所有聆听、认可、关注我和我的学生们的故事的专家和朋友们。八年前，尚显稚嫩的我开始了辅导员职业生涯，开始了一刻也不敢停歇的前进的脚步。因为爱和尊重，我和学生们平等相处，教学相长。我一直非常感谢我的学生，庆幸自己的职业，这里的一切是那么的纯净。辅导员肩负着神圣的使命，因为我们影响着学生的人生轨迹和走向。接下来的路，我将继续牢记使命、立德树人，努力实现我的教育理想：让我的每一个学生都成为有独立人格，对自己和家庭、社会负责，积极向上的有用之才。

精准育人　优中选优
用“挑战杯”燃起思政教育星星之火

山东体育学院体育艺术学院　李媛

精准育人是以推动现实的生命个体成长为目标，以具体问题为着力点，系统性、针对性地实施思想政治教育的过程，蕴含了服务学生、引导学生、培养学生的价值诉求。辅导员的一项重要的工作就是培养一批具有代表性的优秀学生。如何在优秀学生当中优中选优、一人一案，充分挖掘学生潜力，发挥学生能力，培养能够在各项集体活动中真正起到模范带头作用的优秀学生，是辅导员在实际工作中经常碰到的难题之一。

一、案例基本情况

找到工作存有问题之处，首先要精准找到问题所在。在大一进行的第一次评优的过程中，我关注到了小 A 同学。小 A 学习认真刻苦、成绩优异且性格内向，民主测评显示其群众基础良好，具有很好的语言表达能力。奇怪的是，他并没有在班级中担任任何职务，更为奇怪的是他与班内同学沟通较少，很少积极参与集体活动。首先，我通过与他谈心谈话的方式，初步了解他的思想状态。他语言表达能力好，尽管没有接受过任何专业训练，但对演讲类的学生活动有天然的兴趣。不过他在与同学接触时会感到紧张与不适，因此在集体活动中不愿意出头，担心不合适的言语会造成不良的影响。其次，我通过主要班委、同宿舍学生了解他的日常情况。他心地善良、乐于助人，具有较强的团队意识。在班级组织的羽毛球比赛中他积极制定比赛计划，做了大量的案头工作。在最后的赛事主持人选拔上，有同学提议他担任赛事主持人，但他并没有答应。我在活动过后的日常谈话中了解到，他因为担心自己做得不够好，存在一定的自卑心理，自己也感觉错失了锻炼的好机会。再次，我通过日常走寝关注他的生活动态。在多次的宿舍夜间走访过程中，我发现该生卫生保持良好，具有较好的自律意识。他的书桌上摆放了本・霍洛维茨的著作《创业维艰》，这使我意识到也许双创教育是打开他成长大门的钥匙。

二、案例解决思路和实施办法

怎么做工作，是解决问题的关键。我根据前期了解到的该生情况，制定了精准发力，以赛促培养——借机引导；悉心解决学生实际问题——强化信念，共同成长的工作方案。

（一）精准发力，以赛促培养

我将全国一类大学生创新创业赛事作为小A教育的切入点。在一次自然的引荐中，将小A介绍到平日最为活跃的大学生创业团队当中，将个人发展“小独奏”变成团队荣誉的“大合唱”，首先形成浓郁的集体荣誉氛围。对于小A来说，碰到的第一个问题就是他在团队当中的定位问题。他没有创业经历，但他具有良好的语言表达能力，因此在初次的团队建设中为他设定了演讲人这一任务。初期，他不熟悉项目数据、项目背景、特点，在撰写发言稿的过程中多次与我交流，表达了想要放弃参赛的想法。针对这一问题，我先理解他的诉求，认为他出现现有的情况，可能存在的大致原因可以分为两个部分：其一是学生觉得参加赛事耽误了学习的时间；其二，存在畏难情绪，不知道后续该如何加入团队之中。小A表示他对演讲很感兴趣，但是不知道从哪里入手。我通过和学生的交流，组织团队开展了多次集体讨论，在集体讨论的过程中逐渐理清项目脉络，找准赛事准备的方向，使学生逐渐明确参赛思路。另外，辅导员老师为该生制定学习规划，为其指明第二课堂活动对其大学四年发展的重要性。最后，引导他积极与他人沟通，大方地表达自己的观点。

（二）借机引导，悉心解决学生实际问题

备赛期间，对于一般性的问题，团队内部成员讨论，借助以往赛事资料自主寻求解决方案。对于难以解决的关键性问题，团队积极通过上级主管部门，寻求业内大咖的指导。每一次创业导师们的分享，都让小A感觉收获良多。在一次备赛过程中，小A与团队负责人因赛事中是否要实地答辩而产生了分歧。小A认为实地答辩更能够引起评委的共鸣，使其直观地感受到作品的实际作用；团队负责人则认为实地答辩存在技术壁垒，不能确定答辩是否存在技术隐患。我在得知这一信息之后，分头进行疏导工作。一方面，在技术方面积极联络技术主管部门寻求解决技术壁垒的方式，根据备赛方案及时调整参赛形式；另一方面，在思想上积极为他们创造沟通的环境，以提问式的谈话引导他们将注意力转移到寻找解决问题的方法上，以共情的谈话方式激发他们的集体向心力，以团建的形式弱化分歧、加强交流。与此同时，我积极与小A家长取得联系，将他的情况与家长进行沟通，让学生自主学习，不要急躁和催促等。对于他目前的情况也不要过多干预以及过度关心，让他自己找到自己的方向，如有问题，及

时与我沟通联系，保持家校合作。我将小A的参赛计划与学习目标与他的家长分享，得到他的家长的充分支持，表示“会努力配合”“感谢辅导员对孩子的引导”。

（三）强化信念，共同成长

经过一年半的连续准备，小A逐渐融入团队当中，并在团队中起到了至关重要的作用。但此时一个重要的问题出现在团队面前，团队参加的两个省级赛事都只获得银奖、铜奖，团队中出现了集体放弃项目发展的现象，我与指导教师团队一起为团队加油打气。对于这个情况，我与小A达成共识：每个团队都会有失败的经历，失败的方式更是多种多样。但在备赛的过程中，这些成绩的取得是对团队努力的肯定，是对小A的肯定，说明项目有进步的空间。每次赛事的参加都可以当作团队的模拟考，这个优秀的创业项目开拓了小A眼界，增长了学生的创业知识，使他结交到创业圈的朋友。我与小A和团队一起回忆备赛的时光，讲述自己的改变，制定备赛计划、短期目标并落实。

正是由于他们长期以来的坚持、努力，小A参加的项目先后获得国家一类创新创业赛事省级银奖、铜奖，最终摘得第十二届山东省“挑战杯”创业计划竞赛金奖，共计3项省级奖励。每每谈及此事，我与小A都激动不已。

三、工作思考与启示

（一）在思想疏导方面

1.有针对性设定方案，在实践中讲透问题关键

我基于对小A的了解，在真抓实干中努力把精准化思想政治教育这盘“菜”烹好，切实使他在思想上解惑、在精神上解忧、在心理上解压。立足学生实际、紧贴学生需求，把“想讲”和“想听”结合起来，有针对性地设定方案，在实践中讲透问题关键，在双创教育与思想政治教育的耦合中为他找到最契合的教育点。

2.深入学生个体，掌握思想动态

只有持续地关注学生，才能洞察学生每个时期的状态，发现问题。充分利用QQ群、微信群、微博和抖音等方式，时刻关注学生网上动态；通过宿舍座谈、课堂听讲、场地参加活动等方式掌握学生状况，做到全方位关注学生动态，掌握学生信息。

（二）在问题处置方面

1.用心解决问题，真诚引导教育

学生能够自我解决的，我多进行隐藏式引导；对于学生无法自我化解的难题，我及时予以解答；对于在教育过程中随时出现的小插曲，我实行动态观察，做好持续关注。

2.用心理解学生，真切关爱学生

作为一名辅导员，能用兼容并包的心去理解学生，允许他们犯错误，但要求

他们能够做到知错就改，让每位学生切实地感受到我的关爱。通过恰当的时机、合适的环境、关怀的话语，让复杂的问题和矛盾迎刃而解。

（三）后续有关工作

1.家校联动，共同解决难题

持续关注该生发展动向，在家与校之间、双创教育与思政教育之间搭建解决问题之桥。

2.以学生为中心，帮助学生成长

仔细研判学生提出的每一条意见、提出的每一个想法，将解决学生问题作为思想政治教育工作的中心，有针对性地开展思想工作，真正做到精准思政。我努力让学生能够切实感受到辅导员的关怀与帮助，用爱与支持铺就学生成长之路。

获奖者简介

李媛，女，汉族，硕士研究生学历，讲师。从事学生工作8年。研究方向是大学生思想政治教育、党团建设与管理。荣获第五届山东高校辅导员素质能力大赛一等奖、山东高校优秀辅导员荣誉称号、全国体育科技创新大赛一等奖、第十二届“挑战杯”山东省大学生创业计划竞赛优秀指导教师。

获奖感言

作为一名思想政治教育工作者，我始终坚持立德树人这一根本任务，将中国梦与体育强国梦紧密相连，用爱国主义教育点亮学生精彩人生，用实践助力学生就业创业，用爱与责任陪伴学生成长，在抗击新冠肺炎疫情中履行责任与担当。陪伴着一批又一批的学生见证了青春年华，与学生携手逐梦青春。在今后的工作中，我会继续增强新时代思想政治教育的针对性、实效性，紧贴时代发展脉搏，准确把握思想政治教育的内在逻辑，与山体学工队伍的所有同仁一道，为培养担当民族复兴大任的时代新人而躬耕不止。

目标管理与成果导向：大学生党员发展量化考核工作案例

山东工商学院管理科学与工程学院　周胜林

一、案例背景

辅导员在大学生党员发展工作中必然会遇到四个问题：学生入党需要从哪些方面进行考评？党员发展如何做到公平公正公开透明？学生党员的教育管理服务如何做到规范有序？如何落实“控制总量、优化结构、提高质量、发挥作用”的学生党员发展总要求？

鉴于此，坚持问题导向，立足党情、校情、学情，学生党支部探索建立起了“坚持原则、导向明确、公平公正、行之有效”的大学生党员发展量化考核工作体系。

二、案例基本情况

（一）工作案例理念

1.工作指导

以《中国共产党章程》《中国共产党普通高等学校基层组织工作条例》《中国共产党发展党员工作细则》《关于进一步加强高校学生党员发展和教育管理服务工作的若干意见》《普通高等学校学生党建工作标准》《山东普通高等学校学生党支部工作指导标准（试行）》为指导，明确大学生党员发展量化考核的工作遵循和价值导向。

2.工作目标

坚持定性考核与定量考核相结合，建立系统化、目标化、过程化的大学生党员发展量化考核体系，在大学生党员发展过程中实施全面质量管理，分层次、分步骤地对入党积极分子、发展对象、预备党员、正式党员进行量化考核，实现学生党员的公平公正发展。提高学生党员自我教育、自我管理、自我服务的目标性和实践性，进而增强学生党支部的凝聚力和战斗力。

3.工作方法

大学生党员发展量化考核的工作理念借鉴目标与关键成果法。目标与关键成果法的理念是目标管理、成果导向，即明确组织和个人的“目标”以及明确每个“目标”达成的“关键成果”，“目标管理”设定在一定的“时间阶段”，“关键成果”考核以量化指标形式呈现。

以“入党积极分子、发展对象、预备党员、正式党员”四个阶段为大学生党员发展的“时间阶段”。将《关于进一步加强高校学生党员发展和教育管理服务工作的若干意见》等文件在“思想政治、能力素质、道德品行、现实表现”的具体要求转化为“目标管理”的考核指标。考核指标的量化分数即为“关键成果”，以成果导向实施有目标管理、有成果导向的量化考核，增强学生党员发展和教育管理服务的规范性和公正性，激发学生党支部工作的活力。

（二）具体工作思路

1.坚持系统导向，实施系统管理

大学生党员发展量化考核坚持系统思维，以“系统管理＋目标管理”，将学生党员发展和教育管理服务的目标管理分解为“思想政治、能力素质、道德品行、现实表现”四个目标管理系统。以“系统管理＋过程管理”将学生党员发展的过程管理统筹为“入党积极分子、发展对象、预备党员、正式党员”四个过程管理系统。

2.坚持目标导向，实施目标管理

以“思想政治、能力素质、道德品行、现实表现”四个目标管理系统为目标导向，明确“入党积极分子、发展对象、预备党员、正式党员”四个过程管理系统的量化考核指标。通过系统性、过程性、衔接性地量化考核，实现四个目标管理系统与四个过程管理系统的有机融合，进而有序开展学生党员发展和教育管理服务工作。

3.坚持成果导向，实施过程管理

以四个目标管理系统的量化考核成果作为客观依据，在“入党积极分子、发展对象、预备党员、正式党员”四个过程管理系统中建立起分层培养、分步衔接的考核体系。在过程管理系统中面向学生实施横向对比的过程化考核，对上一个过程管理系统的量化考核成果进行排序，作为学生推优进入下一个过程管理系统的成果依据。

三、组织实施过程

（一）大学生党员发展量化考核的目标管理系统

将“思想政治、能力素质、道德品行、现实表现”四个目标管理系统作为一级考核指标，根据校情、院情和学情细化二级考核指标，围绕目标管理以一级考核指标和二级考核指标构建起系统化的考核体系，从而有序开展大学生党员发展量化考核。

1.思想政治量化考核目标系统

思想政治量化考核着重考核学生的理想信念和道德品行。思想政治量化考核目标系统的二级考核指标包括入党动机评定、政治觉悟考核、思想汇报、党课培训等。

2.能力素质量化考核目标系统

将学生的学习情况和专业素养情况相结合进行评定考核，同时防止把学习成绩作为发展党员的主要条件。能力素质量化考核目标系统的二级考核指标可以包括：专业综合素养、学科竞赛学习成绩、学术论文、创新创业等。

3.道德品行量化考核目标系统

对学生在社会实践活动中面向服务同学、服务群众、服务社会的工作实绩进行考核。道德品行量化考核目标系统的二级考核指标包括社会实践、文体活动、心理健康教育、志愿服务、公益活动、评优获奖等。

4.现实表现量化考核目标系统

对学生现实表现的综合评价，重视用身边人、身边事教育影响学生群体。现实表现量化考核体系的二级考核目标系统包括遵守国家法律、遵守校规校纪、维护教学秩序、文明修身、宿舍内务、网络文明、美育实践等。

（二）大学生党员发展量化考核的过程管理系统

大学生党员发展量化考核以目标管理和成果导向为原则，遵循有条不紊、循序渐进的规范程序，提升党员发展质量，加强党员教育管理服务。

1.实施过程评定，实施量化考核

入党申请人递交入党申请书后，将在大学生党员发展量化考核系统内接受考核，原始分数为60分。根据培养过程，达到考核要求后再进入下一过程管理系统进行考核。

2.严格过程关口，坚持优中推优

以团支部为单位向党支部推优，入党申请人的量化考核分数达到70分可成为入党积极分子。党支部研究确定入党积极分子报上级党组织审核批准后，建立入党积极分子档案。

3.加强培养过程，坚持发展程序

入党积极分子经过一年以上培养且量化考核分达到80分以上可提名为党员发展对象。根据考核分数、民主评议、政治审查和广泛听取意见的基础上提名党员发展对象。

4.强化教育过程，严肃组织生活

预备党员考察满一年考核分数达到 90 分以上可予以转正。未达到 90 分的预备党员则给予批评教育，延期转正。正式党员按时参加组织生活，发挥党员的先锋模范作用。

四、工作成效

（一）打造样板支部，推动基层党建创先争优

学生党支部党建工作规范有序，被中共山东省委教育工作委员会评定为“山东党建工作样板支部”培育单位，被教育部思政司评定为“全国党建工作样板支部”培育单位（第二批）。

（二）提高发展质量，发挥党员先锋模范作用

通过公平公正公开的量化考核分数切实提高了学生党员发展质量。以量化考核工作机制有效引领学生党员发挥作用，学生党员与建档立卡学生精准帮扶达 122 人次，参与疫情防控志愿服务达 550 余人次。

（三）党建引领成才，全力开拓育人育才平台

创新党建引领学风建设工作机制，2016 级学生党员获得奖学金和升学比例分别为 78.2％、83.3％；打造党建引领科技创新平台，学生党员带头参加科技竞赛，在山东省大学生科技节、“互联网＋”大赛等赛事中先后获一等奖、二等奖 8 项。

五、案例反思与启示

（一）要增强学生党支部的凝聚力

不能为了党建而党建，为了发展党员而发展党员。大学生党员发展量化考核只有以明确的目标管理和成果导向为要求，才能避免党建工作虚化，使党支部成为团结引领服务团员青年和学生党员的战斗堡垒。

（二）要增强学生党支部的向心力

党员发展程序是否规范，事关人心向背，事关党在群众心目中的形象。以公平公正公开的量化考核分数为依据，实施公正无私、规范有序的发展流程，提升党在学生心目中的形象，进而增强对基层党组织的认同感。

（三）要增强学生党支部的战斗力

学生党建要服务立德树人根本任务，服务学生成长成才。通过党员发展量化考核可以进一步增强学生党员的宗旨意识，营造创先争优、模范带头的良好氛围，在锤炼初心使命、践行宗旨意识中增强支部战斗力。

获奖者简介

周胜林，男，汉族，理学硕士，副教授。从事学生工作11年，高校思想政治工作骨干在职攻读博士学位专项计划(山东大学行政管理专业)。主要从事思想政治教育、创业就业等工作。主持省部级课题1项和厅局级课题4项，负责全国党建工作样板支部培育创建，参与国家社科项目1项，发表论文15篇。先后获得山东高校优秀辅导员、山东省大学生科技节优秀指导教师、山东省高校心理健康优秀论文一等奖等18项省级荣誉称号和奖励。

获奖感言

案例获奖是荣誉，更是责任。正确看待荣誉与责任，需要在学生工作中继续守拙抱朴、自勉自励；继续坚持为人有方，做到虚怀若谷、犯而不校；继续坚守育人初心，谦虚向学生学习，努力实现教学相长；继续坚持为事有道，做到居敬行简，行胜于言。以“服务学生，成就事业”的标准和要求，用踏踏实实的实际行动、实实在在的工作实绩检验工作；继续坚持为师有爱，做到有教无类、仁爱施教。以仁爱之心围绕学生、关照学生、服务学生，努力成为学生成长成才的人生导师和健康生活的知心朋友。

“兵马”未动，“粮草”先行

——新生思政先行教育的“打开方式”

山东交通学院汽车工程学院　陈蕊蕊

一、案例基本情况

从高中迈向大学，假期的狂欢、被录取的欣喜一拥而上，此时青少年的学校教育出现短暂的空窗期，安全教育、心理健康教育等方面的隐患随之而来，高校思政先行课的作用愈发重要。

A同学是2020级西藏籍学生，家在西藏自治区当雄县边远牧区。他收到录取通知时距离开学报到还有两天，且因路途遥远需延迟两天报到。时间紧张、网络信号差、语言沟通略吃力……如何开展与这位素未谋面学生的一系列思政先行教育成为难题。

何为思政先行教育？就是将未入校新生的思政教育前置。思政先行内容包含什么？主要是涉及安全、心理、国防、新生认知、校规校纪等思政先行课。如何开展思政先行课？在思政教育理念基础上守正创新，寻找正确的先行课“打开方式”，让“粮草先行”行之有效，让新生未入校、先入学，未报到、先知道。

二、组织实施过程

根据A同学的实际情况，我迅速梳理了易班平台上的思政先行课，结合A同学入校的时间节点做了适当调整，以“云平台”传递“云资源”确保“云思政”的思路进行思政先行教育。

（一）抓准关键时间节点进行关键课程传递

经过分析，我发现离家前、路途中、到达目的地三个节点均涉及安全教育，尤其是疫情防控安全和身心健康问题。我及时指导A同学下载安装易班App，在关键时间点与学生保持联系，并指导他在转机期间完成了安全教育、心理健康教育等专题视频课的学习，同时安排一名同样来自西藏的大三学生开展专项帮扶，帮助A同学了解学校生活、饮食文化等问题，进一步拉近了与学生的距离。

(二)及时调整思政先行课内容顺序

针对A同学的个人情况和行程安排，在完成安全教育和心理健康教育专题视频课程后，我将易班App上的其他内容按照新生认知、国防教育、规章制度、学业指导的顺序重新排序，顺利帮助他认识大学、了解大学、适应大学，尽快实现从中学到大学的角色转变，投入军训及后期学习生活。

(三)丰富思政先行教育内容和形式

借助几大社交媒体及“学习强国”学习平台等“云平台”优势，我在与A同学分享“学习强国”平台上抗疫典型事迹的同时也在新生QQ群里分享很多感人的抗疫、抗洪故事。充分利用权威媒体上的“云资源”，在有侧重地引导大家在学习的过程中致敬榜样人物、感悟抗疫精神、提高思想认识，不断深化爱国主义情怀。

(四)进行教育效果跟踪

军训期间及军训结束后，通过班会、个别谈话、集体学习等方式对思政先行教育进行效果跟踪，总结先行教育形成的经验和存在问题，引起进一步反思。

三、工作成效

(1)通过开展思政先行教育，A同学与多数新生入校报到后很快进入了大学生活状态，迅速投入到了必修的军事训练中。经过短时间磨炼，军训会演时我所带的连队被评为优秀连队，1名学生教官被评为优秀教官，19名新生被评为优秀标兵。学生在训练过程中提高了心理抗压能力和自律能力，激发了学生的爱国主义热情。2020级全体新生国庆节当天举办活动，庆祝中华人民共和国成立70周年。

(2)新生对学校历史沿革、规章制度、专业认知、学业生活等基本情况有了更加全面、权威的了解，在转变适应角色后能够快速进入专业课程的学习；同时，还顺利解决了一名身高197厘米的学生和一名体重260多斤的学生的生活问题，收到家长感谢锦旗，思政先行对辅导员一日常规工作的顺利开展十分有帮助。

(3)A同学参与拍摄的辅导员队伍建设宣传片《青春引路人》被“学习强国”山东学习平台采用推广，收到了良好的宣传引导效果。这既是向全体辅导员致敬，也是进一步激励辅导员做好思想政治教育、落实立德树人根本任务的强心剂。

(4)经过抗疫故事的分享讲述，抗疫精神的传递学习，新生心中也燃起了一团以微薄之力报效国家的心火。寒假期间，2020级学生中涌现出了一批社区疫情防控志愿者，主动投入当地疫情防控工作中，承担起了青年大学生的时代责任和历史使命。2021年上半年，有35名新生经过考察培养被发展为入党积极分子。

四、案例启示

(1)思政教育先行首先要辅导员先行。作为青春引路人的我们不能墨守成规，要从意识和行动两个层面做好“先行”，坚持受教育者先受教育原则，思政先行教育者先行是关键第一步。

(2)开展思政先行课要善于因时而变、随事而制。在面对特殊情况、特殊学生时，要把握好教育方式，善于具体问题具体分析，适当调整教育内容，改变原本的路线，随机应变。

(3)思政先行课的重点在于“先”，而在实施过程中容易出现课程内容准备不足的情况；常规内容固定，但缺乏与国际国内时事政治、社会发展等紧密相关的专题内容；只能守正，忽略了内容的创新与调整；“云资源”挖掘不充分。所以要在内容和时机搭配上下功夫，因时制宜，善于因事而化、因时而进、因势而新，下好思政先行课“先手棋”。

(4)充分发挥“云平台”优势，畅通思政先行教育渠道。虽然易班App是思政先行课学习的主渠道，但也要遵循学生网络平台的使用偏好，发挥微信、QQ、抖音等网络媒介和权威学习平台的辅助作用，扩大思政先行课的传播渠道，强化思政先行教育效果。

(5)思想政治教育是一个漫长的过程，辅导员要注意工作成效的观察、记录和经验的形成，做好先行教育效果的跟踪、衡量与反思，达到先学先悟先行的教育目的。

获奖者简介

陈蕊蕊，女，汉族，硕士研究生学历，助教。从事学生工作两年半（2019 年 9 月至今）。研究方向为思想政治教育。主要负责山东交通学院汽车工程学院 2020 级学生日常教育管理、新闻宣传、网络思政教育、学生支部等工作，2021 年 7 月作品《信仰》获山东高校辅导员讲党史优秀短视频展示活动二等奖。

获奖感言

一旦信仰，便要一生信仰。作为一名高校思想政治辅导员，肩负塑造灵魂、塑造生命、塑造新人的时代重任。要坚定“做学生引路人”的信仰和初心，提高脚力、眼力、脑力、笔力，从学生出发，到学生中去；在与学生共同成长进步中，将脚力、眼力、脑力的实践所得付诸笔端，在累积经验的同时也积极分享经验，努力做一名肩上有责、心中有爱、腹中有墨的新时代辅导员。

阳光总在风雨后

——一个心理问题学生的蝶变

齐鲁师范学院教师教育学院　王迪

在大学生的成长成才过程中，辅导员的工作发挥着至关重要的作用。及时发现学生存在的心理问题，并适当对学生进行人文关怀和心理疏导，帮助学生摆脱困扰是辅导员工作的重要组成部分，也是高校思想政治工作的重要内容。

一、案例情况

心理测试结果显示，李同学患有严重心理问题，并有自杀趋向。得知这一情况后，我立刻与其沟通交流，在沟通交流过程中，发现引发心理问题的主要原因是长期的家庭矛盾。该生已开始服用精神类药物，并有自虐情况，而且在校期间存在经常性失眠、情绪低落等问题，因而无法正常学习与社交。在此之前，该生因无法调节自身情绪，曾多次要求父母将其带到医院进行诊断治疗，但并没有得到父母的重视，进而通过自虐的方式转移自杀念头，释放心中压抑。

二、案例分析

该案例属于较为典型的因心理问题无法正常学习和社交的案例。其工作的难点在于李同学产生心理问题的原因是父母关系长期不和，李同学出现心理问题后，父母对其情况并不重视，认为孩子正处在青春期，这些问题都是青春期叛逆的结果导致。需要解决的问题如下。

(1)如何使李同学的父母真正了解孩子的真实情况，重视孩子的心理健康教育问题。

(2)如何帮助李同学做好情绪管理，建立和谐的同学关系。

(3)如何帮助李同学确定好发展目标，做好大学生涯规划。

三、解决思路和办法

要解决李同学的问题，不能急于求成，要一步一步来，而且要做好长期积极关注和陪伴的心理准备。

(一)主动交流沟通,查找问题根源

我主动找到李同学,由李同学选择时间和地点进行约谈。谈话过程中,我观察到李同学语速较慢,但目光能够直视我的眼睛,自我认知还是完整的,其情绪焦虑,有自卑感,对同学们的关心有些抗拒,认为有的同学知道自己家庭的情况,所以对自己“特别关照”。交流过程中,我认真倾听、积极关注,并通过目光传递关怀和理解,李同学渐渐打开心扉,说出了自己内心的秘密:担心有同学知道自己在服用精神类药物而对自己产生异样的看法。

(二)准确捕捉切入点,调整学生认知

在耐心倾听李同学的想法之后,我向李同学解释了危机处理的保密原则,告知李同学个人的隐私会得到保护。别人知道与否不重要,更不能过于在意他人对自己的看法,重要的是自己要积极面对现在的学习生活环境。我细心挖掘李同学身上的优点,如有较强的绘画天赋,并对其优点进行肯定和赞美,引导她正确认识自己,以缓解内心压抑。

日常与李同学沟通交流中,我及时做好谈话记录等工作,在与李同学的家长电话、微信沟通交流时,及时将李同学在校学习生活情况反馈给李同学的家长。为提高家长重视程度,我将李同学的自虐照片通过微信发送给李同学的家长,并且将我和李同学的对话内容传达给李同学的家长。在对录音内容充分了解后,李同学的家长了解到了李同学内心真实的想法和感受,深刻认识到家庭的不和睦给李同学造成的心理创伤。此后,李同学的父母积极陪同孩子到医院接受治疗,相互关系逐渐融洽。

(三)利用“第二课堂”,发挥实践育人作用

经过与家长的多次交流,结合李同学的成长环境、性格特点等多方面因素,我在谈话过程中适当赞美和肯定李同学。根据她的优势,鼓励她多参加学院和学校组织的各项活动,同时用一些类似的比较成功的典型来激励她,帮助她逐渐找回自信。2020～2021学年第一学期李同学在大学生新媒体中心工作中,因工作认真、表现优异,被评为“优秀学生干部”。

(四)做好生涯规划,助力成长成才

在李同学与同学关系融洽并慢慢找回自信之后,我对李同学进行规划教育,耐心讲解大学里职业生涯规划的重要性以及职业规划的具体做法。经过几次交谈,李同学对未来充满信心,明确了以后自己努力的方向,确定了考研学校以及专业,并为之付出努力。

四、工作成效

后续经过多次与李同学沟通了解,她已融入校园生活,学习能力与人际交往能力得到了大幅度提升，并规划了自己的职业和学业目标（考研）；与父母的关系也得到了极大的改善，其病情也较稳定。李同学也多次积极参加学校组织的各项文体和主题教育活动，取得了不错的成绩。

五、工作反思与启示

（一）做一名细心人，让教育工作有高度

作为辅导员，要及时关注到学生个体的需要，勤于观察，及时发现问题，做一名有水平的教育工作者。心理疾病的学生一般都比较敏感，自我肯定度不高，这类学生需要老师更多的关心和支持。如果关心和支持不够，或者处理不当，很可能会对学生产生更大的伤害，甚至引起心理疾病的复发。对待此类学生，要真诚，更需要一定的心理辅导技术，切忌单纯的说教或者批评教育。要对学生积极关注，以缓解学生对新环境的恐惧情绪。

（二）做一名有心人，让教育工作有温度

作为辅导员，要实时观察学生的动态，勤于思考，合理分析问题，做一名温暖的教育工作者。发掘学生优点，对学生多一些鼓励、肯定和赞美，可以提升学生自信。通过学生的一举一动、一言一行，甚至是微小的情绪变化，可以感知学生的思想和心理状态。有心才有爱，有爱才能传递爱，让学生感受到爱，可以提高沟通质量，加深学生与老师的连接，更好地解决学生成长过程中出现的问题和困惑。

（三）做一名留心人，让教育工作有强度

作为辅导员，要时刻关注学生的变化，与各部门通力合作，妥善处理问题，做一名有力量的教育工作者。辅导员不是单打独斗的孤胆英雄，育人工作从来不是哪个人哪个部门的责任，育人工作需要全员参与形成合力。在学生成长辅导中，要充分调动班主任以及朋辈辅导的力量，做好家校协同，整合各方面的优势资源，分工合作，才能为学生的成长成才提供强有力的支持，为学生前进输送力量。

获奖者简介

王迪，女，汉族，中共党员，硕士研究生学历，讲师。2019 年从事学生工作，研究方向为思想政治教育理论与实践研究，主要从事大学生思想政治教育工作。自参加工作以来，曾获齐鲁师范学院辅导员工作论坛优秀论文一等奖、齐鲁师范学院辅导员素质能力大赛三等奖等荣誉。

获奖感言

“亲其师，信其道。”作为一名高校辅导员，我始终秉持“以学生为中心”的情怀，以亲和力为底色，以情感人、以理服人，关心关注学生面临的思想困惑和实际困难，坚持“一把钥匙开一把锁”，努力为他们排忧解难。未来，我将继续坚持把自己的温暖和情感倾注到学生身上，做让学生信赖、喜爱的人，春风化雨、润物无声，让思想政治工作在学生中生根开花结果。

强化政治参与意识，筑牢成长思想基础
——基于引领有序政治参与的大学生参政议政培养体系探索与实践

山东青年政治学院政治与公共管理学院　王正坤

强化大学生政治参与意识，通过拓展平台、创新渠道来引领青年一代有序参与政治，是提升大学生政治素养、坚定政治信念、强化政治认同的重要内容，对于推进国家治理现代化进程、巩固党执政的青年群众基础具有重要意义。

一、案例基本情况

当前，随着我国政治民主化程度日益加深，大学生在政治参与中发挥着重要作用。大学生思想状况调研显示，大部分学生政治参与热情较高，政治参与方式不断丰富，但也暴露出大学生政治参与内容“泛化”、渠道“窄化”、效果“虚化”、方式“老化”等问题。这些现象导致部分大学生偏离原有的政治参与内容，对政治参与抱有娱乐或猎奇心理，甚至在遇到政治热点问题时缺乏理性思考和深度转化，容易受到社会不良舆情的影响。

针对这些问题，自 2016 年以来，山东青年政治学院政治与公共管理学院将大学生参政议政意识的培养作为创新思想政治工作、培育青年政治人才的重要载体和手段。依托政治学与行政学等专业，构建了以政治熏陶、政治历练、多渠道政治参与和青年领导力学位班为载体的“3＋1”大学生参政议政培养体系：通过加强主流政治文化传播教育，让青年学生接受政治熏陶；通过搭建政治类实践载体平台，促进青年学生加强政治历练；通过广泛挖掘社会资源，拓展大学生政治参与渠道；创新打造“青年领导力学位班”特色品牌，培育优秀青年政治人才。通过 5 年多的探索与实践，该体系不仅收到了思想引领的预期成效，而且强化了学校人才培养的青年政治特色。该项目先后被“学习强国”“灯塔”-党建在线、大众网等各级各类媒体平台广泛报道，引发了强烈的社会反响。

项目实施情况于 2021 年 1 月 29 日获得山东省政协副主席吴翠云同志批

示："山东青年政治学院充分发挥政治优势，在培养大学生参政议政意识、提升大学生参政议政能力方面进行了积极探索，取得了很好的效果。希望在此基础上，进一步优化完善培养体系，科学设置组织课程，强化社会实践和政治历练，为党和国家培养更多优秀青年政治人才做出新的更大贡献。"

二、案例实施过程

（一）加强主流政治文化传播教育，让青年学生接受政治熏陶

依托政治学与行政学等学科方面的教学科研团队优势，打造"思政＋专业"模式，构建了以"辅导员＋专业教师＋N"的组合形式。我作为课程负责人，开设了"青年政治学""大学生参政议政能力提升"两门全校公选课，讲授我国基本政治制度、人民政协概述、大学生参政议政的方法和途径、模拟政协提案撰写等内容。邀请省政协提案工作委员会工作人员、学校党政领导、各界别政协委员、政治学专业教师走上讲台，在课程学习中引导学生树立正确认知，提升政治素养，保持政治定力。时任山东青年政治学院党委书记鹿林同志亲自参与"青年政治学"课程授课，山东省政协副秘书长燕翔同志、山东省政协提案委员会办公室主任李东彪同志等参与"大学生参政议政能力提升"课程授课。学院"政论学社""法律协会"等学生社团在专业教师指导下，积极开展"十九届五中全会知识竞赛""习近平新时代中国特色社会主义思想读书会"等活动。通过课程学习、活动参与、体验式教育等形式，我校青年学生对政治的理解逐渐加深，参政议政意识普遍增强。

（二）搭建政治类实践载体平台，促青年学生加强政治历练

我们积极组织学生参与依托党委组织部、团委创设的学生实践项目"先锋力行""青春引擎"，通过选派优秀党员、入党积极分子、优秀团员赴基层党委组织、团组织等部门实践锻炼，学习了解党政机关、群团组织运行规律，以实战化的方式参与政治实践。目前该项目已连续实施5年，服务地覆盖全国16个省，累计选派500余人。重点培育包括晨之曦社工协会、启明星青年志愿服务社在内的志愿服务社团，秉承"助人自助＋专业服务"的宗旨，鼓励学生到工厂、农村、街道社区等一线场所，通过参与志愿服务了解社情民意，关注"希望小屋"困境儿童、"济漂老人"、"斜杠青年"等社会群体，累计开展校内外品牌志愿服务活动16项，累计成功申请小额资助资金12.4万元，累计参与志愿服务人数超3000人，累计志愿服务时长超10万小时，先后荣获全国志愿服务项目大赛银奖、铜奖，山东省志愿服务先进集体等荣誉。

通过与济南市甸柳新村、名士豪庭、潍坊市工福街、临清市苇园村等23个社区建立联系，形成"校区共建"平台，让学生深入基层一线感知社会，了解城乡社区治理现状和运行机制，调研整理模拟政协提案所需素材，为有序参与政治

打下了坚实基础。

（三）广泛挖掘社会资源，拓展大学生政治参与渠道

我们积极拓展校内外资源，为学生政治参与提供新的平台和渠道。开辟了“社区治理论坛”“长江学者沙龙”“青秀讲堂”“政言讲坛”等品牌活动。广泛邀请党政领导、政协委员、人大代表、专家学者、基层社区工作者、青年先模人物等进高校、上讲台，前后共组织 80 余场讲座，以学生喜闻乐见的形式讲解政治学及相关学科专业知识，分享从政经验感受，解读参政议政经典案例，引导学生逐步关注民生、了解社会；积极组织学生参加全国大学生和山东省模拟政协提案大赛，2017～2019 年先后荣获全国大学生模拟政协提案大赛一等奖、三等奖、社会影响力奖等多项奖励。模拟政协提案大赛等拓展了大学生政治参与的新渠道，学习和掌握了调查、分析、研究、演说、辩论等参政议政的知识和能力，把学校小课堂同社会大课堂进行有机结合。

（四）创新打造“青年领导力学位班”特色品牌，培育优秀青年政治人才

学校自 2017 年创办了青年领导力学位班，通过构筑以能力为主线的人才培养体系，使青年政治人才的成长由自发走向自觉。截至 2020 年，学位班已连续招生 3 年，吸收学生骨干 200 余人，开设有“政治学原理”“当代中国政府与政治”“法律思维与判断决策”等 20 余门政治学、管理学、领导学等方面的核心课程，引导学员熟悉我国政党与政治制度、行政管理体制、党的政策法规等知识，熟练掌握办公自动化、公文写作等基本技能，培养管理决策能力和组织协调能力。创设“先锋训练营”“校内外轮岗”等实践品牌，引导学生将自我教育融于政治实践，实现知识、能力、素质共同提高。充分发挥学位班学员等学生骨干的先锋模范作用，通过朋辈引领鼓励带动其他学生积极参政议政。

三、案例工作成效

（一）转“被动”为“主动”，大学生参政议政意识明显增强

通过以各种青年学生喜闻乐见的方式让青年学生接受政治熏陶，尤其是通过与各级政协委员、人大代表面对面，让青年学生切身感受到参政议政在国家政治体制和政治生活中所发挥的重要作用；从最初的被动接受转为主动学习，逐步形成了正确的政治认知、政治态度和政治信仰。在 2020 年和 2018 年学校大学生思想状况调研中，问及“是否通过网络关注政治生活”时，回答“经常”的比例从 51%上升至 87%；问及“参与网络政治活动的原因”时，回答“基于公民的社会责任”的比例从 32%上升至 77%。

（二）变“一专”为“多能”，学生骨干参政议政能力显著提升

通过积极参与模拟政协提案大赛等政治实践活动，学习“青年政治学”“大学生参政议政能力提升”课程，部分学生骨干以辅修学位的方式参加为期2.5 年

的青年领导力学位班学习，从专注于自己所学专业到广泛涉猎政治学、行政学、管理学、法学等多学科，熟练使用 SPSS 等调研软件，参政议政能力显著提升。2017 年，学院参加山东省模拟政协提案大赛，2 人获最佳提案一等奖，5 人获二等奖，7 人获三等奖；2019 年，2 人获最佳提案奖，12 人获优秀提案奖；2020 年，4 人获得最佳提案奖，7 人获优秀提案奖；2016 年，学院首次参加提案中国·全国大学生模拟政协提案大赛，代表山东高校在全国赛场首秀，获得社会影响力大奖；2017 年荣获该项赛事一等奖及“最具社会影响力提案”两项大奖。

（三）化“管理”为“服务”，辅导员思想政治引领力有效增强

辅导员团队成为学校“3＋1”参政议政培养体系的主力军，深化思政教育“主体兼性”理论，改变原来“消防队员”的角色，转而为学生参政议政意识培养和能力提升提供服务，加深师生互动。通过开设公选课程、链接政协委员等社会资源、指导学生参与模拟政协提案大赛、组织开展“青春引擎”等政治实践类活动，辅导员将服务工作做到了学生的心坎里，成为了学生的知心人，思想政治引领力得到有效增强。

获奖者简介

王正坤，男，汉族，中共党员，思想政治教育专业硕士，副教授。自2007年开始从事学生工作，现任山东青年政治学院政治与公共管理学院党委副书记、济南山青社会工作服务中心理事长、山东省高等教育人才研究会青年人才专业委员会理事。研究方向为大学生思想政治教育。主要从事大学生思想政治教育、高校基层党建、社会组织运营管理等工作。先后荣获山东高校优秀辅导员、山东省志愿服务先进个人、山东省大中专学生志愿者暑期“三下乡”社会实践活动优秀指导教师等荣誉。

获奖感言

一路走来、一路播种，尽管不是每颗梦想的种子都能开花结果，但我从未放弃过播种梦想。看前面，是前辈们孜孜不倦的身影，他们是我的标杆，是我永不迷失的灯塔；望身后，后辈们激情澎湃，迎头赶上，我不敢有丝毫懈怠。今后的岁月，我定当不忘立德树人初心，牢记“为党育人、为国育才”的光荣使命，立足岗位、练好内功、勇于担当、乐于奉献，力争从做好“一阵子”到坚守“一辈子”，将自己的满腔热情献给党的教育事业。

我学我思我来讲

——“四史故事会”推动“四史”教育入脑入心

潍坊学院生物与农业工程学院　韩靖雯

“四史”是中国共产党宝贵的精神财富，印刻着中国共产党人的初心使命和艰辛探索。为引导青年大学生认真学习“四史”，不断坚定理想信念，成长为担当民族复兴大任的时代新人，我所在学院通过举办“四史故事会”的形式进行学习“四史”主题教育实践活动，引导学生认真学习“四史”，讲述“四史”故事，推动“四史”教育真正入脑入心，让学生从学思践悟中汲取力量，砥砺成长。

一、案例基本情况

2020 年 9 月，教育部办公厅印发《关于开展“网上重走长征路”暨推动“四史”学习教育的工作方案》的通知，要求各高校创新形式讲活“四史”要义，要强化故事讲述，生动讲好各类“四史”故事。根据这一通知要求，笔者提出采用“四史故事会”的方式对学生开展“四史”教育。

“四史故事会”每月举办一期，每期由 6 名学生面向全学院学生讲述让他们动容的“四史”故事，时间为 10～15 分钟。初期主要由学生党员组成，后期逐步扩大到入党积极分子以及全体学生。“四史故事会”主题活动让讲述学生能主动学习“四史”并认真思索；同时，学生听身边同龄人讲述，更容易被“四史”动人故事打动，进而激发爱党、爱国、爱社会主义的热情，使学生们真正做到不忘初心、知史爱国，让学生们坚定信念跟党走。“四史故事会”在 2020 年举办了三期，活动还在继续进行中，目前也已经取得了初步成效。

二、组织实施过程

为推动“四史故事会”活动顺利进行，笔者及所在学院进行了多方面的努力，组织实施过程中主要从以下几个方面发力。

（一）精心设计，不断完善活动流程

首先，培育打造“四史故事会”品牌活动。在我提出以“四史故事会”推进学

生“四史”教育学习后，学院极为重视“四史故事会”的组织实施，力图将“四史故事会”打造为学院及学校的品牌活动。学院成立“四史故事会”工作实施小组，由学院领导、全体辅导员及学生骨干组成，负责相关工作的推动实施；建立相关制度，在资金、参与激励、宣传等各方面保障“四史故事会”活动有序推进，按期举办。

其次，积极引导学生学习相关材料。讲好“四史”故事需要厚积薄发，学院学生大多为理科，相关历史知识相对比较薄弱。针对这一情况，学院引导学生通过多种途径开展学习，补上“四史”重要课程：面向学生列出包括《中国共产党创立之路》《新中国70年》等书目的推荐书单，让学生通过读书夯实基础知识，了解历史事实；不定期组织红色观影活动，向学生推荐相关电影电视剧，让学生在影视资料中学习“四史”知识；组织各团支部开展相关团日活动，举办“四史”学习相关主题活动，让学生从这些活动中获得知识；引导学生通过“学习强国”“青年大学习”等平台进行“四史”学习；组织学生参观红色教育基地开展“四史”学习等。

最后，设定主题，精心谋划。“四史故事会”工作组每期设定一个主题，例如“炮火硝烟中，我们这样走过”讲述战争年代共产党人的英勇不屈；“四十年，改革谱写华章”讲述改革开放以来的创新故事；“抗疫，中国为什么行”讲述抗疫中中国共产党的坚强领导和中国特色社会主义制度优势。学生们可以选取自己感兴趣的主题，报名参与讲述，报名时需先提交故事大纲等相关材料，工作组再精心挑选讲述者，对表现突出的讲述人进行指导，使“四史故事会”更具感染力。在确定好活动之后，通过张贴海报、网站宣传等将“四史故事会”广泛宣传，吸引更多学生主动参与。

（二）活动内容注意做到“三个结合”

首先，引导学生把“四史故事会”讲述内容与学生专业结合起来。学生结合所学专业学习“四史”，在史料中找寻相关领域中共产党人利用自身所学为国家为人民奉献的故事，更有利于学生树立专业情感，端正学生专业认知，推动学生学好专业本领，以自身所长为国家发展贡献力量。到目前为止，学生结合自己农学专业特点，讲述了科学家袁隆平院士和李振声院士的故事，讲述了以蔬菜改变中国的“最美奋斗者”王乐义的故事，以此引导学生热爱“三农”、服务“三农”。

其次，引导学生把“四史故事会”讲述内容与当地红色资源结合起来。学校所在地域以及学生家乡的红色资源更容易感染学生，引发学生共鸣，这些红色资源也更容易被接触和获取。学院多次组织学生参观学习当地红色教育基地，学习当地人民艰苦奋斗的故事，学习在当地成长并为国家做出突出贡献的共产党人的英勇事迹。此外，学院还鼓励学生利用假期时间寻访家乡红色踪迹，在书中学习相关故事等。在“四史故事会”上，学生结合参观潍县党组织创始人——庄龙甲故居的亲身感受，向学生讲述了庄龙甲烈士的感人事迹，让学生更加切实感受到革命先辈为了今天的幸福生活献出自己年轻的生命的壮举。

最后，引导学生把“四史故事会”讲述内容与学生关切结合起来。“四史故事会”要贴近当代大学生，就必须了解回应大学生关切问题。学院鼓励讲述者结合当前时政热点讲述故事，在故事讲述中让学生获得启发。此外，“四史”学习教育注意关注当下热点，结合热点吸引学生。例如，电视剧《山海情》引起学生热议，工作组也鼓励学生结合电视剧讲述中国扶贫故事。

（三）活动形式力图做到扩展延伸

首先，“四史故事会”充分依托网络新媒体平台，将线上线下结合起来。在疫情防控常态化局势下举办“四史故事会”活动，所以前几期都在较小范围内开展，后来为配合学校疫情防控要求以及扩大活动影响力，通过钉钉会议的形式举办了一期，网络的互动性让活动收获了意想不到的良好效果。此外，活动积极利用网络做好组织发动，营造良好氛围，并通过网络深入挖掘丰富故事素材，通过更丰富的图片、视频等资料配合讲述，让故事会更加生动起来。

其次，以“四史故事会”形式积极开展“微”宣讲。在常规故事讲述外，学院从第二期活动开始加入了“四史微宣讲”，以故事为主体，将故事与道理结合，采用更加“短、平、快”的“微”宣讲，用3分钟左右的时间，讲述小故事，可以在故事会上配合长故事讲述，也可以录制小视频，在学院公众号上播放，这样不仅扩大了参与范围，而且也让学生更易接受。

最后，进一步扩大讲述者范围，除了以学生为主体进行“四史”故事讲述外，“四史故事会”邀请了革命烈士的后代以及当地英模人物等进行专场讲述，让学生在与他们的接触中更加激发学生向榜样学习的内生动力，传承革命精神，汲取前行动力。

三、工作成效

目前，学院已有30余名学生党员及学生骨干参与到“四史”故事讲述之中，参与收听的学生不仅覆盖整个学院，学校其他学院学生也积极参与进来。活动在学生中取得了良好反响，也取得了明显育人实效。

（一）掀起了学生的“四史”学习热潮

学生为准备“四史故事会”活动通过各种途径主动学习“四史”知识，充分发挥了自我学习的主体作用，并在学习中受到了教育。同时，除了书本学习，学生还走出校门，积极参与社会实践，在社会大课堂中学习、实践、感悟，将“四史”学习内化于心、外化于行。

（二）坚定了学生的理想信念

“四史故事会”用接地气的形式让“四史”教育真正入脑入心。学生在参与活动过程中更加认识到当今中国来之不易，认识到自己肩负的使命担当，认识到要坚定理想信念、厚植爱国情怀、承担青春责任、矢志奋斗拼搏，以实际行动迎接建党100周年。“四史故事会”活动作为学院思政教育的一部分，也推动着学院立德树人。

“四史故事会”虽然取得了初步成效，但总体上还处于起步阶段，也暴露出一些问题。学院将针对活动存在的问题和短板进一步改进，把这一“四史”教育主题活动完善坚持下去。

获奖者简介

韩靖雯，女，汉族，硕士研究生学历，副教授。从 2011 年 8 月起从事学生工作，现为潍坊学院生物与农业工程学院专职辅导员。研究方向为思想政治教育。多次获得学校大学生思想政治教育先进个人荣誉称号，多次在山东高校辅导员工作论坛征文中获奖，在 2021 年山东高校辅导员讲党史优秀短视频展示活动中获一等奖。

获奖感言

感谢山东省高等学校学生教育与管理研究会每年举办的辅导员工作案例评选活动，能在活动中获奖也非常荣幸。辅导员工作琐碎、繁忙，被日常事务推着往前走，来不及回顾反思，借参加工作案例评选活动的契机，可以梳理一年来工作的得与失，总结经验，吸取教训，为未来更好地开展工作蓄力。每当评选活动结果公示时，我都认真查看获奖案例的题目，从中获得灵感。现案例能够入选并出版，更是为我们提供了向同仁学习的好机会，我们将从本书中汲取养分，继续前行！

跨越时空界限　共享云端智库
聆听名家讲述　走好人生道路
——“思政云讲堂”工作案例

泰山学院马克思主义学院　于思瀚

一、基本情况介绍

在2020年全民抗疫的特殊年份，为探索出一种适应新时代发展需要和适应当前工作形式的思想政治工作模式，切实增强大学生思想政治教育的实效性，充分发挥我所在的马克思主义学院在思想政治理论课教育教学上的优势，凝聚国内外马克思主义理论学科和相关学科专家学者，面向师生，通过建设理论支撑平台、资源共享平台、数字化交流平台、评价反馈平台，经过精密的筹备准备工作，我们正式成立了泰山学院“思政云讲堂”。

“思政云讲堂”立足新时代大学生思想政治工作，积极采取有效的手段加以引导，实行理念引导、价值规范，最大限度地消除错误思潮和非主流意识形态在大学生中的消极影响，让大学生明确社会主义制度的优越性以及中国共产党所主张的思想理念和价值观念并自觉实践。创新新媒体在反映社会主义制度优越性方面的手段和方式，在大学生中大力宣传党的路线、方针、政策和改革开放取得的辉煌成就，形成鼓舞大学生前进的巨大精神力量，从而凝聚人心、催人奋进。

讲堂通过积极运用新媒体技术，发挥其特有功能，拓展思想政治教育全新领域，为校园文化活动提供更加丰富多样的发展空间。“云”的意思就是共享，共享的意思是提供给全平台的人使用，让学生们不管在何时何地都可以通过网络进行自我学习、自我教育。

二、组织实施过程

“思政云讲堂”主要以线下讲堂、报告、讲座、论坛等形式，线上直播、交流、共享、评价、反馈等机制，会聚一批马克思主义信仰坚定、理论功底扎实、勇于开拓创新、善于联系实际的学科带头人、教学骨干队伍、辅导员名师、社会知名人士、网络大V等，把蕴含在各个领域的思政元素与德育教育有机结合，坚持言传与身教相统一，提升“思政云讲堂”的育人能力，增强教育效果。

（一）内容为王，强化思想引领

我们通过积极创新，改变固有形式，接地气、讲中国话语、大众话语，邀请校内外专家把我们党丰富的思想资源和鲜活的实践案例，通过云讲堂的形式生动地呈现在学生面前，努力营造符合新时代精神的校园文化氛围。

1.注重挖掘学科要素

“思政云讲堂”建设与学科体系建设相结合，明确学科育人资源，建立学科育人共同体。积极搭建平台，融合多专业多学科，深入挖掘教育资源。讲堂设置哲学社会科学类，注重政治素质和人文素养的培育；设置自然科学类，注重创新意识和科学精神的培育；设置应用实践类，注重劳动素养和工匠精神的培育。学生受到多学科的熏陶，更容易树立正确的价值导向，拥有理性平和的心态、富于人文关怀的情感和高尚的审美情操。

2.注重挖掘问题要素

关注大学生发展中的热点问题和社会热点问题，做到理论与实际相结合。在贴近学生、贴近生活的同时，还要处理好理论教育与德育实效性的关系，既要在研究思政教材和学生的基础上，设法使抽象的理论内容具体化，又要针对学生出现的学习、生活、心理等具体问题加以抽象概括成理性认识，沿着从“抽象到具体”与“从具体到抽象”两条路径，把思政教育与生活实际问题进行有机结合。

3.注重挖掘时代要素

“思政云讲堂”立足新时代大学生思想政治工作，积极采取有效的手段加以引导，实行理念引导、价值规范，最大限度地消除错误思潮和非主流意识形态在大学生中的消极影响。让学生们认可社会主义制度的优越性以及党所主张的理念和价值并自觉实践。创新新媒体在客观真实体现社会主义制度优越性方面的手段和方式，在大学生中大力宣传党的路线、方针、政策和改革开放取得的辉煌成就，形成鼓舞大学生前进的巨大精神力量，从而凝聚人心、催人奋进。

（二）用户思维，关注学生需求

我们坚定树立“以学生为中心”的思维，围绕学生的需求开展相关活动。充分考虑学生的成长需求，探寻学生的成长特点，发挥学生的力量，打造精品、培育品牌。坚持围绕学生，分析掌握学生的特点，讲什么主题、讲什么内容、通过什么形式讲都由学生决定，让学生参与全过程，改变以往的“说教”为“说理”、“传递”为“对话”，帮助青年成长成才。

树立用户思维，也就是了解青年群体的特点、需求，立足需求侧，尊重学生主体地位。重视发挥学生的力量，将教育内容的选择权交给学生，力求满足学生对个性化、创新性话语表达方式的需求，提升学生参与活动的积极性、主动性。学生团队负责现场活动的具体策划运营，主讲嘉宾框选讨论主题的范围，最终由学生投票确定。与时俱进，运用互联网思维，对活动所反映的数据进行调研、归类、总结，大数据分析过程中的每位参加者都是活动建设者，根据大数据反映的资料了解学生的兴趣点和困惑所在，充分掌握各个阶段、各个类型学生的不同情况、不同需求，从而调整育人内容，创新育人方式方法，增强校园文化活动与思想政治工作的针对性和有效性。

（三）媒体素养，创新育人载体

我们通过线上“互动”平台，推送思想引领性文章、视频、时评等“思想性”内容；设置稿件征集、辅导员论坛、青年风采、学生来信、老师短评等子菜单，与学生进行互动交流；举办读书沙龙、活动论坛、面对面访谈等线下交流项目，使学生与老师实现课堂外的互动沟通，了解青年学生的思维想法、心理状态等。学生还可以在线向主讲老师提问，主讲老师及时解答，使老师的思想能够快速、有效地传递给学生，提升思想政治教育的效果，增强线上线下思政教育的实效性，发挥新媒体平台的积极作用，巩固高校意识形态阵地。

（四）品牌效应，打造特色平台

树立品牌意识，打造特色鲜明的活动品牌，培养师生对校园文化活动品牌的认同感，充分提升师生的积极性和参与校园活动的主人翁意识，对加强学生思想政治教育意识，增强校园文化活动内涵建设，提高学生综合素质及全面发展具有重要的战略意义。

浓缩整合自己独特的教育理念、精神内核、教育形式与教育内容。重视“互联网＋”思维，开辟网络宣传互动平台，打造新媒体矩阵，对活动品牌进行全方位的宣传，将“引领思想内容”通过线上线下广泛宣传，形成全方位合力。不断调整与更新，生成固化成果，与时代发展、学生需求相结合，适时更新活动形式、内容，在学生中树立良好口碑，增强品牌的持久影响力与吸引力，从而保证活动的教育效果，实现思政育人的目的。

三、工作成效

自平台成立以来，线下共举办讲座八场，分别是“战疫·返校复学‘开学第一课’”“恰时代风华，承责任担当”“儒家仁政思想及当代启示”“镌刻青春的样子，我们一起成长”“学习‘四史’，坚定中国特色社会主义信仰”“黎玉——一个共产党员的坚定信仰”“学党史、知来路、守初心、强自信”，讲堂在线下举办的同时，也通过微博、抖音在线上同步直播，而且支持微信视频回放。学生们可自由选择观看时间、地点，形式灵活多变。

讲堂在直播的同时，收到了大量同学的“弹幕”式留言，抖音、微博观众人数累积 7000 余人次，在校园内反映强烈，内容引发了无数同学们的共鸣。

在学校的支持下，“思政云讲堂”已经打造成特色鲜明的活动品牌，广泛收集学校各类无形资源和有形资源，进行资源整合，使资源效益得到充分发挥，从而提升思政效果，推进活动项目的运行开展；同时，也可以培养师生对校园文化活动品牌的认同感，充分提升师生的积极性和参与校园活动的主人翁意识，增强学生思想政治教育意识，加强校园文化活动内涵建设，提高学生综合素质及全面发展。

获奖者简介

于思瀚，男，汉族，硕士研究生学历。现担任泰山学院马克思主义学院团委书记，主要研究方向为思想政治教育。2016 年参加工作以来，一直担任一线辅导员。曾获得第五届山东高校辅导员素质能力大赛二等奖、山东省大中专学生志愿者暑期“三下乡”社会实践活动优秀指导教师等多项荣誉，并指导学生在“挑战杯”山东省大学生课外学术科技作品竞赛、山东省大学生科技文化艺术节等比赛中获奖。

获奖感言

非常荣幸能获得此次奖项，这也是对我工作的莫大肯定及鼓励，感谢辅导员这个岗位让我在繁重的工作中成长，收获了满满幸福。因为对辅导员工作的热爱，因为对学生的热爱，我将继续为之努力付出，多思考、勤学习，不断创新大学生思想政治教育的途径和方法，在日常工作的一点一滴中来践行立德树人。

网开五面　环环相扣

——“闭环式”线上学风引领体系的构建

滨州学院马克思主义学院　张然

一年来，伴随着新冠肺炎在全球的肆虐，人们的消费、饮食、教育等生活习惯都受到了影响。后疫情时代的来临，使线上教育成为很多学校、教育机构的选择。大学生群体使用线上课程的次数越来越多，这种新型的“教与学”模式拓展了时空的边界，打破了原有的在校学习生态。保证线上学习的质量是线上教育的关键环节。我们作为高校辅导员——大学生成长发展的引路人，在新形势下做好大学生线上学风引领是当前的主要任务之一。

一、案例简介

“互联网＋学习”成为时代的标签，这给固有的大学教育生态带来了巨大的冲击，导致部分大学生出现了过度沉溺网络、线上学习找“枪手”、作业抄袭严重等问题。时代给高校学风建设出了一份考卷，作为学生工作一线的辅导员应从教育、管理、服务三个方面回答好这份“互联网＋”时代的考卷。我借鉴质量管理模型 PDCA，打造“计划(P)、执行(D)、检查(C)、改进(A)”闭环式学习管理体系，从“网络班级群引导、网络自习室伴学、网络私信督导、网络家访反馈、网络第二课堂助力”五个方面着手实施线上学风引领工程。

二、案例思路

(一)深入调研，发现问题

随着疫情的到来，网课成为大学生学习的新方式，同时也是教育发展的大趋势，这给高校学风建设带来了巨大的挑战。通过对各年级、各专业的学情分析报告和大范围的走访调研，分析研判大学生线上学习状态和学习效果，精准聚焦线上学习出现的短板和亟待解决的问题，有针对性地加强学习引导、学习管理。

（二）实事求是，解决问题

借鉴质量管理模型 PDCA，打造“计划（P）、执行（D）、检查（C）、改进（A）”闭环式学习管理体系，形成具有长效性和开放性的学风建设机制。结合学生和学校实际，完善 PDCA 环状模型，具体设计了“网络班级群引导、网络自习室伴学、网络私信督导、网络家访反馈、网络第二课堂助力”五个环节相互贯穿、联通的闭环式球形学习管理体系（见图 1），开启“互联网＋”时代的学风引领工程。

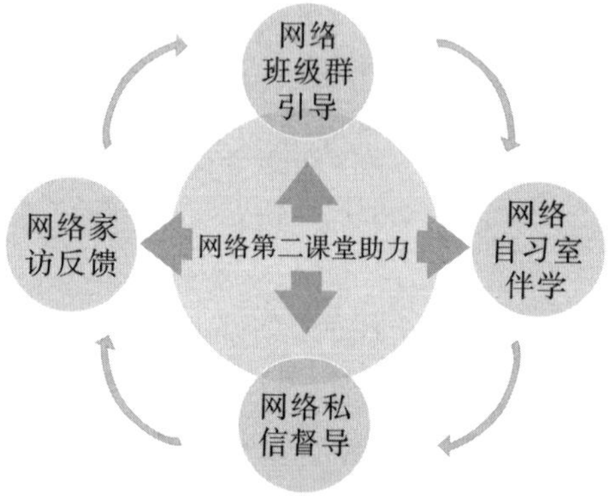

图 1　闭环式球形学习管理体系

（三）复盘总结，推广成果

构建地方高校学风建设 PDCA 模式，结合实证调查和访谈结果，以及实施情况，提出线上学风建设新模式及其运行的保障措施，希望能够为解决我国当前高校学风问题做出贡献。提升高校学风建设水平，是一项复杂的系统工程，并非使用某种单一方法即可以完全奏效。只有不断改进、统筹联动、多措并举、顺势而为，才能真正起到增强综合效果的作用。

三、实施过程

（一）当好网络“主播”：突出时代背景，以中国故事引学风

我充分利用各种网络平台，分年级、专业、班级开好学风引领的动员会，将大学生个人的学习成长引领到新时代建功立业的大背景中，利用抗疫故事等讲好中国特色社会主义制度的优势，引导学生树立远大的人生理想。我来“扮演”网络主播，直播带“货”，将思想引领在无形中植入网络直播。直播过程中，搜集学生在网络学习中的问题和困惑，形成各年级、各专业学业分析报告，以便后期有针对性地开展工作。网络直播会议，提升了教育的亲和力，增加了学生情感体检，进而唤醒学生学习意识，激发奋斗精神。

（二）做好“云端”陪伴：找准学生痛点，以规定动作育学风

网课虽然增加与提升了知识传输的数量和效率，但缺失了线下学习时同窗

共读的学习氛围，基于此，我组织学生开展了一系列“伴·学习”网上打卡、网上伴学活动。每天打卡任务是早睡早起、锻炼身体、认真记录课堂笔记等；严格上课纪律，做到课前点名、自习直播、学习计划分享等；同时，通过网络邮箱解决学习中的问题，缓解学习压力，疏导心理困扰。通过一系列活动将学生凝聚到网络学习中去，打造了一个云端陪伴的学习共同体环境。

（三）化身全职“客服”：紧扣培养目标，以资源联动促学风

针对部分学生学习缺乏自主性和规划性这一现状，我联合任课老师，化身全职“客服”人员，24 小时不断线，为学生批改、辅导作业，答疑解惑，培养学生学习能力。同时，深入课堂一线，搜集课堂学习状态信息，利用视频通话不定期检查学生笔记和知识点掌握情况，及时提醒学生改进学习方法，注意复习进度，严格执行学业预警制度；分别针对公共课和专业课学困生，设立“云端”加油站，组建网络帮扶小组，不让一名学生掉队。

（四）搭好家校“心桥”：借力家庭教育，以沟通交流厚学风。

学风建设离不开家庭教育的“向心力”，家访可以有效沟通教育理念，解决教育难题，了解学生成长背景，针对不同学生的个性开展不同方式方法的教育引导。互联网拓宽了家访的途径，通过视频通话可以达到家访的目的，家长群也便捷了学校与家长之间的沟通联系。我定期通过网络联系家长，反馈学生学习情况、沟通学习状态、达成教育共识、形成教育合力，为形成浓厚的学风助力。

（五）用好网络“催化剂”：巩固第二课堂平台，以校园文化浓学风

学风是校园文化的一部分，校园文化活动也是学风建设的重要载体。网络时代，丰富网络第二课堂活动是营造浓厚学风的主要途径。我精心组织了专家直播学术报告、朋辈榜样网络宣讲、网络读书会等系列学术性科创类活动，提升大学生专业素养的同时，唤醒学生的求知欲和学习意识。创新开展“互联网+文化节”，开展一系列互联网创新、创意活动，比如微电影制作大赛、网站设计大赛、网络征文大赛等，以培养学生创新意识和团结协作意识，提升网络素养，让第二课堂成为学生学习“反应”的催化剂。

四、案例成效

“闭环式”线上学风引领工程实施以来，保证了良好的课堂秩序，上课出勤率保持在 98%以上。我所带班级获得省级优秀班集体，多个班级获得校级“优良学风班”，教师资格证考取率达到 88.9%，考研录取率达到 33.3%。

五、案例启示

（一）巧用学情分析，打开“三全育人”新局面

善于分析学生学习情境数据，与任课教师分享数据，引导教师把握学生的

学习倾向;学生通过学情分析准确找到自己的弱点;通过学习情境数据的共享,家庭学习环境的监督力进一步增强。因此,学风建设在各个层面形成了合力,降低了辅导员单方面的管理难度,突破教育的盲区,打开了“精准育人”的“三全育人”新局面。

(二)抓牢课堂学习主阵地,营造学习共同体

课堂是大学生学习的主阵地,也是高校德育工作的主阵地。辅导员开展学风引领工作有多个维度,其中最重要的是促进学生提高课堂学习效率。当前,网络环境打破了现有的学风体系的生态平衡,也打破了原有的班级学习共同体。云课堂是新环境下的学生“集体”模式,在抓牢课堂出勤的前提下,跟踪学生学习状态,了解学生接受水平,评价学生学习效果,积极营造学习共同体。

(三)关注弱势学生群体,体现教育情怀

密切关注学生中的弱势群体,包括学困生、贫困生和心理异常学生等。网络会放大弱势群体的困难,辅导员应及时跟进这些学生的情况,及时给予关心、帮助,联通家校、整合资源,确保所有学生充分利用网络做好学习规划。对于心理异常学生,要针对其问题开展疏导和转介,及时化解心理危机,为学生成长保驾护航。

学风引领的工作不是孤立的,应当与价值引领、事务管理等辅导员的工作职责相互联动、协同推进、善于借力、善于统筹,全力培育优良的线上学习环境,全面完善学风规章制度,建立精准的学情数据库,构建以辅导员为纽带的多要素协同联动的合力育人模式。

获奖者简介

张然，女，汉族，副教授，硕士研究生学历。从事学生工作 15 年，研究方向为大学生价值观教育。连续十五年工作在立德树人第一线，作为基层辅导员，积累了丰富的工作经验。近年来，围绕学生工作，立项市厅级以上课题 6 项，发表论文 12 篇。曾获 2018 年山东高校辅导员工作论坛三等奖、2019 年度山东省高校辅导员优秀工作案例三等奖、山东省家庭教育科研课题三等奖、2020 年度山东高校辅导员工作优秀论文一等奖等。

获奖感言

高校辅导员工作使命光荣，责任重大。怀揣着浓厚的育人情怀，在新时代“立德树人”的火热实践中与学生共成长，以马克思主义信仰为灯塔，在奋力奔跑、努力追梦中筑牢大学生信仰之基，牢牢把握学生们的“拔节孕穗期”，精心用心培养国家社会所需要的合格建设者和可靠接班人。十五年育人，十五年成长。作为新时代的高校辅导员，我将继续踏着新时代的东风，坚守初心、砥砺前行，在陪伴学生成长成才的道路上实现自身的人生价值。

用“云端思政”之光引领青春航向

菏泽学院商学院　李赛

2020年初，自新冠肺炎疫情暴发以来，作为菏泽学院商学院的学工办主任，一名普通辅导员，深入学习贯彻习近平总书记重要讲话精神，积极响应上级教育部门号召，投身大学生线上思想政治教育工作，把战“疫”与育人紧密结合，在扎实做好疫情防控期间学生日常管理工作的同时，紧密围绕思想政治教育新形势、新要求，充分结合商学院学生实际，发挥学工团队自身优势，带动商学院学工队伍利用商学院微信公众号开辟“学工在线”辅导员网络微课堂，对学生开展线上思想政治教育。

一、案例基本情况

从2020年2月23日至今，“学工在线”已推出26期内容，采用音频、视频、PPT、文字等多种方式，大力弘扬爱国主义精神，关注学生思想提升、身心健康，指导学生成长发展，致力于打造有温度、有深度、有态度的菏泽学院商学院云端思想政治教育品牌。在服务学生中践行初心使命，为打赢疫情防控阻击战做出了积极贡献，构建了思想政治教育工作新格局，做到线上线下同频共振，切实增强了思想政治教育工作的针对性和实效性。

二、组织实施过程

疫情防控期间，作为商学院学工办主任，我注重加强对学生的线上思想引领，激发学生的爱国担当，提高学生的安全意识，强化学生的身心健康教育，确保疫情防控期间大学生思想政治教育工作不缺位、不断线。学生返校后，“学工在线”微课堂更加注重线下思想政治教育问题与线上指引相结合，将个性问题与普遍教育相结合，不断拓展学生思想政治教育空间，切实增强思想政治教育工作的实效性和针对性。

（一）加强学习培训，提升业务素质

作为商学院学工办主任，我组织带领商学院学工队伍加强政治理论学习，

进一步提高政治站位，强化责任意识，主动探索新形势下学生思想政治教育工作的新思路。全体辅导员积极响应上级号召，主动担当，站稳云端思政育人党员先锋岗，深入探讨网络思想政治教育方案，通过培训提升了网络思政课堂操作水平，突破了技术层面的限制。

（二）立足学工优势，精心谋划选题

在思想引领、身心健康、党团建设、防疫抗疫、创新创业等方面，我注重发挥学工队伍各位辅导员的专业特长，深入挖掘思政育人经典案例，整合优质教育资源，推出了如《共同战"疫"，我们能赢》《全民战"疫"见证中国精神》《温党史、铭初心、强党性、当先锋》《柠檬原则——思思老师和您聊聊疫情下的生活新思维》等内容，紧跟形势需要，启迪学生心智，引领学生成长。

（三）深入调查研究，推动成果转化

疫情防控特殊时期，立足"立德树人"，坚持"以人为本"，我针对云端思政开展情况设计调查问卷。通过在学生及家长中进行深入调研，对前期"学工在线"开展情况进行全面梳理，总结经验，向学生及家长问需问计，增强了师生互动的有效性，凸显了云端思政教育内容的前沿性，切实提高了云端思政课堂教育效果，在此基础上形成了一系列网络思政研究成果。

三、工作成效

（一）进一步拓宽了育人空间

菏泽学院商学院"学工在线"辅导员网络微课堂是商学院在疫情期间开展大学生思想政治教育的重要渠道，是辅导员与学生联系和沟通的"立交桥"，稳定了学生"居"家学习的思想情绪。学生返校后，"学工在线"辅导员微课堂又与线下思想政治教育、专业教学、日常管理有机结合，形成了线上线下育人合力，构建了商学院思政育人的新格局。

（二）进一步坚定了理想信念

"学工在线"辅导员微课堂始终坚持用习近平新时代中国特色社会主义思想铸魂育人，强化政治引领，厚植爱国主义情怀，创新教育载体，拓宽教育视野，使学生在接受教育的过程中进一步增强中国特色社会主义道路自信、理论自信、制度自信、文化自信，增强对我国社会主义制度的认同感，坚定战"疫"必胜的信念。

（三）进一步彰显了时代风貌

在"学工在线"辅导员网络微课堂的引领带动下，商学院师生向疫区捐款近7万元，200余名师生深入抗疫一线开展志愿服务；参与市文明城市创建志愿服务50余人次；7名老师和21名学生参与市农村新型社区调研，为菏泽市扶持农村文化科技卫生事业建言献策；50余名学生采用"互联网＋社会实践"新模式，采取"云组队""云调研""云访谈"等形式开展了以"防疫不松劲、复工齐跟进"为主体的"三下乡"社会实践活动，用实际行动践行"受教育、长才干、做贡献"的责任担当。真正做到把爱国情、强国志、报国行自觉融入坚持和发展中国特色社会主义事业、建设社会主义现代化强国、实现中华民族伟大复兴的奋斗之中。

（四）进一步丰富了理论成果

"学工在线"辅导员网络微课堂的持续开展，是菏泽学院商学院云端思政教育的有益探索，是"互联网＋思政教育"的有效实践，在此基础上，商学院总结经验，形成了一系列思政教育成果。2020 年 6 月，商学院党委书记吕建春主持，我所参与的山东省高校人文社会科学研究计划项目"利用新媒体加强大学生社会主义核心价值观教育研究"成果评审合格，顺利结项。2020 年 11 月，商学院辅导员常晓冲《疫情防控常态化形势下网络思想政治教育的探索与实践》荣获 2020 年度山东高校辅导员工作优秀论文二等奖。

2020 年，作为商学院学工办主任，作为一名辅导员，我紧跟形势发展，深入推进"互联网＋"思想政治教育模式，努力探索新时期学生工作的新思路、新机制、新方法，开拓创新，认真落实"立德树人"根本任务。"学工在线"辅导员网络微课堂，成为激扬青春力量、彰显时代担当的"云端思政之光"。

获奖者简介

李赛，女，汉族，硕士研究生学历，国家二级心理咨询师，菏泽学院商学院学工办主任兼团委书记、副教授。研究方向为思想政治教育、心理健康。自2006年开始从事学生工作。主持2021年教育部产学合作协同育人项目1项、菏泽市社科规划课题3项，发表论文10余篇。主要从事学生思想政治教育、共青团工作和心理健康教育。荣获2018年山东高校精品党课三等奖、2020年度山东高校优秀辅导员、2020年山东省大中专学生志愿者暑期“三下乡”社会实践活动优秀指导教师，多次获评校优秀共产党员。

获奖感言

这次获奖衷心感谢中共山东省委教育工委、山东大学等长期以来对辅导员工作的高度重视和大力支持，这是我们辅导员前进的信心与动力。新形势下，作为一名辅导员我将进一步探索开展学生工作的新方法、新途径，动态把握学生思想和行为的变化，遵循学生成长发展规律和新时代对学生工作提出的新要求，深入挖掘线上线下优势资源，精准聚焦、靶向施策，把“潜心育人”当成一种境界，用爱触动学生心灵，更好地帮助学生筑梦、追梦、圆梦。

解开贫困的缰绳，插上腾飞的翅膀

——多方合力帮助“三困”学生脱贫成长的案例分析

济宁学院体育系　孔李俊　马腾　陈长峰

2021年2月25日，习近平总书记在全国脱贫攻坚总结表彰大会上庄严宣告：“经过全党全国各族人民共同努力，在迎来中国共产党成立一百周年的重要时刻，我国脱贫攻坚战取得了全面胜利。”全国上下无不为此欢欣鼓舞，作为高校辅导员，我们也身临其境地感受到全党全国打赢这场脱贫攻坚战的坚定决心和为之付出的不懈努力。本案例通过对某“家庭经济困难”“心理困难”“学业困难”的“三困”学生的脱贫成长之路进行分析，找出帮助贫困学生真正摆脱贫困的关键点，并通过多方力量协调努力，最终为贫困学生插上腾飞的翅膀。

一、案例基本情况

小新（化名），女，是济宁学院体育系的一名学生。小新来自农村，自幼跟随爷爷奶奶生活，是当地的“建档立卡”家庭和“低保”家庭。爷爷奶奶年事已高，爷爷患有脑血栓、心脏病、腰椎间盘突出等疾病；奶奶患有冠心病等疾病。家庭没有劳动力，没有经济收入，且治病花销大，一家人的生活全靠政府救助维持，上学的花费则是来自助学贷款。

入学后，我们通过对于小新基本家庭情况的了解、学习生活情况的观察以及老师同学们的访谈，发现她是一名非常懂事并且积极上进的学生，但家庭经济困难状况对她的身心产生了很大困扰。她不仅生活拮据，而且有些自卑，平时与同学们交流不多。在入学第一学期，因未能迅速适应大学阶段的学习节奏，期末考试中一门科目未及格。学业问题的出现给该生造成了巨大的心理压力，成为她发生变化的导火索。她开始变得更加自卑，沉默寡言，躲避与同学的交流，上课经常走神，跟不上老师的教学节奏。结合其本就贫困的家庭背景，她出现了“家庭经济困难”+“学业困难”+“心理困难”的“三困”复合情况。

二、实施方法与过程

（一）案例分析

针对小新的情况，我们制定了以"多措并举、三手同抓"为方针的教育引导策略。

1.针对其家庭困难：寻找多方资助，缓解经济压力

家庭经济困难首先是对学生身体上的影响，衣、食、住、行各方面都受到家庭经济条件的影响。小新同学的家庭贫困，已经到了非常影响身体健康的程度。因此，我们首先寻找多方援助，保障她的基本生活需要得到满足，给她创造一个良好的学习生活环境。

2.针对其学业困难：明确学习目标，加强学业指导

困难的家庭经济条件本身就会影响本人状态，学业困难将会进一步加剧其个人困难情况。针对其学业困难问题，要积极联络学生所在专业的学业指导教师，对她进行针对性的学业指导，帮她明确学习目标、改良学习方法、提高学习效率，从而帮助她解决学业问题。

3.针对其心理困难：深入谈心谈话，维持心理平衡

根据小新的情况，发现经济困难对她心理上的影响很大。她时常觉得自己造成家庭负担，觉得如果自己做得不好，就愧对政府。这份心理重担，好像一只拦路虎，拦住了她前进的脚步。因此，深入地谈心谈话，排除心理压力，找到心理支撑，成为帮助她真正摆脱困境的重要方向。

（二）解决过程

1.建立贫困档案，争取多方资助

在了解小新同学的基本情况之后，我们积极向系领导汇报，在系领导的高度重视，以及学校资助中心的帮助下，我们帮助该生建立了贫困档案，通过多种方式，寻找多方力量，为其进行资助，并及时关注了解资助情况。在系内，安排她申请"勤工助学岗"，每月按时领取酬劳。2019 年，我校外籍教师维拉先生捐助成立"维拉奖学金"，我们积极与资助管理中心对接，帮助她准备申请资料。最终，她顺利得到了"维拉奖学金"5000 元资助。此外，她还受到了国家助学金和国家励志奖学金的资助。

2.强化价值引领，正确认识贫困

通过在全系范围内的班会、主题党日和团日活动，以及日常谈心谈话等方式，积极宣传正能量，号召全体同学把精力都放在学习和个人成长上。正确认识贫困，形成正确的价值观。小新同学在全系良好氛围的感染下，逐渐正视自己的经济状况，不与他人比吃穿，勤奋刻苦求上进，自己取得进步的同时也很好地融入了班集体。

3.鼓励学习锻炼，促进全面进步

我们积极配合学业指导教师的工作，在有针对性对小新同学进行专业学习

辅导的同时，鼓励她好好学习，不断提升自己的专业技能。支持她竞选担当体育系学生会宿管部副部长，鼓励她积极参加社团活动，加强人际交往，锻炼自己的工作能力，多方面发展，争取全面进步。

4.引导兴趣转移，维持心理平衡

我们一直关心关注小新同学，大一第二学期初发现她情绪低落，便及时与她谈心谈话，了解到她因为第一学期没有完全适应大学学习生活，一门课程考试不及格，她觉得愧对政府的资助和老师的关心，心理压力加大，羞于面对老师和同学，学习生活受到了很大影响。通过深入地谈心谈话，我们发现她的根本问题是对资助的不合理认识，她认为"受到资助就必须十全十美"。针对这种情况，我们通过共情方法和辩论方法，引导她改变不合理认识，使她形成"受到资助，我希望自己能够变得十全十美，我愿意为实现这个目标而不断努力"的合理认识。与此同时，根据她的个人兴趣爱好，通过"兴趣转移"的方式，鼓励她参加各种社会实践活动和体育竞赛，缓解心理压力，保持心理平衡。

三、工作成效及取得的经验

在政府的政策支持、学校各部门的配合以及系领导的高度重视下，通过多方共同努力，小新同学已经成长为一名学习优秀、工作踏实、生活乐观的大学生，多次在全省各级户外越野和登山比赛中获奖。因其良好的表现，小新同学在本学期被确定为党员发展对象，赢得老师和同学们的一致好评。

作为小新同学的辅导员，看到她的成长，我们感到无比欣慰。她的事例对辅导员更好地开展学生资助、学风建设、女生工作和心理健康教育等工作都有深远意义，尤其是在困难学生帮扶工作方面，我们总结出以下经验。

（一）对于困难学生的帮扶，要做到"真扶贫"

对于困难学生的帮扶工作，要将工作做到实处，要真正做到扶贫，而不是空喊口号或仅仅应付工作。只有用真心去了解困难学生，去设身处地地思考问题，才能真正了解学生的困难，才能真正帮助学生解决困难。

（二）对于困难学生的帮扶，要做到"扶真贫"

对于困难学生的帮扶工作，要深入了解学生的情况，只有这样才能知道谁有真正的困难，才能更好地分析情况，发现问题的根源，找到解决问题的关键点，做到有的放矢，从而更有效地解决问题。

（三）对于困难学生的帮扶，要做到"脱真贫"

对于困难学生的帮扶工作，要帮扶到关键点上，要帮助学生真正摆脱贫困。所谓"授人以鱼，不如授人以渔"，要让困难学生"脱真贫"，就要教给他摆脱贫困的本领。作为高校辅导员，我们要告诉学生学习专业知识和技能的重要性，要教给他们处理事情的方式方法，锻炼他们适应社会的能力。

获奖者简介

孔李俊，女，中共党员，博士研究生学历，讲师。自2019年7月参加工作以来，始终心系学生，在学生教育管理工作一线不断努力、潜心钻研。曾获济宁学院2020年度辅导员优秀工作案例一等奖、济宁学院"知学生·熟班级"大赛一等奖。主持济宁学院辅导员骨干专项课题1项，指导学生研究性学习与创新性实验计划项目1项。

获奖感言

非常感谢中共山东省委教育工委提供了这样一个平台，也非常荣幸我能有机会分享工作心得。虽然我从事辅导员工作的时间不长，但我相信功夫不负有心人，只要付出真心和努力，总有一天可以做到"桃李不言，下自成蹊"。今后我将不忘初心、牢记使命，继续努力工作、不断学习，成为学生的良师益友，为党和国家培养社会主义合格建设者和可靠接班人。

“用心交流、用爱感化”

——新生心理健康问题干预

山东管理学院信息工程学院　迟诚

党和政府历来高度重视学生心理健康问题。习近平总书记指出：“要健全社会心理服务体系和疏导机制、危机干预机制，塑造自尊自信、理性平和、亲善友爱的社会心态。”这对高校思政工作者提出了明确要求。

每一个学生都承载着家庭的希望，也代表着国家的未来，我作为辅导员中的一员，与学生接触最多、关系最为紧密，也深深感受到自己作为一名教育工作者身上所承担的责任与使命。教书育人不能没有爱，关注学生的心理健康尤为关键，在传道、授业、解惑的同时还必须具有社会责任感和使命感。

一、案例基本情况

小周同学（化名），女，大一新生，钢琴专业，入学成绩较为突出，非独生子女，易受外界环境影响，情绪波动较大。军训后，因与宿舍成员作息不一致，出现失眠精神衰弱等问题，后期甚至产生了轻生的念头。

二、组织实施过程

作为辅导员，我马上与宿舍成员进行交流谈话，首先解决目前宿舍存在的问题，安排班委、宿舍成员时刻关注小周学生情况，有问题第一时间反馈。在与小周同学交流过程中，发现她情绪非常不稳定，出现时哭时笑等多种症状。我意识到情况较为严重，第一时间通知了家长，并联系山东精神卫生中心，与家长一同带她前往医院就诊。

在这一过程中，我始终陪伴在她的身边，使她感到安全感，也确保她出现轻生念头时有人陪同，避免危险事件发生。

三、工作成效

(一)用心交流,建立良好师生关系

在实际工作中,我通过主动与她谈心、设身处地为她着想、深夜陪她等待家长到来等方式,走进她的内心。一开始她并不愿意多说,后期逐渐对我敞开心扉。我了解到她婴幼儿时期母亲选择外出学习,并没有陪在她的身边,所以从小缺乏安全感。高中时期,本可以以普通文科生身份考入大学,但因听取了父母的建议,选择了家长认为更好就业的理科。后期因跟不上学业,学习了钢琴。进入大学后,因作息不一致与宿舍舍友产生矛盾分歧,同时出现了逃避、不想回宿舍的情绪。经过多次沟通、认真倾听她内心的想法、帮她解决问题,从而建立了良好的师生关系,我也成为她在大学中值得信任的知心朋友。

(二)用爱感化,塑造健全人格

因为从小缺失母爱,小周同学会时常感到没有安全感,同时奶奶的重男轻女也对她的心灵造成了极大伤害。成年后的小周性格越发孤僻,遇到困难总选择逃避,内心深处渴望被关心被保护,希望母亲陪伴身边的欲望强烈。为此,我一方面在与其交流时倾注了更多关心,另一方面也引导她要逐步树立学习目标,找到前进方向,建议她多运动、多交朋友、多参加集体活动,从而转移注意力。小周同学喜欢读书,鼓励她坚持自己的兴趣爱好,以积极健康的心态去面对生活。

小周同学去医院检查后被确定为重度抑郁,医生建议休学进行治疗。在休学期间,我始终保持与她通信往来,了解她的日常生活和心理状态。目前小周已经返回学校,开始正常的学习和生活,还发信息对我表示感谢。

四、后续思考

在工作中发现原生家庭带给学生的心理伤害最为突出,案例中的同学只是其中一个。我们作为学生的引导者,要及时关注到学生的思想变化,找出问题的原因,抓准教育时机,不拘泥于简单的说教方式,要采取形式多样的教育方法进行干预。

(一)正向引导,摆脱失落感

很多学生在进入大学后,发现校园生活与想象中的并不一样,这种差距使学生产生了心理落差,导致对大学生活、对学习失去了向往和动力,后期会出现退学或者转专业的想法。针对这类问题,辅导员应积极引导学生正确看待大学,鼓励学生积极参加学校学院活动,通过加入社团、组织主题班会、班级团建等方式,让学生融入集体,在交朋友中适应大学生活。对学生进行政策宣讲,让学生充分了解学校政策,学生能够根据政策有针对性地选择自己的道路。

（二）精准助力，告别“迷茫期”

高中时期，学生大多将“考上大学”作为自己的目标，进入大学后，部分学生会进入茫然期，每天无所适从，没有明确的目标和规划。本案例小周同学的心理问题产生是在军训结束后，军训期间，学生忙于军训，注意力有所转移；军训结束后，突然失去了行动目标。作为辅导员，可以联系高年级的优秀学生代表，以代班学长身份，带领新生参与活动，在学生与优秀学长交流的过程中，逐步找到自身目标。通过组织优秀毕业生宣讲活动，以毕业生讲解考研或就业经验的形式，让学生从大一开始就对自身进行明确的定位，判断自身的不足以及前进的方向，使其不盲目、不从众地合理制定规划目标。

（三）靶向对接，加深“家校情”

家庭在大学生健康成长发展的过程中扮演着至关重要的角色。强化家校育人合力，引导家长树立正确教育观念，以健康和谐的家庭环境影响学生，有效提升心理健康教育实效。因此，辅导员在日常工作中可以通过电话、建立QQ群等方式加强与家长的沟通联系，让家长实时了解学生在校动态，并针对大学生在校期间的学习和生活、困惑和挫折以及家庭中需要改善的地方进行沟通交流，使大学生与家庭之间的关系进一步拉近，改善彼此错误的相处方式，发挥家庭的正向作用。

爱的教育关系到每一个大学生的成长成才，关系到教育发展的整个过程。用心沟通，可以在平等信任的基础上直达学生内心；用爱感化，帮助大学生树立正确的价值取向。辅导员一直是一个有温度、有情怀的职业，我会继续带着爱与坚持，在辅导员道路上，做好大学生的人生导师和知心朋友！

获奖者简介

迟诚，女，汉族，助教，硕士研究生学历。从事学生工作一年半，研究方向为思想政治教育、大学生职业生涯规划。曾荣获山东高校辅导员讲党史优秀短视频展示活动三等奖、教育部高等教育司 2021 年产学合作协同育人项目立项 1 项、山东管理学院 2021 年大学生职业生涯规划大赛“优秀指导教师”称号。

获奖感言

“辅导员是离幸福最近的人”是我的本科辅导员对我说过的话。在他的影响下，我从研究生兼职到毕业全职，一直走在这条与幸福并肩的道路上。辅导员的幸福来自学生，而这份职业的特殊性和引人入胜之处，在于它本身又能够给学生带来幸福。这个岗位给了我责任与鼓励，让我可以用专业的知识和丰富的经验去影响学生一生的职业发展；可以用敏锐的观察去改变一个学生甚至他的家庭；可以用规范的制度和创新的管理去打造一个铁一样团结的班级和年级。在这个过程中，辅导员无时无刻都在与学生共同创造，也共同享受着幸福。而这也让辅导员成为离幸福最近的人。

感谢中共山东省委教育工委搭建的研究交流平台，感谢学校对于学生思政工作的高度重视，感谢学院给予的实践和研究支持。我会带着这份责任与爱，继续踔厉奋发、笃行不怠，在辅导员一线工作中贡献自己的微薄力量！

积极心理“三步法”自主点靓心动力

——“阳光护航”大学生积极心理品质提升计划实施案例

山东电力高等专科学校学员学生工作部　任永友　霍焱

一、基本情况

学生艾某，男，19岁，维吾尔族，某专业2019级学生，是我所带班级的一名“好”学生。说其“好”，是因为他入校心理普查结果显示正常。他虽性格偏内向，但人际关系尚可，能够适应大学的学习生活，学业成绩和日常表现均良好，不在我的重点关注对象名单中。

但在2020年开学后的一天，我接到学生干部的报告，艾某在自习课上用手机持续播放音乐，班干部劝阻未果。我立即赶到现场，发现他情绪激动，并自言自语地说着维吾尔语，无法正常交流，拒绝离开和与他人接触。对于这种情况，我立即启动了学校心理危机应急预案，并最终在多方协作下，妥善处理了此次危机。后经证实，艾某被所在其家乡的权威医院确诊为心境(情感)障碍。

艾某的遭遇深深地触动了我，我开始深刻反思以前班级的健康帮扶工作：以往我只重点关注确实存在心理问题的学生，而相对忽视了看似心理健康学生的心理需求，致使艾某这样的“好”学生成为我的工作漏洞。这件事情不断刺激着我的神经，创新工作方法的念头不断产生。最终，我依据学校“阳光护航”大学生积极心理品质提升计划要求，在校心理健康发展中心专业老师的帮助下，创新研发了积极提升心理品质的“三步法”。实践证明，“三步法”能够满足大学生心理发展需求，提升积极心理品质，改善思想行为状况，促进身心健康成长，为培养社会主义的合格建设者和可靠接班人保驾护航，具有在现实中进行推广的重要价值。

二、组织实施

(一)开展系统调研工作

“没有调研，就没有发言权”，为研发出科学有效、便于推广且实用的大学生积极心理品质提升方法，我先后采用文献分析法、问卷调查法和访谈法，展开了科学系统的调研工作。

首先，我开展了学生心理健康状况影响因素问卷调查，将结果与学生 SCL-90 的测试结果一并导入 SPSS 软件，逐步采用卡方检验和二元 Logistic 分析进行了数据统计。结果显示，在 50 条可能影响的因素中，“与父母有隔阂”“独立处理事情能力较差”“没有合适的途径排解自己的负面情绪”等 10 条因素是导致学生 SCL-90 阳性检出率较高的主要因素。其次，我开展了学生思想行为状况问卷调查，结果显示：学生普遍存在对学校教学活动认识不足、自主参与性较差以及获得感较低等问题。

（二）组织实施“三步法”

大学生积极心理品质提升“三步法”，是以前期大量充分调研为基础，以现存问题为导向，以提升大学生积极心理品质、促进大学生健康全面发展为最终目标，依据马丁·塞利格曼的 PERMA 幸福理论及清华大学积极教育的“六大模块、八大系统”科学理论，创新研发而成的辅导科学育人工作方法。具体包括：第一步，讲授原创理论课程；第二步，开展朋辈互助活动；第三步，实施多维巩固措施。该方法实施过程如下。

1.讲授原创理论课程

“第一课堂”永远是教书育人的主要阵地，为此我把课程讲授作为提升学生积极心理品质的重要举措。

依据前期调研结果，我“对症”选取了品格优势与美德、成长型思维、积极关系及福流等 8 个积极心理学理论作为科学依据，围绕积极自我建构、不良关系改善、能力感提升及负面情绪管理等问题，结合“第二课堂”核心项目，最终设计形成 4 个主题课程，分别为“了解自我，主动升级”“助人助己，拥抱幸福”“创新创意，点亮人生”“多彩活动，其乐无穷”。

课程讲授阶段历时一个月，每周一次，每次用时 2.5 小时。内容包含复习导入、积极心理学知识讲授、小组实践练习、“第二课堂”项目介绍及作业五个部分，最终汇编成《自主点靓青春》课程讲义。

2.开展朋辈互助活动

基于前期工作经验，以及在第一步中学生们暴露出的问题，我与心理健康发展中心的老师一同开展了朋辈互助活动。

该系列活动是以团体心理辅导理论为支撑，渗透积极心理学内容，采取结构式团辅形式，从而开展的朋辈心理互助活动。该系列活动共 8 次，主要围绕幸福与乐观、积极自我、积极关系等 8 个主题开展，包含幸福账本、动物星球及我的优势树等若干创新团体活动。

活动开展历时 2 个月，每周 1 次，最终形成了可用于推广使用的参考资料，比如《积极心理学知识手册》《团体心理辅导知识手册》和《团体活动典型案例汇编》。

3.实施多维巩固措施

为巩固前两步的实施效果，我创新设计了线上线下相结合的三个维度的巩固措施，即基础知识普及、新媒体微课推送和微信群经典活动打卡。

三个维度的巩固措施具体包括如下内容：在学校微信公众号等多个新媒体平台上开发了“团团倾心说”专栏，录播了27节《成为更好的自己》专题音频课程；在班级微信群里，及时推送学校心理健康发展中心推出的微课视频；线下编发了《自主点靓青春》课程讲义和包括情绪管理、人际关系处理、压力应对在内的18个心理专题宣传彩页；除此之外，我还在班里组织了“21天每日三件好事学习”“21天晨读计划”以及“21天塑造运动达人”等微信打卡活动。

这一阶段的活动实施至学期末结束，学生们对此反应普遍较好，个人精神面貌焕然一新。

（三）科学评估干预效果

为科学评估“三步法”的实际效果，我在“三步法”实施前随机选定了两个班级分别作为实验组和对照组，进行了科学实验。

我在研究中对实验组进行“三步法”干预，对照组则不采取任何形式的干预措施，只按教学计划开展第一课堂和第二课堂的常规性教育。在“三步法”干预前后，实验组和对照组分别进行了前后监测数据采集，采集工具包括问卷及量表两类。其中，量表选用的是由清华大学积极心理学研究中心推荐的心理组合量表，该组合量表包含8个量表、156个题目、测试SCL-90及其他10项相关心理指标水平。

实验结束后，我对两组的前后监测采集数据进行了横向、纵向统计对比，从而科学评定“三步法”的干预效果。分析结果显示：“三步法”对提升大学生积极心理品质具有显著的积极作用。

三、工作成效

（一）大学生积极心理品质显著提升

“三步法”干预前，实验组和对照组的相关心理状况及水平基本一致；“三步法”干预后，实验组在“生活满意度”“积极情绪”和“能力需要满足”三个方面有着显著的正向变化，而实验后的对照组在“生活满意度”等六项心理维度上均有显著的负向变化，并且实验组在“生活满意度”水平上显著高于对照组。此外，实验组SCL-90三大症状（强迫、人际关系敏感、敌对）的阳性检出人数减少了45%，阳性检出率降低了6.52个百分点，整体状况明显优于对照组。以上数据结果均证明：“三步法”能够显著提升学生多项积极的心理指标水平，促进学生群体心理品质的积极提升。

(二)大学生思想行为状况显著改善

数据结果显示:"三步法"干预前,实验组学生在对教学活动的认知、自主参与性及获得感方面的整体水平明显低于对照组;"三步法"干预后,实验组学生在重点调查项目结果上水平提高30个百分点以上,且显著高于对照组在实验后的水平。这说明"三步法"干预后,学生对教学活动的认知、自主参与性及获得感明显提高,如此看来,"三步法"能够有效改善学生的思想行为状况。

(三)"三步法"典型做法成功推广

基于"三步法"对提升大学生积极心理品质的卓越贡献,我对其进行了完善和提升,总结成果荣获了管理创新项目、科技创新项目及党建课题研究等多级多类奖项。我也顺利通过了清华大学积极心理学指导师的认证考核,"三步法"被评为优秀认证成果。

目前,学校已将"三步法"纳入2021年团青工作要点,计划在全校正式推行。我们相信,大学生积极心理品质提升"三步法",可以为其他高校开发合理有效的心理健康服务运行体系和改善人才培养模式提供一些机制方面的参考。

获奖者简介

霍淼，山东电力高等专科学校学员学生工作部团青干事（辅导员），女，汉族，高级政工师，工学与管理学双学士学位。主要研究方向为团青思政教育与心理健康服务。从事学工工作8年。先后获得国家二级心理咨询师、清华大学社科学院认证的高级积极心理学指导师、国家电网公司优秀团干部、学校先进工作者、优秀工会积极分子、服务之星等职业资格及荣誉称号。荣获省部级三等奖以上成果9项、主持参加制定校内制度18项、专著1部、专利1项、论文5篇，多次获得各级各类演讲比赛一等奖。

获奖感言

能够荣获山东省高校辅导员2020年度优秀工作案例一等奖第一名的好成绩，让我十分激动，备受鼓舞。感谢主办方给予本案例的高度评价，这是对一线辅导员立足岗位、匠心筑梦的一份信任、一份肯定，一份鼓舞。它将激励着我在今后的工作中不忘初心、修身琢业，持续引导学生学习贯彻习近平新时代中国特色社会主义思想，为党和国家培养全面发展的社会主义合格建设者和可靠接班人作出新贡献。

六步解困、七心关爱、八方支持

——助力学子从“绝望人生”逆袭“本科之路”

山东商业职业技术学院会计系　魏晓旭

大学生心理问题形成因素错综复杂，在校期间如何及时发现并有效解决大学生心理问题，是辅导员的重要工作和难点任务。本案例是由原生家庭矛盾造成的学生心理问题，辅导员通过“六步解困、七心关爱、八方支持”的全方位心理帮扶，真实有效帮助学生缓解心理矛盾，实现健康成长成才的目标，并通过真实案例为更多思想政治教育工作者提供相关决策建议。

一、案例基本情况

（一）学生案例情况简介

小青（化名），女，2017 年 9 月入学，2020 年 6 月毕业。家中有父母和弟弟，共 4 人，弟弟比小青小 12 岁。考虑未来发展，小青父母在其小学期间来到济南工作，小青留在老家与爷爷奶奶生活，直到高中父母才将小青接到济南生活学习。弟弟出生后，小青父母将注意力主要放在照顾弟弟身上，忽视了对小青的情感关怀；面对小青因此产生的不满情绪，小青父母甚至对小青进行严厉斥责，总是批评小青“不懂事，不体谅父母”。

父母的批评给小青带来了极大伤害，从而开始郁郁寡欢，人变得焦虑自卑；小青认为父母有了弟弟，自己是家里多余的人，没有了生活的意义，产生了抑郁厌世情绪。

进校后，经排查发现了小青心理方面的异常情况，经校心理健康咨询中心评估，小青属于中度抑郁且伴有自杀意念。

大学三年期间，我通过“六步解困、七心关爱、八方支持”对小青进行心理帮扶，帮助小青摆脱心理阴影，重拾对学习和生活的信心，逐步化解与家庭的矛盾，重新树立积极平和、乐观向上的健康心态。最终小青于 2020 年 7 月顺利考入省内公办本科院校，实现了“后来者居上”，并以阳光健康的心态开启未来新航程。

（二）学生案例分析

原生家庭在学生成长过程中具有不可替代的作用，调整心态正确面对原生家庭存在的问题，积极投入全新的学习和生活才是关键。本案例是原生家庭矛盾造成的学生心理健康问题，一是父母外地打工，成为留守儿童，缺少父母的关心关爱；二是二胎家庭出现的教育不均和关爱不均，造成心理失落；三是父母缺乏与孩子的沟通，言语伤害给学生造成心理创伤。该案例属于心理健康教育与咨询板块。

问题关键有三：第一，如何调整学生心态，让学生正确理解和面对原生家庭存在的矛盾和问题；第二，如何通过家校联合，帮助学生解除内心困扰；第三，如何引导学生重新树立健康阳光的生活态度，积极投入学习生活，真正实现健康成才。

二、组织实施（处理处置）过程

（一）总述

通过摸索实践，我们确立了“六步解困、七心关爱、八方支持”的工作机制（见图1）。“六步解困”明确了学生心理帮扶工作流程，主要包括“细致摸排、交心共情、责任意识、感化感动、设定目标、成长领悟”；“七心关爱”确立了学生心理帮扶的工作理念，主要包括“班会讲座引导入心、全面排查认真细心、列入重点关注关心、谈心谈话温暖爱心、教育引导真诚暖心、规划建议务实真心、定期沟通坚持恒心”；“八方支持”明晰了学生心理帮扶的社会支持系统因素，主要包括“老师、父母、亲属、舍友、班级同学、闺蜜好友、小初高中亲密同学、网友”八个方面。

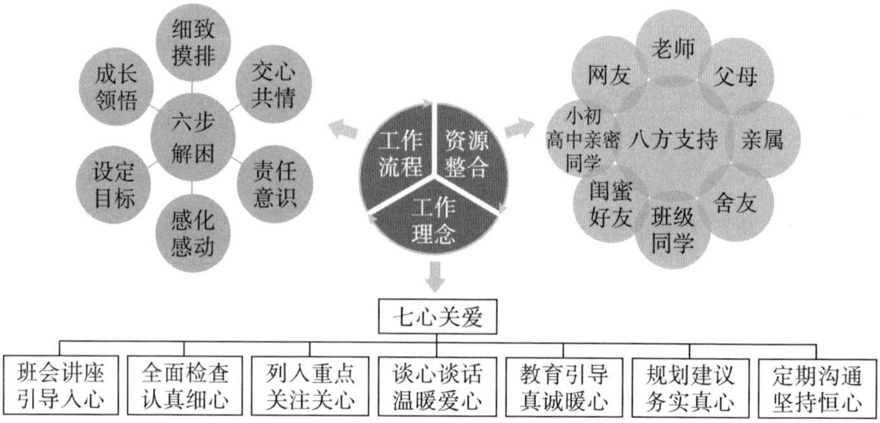

图1 “六步解困、七心关爱、八方支持”工作机制示意图

(二)组织处置实施过程

1."六步解困"走出阴霾,三年陪伴助力成长

(1)班会引导"入脑入心",发力宿舍排查摸底

召开新生入校班会,精心设计班会内容,通过心理视频案例、分析讲解、正面引导等措施,教育学生正确看待成长过程的坎坷,填充正能量,树立"有困难,会求助"的积极心态,摒弃自卑、焦虑、偏激等负能量,引导存在心理问题的学生勇于发送"求助信号"。

紧紧围绕宿舍开展新生心理排查工作,选拔责任心强、洞察力敏锐、具有一定号召力的同学担任宿舍长,并进行专门培训,旨在细致深入查找存在心理问题的学生,并及时开展心理干预和帮扶工作。

在班会引导和舍友鼓励下,小青主动到校心理咨询中心进行求助咨询,迈出了走向全新人生第一步。

(2)交心共情保密互信,联合机构家校协同

我与小青建立了平等友好沟通关系,对小青的帮扶坚持保密原则,尊重学生的情感,全面了解小青心理问题的症结。真正通过换位思考来体会小青内心的痛苦,用暖心消除小青对外界的"冰冷隔膜",成为小青真正的"心灵朋友"。

我积极与校心理健康咨询中心沟通,取得咨询中心的帮助,向精神卫生专业机构专家请教,制定帮扶策略和方案。在取得小青同意后,我实地开展家访,向家长了解小青的成长过程,共同分析原生家庭对孩子成长的影响,让家长意识到小青心理问题的严重性,正视自身在小青成长过程中存在的关怀疏忽、言语伤害等问题,从而取得家长积极与学校合作,共同帮助小青走出心理困境。

经过父母与小青的耐心沟通,家庭重新建立了融洽的亲情关系,小青的心理压力得到了有效缓解,也逐步摆脱心理了"魔咒",久违的笑容再次在小青脸庞上出现。

(3)树立学生责任意识,明确认知自身价值

从责任伦理角度出发,以家庭、学校、社会三方面对小青进行生命观教育,引导小青树立生命责任意识,懂得自身生命存在的意义,学会"敬畏生命、遵循生命、相信生命、关爱生命、尊重生命、精彩生命"。帮助小青分析自身优势和缺点,鼓励小青"将优势转化为发展信心,将缺点转化为进步动力"。

小青在接受教育过程中,心态和状态逐步开始转变:一是学习积极性提升,课堂学习主动坐在前排座位,与老师展开互动;二是参与各类活动,与更多同学进行交流,渐渐打开封闭的内心;三是积极参加班级建设,在宿舍中起表率作用,带动宿舍同学搞好内务,所在宿舍内务评比的成绩始终名列前茅。

(4)真情实意感化感动,扎紧师生信任纽带

"亲其师,信其道",与小青沟通交流,我坚持立德树人、以身作则、爱岗敬业

的工作态度，为学生起表率作用，通过不断的沟通和关爱行动，逐步感化小青；通过师生之间相互深入了解，逐步获得小青的情感认同，慢慢建立起彼此沟通和信任的纽带，为今后心理帮扶工作奠定坚实基础。

(5)目标驱动明确方向，职业规划引领启航

结合小青自身发展意愿，为她设立短期和长期努力的目标，从学习、交友、素养提升等多方面帮助小青规划未来发展方向，确立“学历提升、提高技能、优质就业”的职业发展规划，开启人生奋斗新篇章。小青在此过程中，积极参与学生各类活动，不断拓宽眼界、提升个人修养、强化职业素养、重拾发展信心。2018 年 5 月，小青代表班级参加学院组织的普法安全活动，通过预赛、复赛和决赛的层层角逐，最终获得二等奖好成绩。

(6)强化自立夯实成果，引导学生成长领悟

心理康复过程并非一帆风顺，实时关注小青的学业、交友、恋爱、生活、活动、社会实践等成长轨迹，鼓励小青自立自强，锻炼独立解困的能力，从而巩固心理康复成果。

伴随着小青逐步走出心理困境，恢复健康身心，小青于毕业季向我回顾成长历程，我也借此机会引导小青结合未来发展进行自身的成长思考：一是面临困境要学会控制情绪，冷静处理；二是逐步强化自身受挫能力，提高应对本领；三是常怀感恩之心，用自己努力去帮助他人；四是励志成才报效祖国，实现人生价值。

2.“七心关爱”理念贯穿，奠基学生成才发展

对小青进行心理帮扶，我明确各项工作环节，以“七心”为工作理念，做到持之以恒、坚持不懈，将“入心、细心、关心、爱心、暖心、真心、恒心”贯穿始终，使小青感受到辅导员的温暖，体会到教师对学生的关爱，自身充盈正能量，树立健康生活的理念，心怀远大理想抱负，真正实现个人生命价值。

2020 年 7 月，小青以优异的成绩实现专升本目标，顺利考入省内公办本科院校，并于当年 9 月正式入学就读本科，被录取后，小青第一时间将该喜讯告诉了我，与我分享她的快乐。

3.“八方支持”资源整合，重构社会支持系统

心理帮扶过程中，我认真分析总结影响学生心理的因素，与小青班主任及任课老师、父母、舍友、班级同学、闺蜜好友等建立紧密联系，整合多方资源帮助小青重新建立良好的社会支持系统，让小青感受到身边亲人、师生和朋友对自己的关爱，重新树立平和健康、积极乐观的生活态度。

三、工作成效

(一)学生恢复身心健康,逆袭踏上本科之路

三年全程的跟踪帮扶扭转了学生抑郁、自卑、焦虑的负面情绪,使学生逐步恢复健康的心态,重新树立平和、阳光、乐观的生活态度,明确未来努力的方向,并全身心投入学习和生活中。

(二)提高学管科研能力,提升心理健康与咨询工作水平

强化辅导员运用科学理论开展学生管理工作的能力,切实提高了辅导员心理健康教育的工作水平,提升了服务学生的工作质量,真正实现为学生成长成才奠基。

(三)心理帮扶工作模式得到检验,具备推广可能性

真实学生案例,有效验证了“六步解困、七心关爱、八方支持”工作模式的实效性,其具备在高职院校推广的可能性,能够为高职院校辅导员开展心理健康教育与咨询提供借鉴参考。

四、工作启示

(1)紧紧抓住以学生为中心的工作原则。坚持立德树人的宗旨,与学生进行深入的沟通交流,了解学生思想动态和内心变化,消除学生摒弃与老师之间的“代沟思想”,注重思想政治教育工作实效性。

(2)坚持理论联系实际。根据学生实际情况,合理运用思想政治教育理论和工作方法开展学生帮扶工作,树立为学生服务的意识,全面提高学生工作能力和水平。

(3)将思想政治教育与心理健康教育有机融合、协同发力,注重分类分层次教育引导,既要做好普及教育,又要重视学生个性化发展。

获奖者简介

魏晓旭，男，汉族，讲师，大学本科学历，现任山东商业职业技术学院会计系党总支副书记。2007 年 7 月至今一直从事学生工作，主要研究方向为大学生思想政治教育。个人曾获山东省大中专学生志愿者暑期“三下乡”社会实践活动优秀指导教师、校级“优秀共产党员”“优秀教育工作者”等荣誉；所带班级曾获省级“优秀班集体”称号；所带学生曾获全国“互联网＋”大学生创新创业大赛铜奖、山东省职业院校技能大赛一等奖等荣誉。

获奖感言

辅导员，岗位平凡但使命神圣，若要做好，必将在工作中付出心血，必将把学生成长放在心间，必将让关怀关爱融入心灵。十五载学生工作经历，看着一批批青年学生学有所成，步入社会放飞梦想，奋斗努力终成中流砥柱，担起中华民族伟大复兴重任。作为辅导员，没有什么比这更加让自己欣慰和动容。感谢国家给予辅导员成长和展示的平台，我将在育人岗位上继续真诚奉献，牢记立德树人的宗旨，助力青年学子成才发展，为国家教育事业的发展继续贡献力量。

“学四史，燃青春，筑梦想”

——实施大学生学“四史”教育工程的探索与实践

山东电子职业技术学院智能制造工程系　王晓天　刘雅惠

一、案例基本情况

习近平总书记在给复旦大学《共产党宣言》展示馆党员志愿服务队全体队员的回信中讲道：“希望广大党员特别是青年党员认真学习马克思主义理论，结合学习党史、新中国史、改革开放史、社会主义发展史，在学思践悟中坚定理想信念，在奋发有为中践行初心使命，努力为实现‘两个一百年’奋斗目标、实现中华民族伟大复兴的中国梦贡献智慧和力量。”然而，高职院校的大学生对“四史”的新内涵了解不够深入，领悟不够透彻，从而出现了爱国主义情怀欠缺、使命与担当精神的内生动力不足的情况。

为此，我们发挥党建引领、价值铸魂的作用，在2020年6月筹划，组建研究团队，在广泛开展专项调研的基础上，面向全系青年学生开展新时代下主题为“学四史，燃青春，筑梦想”的“四史”教育工程。在近一年的积极探索和实践中，出台了实施方案，构建了联动机制，建立了学习体系，制订了学习计划，线上线下实现了联动，趟出了一条加强当代大学生爱国主义教育、加强社会主义核心价值观的路子，形成了富有时代价值、行之有效且便于推广的学习教育模式，打造了8项成果，教育成效显著，推动了全校大学生素质教育工程的实施，为学校提升人才培养质量提供了有力的动力支撑。

二、组织实施过程

“四史”教育工程自2020年6月筹划实施，不断在“四史”学习教育上理思路、出新招。出台《智能制造工程系“学四史，燃青春，筑梦想”大学生“四史”教育工程实施方案》；构建“党总支引领、团总支号召、团支部行动”的三级联动机制；制订年、月、周三层级学习计划；建立学习内容体系，实现“线上＋线下”“课内＋课外”多种形式和全系青年学生全覆盖模式，引导广大青年学生以史为镜、知史爱国、汲取精华、启迪智慧，在实践躬行中坚定初心、牢记使命，让“四史”学习教育真正入脑、入心、入行。

（一）设计主题展板，打造文化宣传主阵地

通过精心设计制作“新中国历届领导人谈历史经典名句”系列展板，在办公图书楼一层和二层大厅展出，打造四史文化宣传主阵地，营造良好的文化氛围。展区共用8个板块展出新中国历届领导人谈历史的经典名句，基础楼宇的师生常在此驻足停留、仔细阅读、深切体悟（见图1），字里行间渗透着中央领导人对历史的敬畏。“每一次停留都是思想的碰撞，每一次碰撞都是心灵的升华”，也只有知史和明史，知道自己从哪里来，才能更好地整装待发，走得更远。

图1　学校党委副书记迟会礼应邀参观“新中国历届领导人谈历史经典名句展”

（二）通过网络育人，搭建“四史”教育平台

灵活运用易班、公众号、抖音、微博等网络平台，以“四史”学习教育为契机，以丰富的“四史”学习教育素材，引导大学生坚定信仰初心，凝聚思想共识。我系微信公众号平台“山东电院智赢未来”设有“四史”教育专栏，专栏中开设习近平总书记讲述“红色故事”“党史博采”“红色血脉”三个板块。这三个板块以内容发布、平台推送、文章转载量、留言评论为手段，以图片、音频、影像和文本材料等为载体，提供丰富多彩的“四史”学习内容。2020年6月以来，通过线上学习，搭建网络学习平台，党史学习专栏共发布近300条信息，文章动态浏览量一度达到5000＋，掀起了广大青年学子学“四史”的热潮。手机一开，“四史”即来，“四史”逐渐成了广大青年学子的贴身朋友，成了每天必须见一面的“老伙计”。在潜移默化中，让青年学生知史明史、了解国情、读懂中国，从而激发修身立德、爱党爱国、坚定理想信念的深切情感。

(三)翻转课堂,创新“四史”教育形式

充分利用丰富的红色资源,将读“四史”纳入学生日常学习教育。一是通过班级及团支部的“习语声声”(见图2)、晚自习的读书笔记,依托主题班会开启读“四史”篇章,邀请思想政治教学部的专家、老师推荐《中共党史简明读本》(见图3)等“四史”阅读书目,采用“教师导读+学生自学”的方式,开展“四史”学习讨论活动。二是举办“学‘四史’鉴往知来”知识竞赛。利用《党史知识1000题》等“学党史,燃青春,筑梦想”活动中参考书籍(见图3),以各自班级及团支部比赛的形式,全员通过理论联系实际,可以很快掌握党史知识,并将学“四史”教育实践活动融入学生“第二课堂”素质教育学分管理和全校素质教育工程实施当中。三是开展理论宣讲,融入“青年大学习”。发挥青年学生的创造力和主观能动性,结合个人专长特点,在班级和团支部成立宣讲小组,在全系范围内成立宣讲团,开展“党史我来讲”的活动,实现“翻转课堂”,从而进一步创新学习形式、提升学习效果。宣讲人员在重温党和国家峥嵘岁月中要保持初心和定力,提升使命担当的意识和能力,从经典文献中汲取奋进的力量,以史为鉴、把握当下、赢得未来。

图2 各班级及团支部“习语声声”场景

图3 “学四史,燃青春,筑梦想”活动中所参考书籍

（四）师生共建，创建“四史”实践交流

开展“四史”学习教育以来，同学们交流互动更加积极主动，“师生共建共学”的特点也因此更加鲜明。统筹好校内学习与社会实践，重视理论与实践的结合，挖掘校内外红色资源，开展主题鲜明、形式多样的实践教学、情景教学，增强“四史”教育的亲和力和感染力。通过寒假“感悟使命——红色文化走访”社会实践，打造“行走”式课堂。这一行为突破了原有的学习模式，鲜活的历史人物和感人肺腑的革命故事，能够给学生以更深刻、更直观的感受体验，有利于学生将红色文化内化于心，外化于行；有利于激励学生在学思践悟中缅怀革命先烈，传承红色基因、坚定理想信念；有利于引导学生立鸿鹄志、做奋斗者，替学生系好人生的第一粒扣子，为实现中华民族伟大复兴的中国梦贡献聪明才智。近一年的时间，共有27支队伍参与实践，体悟成长。2021年寒假，学院成立了“探寻儒家文化”小分队，队伍来到曲阜，通过参观“三孔”、孔子博物馆，重温《论语》经典，通过采访工作人员，认真聆听工作人员的介绍，再一次接受传统文化的熏陶，实现文化育人。

三、工作成效

“桃李不言，下自成蹊。”从2020年6月筹划开展“四史”教育至今，从多角度、全方位挖掘“四史”学习教育中蕴含的初心之源、奋斗之魂，打造出党团总支书记微做客、青春训练营、学生骨干成长计划、导师讲堂、微党课、知识竞赛、演讲比赛、主题沙龙、青年学生服务站等9个富有系部特色的活动品牌。通过项目化运作，引导学生在“四史”学习中正确认识中国发展大势、科学认识时代使命，坚守初心、砥砺奋斗。

更值得欣慰的是，我系开展的学“四史”教育工程获得了“学习强国”平台的青睐。2021年1月，活动宣传视频被“学习强国”山东学习平台收录、推送、推广。这既是对我们工作的认可，也是一次飞跃式的突破。视频本身就是一个很好的素材，再通过各类新媒体平台传播，深入人心，起到极强的示范效应。

本工程开展近一年来，参与培训的学生人数近500人，调查研究并解决学生提出的各类问题近100个，帮助153名学生确立了职业生涯规划发展方案，可以说本工程真正担负起了学生成长成才引路人的职责。通过重温我们党和国家走过的峥嵘岁月、奋斗历程，更加坚定了党员、入党积极分子以及广大青年学生永远听党话、跟党走的信心和决心。2021年底，我系87名入党积极分子全部通过学校业余党校考试，通过率达到100%；11名预备党员将“四史”学习教育的成果转化为干事创业的实际成效，在工作岗位上争优创先，起到模范带头作用。

引领青年大学生坚定理想信念，厚植爱国情怀，把青春梦融入中国梦，做中华民族伟大复兴征程上的奋斗者。

获奖者简介

王晓天，男，汉族，中共党员，讲师，硕士研究生学历。从事学生工作 17 年，主要研究方向大学生职业生涯规划、大学生行为美学。曾荣获山东高校优秀辅导员工作案例一等奖、2005～2007 年度山东省省直机关十佳优秀团员、山东省第二届高职院校辅导员职业能力比赛三等奖、第十四届山东省大学生科技文化艺术节优秀指导教师，2018 年校级优秀教育工作者，第一届辅导员职业能力大赛二等奖。

获奖感言

我们是大学生思想政治教育和管理工作的组织者、实施者、指导者，我们要努力成为大学生的人生导师和健康成长的知心朋友。作为高校辅导员，我们要真正担负起学生成长成才引路人的职责，通过重温我们党和国家走过的峥嵘岁月、奋斗历程。教育引领青年大学生坚定理想信念，厚植爱国情怀，把“青春梦”融入“中国梦”，做中华民族伟大复兴征程上的奋斗者。

“123 步走”工作方法，探索班级建设新模式

山东城市建设职业学院学生工作处　苑晓丽

为贯彻落实《高校思想政治工作质量提升工程实施纲要》，班级建设应以“立德树人”为根本，从而更好推进“三全育人”格局建设，把握青年成长成才规律，将思想政治教育与学生事务管理工作相结合，贴近时代、贴近学生、贴近生活，积极探索出“123 步走”工作模式。

一、案例基本情况

某专业 1901 班是三二连读班级，全班学生是于 2019 年 9 月由外校三年制中职毕业后转入我校进行专科阶段学习的五年一贯制学生。该班共30 人学生在中专时期为同班同学，且来自同一沿海城市。

因为他们没有参加全国统一高考，在经历了高中阶段同等学力教育后在本校直接升入大学，所以在高中同等学力教育阶段就处于相对宽松的学习和管理模式下，文化基础和认知能力在全校学生中最为薄弱，入学后普遍出现思想政治理论水平不高、理想信念不清晰以及对党团基础知识和国家大政方针政策的认识不到位，不能保持正确的舆论导向的情况。

同时该班学生在中职阶段就读时普遍存在工作标准低、作风纪律散漫的问题，也普遍存在吸烟、喝酒等不良生活习惯。学生们多存在认识偏差，认为自己是成年人，能够自己照顾好自己，对自身行为非常自信，安全意识差。这些也成为党团和班级建设中的不利因素。这是我带的第一届新生班，也是第一届转段学生，我明显感受到在理想信念、班级管理、班级凝聚力、学生发展等方面的压力。如何让学生加强理论认识基础、遵守校规校纪、牢固安全意识、找准个人定位等成为我思考和摸索的重点。

二、组织实施过程

德国哲学家卡尔·雅斯贝尔斯说过：“教育就是一棵树摇动另一棵树，一朵

云推动另一朵云，一个灵魂唤醒另一灵魂。”这告诉我们教育真正的价值是一种启蒙、一种唤醒、一种点燃、一种开悟。结合本班实际情况和工作实践，我总结提炼出党团和班级建设“123 步走”工作模式，着力突出启蒙教育的特点，开展班团联动，创新党团和班级建设的新局面。

（一）“1”体系：以学生为主体，以党团建设为引领，形成严格管理、规范管理、精细管理的体系

一是从加强班级支部的党团建设着手。认真组织班级团员青年落实学校团委和系团总支的各项要求。以主题党团日活动为抓手，引导班级团支部结合实际，开展形式多样的活动，将主题教育内化与心、外化于行。组织开展学习有关社会主义核心价值观的一系列活动，比如学习“习近平总书记重要讲话”精神和“青年大学习”，开展“红色经典故事演讲”和“走进家乡红色基地，缅怀革命烈士事迹”等活动。也曾借助学校领导“三联系七进入”的基层活动，在2020 年“五四青年节”到来之际，召开线上主题班会，并邀请我班级对接领导为同学们讲授五四精神，将纪念五四运动与学习贯彻“习近平新时代中国特色社会主义思想”紧密结合，教育同学们奋勇投身实践、学以致用，继承和弘扬伟大五四精神，做走在时代前列的奋进者、开拓者、奉献者，以青春年华献礼崭新时代。

二是从建立班级“一生一策”入手。军训的第二天，我利用学生休息时间以面对面、QQ、微信等形式，逐步了解了学生的家庭情况、之前所在学校的情况、班级内部同学关系情况、学生来到大学后的感受等。同时，向带过此类班级的辅导员老师请教，做好工作预案。这样，通过在军训期间的观察、聊天等，我梳理出本班级学生的整体概况和个人情况，建立班级学生信息数据库，“一生一策”，精准针对学生的个人实际情况，充分调动学生积极性，以达到“全员、全过程、全方位”育人的功效。

（二）“2”抓手：重视两头教育，抓好班级日常管理和家校合作

以制度规范为保障，巩固班级组织建设，严格细化班级管理的条例，为班级管理工作提供强有力的支撑；推进家校协同育人工作机制，形成家校育人合力，构建“全员、全过程、全方位”的育人格局。

一是以班委带动班集体。对班干部采取学期考核制，一学期为一个周期，下学期初班级同学对班干部实行打分考核，合格者继续留任，不合格者淘汰；建立健全学生干部考核制度，包括学生干部汇报制度、学生干部例会制度、学生干部培训制度等，将考核结果实施到学生干部评优选先中，以提升学生干部的工作积极性；加强班集体建设，推动班级管理工作向规范、有序、高效的方向发展。疫情防控期间，我向班委提出“三个务必”，务必抓实落细，严格落实“人盯人”管理制度，做实做细班级疫情防控信息摸排工作，监督班级同学按时完成每日健康打卡并及时上报；务必掌握班级同学的身体状况和心理情况，如有异常及时

向老师反映；务必加强对班级学生的监督与管理，利用好网络班级例会、班委例会持续做好班级学生管理工作，保证班级工作正常进行。

二是细化日常管理。从日常细节入手，结合学校、教学系管理制度等，依托易班平台，细化班级加减分的奖惩制度，建立日常管理拍照制度，并辅以辅导员的不定时抽查制度。如此一来，既让每位同学从制度和思想上明晰管理和惩奖制度，又能通过自己的得分从而看到与他人的差距，从而自己对自己提出更高的要求，转变中职时期的心态。

三是家校协同育人。通过抓住入学教育的机会，利用新生入学报到日，建立家校沟通群，召开家长会，传递学校的方针政策、专业信息、就业发展方向等信息；开展家庭教育小课堂，向家长传递教育信息、教育方法等，指导家长在参与教育中的活动；在学生中开展“我与父母促膝长谈”和“我跟父母汇报大学生活”等活动，让学生主动向家长汇报大学生活，形成家长和教师彼此互动的模式，建立良性合作机制。

疫情防控期间，我第一时间与家长取得联系，互通有无，进一步了解学生的家庭防疫状况、学生的居家防疫状态、学生居家隔离期间的思想状况及行动特点等，同时及时传达上级的政策和文件精神。在家长和学生出现矛盾时，我站在客观立场进行客观分析，尽力给出指导性意见，做到“少承诺，多剖析；少掺和，多和谐”。

（三）“3”载体：以寝室、主题班会、新媒体为载体，打造育人平台

一是以寝室为载体，拓宽班级管理的新阵地。微信、QQ等社交平台成为高职院校班级管理的主要工具，辅导员、任课老师、班干部都会在班级交流群里发布消息和通知。快捷方便的同时，也隐藏着巨大的隐患。很多同学在平时容易忽略班级群的消息，容易造成严重后果。因此，我班形成了辅导员—班委—舍长的三级联动模式。这样的联动模式既减轻了我和班干部的工作量，又使得消息、通知的上传下达更为顺畅，提高了工作效率，同时也加强了宿舍之间的信息交流和情感交流，更有利于我掌握班级同学动态，了解近期宿舍和班级情况。

二是以主题班会为载体，打造提升素质的新渠道。班会在班级建设中起着灵魂作用，每次班会的主题代表着班级最近工作的主题，所以班会的主题是重中之重。入学初期我设计了“我是我自己”“我还是谁”“我想成为谁”等系列主题班会，分别围绕自我定位、人际关系、梦想规划等帮助学生从一个个模糊不清的自我，逐渐成为清晰明确的自我，从而增强学生自信心、有助于学生树立理想目标。疫情防控期间，我将系列云班会主题定位为“高人”“大人”“人上人”，将做一位“高大上”人物定为学生目标，“高”为“视野高”，“大”为“格局大”，“上”为“上层次”。守规矩、明事理是规范；修涵养、站高位是要求；全发展、升格调是目标；有个性、展风采是特色。同时，引导学生以“最美逆行人”为主题，共同探讨什么是真正的美，什么样的人才是真正的英雄和偶像，借此把最美逆行者的先进事迹上传至班级群，用这些最美医护人员高尚的职业道德、无私的奉献精神和精湛的医术帮助学生们树立正确的人生观和价值观。

三是以新媒体为载体，创建推动引领新舞台。通过建立QQ群、微信群、易班班级群等方式，创建推动引领的新舞台。以重大节日、纪念日为契机，开展“三月春风起——雷锋精神再起航”“40周年云校庆——我与城建共成长”“易节日——当中秋遇上国庆”等活动。这些活动融思想性、教育性、娱乐性于一体，通过网络传递给学生，达到寓教于乐的效果。疫情防控期间，相关同学通过网上交流平台分享自己学习的经验和困惑，讲述自己作为疫情防控志愿者的所见所闻，提升了学生思想政治教育的力度。

三、工作成效

（一）实现党团班一体化，思政教育力量凝聚

以党建为引领，以学团工作为基础，以创新班级建设为落脚点，实现了党团班一体化，加强了班级的理想信念，巩固了同学们的思想理论基础，将党团建设高度融入班级日常教育管理、思想政治教育、学风建设等方面，以此带动班级日常事务管理工作良性发展，形成支部团建与班级日常事务管理互为表里、良性互动的活泼局面，推动班级支部形成蓬勃向上的良好氛围，为班级优良风气的形成奠定了理想信念基础。

（二）争做文明城建学子，日常管理成绩突出

细化的日常管理让同学们产生了巨大的变化，从开始的强制服从、苦不堪言，到现在为每一分的尽力争取；从开始的跑操迟到、卫生不合格，到现在组团去健身房锻炼身体和综合表现得到任课教师的赞许；从开始的满不在乎，到现在按时关注班级日常管理得分排名等。同学们从内心认识到了中职和高职的不同，以新面貌对待新阶段，渐渐将学校管理规范内化为良好的行为习惯，为增强竞争意识和集体荣誉感奠定了基础。

（三）塑造“大班级”概念，学生特色显露光彩

“高大上”学生为“大班级”的打造奠定了基础，我班学生渐渐磨去身上的“棱角”，放弃了“多看一眼便是挑衅”的“尊严”，积极配合学校、教学系的各项检查活动，不计较个人得失，自强、自信、理性平和、积极向上，班级形态初显“大气”。

两年下来，学生们也逐渐绽放光彩。小涵同学利用自己在新媒体领域的特长创立了班级微信公众号，定期发送班级剪影和思政文章；小凝同学发挥说唱功底为班级谱写班歌，把社会主义核心价值观嵌入歌词中；小熠同学自幼学习美术，擅长临摹创作，其作品成为同学们争抢的对象。学生们积极培养自己的特长和兴趣，为“大班级”的建设增添了一抹亮色。

获奖者简介

苑晓丽，女，汉族，助教，硕士研究生学历，研究方向为文艺学原理。自 2014 年开始从事学生工作，目前为专职辅导员。主要负责组织优秀学生评选，制订并组织实施全校学生思想政治教育、文明礼仪、常规管理等工作计划，编制辅导员队伍建设与发展规划方案，以及所带 4 个班级的具体学生工作等。主要成果有山东省“一师一优课、一课一名师”活动“优课”、2020 年山东省学生心理健康节暖心战“疫”优秀成长辅导案例等荣誉。

获奖感言

感谢评委对我的认可与肯定，感谢学校对我的支持与帮助。案例是辅导员日常工作的缩影和升华，是对学生工作系统的思考和总结。通过参加此次比赛，我更加深刻地认识到思政教育与学生工作紧密结合的重要性，价值引领与班级建设相辅相成的重要性。在此过程中自己拥有了一些新想法、新观念，进一步明确了自己的责任担当和精神追求。凡是过往，皆为序章；所有将来，皆为可盼；风帆正劲，蓄势起航。我将继续追寻、热爱这份美丽的工作

生如苔花，傲然绽放

——残疾大学生心理辅导工作案例探析

山东外贸职业学院信息工程系　王俊力

一、案例基本情况

小贾是我院2019级学生，从小罹患脑瘫，虽然智力正常，但行动不便，生活无法完全自理。经过几次大手术后，小贾才可以勉强行走；学校为小贾捐赠一台电动轮椅，以方便其日常活动。小贾的父母以打工谋生，家中有一个弟弟，家人因种种原因无法陪读，因此学校组织了学生志愿者照顾她的日常学习和生活。

小贾平时在老师同学们面前非常爱笑、健谈，像个"小太阳"。但是，从这个女孩找到我那天开始，从她在我面前失声痛哭那一刻，我知道，这个"小太阳"背后，是个脆弱到令人心疼的姑娘。两年的了解与陪伴，我渐渐走进她的世界，看到了被掩藏在心底的那个被她称为"沼泽"的地方——深深的自我否定与厌恶。身体的缺陷是她无法摆脱且无法忽视的痛楚；笨拙的躯体与频频出现的窘态反复击打着她脆弱的自尊心。这也是她自卑的根源。刚来学校时，小贾多次萌生辍学的想法。在她看来，残疾的身躯像一堵无法逾越的墙，横亘在她与正常人之间，她不知道当初放弃特殊学校而坚持到普通高校求学是不是个正确的决定。自我价值感的极度缺乏，使她感到无论对家人还是对学校都像是累赘一样的存在。内心深处，小贾害怕被厌恶、被嫌弃，在人际交往中极度敏感，家人不经意间的一句话常常令她情绪崩溃，在与同学的相处中更是小心翼翼，每天假装积极乐观，却不敢表露自己的真实感受，努力掩饰、压抑自己的负面情绪，但这种掩饰又令她更加讨厌自己。

二、分析与辅导过程

（一）调整认知，摘下自我否定的"眼镜"

从小到大的经历与现实困境，在她的头脑中种下"我很差劲""我不值得被爱""我没有价值"的观念。这些观念根深蒂固，让她在看待自己和看待周围时更容易关注到消极的一面，而忽视积极的一面。而这些恶性的认知模式又进一步强化她的负面观念。为了打破这种恶性循环，我与她每周见一次，通过谈心谈话的方式，运用一系列心理面谈技巧，帮助她学会识别并调整自己歪曲的认知模式，逐渐以更客观的视角看待自己与他人。

（二）用爱护航，接纳"负能量"

自我接纳是个很艰难的过程，消极的情绪需要被看到。小贾无法容忍和接受自己心理上的脆弱，常常强装乐观。随着交往的深入，除了每周的面谈，我们还经常通过电话、微信、交换私人日记本等方式沟通交流。在这个过程中，我更像是她的一个密友，任其倾诉与宣泄一直被隐藏的糟糕情绪，给她创造一个安全区。在这里，她的内疚、愤怒、不公平感与无助感都可以被正视和接纳。我告诉小贾，逃避与否认只会让坏情绪在内心滋生和膨胀。感受它、理解它、接纳它，才是改变的开始。

（三）助人助己，重建自我价值感

重建自我价值感是非常重要的。因为行动不便，小贾在生活中总免不了需要他人，却很少体会到被需要，而被需要感是获得自我价值和意义的关键。通过几次谈话我能感觉到她对心理学非常感兴趣，便推荐给了几本相关书籍，引导她通过学习一些简单的心理咨询知识，实现自助与助人。在我的鼓励下，她竞选了班级心理委员，加入了校心理协会，对有需要的同学进行心理朋辈辅导。小贾乐此不疲，追着我"拜师"，经常在微信上与我交流辅导同学过程中遇到的种种困扰和感悟，这无疑令小贾第一次感觉到自己是被需要的和有价值的。此外，我还鼓励她使用自我肯定清单，每天记录自己值得被肯定的优点，引导她主动寻找和关注自己积极的一面。

（四）价值践行，在行动中获得改变

在行动中获得改变，是最有力的。小贾的声音好听，内心丰富细腻，思想灵动、文采斐然，我鼓励她参加院系组织的各种朗诵、演讲比赛。小贾表现很积极，朗诵成为她抒发情感的一种方式，但每次在参加活动后，都会陷入自我怀疑之中，"我是不是发挥得不好""我身体残疾没有资格展示自己""别人会不会觉得我是在逞能"等，而我则引导她在每次实践中不断识别、克服这些伴随而来的负性思维，通过一次次勇敢的尝试，积累成功经验，从中获得自信与价值感。

（五）以心换心，打破那堵"墙"

在小贾看来，自己与其他人是"不一样"的，心房的那堵"墙"让她不敢真正走出去，而他人也始终无法走进来。此时的小贾就像在井底一样，我们需要做的，不是单纯地站在井口呐喊"加油！你可以的！"或是把梯子递下去，大喊"快爬上来啊！"我们需要同样走下井底，坐在她身旁，然后告诉她"我在这，不要怕，现在我们一起来看看如何上去”。我通过适度的自我暴露，与她分享那些曾让我跌入谷底的压力、痛苦和挫折，以及我是如何一步步挺过来的，以此告诉她每个人都会有自己难以启齿的软肋和痛苦，在这点上没有人是特殊的。这种分享逐渐打破了我与她之间的那道“墙”，让她不再感到孤单。同时，我让小贾积极关注相关特殊群体的互助群，群里有很多心态乐观并在很多领域取得成就的同伴。我鼓励小贾以他们为榜样，思考探索自己未来的发展道路。

（六）勇气引航，做好生涯规划

对于是选择普通高校完成梦想，还是退学去特殊学校，我帮她分析了每种选择的利弊，并告诉她任何选择都没有绝对的对与错，但我可以肯定的是，她做出的是一个最勇敢的选择。对于毕业后的发展，我们就所学专业、行业的就业环境、自身的兴趣等方面共同讨论，鼓励引导她制定现实与合理的职业生涯发展规划。

（七）多方对接，形成工作合力

在对小贾的工作过程中，我始终与院系领导、老师、同学、家长以及心理咨询中心的专职老师保持联系和沟通，他们也经常提出相关建议，与我共同探讨合理的帮扶方案。

三、工作成效与反思

（一）工作成效

两年的时间，我们形成了亦师亦友的关系。每次在教学楼相遇时，她都要张开双臂给我一个大大的拥抱；每次在办公室谈心时，她都会给我带一包糖果。尽管小贾在这个过程中仍会遇到很多挫折和反反复复的自我怀疑，但我能看到她每天的坚持和努力。小贾通过各种比赛和活动的锻炼，在朗诵和演讲方面的水平突飞猛进，收获很多荣誉和奖项，也逐渐找到自信。闲暇之余，小贾喜欢写诗和散文，在微信“散文集萃”中多次发表自己的文章，还在喜马拉雅、荔枝 App 开设了专栏，与听众分享自己的故事和感悟。在相处中，我渐渐能感受到一股足以感染他人的力量，正在小贾内心深处发芽、生长。

（二）反思与启示

对残疾大学生的帮扶工作具有极强的特殊性与复杂性。我们以往习惯于更多地关注物质资助与生活帮扶，常常忽视其内心世界的个体差异性、敏感性、复杂性与隐晦性，缺乏深入、细腻、持久的心理辅助工作。而对身体残疾大学生的心理健康呵护与人格的塑造，往往是促使学生实现健康发展的关键动力。

在今后的工作中，我们应进一步加强辅导员自身素质建设，通过参加心理咨询师考试培训、职业生涯规划培训、继续教育培训等多种形式的校内外培训，通过理论与实践的相结合，提高专业能力。同时，重视构建关于心理辅导的新媒体平台，通过微信、QQ 等新媒体平台，构建新的干部体系，以学生为主导，普及心理健康知识。还可以通过班级心理健康主题教育，借助心理健康周、心理剧、心理沙盘等活动，提高学生对心理健康教育的重视程度，丰富心理健康教育辅导的途径。要建立残疾大学生心理档案工作，以更好地服务、了解其在校期间的发展动态，更好地促进家校互通互联。做好残疾大学生就业指导工作，了解国家对残疾大学生的优惠政策，引导残疾大学生正确处理理想和现实之间的冲突，有针对性地结合残疾大学生的性格、兴趣、价值观、能力等，从现实层面实现残疾大学生的自我价值，为他们长远的心理健康发展保驾护航。

我常用袁牧的那首《苔》来鼓舞小贾，告诉她即使如是米粒般的苔花，也可以拥有牡丹般的傲气。而苔花绽开前需要漫长的等待，这个过程中我们需要有足够的耐心、足够的小心、足够的爱心、足够的真心。

获奖者简介

王俊力，女，汉族，1991 年出生于山东淄博，硕士研究生学历，国家二级心理咨询师，讲师。2013 于山东师范大学应用心理学专业获得学士学位，2016 于西南大学基础心理学专业获得硕士学位，2018 年于中科院心理研究所临床心理与心理咨询治疗专业高级研修班进修。现就职于山东外贸职业学院，任思想政治教育辅导员。主要从事学生思想政治教育和心理教育研究，从事学生工作近 5 年获得省级、市级、院级奖项近 10 余项，在学生工作领域积累了较为丰富的经验。

获奖感言

我在辅导员的岗位上已工作近五年，这期间有过激情、有过憧憬、有过骄傲、也有过困顿和迷茫，感谢能有这个机会跟各位老师分享一些自己对育人工作的认识和感想。学生工作不易，很多学生的内心细腻且敏感，这个过程中我们需要有足够的耐心与小心、足够的爱心与真心。现在全社会都在追求工匠精神，我理解的工匠精神，就是把一件小事做到极致。在辅导员这个岗位上，没有轰轰烈烈的大事，面对这份普通而平凡的工作，收起过多的瞻望和野心，戒骄戒躁、耐下心来、竭尽全力，把眼下的每一件琐碎小事做好，那便是我们这份职业的匠心之所在吧。

“12345”工作法帮助学生冲破失恋的茧，化成美丽的蝶

——由学生失恋出走引发的心理危机事件的处理与思考

青岛职业技术学院旅游学院　马小静

一、案例介绍

小齐，大二女生，学习认真、积极向上，是让老师放心的好学生。周六，小齐填好周末去向表，跟同学们说家里有事就离开了学校。周日晚上我与公寓管理员沟通时，发现小齐未按时返校且没有履行请假手续。小齐一直很遵守纪律，这次的表现让我深感意外。我马上拨打小齐的电话，电话无人接听；转拨小齐家长的电话，也是无人接听。我随即向小齐舍友询问情况，得到的反馈是小齐近期并无异常，情绪稳定，可能睡着了没听到电话铃声。可我总感觉不太对劲，一直拨打小齐及其家长的电话却始终无果。次日我与家长取得联系，得到的反馈是学生并未回家；小齐这边仍然联系不上，此刻我基本确定小齐离校出走并且失联了。此时的当务之急就是先确认小齐的安全，我找遍了平日和她要好的同学和朋友，也没有结果。通过调查基本排除了约见网友、误入传销组织和人身受限的可能，但不排除恋爱方面出现了问题。如果不能尽快找到她，后果不堪设想。我在调查情况的同时，同步上报学院领导并启动了应急预案；学生家长也从外地老家来校并报了警。经过一天的寻找，终于在晚上找到了精神恍惚的小齐。

二、案例分析

此案例是学生因失恋导致心理失衡的心理危机事件，由于小齐本身性格内向且敏感，其男友也因其性格问题多次指出分手，但小齐则会以伤害自己的方式让两人感情勉强维持，这次男友因双方家庭矛盾激化彻底和小齐分手，导致小齐不能接受进而情绪崩溃，离校失联。如果不及时发现并进行有效的干预引

导，很可能引发心理障碍。通过对本案例分析，产生这种结果的原因主要有以下几点：

（一）学生自身问题

1.没有树立正确的恋爱观。感性认知大于理性认知，不会处理由于恋爱带给自己的影响。

2.心理承受能力差，性格内向且敏感。个人依赖性强，没有经历过挫折，有心事不愿与他人交流，怕被别人笑话，没有情绪疏通的渠道，导致一旦遇到问题就轻易被击垮，甚至出现不理性的行为。

（二）家庭教育问题

1.家庭思想教育的缺失。孩子进入大学后，家长只承担了后勤保障工作，认为只要孩子吃饱穿暖就行，把教育全抛给学校，缺乏对孩子成长过程中心理和安全问题的关心。

2.家长对孩子爱情观正向引导的缺失。当孩子在爱情中遇挫，家长并未给予关心和正确的引导，而是一味埋怨。

3.家长未能配合学校形成合力进行教育。小齐的家长始终不肯承认孩子出现问题的原因，更不愿意面对由于失恋导致孩子出现的心理问题和一些不理性行为。在学校向家长了解小齐的情况时，家长这边存在着隐瞒的情况，这无疑对学校的教育形成了阻力。

（三）学校心理健康教育宽度不够

虽然现在高校普遍重视学生的心理健康教育，但是关于大学生恋爱观和生命观的相关教育和引导较少，而这些也容易引发心理问题并产生危急事件。

三、解决方法

在处理这件心理危机事件时，我采用“12345”工作法，即“1快2及时3深入4做到5合力”。

“1快”：就是发现问题后，以最快的速度做出反应。当发现学生未按时返校就迅速做出反应，根据对学生的了解将其列为心理危机事件进行处理。要迅速了解学生情况，第一时间开展学生的寻找工作。

“2及时”：一是及时与家长取得联系，通报学生的情况，形成家校合力，共同寻找孩子；二是及时上报学院分管领导，立即启动心理危机事件处理程序。

“3深入”：深入到学生所在的宿舍和班级了解该生的情况，深入到学生身边的朋友打听她的去向和可能落脚的地方，深入了解学生的家庭情况并与家长在沟通后了解学生的成长环境，根据收集的信息寻找学生并制定下一步方案。

“4做到”：要以“耐心、暖心、爱心”为原则，找到学生后，一要做到主动谈心，询问并关心她，谈话过程中传递出对她的理解和关怀，缓解她的焦虑情绪，让学生充分感觉到老师的爱心，确立信任关系；二要做到适当安抚，在交流中细心观察，给予学生循序渐进的安抚，避免触碰学生心中的敏感地带，要让学生感觉到暖心，慢慢放下包袱，打开心结；三要做到耐心疏导，像小齐这样的情况一两次的谈话是不可能解决问题的，要耐心引导她去面对问题、解决问题，即使是她在家调整的过程中我也经常打电话跟她交流学校的情况，了解她在家里的情况，以便能够及时掌握学生的状态；四要做到心理辅导，与学院心理辅导中心沟通，评定学生心理危机程度，引导她配合心理咨询老师做好专业辅导，尽快走出困境，以防类似事件再次发生。

“5合力”：建立起学生、任课教师、公寓管理老师、家长和辅导员共同帮助学生的工作链条，形成5方合力。充分发挥任课老师和公寓老师的作用，密切关注学生的状态，多给予鼓励；安排学生多陪伴，密切注意其心理与行为是否出现异常情况，若出现异常情况须及时上报；嘱咐家长对孩子多给予心理上的关怀，多与孩子沟通，在孩子的问题上给予正确的引导和情绪的疏通，让学生有勇气自己面对问题，有信心走出困境。

四、工作成效

（一）通过一系列的工作，在最短的时间找到了出走的学生，及时避免了恶性事件的发生；通过后续一系列的心理辅导，及时将学生的心理问题在初期阶段就加以解决。

（二）学生很快恢复了正常的生活和学习，并敢于面对失恋问题，能够理性处理失恋带来的影响，性格开朗了很多，整个人变得更加乐观向上。

（三）通过这件事，学生与我建立了信任。平时经常与我分享她的状态，从而建立了学生情绪疏通的渠道。

（四）此事件后，我针对这次的问题和整个处理过程进行了梳理总结和反思，并结合自己的工作，探究构建了学生心理健康教育工作体系，并在各班级推广使用。此体系的使用能让辅导员们在处理有关心理问题的工作时更科学、更有效，将心理问题预防前置，做到“早发现、早预防、早干预”。

五、辅导员做好心理健康教育的工作启示

心理危机事件的发生既不是偶然性，也不是一次性。通过本次事件，探究构建出“五关注、四找、三进、两结合、一目标”的心理健康教育工作体系。

“五关注”：关注五个学生群体。即学业压力大的学生群体、性格敏感且感情细腻的女生群体、家庭情况特殊的学生群体、厌学的学生群体和身心异质的学生群体。

“四找”：一找原因，寻找危机背后的潜在原因；二找方法，寻找适合的方式

释放内心压力，将学生的注意力从危机环境中转换出来；三找目标，把掌握每一位学生的心理健康情况作为工作目标，切实做好学生心理健康情况的全面摸排，形成心理健康信息库；四找指导，开展谈心谈话，必要时帮助学生获得心理咨询老师的专业指导。

“三进”：丰富心理健康教育多元化载体。实施心理健康教育进课堂，课堂是学生学习成长的主阵地，抓好课堂教育，推进思政课程改革，将心理健康教育和生命安全教育融入专业学习中，深化学生的心理健康意识；实施心理健康教育进活动，开展学生喜闻乐见的心理健康主题活动，在活动中强化学生勇于面对困难和解决问题的能力，提升学生的心理素质；实施心理健康教育进宿舍，加强辅导员与公寓管理老师的沟通，及时掌握学生的动态，利用宿舍文化节等主题活动，融入心理健康教育元素，营造积极乐观的宿舍氛围。

“两结合”：结合学校开展的心理健康月等心理健康教育工作举措，结合旅游学院“沐阳心旅”心理工作站和“手拉手”心理社团两大平台开展“从心开始”心理主题系列班会和“向阳而生”团体心理辅导活动。

“一目标”：五方协同，形成合力，将学生培养成“有理想、有追求、有担当、有作为、有品质、有修养”的“六有”大学生。

分析和总结整个事件的处理过程，得到了如下启示：压实“5 方合力”工作链条，在“54321”的体系指导下，运用“12345”工作方法，能有效防范危机事件的发生，强化心理健康教育工作，切实为学生们的健康成长保驾护航。

获奖者简介

马小静，女，汉族，中共党员，副教授，1982年6月出生，本科学历，2004年9月从事辅导员工作。现为青岛职业技术学院旅游学院21级辅导员、“马小静辅导员工作室”主持人。主要从事大学生文明礼仪、大学生职业生涯规划与就业指导研究。曾获得全国首届职业院校礼仪大赛优秀指导教师、山东省大中专学生志愿者暑期“三下乡”社会实践活动优秀指导教师、胶东经济圈首届大学生职业生涯规划大赛优秀指导教师、青岛市优秀团干部、校优秀学生管理工作者、优秀党员、校园维护安全稳定先进个人、优秀从业工作者等几十项荣誉。

获奖感言

辅导员十七载的坚守得益于学校的培养和支持，来源于学生的热情和信任，我忠诚于党和人民的教育事业，自觉把“立德树人”这一根本任务贯穿到工作全过程。“教出桃李满天下，为爱执着成信仰”是我的工作信条，做新时代的“四有”好老师是我的工作目标。我不仅要在这个岗位上书写自己的精彩人生，更要帮助学生书写他们的美好未来。一切荣光，皆因我们是辅导员。

一条主线，双轮驱动，多方协同，爱筑未来

——后疫情时代下特殊学生工作案例

青岛工程职业学院智能制造学院　李佳晨

一、案例背景与概述

（一）案例背景

高等院校作为人才培养的重要主力，培养人格健全的大学生，是素质教育的第一宗旨。加强大学生心理健康教育是新形势下全面贯彻党教育方针的重要举措，是促进大学生全面发展的重要途径和手段，是高等院校德育工作的重要组成部分。

（二）案例概述

我是一个90后辅导员，2020级学生是我带的第一届学生，初到工作岗位的我与初到学校的他们相遇是巧合更是缘分。初到工作岗位上的我，也一直对如何才能成为一名优秀的辅导员这个问题展开思考。

突如其来的疫情注定让2020年成为举步维艰的一年，尤其是对2020年参加高考的学子来说更是一个挑战年，生活与学习节奏的突变影响了很多学生的高考发挥，小亮（化名）就是其中一个。

新生小亮来到学校之后，沉默不语，眼神空洞，学习兴趣不高，班级融入较慢，也不愿参加任何集体活动，开学三周部分同学甚至都不认识他。值得注意的是，老师和同学经常发现他总是站在一个地方向校门口外看去，眼神呆滞，让人感觉人虽在此但思绪早已飘向远方。这个时候的他自然而然地被定义为了"不正常"。但我们没有选择放弃这个孩子，当我们发现学生出现危机时，学校老师第一时间启动应急预案，对他施以援手，通过持续的关心从而帮助他走出困境。

二、案例分析与应对

(一)案例分析

1.原生家庭因素

小亮家庭条件一般,家里有兄弟两人,小亮是弟弟,父亲长年在外打工,母亲身体欠佳。显然,小亮在幼年时期得到父母的关怀有限,父亲并未陪伴他成长,母亲同样也没能给予过多的关心与关注。原生家庭因素使得小亮产生了自卑心理以及抑郁情绪。

2.成长经历

小亮家住在农村,上学需要去县城里。从中学起就在学校里住校,每两个月才能回家一次。由此可见,小亮缺乏家庭的温暖,在少年时期比较渴望亲情,但由于求学原因,不得已与父母分开,导致亲情的缺失。

3.异乡求学

疫情防控的居家隔离期间,父母的陪伴让小亮重新感受到了家的温暖;但高考结束的同时也意味着求学之路再次开启,离开家乡孤身一人来到一个陌生的城市,小亮感到迷茫,陷入了困境。

(二)应对措施

1.信息收集网格化

从上至下建立信息收集反馈机制,构建三级网格体系(见图1)。任课老师关注小亮的课堂表现,鼓励小亮勇于表达自己想法,增强其自信心,让小亮感受到老师对他的关怀;班委作为班级网格员,要充分发挥先锋带头作用,随时关注小亮的生活思想动态,及时向我汇报情况;发动同学积极邀请小亮参加班级及校园活动,引导他走出宿舍、走出班级、走出困境,让友谊之花在小亮心中绽放。

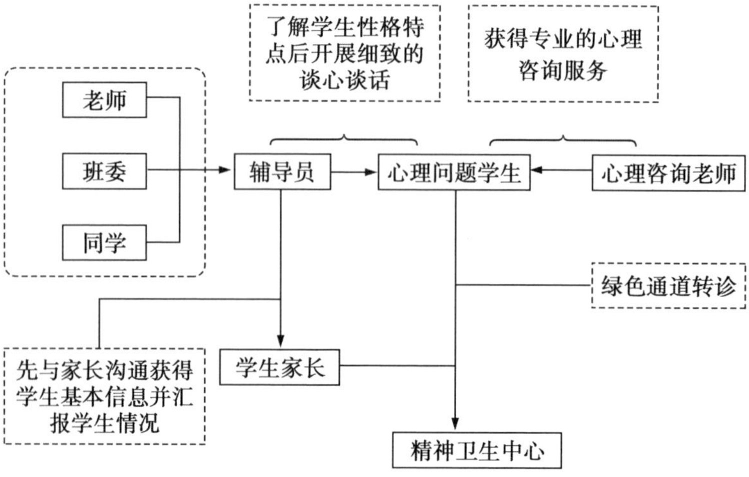

图1　三级信息收集反馈机制网络体系

2.及时介入化解危机

了解到小亮的处境后，我第一时间与他母亲沟通，获得了小亮的性格特点等基本信息。在拿到一手资料后，我多次与小亮进行沟通交流，他很少表达自己的想法，对于开放性问题基本不会回答，经常用沉默来代替回答。虽然谈话收获较少，但我发现他对母亲的依赖强烈，建议他放假时可以回家看望母亲。之后我寻求学校心理咨询老师的帮助，寻求专业的心理救助。心理咨询老师在对学生进行细致入微的心理咨询服务后，建议走绿色通道进行转诊治疗。

3.家校合力助力健康成长

在接到转诊通知单的时候，我就跟小亮母亲通了电话，建议她来学校陪同小亮一起去精神卫生中心就诊。小亮母亲非常配合和支持我们的工作，第二天就从老家赶来青岛。寒假期间，在我的建议下，她带小亮去了山东省精神卫生中心接受了更加专业的心理咨询服务，在经过多次就诊后，小亮的精神状态得到了明显的好转。

三、案例反思与启示

（一）加强防治知识宣教

联合学校各个学院、部门加强协作，采用多种宣传手段和渠道，利用多元化平台，广泛开展抑郁症防治知识科普宣传，营造增进心理健康的良好氛围。

1.建立健全心理健康教育课程。

2.建立心理社团“心语社”。

3.建立学生、辅导员和心理咨询老师三级工作机制。

（二）开展筛查评估

我院在去年 12 月初对新入学的学生开展心理普查工作，建立了大学生心理档案并制定了严格保密措施。科学有效地发现那些可能有心理问题的学生，及各自心理问题的特点和严重程度，尤其对于有抑郁症的同学做到早发现、早干预和早治疗。

（三）提高早期诊断和规范治疗能力

2021 年 3 月起我院着手对前期心理排查的结果进行回访和疏导工作，各班辅导员开展“一对一”的谈话活动，主要针对学生身体、学业、生活、情感等方面进行引导和咨询。学校也积极引进全职或兼职的精神专科医生、非精神专科医生，同时外派校医院医生定期挂职培训，提高抑郁症识别和诊疗能力。

（四）引导各科教师注重心理健康教育

各科老师要贯彻落实习近平总书记提出的“全员、全过程、全方位”育人要求，具备心理教育的意识，要尊重学生、理解学生、信任学生。老师是学生日常学习生活的导师和朋友，要多与学生沟通，取得学生的信任，及时了解学生的心理困惑和心理问题。

（五）组建一支专业的教师队伍

建立健全专业化心理危机干预队伍，在突发事件发生时及时组织开展心理疏导和心理干预。辅导员教师队伍要掌握解析心理现象的能力，同时也要传授心理调适的方法，帮助大学生消除心理困惑，增强克服困难、承受挫折的能力。

四、提出引导“特殊学生”新模式（见图 2）

（一）一条主线：坚持思想价值引领

把思想政治教育工作贯穿到教书育人全过程当中，开展深入细致的思想政治教育活动，帮助学生树立正确的世界观、人生观和价值观，帮助学生培养良好的道德品质，培养他们敢于面对困难的勇气和承受挫折的能力，学会从挫折中吸取经验，养成积极乐观的人生态度。

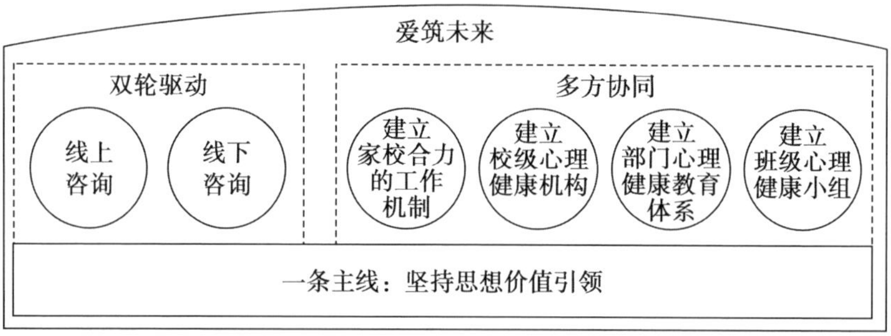

图 2　引导“特殊学生”新模式

（二）双轮驱动：线上与线下心理咨询齐头并进

灵活运用新媒体技术，构建网络心理健康教育服务主阵地。运用“两微一端”在朋友圈、公众号、抖音等平台积极普及心理健康知识，让同学们熟悉和了解常见的心理疾病，逐步学会自我排解。

通过谈心谈话、班会、宣讲会、社团活动、校报校刊、校园广播等丰富多彩的线下活动为学生们提供心理健康咨询、求助、疏导、危机干预、转介的便捷平台。

（三）多方协同：健全并完善有效的心理健康网络

1.建立家校合力的工作机制。

2.建立校级心理健康机构。

3.建立部门心理健康教育体系。

4.建立班级心理健康小组。

（四）爱筑未来

每个人都是一个独立的个体，每个人都与众不同，每个人都有出彩的机会，我们要做到“一把钥匙开一把锁”，不断挖掘他们的闪光点。工作在一线的辅导员教师要坚持育心与育德相结合，加强人文关怀和心理疏导，深入构建“五位一体”的心理健康教育工作格局。爱的力量是伟大的，没有爱就没有教育，它是无形而巨大的教育力量。我们要用爱心、耐心和恒心培养大学生理性平和、积极向上的健康心态。

获奖者简介

李佳晨，男，汉族，中共党员，硕士研究生学历，毕业于美国佛罗里达国际大学酒店管理专业，现任青岛工程职业学院智能制造学院辅导员。工作期间荣获青岛工程职业学院“优秀共产党员”称号和青岛工程职业学院“优秀辅导员”称号，荣获青岛工程职业学院辅导员大赛二等奖。

获奖感言

非常感谢学校提供的平台，感谢学校领导和同仁长期以来对我的指导和帮助。作为一名新入职的辅导员，我深深感受到肩上的重任，也坚定了“一切为了学生，为了一切学生，为了学生一切”的初心使命。辅导员是大学生最亲近的人，是他们朝夕相处的朋友和老师。因为信任，所以托付，我们唯有踔厉奋发、笃行不怠，争当一盏明灯，点亮自己照亮学生，方能不负青春、不负未来、不负学生、不负家长。

“民族匠心”育时代新人，“薪火相传”铸育人品牌

山东轻工职业学院健康管理系　王海婷

一、基本情况

“工匠精神”是职业教育的文化之魂。如何在新形势下大力弘扬工匠精神，培养爱中国和懂中国，具有“民族匠心”的时代新人，是高职院校的重要课题，也是辅导员落实立德树人根本任务的职责要求。

淄博是齐文化的发源地，历史文化深厚，非遗传承人和工匠大师数量众多。他们身上那种“一生一个信念，一项技艺钻研到底”的“匠人精神”，同职业教育的育人目标一脉相承，在职业教育得天独厚的文化育人优势。

我系扎根于齐文化的中心，通过整合淄博地域文化所展示的工匠精神特质，融入“无私奉献”“时尚工匠”和“开放包容”的学校精神，以培养具有家国情怀、德技兼备的“齐鲁工匠”为目标，实施“民族匠心”的文化育人工程，围绕“铸匠心、炼匠技、育匠人”三个主题，内外联动，打造了地域特色鲜明、彰显“工匠精神”的文化育人品牌。

二、组织实施

（一）实施“匠人课堂”，多级联动铸“匠心”

开设“匠心匠艺大讲堂”。聘请非遗传承人、民间能工巧匠走进校园担任专家导师，从中华优秀传统文化中寻找根和魂。让学生聆听一种文化、体验一种技艺、感受一种精神，将这些匠人对工作精益求精的态度融入学生的学习、生活、工作中。

疫情期间，我系打造的“健康强国”系列主题教育，邀请非物质文化遗产项目“淄博九宫八卦斩穴拳”传承人进校园，通过“学、练、悟”三步走，让学生“对话大师、品味匠心”。“学”是让学生了解“八卦斩穴拳”的前世今生，聆听传承人刘

先生坚守初心60余年保护和传承中华体育文化的感人故事；“练”是学生通过欣赏刘先生行云流水般“24”式拳法技艺，从中感知成功没有捷径，只有苦练的道理，并通过举办拳术比赛，教武育人来弘扬国粹，培养学生“健康强国”的抗疫意识；“悟”则是通过讲述故事和传习技艺，让学生感悟传承人一生坚守、传承国粹的匠人精神，在潜移默化中坚守民族情怀，传承中华匠心。

除此之外，我系还聘请了山东陶艺大师、周村齐缬技艺传承人等淄博的能工巧匠担任专家导师。通过“匠心匠艺”课堂，传授学生做人学艺的经验和感悟，展示报国为民的情怀，鼓励学生成为愿意为中华民族伟大复兴贡献智慧和力量的“大国工匠”。

(二)实施“筑梦淄博”行动，搭建平台练“匠技”

将工匠精神的历史传承与服务社会经济发展相融通，实施“筑梦淄博”行动，通过内外联动，为学生搭建锻造“匠技”的平台，培养德智体美劳全面发展的“齐鲁工匠”。

一是借助大赛平台匠心育智。鼓励学生积极参加山东省职业技能大赛、大学生科技节、挑战杯等技能比赛，在实战中锻造“匠技”，在备赛中体会对精湛技艺的追求和坚守。二是借助社会实践润心育劳。在暑期“三下乡”社会实践中，鼓励学生将专业知识与服务社会相结合。例如，在我系环境专业学生中开展“生命之源——自来水水质情况调研”，了解学校周边自来水水质的情况，并提供解决方案；带领食品专业学生通过线上线下开展“以食养生，提高抵抗力”的健康知识讲座，讲解疫情之下如何通过饮食提高自己的免疫力。三是借助志愿服务仁心育德。通过与社区共建学生志愿服务基地，定期为孤寡老人、困难群众进行健康体检和养生知识的宣讲，培养学生奉献社会、助人为乐的道德品格。四是借助传统文化涵心育美，我系齐缬社团以山东省优秀传统文化教育基地为平台，面向中小学生、中外游客开展“齐缬技艺传承”研学游，开展“守艺淄博——我身边的匠人”调研活动，让学生在中华优秀传统文化的滋养下不断增强文化自信，传承“工匠精神”和“职业自信”。

通过实施“筑梦淄博”行动，让学生在实践中“修匠心、炼匠技”，自觉地将个人理想追求融入国家建设之中，成为服务区域社会经济发展的“齐鲁工匠”。

(三)实施“青匠行动”，引领带动育“匠人”

发挥榜样力量，将“工匠精神”和“劳模精神”贯穿到学生成长的各个环节，浸润到学生周围的各个环境，培养“青年工匠”。一是通过线上线下广泛宣传非遗传承人、技术能手的先进事迹，在学校营造崇尚“工匠精神”的校园文化氛围，引导学生树立“以工匠精神律己”和“以匠人之名为荣”的观念；二是积极选拔“青工”典型。通过评选学习之星、文艺之星、体育之星、创业之星、自强之星等来表彰先进，并在全系范围内评选在各方面追求卓越的优秀学生，在优秀学生群体中选拔更优秀的“青年工匠”典型，从而更好地发挥先进典型的示范引领作用，激发学生精益求精的价值观念；三是召开优秀校友经验分享会，挖掘在岗位中表现突出的轻工校友，给在校生给予就业指导和专升本经验分析，形成传帮带的良好风气，培养学生“干一行、爱一行、专一行”的工作态度。

通过实施“青匠行动”，以榜样为引领，汇聚正能量，在全系掀起学习“工匠精神”的热潮，进一步营造良好的育人氛围。

三、工作成效

在“民族匠心”文化的滋养、塑造和浸润下，轻院学子在通往“齐鲁工匠”的道路上奋力前行，形成了一批育人成果和经验。

（一）打造了“匠心匠艺”育人品牌，传承创新贡献“轻院智慧”

“匠心匠艺大讲堂”将中华优秀传统文化引入现代职业教育中，成为我系固本铸魂的工程，形成了以“民族匠心”为品牌的文化育人体系，经过不断创新实施，已成为学校的育人品牌项目，其经验和做法被鲁中网、腾讯网等媒体报道。在“民族匠心”观念的浸润之下，“爱党爱国、追求卓越、坚持专注”已成为学生的思想主流，积极向上的价值观、道德观已成为学生的言行标准。2020 年，我系连续两个学期获评学校“文明院系”，宿舍优秀率位居全校第一，连续获得学校“五四红旗团总支”“暑期社会实践先进集体”等荣誉。

（二）构建了“大思政”育人格局，扎根齐鲁贡献“轻院力量”

通过内外联动，我系的人才培养实现了新突破，培养了一批“德技兼备”的现代工匠，成为服务区域社会经济发展的生力军。在“民族匠心”的引领下，2020 年我系学生在山东省职业技能大赛“工业分析与检验技能”赛事中分别获得个人一等奖、三等奖各一项并荣获团体二等奖；获得山东省大学生科技节一等奖两项、山东省挑战杯三等奖一项、淄博市技能大赛一等奖两项，在奖项领域实现了新的突破。

我系“萤火虫”志愿服务队利用专业知识广泛开展志愿服务活动，在“职业教育活动周”中的精彩表现被淄博市教育局官网报道，获得 2020 年淄博市学雷锋“十佳志愿服务组织”荣誉称号。有两名学生在疫情期间因在社区疫情防控志愿服务中表现突出，获得所在街道表彰。两位同学所创编的舞蹈《抗击疫情》获得 2020 年山东省“公寓的故事”文艺展演三等奖。

（三）形成了“民族匠心”的校园文化，特色发展贡献“轻院方案”

将“民族匠心”文化育人理念融入教育教学、实践锻炼中，形成了一批可推广的育人经验。经过培育，《文化自信语境下非物质文化遗产的育人价值与路径分析——以周村丝绸织染文化为例》荣获 2020 年山东高校辅导员工作优秀论文二等奖。在 2020 年暑期“三下乡”活动中，我系的“守艺淄博——我身边的匠人”实践调研团队积极推动淄博地区非物质文化遗产的传承和保护，荣获全省大中专学生志愿者暑期“三下乡”社会实践活动优秀服务团队和优秀指导教师称号。

“民族匠心”育时代新人，“薪火相传”铸育人品牌。我们将不断创新工作方法，以“工匠精神”立德铸魂，为培养具有家国情怀、德技兼备的“齐鲁工匠”贡献轻院智慧、轻院力量、轻院方案。

获奖者简介

王海婷，女，本科，汉族。2018 年开始从事辅导员工作。研究方向主要为思想政治教育与价值引领、党团建设等。担任系团总支书记、学生党支部书记。曾获得学校三八红旗手、先进工作者、优秀辅导员、山东省大中专学生志愿者暑期“三下乡”社会实践活动优秀指导教师等称号。获得山东高校辅导员 2019 年度优秀工作案例三等奖、山东高校辅导员 2020 年度优秀工作案例一等奖、山东高校辅导员工作论坛优秀工作论文二等奖、山东省高校辅导员讲党史优秀短视频展示活动一等奖、山东省“携手同行”优秀心理辅导案例一等奖，参编《新编国防教育与军训基础教程》《新时代大学生劳动教育》等教材。

获奖感言

牢记初心担使命，立德树人铸师魂。作为一名辅导员，我品尝着教书育人的甘苦，享受着教学相长的快乐，收获着进取创新的果实。我知道党的教育事业任重而道远，我要用我的一生，去体悟一个教育者独有的幸福！无愧于自己当初站在党旗下庄严许下的青春誓言——为祖国的教育事业奋斗终生！

“一平台五体系”，打造协同创新生态圈

——新时代背景下高职大学生创新创业工作体系构建

山东交通职业学院公路与建筑系　王文亮

一、案例基本情况

《国家职业教育改革实施方案》明确指出：“职业教育与普通教育是两种不同教育类型，具有同等重要地位。”“十四五”期间，我国进入高质量发展新阶段，壮大实体经济，需要数量充足的技术人才作为支撑。习近平总书记强调：“创新是社会进步的灵魂，创业是推动经济社会发展、改善民生的重要途径。青年学生富有想象力和创造力，是创新创业的有生力量。”加强创新创业教育，是增强职业教育适应性和提高人才培养质量的重要举措。本案例全面分析了新时代职业院校大学生创新创业存在的问题，找准了创新协同路径，以学校大学生创新创业孵化基地为平台，构建了集核心价值体系、培育养成体系、服务跟踪体系、实践教学体系、量化产出体系的“五位一体”协同创新培育体系，并在学校进行了多年实践。实践证明，“一平台五体系”的创新创业生态圈凸显了职业教育特征，形成了“高职特征、交通特色、时代特点”的教育模式，解决了在大学生创新创业当中的难点问题，培养了多个先进典型，荣获省级以上奖励十余项。

二、组织实施过程

（一）精准靶向发力，聚焦创新创业发展难题

作为负责大学生创新创业工作的辅导员，我通过开展问卷调查、学生访谈等方式，分析了创新创业工作存在的问题，主要表现在以下几个方面。

1.意识强化不够足

大学生创新创业成功的一个重要的条件就是需要具备创新创业意识，这种意识很大程度上影响着当代大学生创新创业的成功率。而现实是当代大学生的创新创业意识明显滞后于社会急需年轻人创新创业的现实需求。

2.指导服务不到位

创新创业教育的开展，很关键的一个方面还在于老师对学生的引导。学生在高校受教育的过程就是接受老师引导的过程。既然创新创业教育在当下被视为高校教学改革非常重要的创新点，那么老师作为负责引导学生创新创业的主体，正是创新创业培育中的关键因素。

3.培育模式不新颖

学校创新创业能力的培养需要同抓共管，融入校园文化的大环境中，这点至关重要。高校中创新意识、创业热情、冒险意识、团队合作精神的氛围不强，从客观上弱化了对大学生创新创业意识的培养。

4.课程体系不完备

创新创业课程存在重理论、轻实践的现象，大学生除了迫切需要创新创业的知识培训，更需要在实践活动和模拟训练等多方面加强锻炼，缓解自身经验不足等因素带来的问题。

(二)“一平台五体系”，打造创新创业发展生态圈

根据本人在创新创业实际工作中的经验，提出了如下改进措施：把大学生创新创业工作作为学生工作的重点，多措并举，积极鼓励、引导、支持学生创新创业；加强教育、指导、服务和管理，从贴合学生所学专业、行业发展前沿动态、重点领域等实际出发，促使学生创新创业意识和能力提升。

1.突出思想引领，打造核心价值体系

一是营造氛围，激发内生动力。结合不同年级不同阶段的学生，通过专业辅导员宣传，邀请专家学者开展线上线下讲座，挖掘创新创业的先进典型和举办创新创业文化节等形式，在新生中形成良好的氛围，激发学生创新创业的内生动力。二是建章立制，实现良性循环。注重发挥政策的激励引导作用，结合学校有关文件，制定详细方案；创建创新创业基金，提供相关资金支持；将学生开展创新实验、自主创业等情况折算为学分等。

2.突出双创指导，优化培育养成体系

一是夯实基础，推动课程建设。加强创新创业课程建设，将创新创业课程以必修和选修的方式纳入人才培养计划，根据创新创业教育的目标要求，修订并实施新的人才培养方案，培养学生的创新创业意识与专业知识相结合。二是协同育人，共建见习基地。在全面发挥自有创业孵化中心作用的基础上，与校外有关机构建立见习基地。通过与校外创新创业教育实践平台形成良性互动，积极推荐不同形态的创业项目到上述基地接受深度培育，实现创业资源共享。

3.突出精准帮扶，强化服务跟踪体系

一是全面发力，“多方位”教授。聘请校外专家亲临指导，在项目确立、完善提升、打造成型、审阅流程、指导研究方向、确定突破重点、打磨精品项目等方面给予全程指导，多出好创意、好项目。二是量身打造，“一对一”指导。针对已经较为成熟的创意项目，通过请教校内专业老师，让专业老师结合专业特点、行业实际、产业前沿、新型技术和学生学业情况等方面，进行针对性指导；从而突破技术难点和重点，保证项目稳妥落地，扩大经济和社会效益。

4.突出模拟训练，完善实践教学体系

一是搭建平台，提升核心能力。依托学校大学生创新创业孵化中心，通过推荐系部之间较为成熟的创新创业项目进驻学校平台，接受学校层面的创新创业指导和服务。二是以赛促建，注重提质增效。先通过系部之间的创新创业比赛，选拔种子选手，组建参赛团队，通过学校层面的“雏鹰—飞鹰—雄鹰”培育项目选拔后再参加省级和国家级比赛。

5.突出效果评价，建立量化产出体系

一是以赛促创，促进项目结果。通过组织学生参加各类别和各层次比赛，通过比赛来了解本专业、本行业的前沿技术，摸清专业链、熟知岗位链，促进创新创业项目的完善。二是赛学相长，推进成果转化。以参加创新创业竞赛系列活动为抓手，推动创新创业活动多层次、多形式、多渠道蓬勃开展，学生从实体、专利、论文、课题、大赛 5 个方面全面推进，升级蜕变。

三、工作成效

聚焦四个难题，通过重点打造“思想引领、双创指导、模拟训练、精准帮扶、效果评价”这五个工作模块，构建了“一平台五体系”创新创业生态圈，在实践中取得显著成效。

（一）有效增强了学生创业就业意识

通过加强校企合作，培养学生的创业就业意识，帮助学生树立正确的就业观念。通过对学生阐述“热爱职业、强于实践、精于技艺、勇于创造”的班墨精神，在学生心中根植创业就业意识。目前学生自发创立与所学专业密切相关的企业一共 3 家，且运行良好。

（二）搭建了创新创业实践竞赛平台

坚持“以赛促学”“以赛促教”“以赛促创”，利用“互联网＋”创新创业大赛、山东省大学生创新创业大赛、“挑战杯”创新创业大赛、黄炎培职业教育创新创业大赛等平台，引导学生积极参加省赛、国赛，累计共获得省级及以上竞赛奖项十余项；发表核心论文 3 篇，发明专利 2 项，学术课题立 3 项。

（三）实现了与育人教育的有机融合

创新创业教育与思政教育、实践教学、创新项目等有机融合。实现了与育人相融合，引导学生到基层、到西部、到祖国最需要的地方建功立业。涌现出一批支援基层和西部发展的优秀学子，树立了正确的价值观。如：152021 班韩某、魏玉某，2018～2020年服务于新疆喀什；152043班郑某，2018～2020年服务于重庆市南川区。通过完善人才培养质量标准，探索构建“通识课程＋创新创业课程＋专业课程＋创新创业实践教学”的模块化课程实践教学体系。

（四）开发一套实践实训体系

实施大学生创新创业训练计划，建立创新创业工作室、大学生创业孵化基地、校外创新创业实践基地于一体的，校内外相结合的创新创业实践教育体系。

集聚创新创业教育的要素与资源，坚持以创新驱动为导向，坚持以成果转化为引领，坚持以平台建设为根基，坚持以竞赛活动为载体，努力实现大学生创新创业与学业、专业、行业相结合，形成大学生创新创业的良好生态环境，助力大学生成长成才。

获奖者简介

王文亮，男，汉族，大学本科学历，从事学生工作13年，主要从事学生管理、思想政治、创新创业、就业指导等工作的研究。

主持申报并荣获2018年度“全国五四红旗团委（团支部）”荣誉称号；作为指导老师，所指导的社会实践团队荣获“2019年全国‘七彩假期’志愿服务项目示范团队”荣誉称号；2018和2019年，分别荣获山东省大中专学生志愿者暑期“三下乡”社会实践活动优秀指导老师荣誉称号和潍坊市大中专学生志愿者暑期“三下乡”社会实践活动优秀指导老师荣誉称号；2019年荣获“潍坊市青年志愿服务先进个人”“潍坊青年志愿服务之星”“潍坊市青年创业大赛优秀组织个人”等荣誉称号；作为指导老师，所指导的项目分别在“建行杯”第五届、第六届、第七届山东省“互联网＋”大学生创新创业大赛中获金、银、铜奖3项；在山东省大学生科技节、山东省黄炎培职业教育创新创业大赛、山东省大学生科技创新大赛中获得“优秀指导教师”称号4次；本人发明专利1项，主持课题1项，参与课题6项，发表论文10余篇。

获奖感言

首先，很荣幸能获此殊荣，感谢评审组老师们的辛劳付出。作为高校辅导员，我们肩负着培养社会主义合格建设者和可靠接班人的历史使命，肩负着立德树人、教书育人的历史使命。作为大学生健康成长的指导者和引路人，必须时刻深入了解学生的发展特点，掌握学生的发展规律，培养学生树立良好的品德，积极开发他们的潜能，为他们人生的发展奠定良好的基础。在今后的工作中，我将继续积极秉承我校“大道文化”育人体系，践行“一路有爱”的文化品牌，立足本岗、深钻业务、扎实工作、力求创新、再创佳绩。

青春筑梦，留守希望

——打造社会实践育人“七彩支教”品牌

潍坊职业学院经营管理学院　鞠峰

社会实践是深入了解社会和提升社会责任感的重要形式。随着社会实践的不断深入，实践所调研问题不精准，实践的示范性、普适性、持续性不强，实践流于形式等问题逐渐显现，严重影响着社会实践的育人效果。本案例以潍坊职业学院“七彩支教”社会实践活动为载体，聚焦当前留守儿童这一社会热点问题。做好调研，打好社会实践之“基”；项目驱动，铸好解决问题之“魂”；以点带面，强化宣传之“要”；持续服务，不忘社会实践之“本”。潍坊职业学院打造的“七彩支教”活动品牌，实现了大学生能力提升和服务社会的双赢，以高职组第一的成绩获得了2019年全国百强社会实践团队“优秀团队”称号。

一、案例基本情况

近三年，我校每年都会派大学生暑期“三下乡”社会实践“七彩支教”团队，前往青岛市平度市大泽山镇尹家村和临沂市沂水县黄山铺镇小松林村等地，与当地留守儿童分别进行线下实地和线上云支教活动。面对留守儿童心理问题多、学习成绩不好的问题，支教团搭建“七彩之家”，打造了集“玩、学、成长”三位一体的“七彩阵地”，推出针对留守儿童的心理、安全、学习、体育、拓展课程以及针对家庭的帮扶课程，使留守儿童沐浴“花季”的阳光，感受“雨季”的滋润，打通了服务农村留守儿童的“最后一公里”。

我作为支教活动的重要发起者和全程参与者，对于大学生社会实践支教活动进行了总结和反思。首先，部分高职学生对社会实践支教活动缺乏科学认知，参与的积极性和热情度普遍不高，选人、组团皆成难题；其次，社会实践活动内容单一，形式不接地气，导致学生在参与社会实践支教活动的个人获得感低；再次，受疫情影响，社会实践活动开展受到限制，因此创新社会实践模式、提升育人成效成为亟待解决的问题。

二、组织实施过程

针对上述问题，我按照“需求调研、项目驱动、以点带面、持续帮扶”的思路，对社会实践活动进行系统设计，严格把控效果，建立活动长效机制，走出了一条社会实践活动的特色之路。

(一)细致调研、精心准备，打好社会实践之“基”

每年暑期“三下乡”大学生社会实践活动开展之前，我都会提前带领团队成员去当地调研，与当地学校和村委负责人对接，了解当地留守儿童的主要分布区域、家庭情况、留守儿童个人情况、留守儿童的数量以及需求等问题，以此来确定支教服务的重点和工作方案。在此基础上，以较强的协作能力、执行能力，不怕困难的精神和战胜困难的勇气，拥有绘画、书法、舞蹈、体育等特长；拥有耐心和爱心且学习成绩较好，具备对留守儿童进行爱心辅导的能力为标准来选拔队员、组建团队并进行培训，并明确团队管理要求和考核标准。

(二)项目驱动、双线并行，铸好社会实践之“魂”

针对前期掌握的支教服务需求，从团队实际情况出发，以项目为载体，设计了心理、安全 5 大模块，包含 18 个专题帮扶项目：

1.心理：健康伴我行、成长不烦恼——青少年生理、心理健康讲座。

2.安全：安全自护夏令营——向留守儿童传授防拐、防溺水、防火防电、防网络沉迷、防欺凌暴力、交通出行、食品安全等安全知识和应对危险的技巧。

3.学习：依托“七彩课堂”，组织志愿者以“互联网＋教育”“一对一”“一对多”等形式为留守儿童提供心理疏导、学业辅导、亲情陪伴。

4.拓展：“七彩假期”，快乐童年——开设特色课程，包括手工、书法、国学诵读、音乐舞蹈等特色课程，丰富留守儿童业余生活。

5.体育：开展“爱心沙龙”“爱心夏令营”等丰富多彩的体育活动，鼓励留守儿童敢于有梦、勇于追梦。

面对 2020 年新冠肺炎疫情形势，我们充分发挥了互联网作用，打造线上云支教新型教育平台和线下一对一帮扶，解锁学习新方式，开展个性新课堂，用多种方式教授知识，激发学生的兴趣。

(三)以点带面、深挖典型，强化社会实践之“要”

每年暑期大学生社会实践“七彩支教”活动结束后，通过团队报告会、经验交流会、“七彩支教”工作简报、DV 展播、摄影大赛等形式深化社会实践成果，做好社会实践支教成果的宣传工作。充分利用校内报刊、广播、展板等传统媒介，发挥学校微信公众号、抖音官方号等新媒体的作用。在活动过程中积极吸引和邀请社会媒体的关注和报道，针对实践团队中涌现出来的先进事迹和模范榜样给予充分报道和宣传，不断扩大“七彩支教”活动在校内和社会上的影响力，营造良好的舆论氛围，掀起人人学榜样、人人做榜样的热潮，使更多的学生从中受益，不断提升以学校为圆心、辐射周边的社会实践育人效果。

（四）长期跟踪、常态帮扶，巩固社会实践之“本”

为推动暑期大学生社会实践活动的长期性、常态化开展，“七彩支教”实践团队与热爱学习的特困学生开展“一对一”的长期帮扶工作，通过“云”支教，让每位成员长期对接一名学生，伴随学生成长，为学生答疑解惑，成为他们成长路上的“成长导师”。实践团队针对暑期实践活动进行深入的研究讨论，分析不足、定期考核、优化措施。同时，实践团队与支教基地加强沟通、长期跟进，主动与服务点的负责人、农村留守儿童及家长进行交流，了解项目的实施效果和改进方向，为更好地实施“七彩支教”项目提出意见和建议。

三、工作成效

“艰辛知人生，实践长才干。”经过三年的实践与发展，我指导的大学生社会实践“七彩支教”团队开展素质拓展和特色课程等实践活动 45 项，发放、回收、调查问卷 6000 余份，撰写支教成长体会 100 余篇，完成支教调研报告 15 篇，培养了 1000 多名思想进步、具有服务和志愿意识的学生，极大地丰富了学生课外生活，吸引了越来越多的学生参与其中。

（一）青春伴童心，促进留守儿童全面健康成长

三年的跟踪辅导，三年的梦想守护。潍坊职业学院“七彩支教”团队通过双“线”并行，采用“一对一”和“一对多”的模式，为青岛市平度市大泽山镇尹家村和临沂市沂水县黄山铺镇小松林村的 105 名农村留守儿童开展爱心辅导，105 份留守儿童的帮扶档案见证了他们的成长过程，留守儿童真切感受到了志愿者们的关怀。

志愿者们线上辅导课时累计近 3000 小时、批改作业 1000 多人次，被帮扶的留守儿童的学习成绩稳步提高，参加校内外各类比赛次数显著提升，荣获各类奖项 175 项，受到当地学校和政府的一致表扬。志愿者们还通过网络宣传、直播带货农产品，帮助 35 户贫困家庭脱贫，为孩子们创造了更好的家庭环境。

（二）实践育工匠，推进支教团队素养品质提升

实践育人，德育为先，通过支教体验式教育和志愿服务，帮助学生深刻认识社情国情，培养学生爱祖国、爱人民、爱劳动的优良品质，坚定社会主义的理想信念。

据统计，三年里共 60 名学生直接参与暑期“三下乡”社会实践活动，其中 21 名学生光荣入党，39 名学生确立为入党积极分子；孵化了 7 个社会实践社团，1 个社团被确立为全国百优社团；辐射带动了 1000 多名学生以多种形式参与社会实践活动。实践育人当以育人为本，实践教育激发了学生职业技能学习的动力和热情;志愿活动反哺职业教育帮助学生在社会实践中长才干、比贡献、争优秀。三年来参加"七彩支教"的队员共获得省级以上技能大赛和科技创新大赛一等奖 6 项、二等奖 18 项、三等奖 23 项,5 名学生通过自学考试考取硕士研究生。

(三)样板领发展,提升"七彩支教"品牌价值

三年耕耘、三年收获。"七彩支教"社会实践团于 2018 年荣获潍坊市大中专志愿者暑期"三下乡"社会实践活动十佳服务项目称号、优质服务项目称号,2019 年荣获第五届寻找全国大学生自强暑期实践团队"优秀实践团队"称号,涌现出了优秀团队成员 12 人、优秀实践带队教师 3 人、优秀通讯员 2 人。2018 年和 2020 年连续被中青网在镜头中的"三下乡"专栏报道,成功打造出我校社会实践育人"七彩支教"品牌,实现了经验的大规模推广,产生了较大影响力。

获奖者简介

鞠峰，男，汉族，讲师，本科学历，从事辅导员一线工作16年。工作单位为潍坊职业学院。研究方向为大学生思想政治教育。主要从事大学生思想政治教育、大学生日常管理和共青团工作。2010年和2019年两次荣获山东省优秀辅导员；2018年荣获团中央“镜头中的三下乡”暑期社会实践活动优秀指导教师称号和山东省大中专学生志愿者暑期“三下乡”社会实践活动优秀指导教师称号；2019年荣获第五届寻找全国大学生百强暑期实践团队优秀带队教师称号；2020年荣获山东高校辅导员优秀工作案例评选高职高专组一等奖；2021年荣获山东高校辅导员讲党史优秀短视频展示活动评选一等奖。

获奖感言

辅导员是能将人生理想融入国家和民族事业的一份职业，选择了这份职业，就要用一生去践行我们的职业信仰。常言道：“士不可以不弘毅，任重而道远。”弘毅之士，以仁为己任；什么是仁？博爱、担当、责任、格局、胸怀。星光不问赶路人，岁月不负有心人。获奖是新的起点，是一份荣誉，更是一份坚持到底的责任！

直面情伤之痛，在春天相陪成长

——大学生正确恋爱观的树立与引导

威海职业学院经贸学院　尼雅琼

一、案例基本情况

李迪(化名),女,统计与会计核算专业学生,身材高挑,外貌出众。大一第一学期积极参加各项活动并加入学生会,但大一第二学期变化较大,深夜翻墙出公寓被发现,这一情况引起了我的关注并决定和她单独约谈。

刚到我办公室时,她防备心理特别强,非常紧张。在她被我问道为何要深夜违规翻墙出宿舍时就开始流泪,但始终保持沉默,我觉得这样无法很好地沟通,我尝试用肯定和共情的方式打开她的心扉,因为我相信她深夜翻墙出去肯定是有特殊原因的,希望她能坦诚地告知我,我愿意与她一起来分析解决问题。她听后开始放声大哭,边哭边说:“老师,我很痛苦,我很难受,我睡不着觉,但是……”我根据李迪的近期表现和心理测评结果,快速判定她应该是近期遇到感情挫折,于是尝试询问道:“你是不是失恋了?”此时的李迪情绪彻底崩溃,随之打开了话匣子,开始分享恋爱和失恋的经过。此次恋爱经历对的李迪伤害很大,失恋后她开始自我否定,一直走不出失恋阴影,本次翻墙外出想再次去找前男友挽回。当李迪情绪稍微平复后,我向李迪强调了校规校纪,也表示理解,告知本次不做处理,如有下次则从严处分;同时,引导她积极参加文体活动,尽快走出失恋阴影。

某天下午,李迪又找到我,说她的前男友房某和其现女友姜某要起诉她,告她骚扰、诽谤,她不知所措,找到我并带来了房某的起诉书及提供的作证材料。房某近半年与她藕断丝连,但是又与姜某在一起,她觉得自己受骗受伤,非常痛苦,所以一直给房某发侮辱性极强的信息,在网络上黑房某的创业店,联系房某母亲等,这些做法都被房某留下证据。

二、实施处理过程

我看到起诉书和佐证材料后，联系房某了解情况，震惊于李迪犀利、淫秽的言辞，震惊于现在的女大学生的价值观和恋爱观，在恋爱中无底线、无原则。

（一）深入剖析原生家庭和社交圈，寻找问题根源

李迪在原生家庭中受到父母和姐姐的过度保护。李迪的父母都是朴实的农民，家庭经济条件一般，但姐姐比她大10岁，已婚，工作稳定，对李迪比较宠爱和娇惯。李迪从初中时就开始谈恋爱，父母和姐姐发现后断绝了她的所有经济来源，只提供基本的生活保障。中学时期，对于恋爱问题，老师、家长只是简单粗暴地阻止而没有进行科学引导，对造成李迪较大的心理阴影，致使她成绩直线下降没有考上高中，进入一所中职学校学习。

李迪开始住校后，父母和姐姐给的生活费也无法满足她的高消费，所以她开始利用假期到酒店和商场打工，在打工中结交了一些不三不四的社会人员。那些社会人员开始给她灌输什么都没有钱重要的观点，并在他们的介绍下跟所谓的“老板”恋爱。

（二）详细了解事件经过，迅速化解矛盾控制舆情

房某是退伍复学学生，年龄较大，社会阅历丰富，外在条件优越。房某大学期间一直创业，有过多段恋爱经历。他在与李迪的恋爱过程中一直较为强势，同时又能较大程度满足李迪物质上的需求，经常性地制造浪漫，满足了李迪的虚荣心。房某与现女友姜某暧昧时，跟李迪仍然是恋爱关系；房某在姜某的步步紧逼下与李迪分手，第二天就公开了新恋情。

李迪因自身条件好，第一次被分手后，心中挫败感很强，一直想尽办法要挽回这段恋情，房某对此的态度含糊，两人的关系一直藕断丝连。在分手后两人仍多次发生性行为，并且拍摄了不雅视频和照片。后因被姜某发现而终止了这段关系，这让李迪情绪更加崩溃，于是她通过辱骂房某来宣泄怒气，房某和姜某也因此想要通过起诉解决问题。

（三）科学引导树立正确恋爱观，及时介入情感挫折

通过对事件整个过程的了解，我觉得李迪和房某的恋爱观是扭曲的，所以我对李迪和房某进行引导教育，并帮助他们分析解决问题。

1.在确定恋爱关系前，李迪应该充分了解对方的情况，多方面接触后再慎重做出决定，而不是短时间内轻易确认恋爱关系。

2.恋爱中发现问题后，李迪不能理性地做出判断，容易被爱情蒙蔽双眼，过于相信对方的一面之词，轻信甜言蜜语。在恋爱中表现得极其不自信，不自尊自爱。

3.问题暴露后，李迪没有做出合理处理，言辞激愤、行为过激。

三、工作成效

（一）案例处理结果

我帮助李迪结束了这段感情，与房某、姜某断绝一切联系。房某取消诉讼，删除了有关李迪的所有图片、视频资料，双方承诺从此再无交集。我则帮助李迪寻求专业的心理咨询，引导她积极参加健康向上的文体活动，丰富大学生活，尽快走出情伤。同时，我与李迪的家长取得联系，叮嘱他们在这个阶段要多关心李迪。让舍友、班干部多关注李迪的情况，用亲情和友情温暖她受伤的内心。正是老师、家长、同学用爱的陪伴，李迪很快走出低谷，也认识到自己言行不当之处，进行了自我反思——恋爱中应该自尊自爱、保持平等，正确对待情感挫折。

（二）经验与启示

1.责任担当对待爱，让“爱”有温度

“短平快”已经成为当代大学生恋爱的重要特征。恋爱的随意性大，成功率低，盲目从众、攀比。大学生在恋爱中应该懂得，爱不仅是得到，更重要的是一种责任和奉献。恋爱不是儿戏，双方要彼此真诚相待。另外，双方一旦建立了恋爱关系，就要忠贞专一、一心一意；不能三心二意、见异思迁。

2.多维度渗透恋爱观，让“爱”有尺度

究竟要如何才能树立正确的恋爱观呢？恋爱观是指对待配偶和爱情的基本看法和态度，是社会经济制度、婚姻制度和伦理道德观念在恋爱问题上的反映。爱情是美好的，它是人生的重要组成部分，但不是人生的全部。因此，大学生要正确处理爱情与学业之间的关系。

3.提升自我开阔视野，让“爱”有宽度

大学生恋爱是寻找未来志同道合、白头偕老的终身伴侣，而不是为了寻找刺激，更不是单纯为了性的满足。恋爱对象的选择是一个复杂的过程，不能忽视经济、政治、文化、个性等因素，但是共同的理想指向、共同的品德情操是最根本的。恋爱动机的好坏，直接关系到恋爱的成功与否。新时代年轻人的恋爱应该是理想、道德、事业和爱情的有机结合。从大学生入学教育开始，通过专业教育、课程思政、专题讲座、社团活动、第二课堂活动等方式，专业带头人、专业教师、辅导员班主任全员参与其中，鼓励大学生树立正确的世界观、人生观、价值观和恋爱观，引导学生提升学历提高技能，从而开阔视野，让校园爱情有宽度。

4.直面情伤之痛，让“爱”有风度

大学生要正确处理恋爱挫折，正视失恋。爱情是相互的，失去任何一方，爱情就会失去了平衡，恋爱即告终止。恋爱双方要学会换位思考，这样做有助于理解对方终止爱情的原因，有助于接受失恋这一痛苦的现实并及早走出失恋的阴影。要学会适度地进行感情宣泄，不要过分地隐藏或压抑失恋带来的痛苦。要尽快把失恋升华为一种奋发向上的动力，尽快投入学习或者工作中。爱情固然是生活的重要组成部分，但不是生活的全部。要正确地看待爱情，摆正爱情的位置，处理好爱情和学习、爱情和人生、爱情和婚姻的关系。

总之，通过全员育人、全过程育人、全方位育人，引导大学生树立正确的价值观和恋爱观，在成长路上正确对待情感问题和恋爱关系，让爱有度。

获奖者简介

尼雅琼，女，汉族，中共党员，硕士研究生学历，国家二级就业指导师、创业咨询师，国家三级心理咨询师。2009 年 9 月 1 日正式入职威海职业学院，现任威海职业学院经贸学院学生工作办公室主任、团总支书记、学生党支部书记、经贸学院党总支组织委员。2020 年被评为山东高校优秀辅导员，2021 年被评为威海市教育系统优秀基层党务工作者，多次被学校评为十佳班主任、先进工作者、优秀共产党员等。作为一名有着 14 年党龄的党员教师，工作中不忘初心、牢记使命，扎根学生工作第一线十余载，甘做学生的青春引路人，秉承爱与责任，真心付出，用责任成就学生梦想，用行动助力学生成才，做学生的领航者和筑梦人，与学生共成长。

获奖感言

习近平总书记说："教育风格可以各显身手，但爱是永恒的主题。"用爱播种，用心耕耘，对学生的爱体现在对学生无微不至的关怀上，体现在将学生工作做进学生心里。爱学生的同时也让学生懂爱、会爱。责任担当对待爱，让"爱"有温度；多维度渗透恋爱观，让"爱"有尺度；提升自我开阔视野，让"爱"有宽度；直面情伤之痛，让"爱"有风度。通过"三全育人"，引导大学生树立正确的价值观和恋爱观，成长路上正确对待情感问题和恋爱关系，让爱有度。

传承中华优秀传统文化，筑牢学风建设根基

——以文明礼仪养成教育为切入点促大学生成长成才

山东水利职业学院建筑工程系　薛琼

山东水利职业学院深入贯彻“习近平总书记系列重要讲话精神”，根据《新时代爱国主义教育实施纲要》《关于实施中华优秀传统文化传承发展工程的意见》，以强烈的文化使命与职业担当，以中华优秀传统文化涵养主课堂、第二课堂和实践课堂，将文明礼仪养成教育与工匠精神、职业道德、行为规范相融合，引导高职学生形成良好的学习行为习惯、强烈的责任心和社会担当意识，培养“心中有礼、眼中有敬、言中有雅、行中有仪”的高素质技术技能人才。

一、实施背景

高职校园中普遍存在不文明的现象，比如考试作弊、作业抄袭、旷课迟到、课上打闹或者玩手机等，有的学生甚至出现道德失范和违法犯罪的情况。这就迫切要求学校通过有效的教育体系规范学生行为。以文明礼仪养成教育为切入点，将中华优秀传统文化融入铸魂育人过程，从思想、行动、规范等方面促进学风建设，更好地推进大学生成长成才。

二、构建文明礼仪养成教育的总体思路和架构

构建了“三融合、三对接、三课堂”文明礼仪养成教育体系，即“与职业道德、与工匠精神、与儒家文化”融合的“三融合、地域化”文明礼仪养成教育的内容体系，“中华优秀传统礼仪与传统美德对接、与现代职业礼仪与社会实践对接、与线下课程与线上课程对接”的“三对接、模块化”文明礼仪养成教育的培养模式与“主课堂、网络课堂、实践课堂”的“三课堂、体验式”培养载体。通过文明礼仪养成教育，让学生在礼仪文化中感悟尊老敬贤、谦恭礼让、勤奋进取与责任担当；从行为文明、校园文明、寝室文明和网络文明四个方面，打造“家文化”“礼文化”“孝文化”“君子文化”“职业文化”等“文化＋特色”的育人氛围。

三、文明礼仪养成教育的实现路径与具体实施

探索了文明礼仪养成教育“五融合”育人路径，形成了文明礼仪教育“融入日常行为习惯、融入育人环境、融入特色课程内容、融入师资打造、融入实践引领”的“五融合”育人路径。

（一）细节入手，融入日常行为习惯

抓好常规管理，形成院、系、班级“三联动”的文明礼仪养成教育共育模式。班级利用主题班会，积极开展知礼节、懂礼仪、有礼貌等养成教育，从小事入手，从点滴做起，培养学生良好的行为习惯。学校管理从日常工作入手，使学生养成守秩序的好习惯。

（二）文化熏染，融入育人环境

将儒家的礼文化融入养成教育中，并以此为根基来涵养君子人格，校园中处处可见与传统元素紧密融合的高雅设计，师生身处其中实现着“入芝兰之室，久而自芳也”的感染效果。学校中有“争做礼仪青年”的创先争优活动，课堂中有文明礼仪思想的传授，宿舍中有“家文化”的打造。文明礼仪遍布校园的多个角落，让大学生在潜移默化中接受品德的浸润，形成“仁和敬信”的校园文化氛围。

（三）突出主题，融入特色课程体系

通过多年实践与研究，目前已形成一套较为完整的课程体系，并按照“学分制、菜单式、模块化、开放型”的原则组织学习。

1.与立德树人相结合，开设传统文化线上线下课程

有“中华优秀传统礼仪与现代职业礼仪”“礼仪与人生修养”“中华家道”在线课程与“现代礼仪”“论语导读”“道德经”线下课程。课程从修身之礼、家道家风之礼、尊师重学之礼、国风民俗之礼等模块，把传统礼仪学习与现代礼仪有机结合。打破以往以知识传授为主线的传统教学模式，转变为以能力培养和日常实践为主线的课程体系，培养学生仁爱、自信、友善、孝敬、担当等意识。

2.与工匠精神的培育相结合，开设“新六艺”课程

创造性地把中国古代“六艺”的“礼、乐、射、御、书、数”与现代职业技能紧密结合起来。开设“礼”课程，教学生做人，教学生做事；开设“乐”课程，将大家耳熟能详的诗词古文进行吟唱，提升学生欣赏古典美文的能力；开设“射”课程，如太极拳、八段锦、健身操、瑜伽等各项体育运动，张弛有度；开设“御”课程，培养学生动手能力，使学生掌握过硬的技术；开设“书”课程——“中国书法与绘画”课程；开设“数”课程——“数学建模”课程。

3.与专业发展相结合，引能工巧匠传技艺

结合“纳绣割绒”这一非遗项目，聘请非遗传承人闫秀荣老师走进课堂，把传统技能有机融入动漫专业、平面设计专业的课程之中。组建了非遗“纳绣割绒”社团，结合暑期“三下乡”社会实践活动，积极探索红色基因和红色精神对当下年轻人学习、就业、创业的路径。

（四）内培外引，融入师资打造

建立了“技艺技能名师＋校内专职教师＋企业兼职教师”三结合的师资队伍。

1.邀请全国知名的礼仪文化教育专家和传统文化专家入校园

聘请国内知名的礼仪文化专家蔡少慧老师走进课堂，带领学生品味礼仪文化，领略大国风采；邀请山东省教师优秀传统文化教育基地的名师开展优秀传统文化讲座；聘请非遗技艺大师包括胶东非遗剪纸传承人、割绒纳绣传承人等10余人，结合学生所学专业传授技艺技能。

2.重视传统文化师资团队的培养

选拔文化素养高和授课效果好的教师参加培训，多名教师取得传统文化讲师（中级）、高级礼仪培训师、高级礼仪指导师、全国职业院校师生礼仪大赛考评员等资质。老师们将传统文化教育贯穿教育教学始终，并发挥教师言传身教的感召力，带领学生在校园中塑造出文明礼仪示范教育的浓厚氛围。

（五）全院联动，融入实践引领，构建“非遗大师＋学生社团＋校内外基地”三维实践育人体系

1.以第二课堂活动为抓手，系统展开文明礼仪养成教育

通过第二课堂活动，依托传统文化与青少年教育基地，从行为文明、礼仪文明、寝室文明和网络文明四个方面开展校园文化活动。开展“传承礼仪文化，争当礼仪青年”的文明礼仪主题教育活动，包括中华优秀传统礼仪文化读书活动、“用礼仪沟通心灵、让文明变成行为”的主题班会、“文明承诺一句话”活动、“校园文明礼仪摄影展”“诵经典，习礼仪，争做文明新青年”朗诵比赛、“讲文明·知礼仪”DV作品大赛、“传承礼仪文化，争当礼仪青年”文明礼仪风展演活动。以重大节日为契机，开展“五四青年十大标兵”“老师，我想对你说”“国学达人挑战赛”“太极拳比赛”“感恩父母系列活动”等活动。在宿舍中开展“宿舍文化节”“家文化”评比活动、“文明流动红旗行走”活动，把“小家与大家”的家国情怀融入宿舍和班级建设中。

通过将文化滋养机制、监督机制、竞争机制和奖励机制贯穿于整个礼仪素质养成工程的实践中，确保文明礼仪素质养成教育在学校生根、发芽、开花、结果。打造线上、线下两个宣传平台。线上宣传礼仪文化，线下通过公开课、公益宣讲等多种形式有序推进礼仪教育。搭建三大评比舞台，培养礼仪行为习惯。

通过文明礼仪达标试点、“礼仪之星”评选和“传承礼仪文化，争当礼仪青年”文明礼仪风采展三大评比，鼓励大学生文明礼仪行为。

2.深入开展文明礼仪养成教育实践，使文明礼仪养成教育融入育人全过程

抓住重要节点，开展开学礼、节日礼、毕业礼等活动，让礼仪深入人心。入学时的“三重礼拜”，可以增加学生礼敬国家、礼敬师长、礼敬父母的意识；“传统节日礼”引导学生对节日礼节的传承；毕业礼让学生体会对学校、老师的感恩，对同学情谊的不舍，以及为祖国做贡献的雄心壮志。

3.形成了一支弘扬文明礼仪的志愿者队伍

让文明礼仪养成教育从校园走入社区、走进民众。通过组建文明礼仪志愿者团队，让专门从事礼仪教育研究的教授、讲师、助教、优秀学生干部走入社区、走进民众，宣传礼仪文化，践行礼仪行为。我校作为“中华礼仪公益万里行”日照市文明礼仪的接站点，向市民传播礼仪精神、传递礼仪文化。

四、文明礼仪养成教育工作成效

从 2019 年至今受教人数多达 6 万人。其中我院开发的在线课程“中华优秀传统礼仪与现代职业礼仪”“礼仪与人生修养”均已运行三个学期，每门课程每学期的选课人数都在 1 万人以上。中国礼仪教育研究会专家对文明礼仪教育成果给予了高度评价；国家示范性高等职业学院永州职业技术学院来我院参观学习，并将在线课程纳入在建“中华虞舜文化传承与创新资源库”（国家级）。该文明礼仪养成教育成果被永州职业学院、威海职业学院、济宁职业学院等 7 所院校推广应用。近三年来，受课学生荣获全国各类才艺大赛、技艺技能比赛、创新创业大赛奖项 22 项；学生的社会服务能力有所增强，为 26 个乡镇和 31 家企业提供职业礼仪培训服务、营销形象培训服务、企业文化的技术技能服务；在校生、毕业生对教育的满意度提高了两个百分点，高达 99.2%。我校文明礼仪养成教育得到了社会各界的充分肯定，大众日报以“传承中华优秀传统文化，不忘教育初心使命”对我校的文明礼仪教育进行了整版的报道。

深入研究传统文化与大学生养成教育理论与实践，不断提高研究成果的层次。我校科研课题“中华文明礼仪传承、传播、发展、创新实践研究”入选国家社会科学基金重点项目“职业中华文明礼仪教育研究与实践”的子项目；教改课题“水文化融入校园文化建设研究与实践”获国内领先水平；近三年来，思想政治教育、德育教育、校园文化、养成教育等科研项目荣获山东省水利软科学研究一等奖 5 项、山东省软科学研究一等奖 2 项、山东省高等学校人文社科类成果一等奖 5 项、山东省职工教育优秀成果一等奖 6 项、山东省优秀辅导员工作案例二等奖和三等奖各 1 项；获其他奖项若干。

获奖者简介

薛琼，女，汉，副教授，高级礼仪指导师、人力资源管理师。2004 年开始从事学生工作，中国大学 MOOC 热搜课程“礼仪与人生修养”主持人、山东省职业教育教学改革项目主持人。主要从事大学生思想政治教育工作，研究高职学生教育管理理论。曾荣获山东省高等教育教学优秀成果一等奖、山东省思想政治教育优秀成果二等奖、山东省高校人文社会科学优秀成果三等奖、山东高校辅导员优秀工作案例一等奖。荣获山东省志愿者工作先进个人、日照市优秀青年工作者、“三八红旗手”“优秀共产党员”“优秀班主任”等荣誉称号。

获奖感言

能在“山东省高校辅导员 2020 年度优秀工作案例”中斩获一等奖感到很荣幸，成绩的取得离不开我校师生的共同努力。山东水利职业学院秉持“文化育人、德能并重”的德育理念，将红色文化、中华优秀传统文化、工匠精神融入教育教学各方面，培根铸魂，促进大学生成长成才。在我看来，在工作中播撒辛勤的种子就能收获丰硕的果实，未来我将继续模范履行为人师表的职责，忘我奉献，做好学生的人生导师。

新冠疫情背景下“互联网＋思想政治教育”工作模式探索与实践

青岛滨海学院财经学院　乔海祥

一、案例基本情况

2020年新冠疫情的暴发改变了人们的生活方式，给学校的教育方式也带来了很大的影响。线上教学成为各个学校开展教学的主要方式，传统的学生思想政治教育模式也随之改变。为了减少疫情给大学生学习生活带来的冲击，助力线上教学取得实效，引导大学生树立疫情防控必胜的信心，我将新媒体技术与大学生思想政治教育有机结合，积极探索“互联网＋思想政治教育”工作模式，主动占领学生思想政治教育网络阵地，在线上与学生展开交流，了解学生思想动态，创新工作方式方法，有针对性开展政治领导、思想引导、情感疏导、学习辅导、行为教导、就业指导。在坚定防疫信念、筑牢思想防线、普及防疫知识、落实教学计划、加强队伍建设、弘扬榜样力量等方面发挥了积极的作用，充分利用互联网的优势提高工作效率，增强了学生思想政治教育工作的实效性。

二、组织实施过程

1.运用“互联网＋政治领导”，确保防控要求落到实处

疫情发生后，党中央将疫情防控作为头等大事来抓，习近平总书记亲自指挥、亲自部署，坚持把人民生命安全和身体健康放在第一位。作为辅导员，要随时关注党中央关于疫情防控的各项政策和要求，及时将习近平总书记在统筹推进新冠肺炎疫情防控和经济社会发展工作部署会议上的重要讲话传达给学生，坚信在党中央和习近平总书记的坚强领导下，一定能打赢疫情防控人民战争、总体战、阻击战，帮助学生提振信心、鼓舞士气，并嘱咐学生做好居家隔离、疫情防控、线上学习等，确保疫情防控要求落到实处。

2.运用“互联网＋思想引导”，占领思想政治教育阵地

疫情发生后，按照学校要求第一时间与所有学生取得联系，尤其是居住在中、高风险区的学生，全面掌握每一名学生的身体健康状况和周边疫情情况等。通过QQ群和钉钉落实每日健康打卡，嘱咐学生做好日常防护，不要随意流动，对线上打卡异常的学生及时联系，确保学生个人安全。通过召开网络主题班会和学生干部会议，宣传防疫知识、强化防疫认识、稳定学生思想。组织学生在线观看《全国大学生同上一堂疫情防控思政大课》，与学生展开人与自然的关系、人类命运共同体、中国特色社会主义制度优越性等话题的讨论，引导学生敢于面对危机。强化爱国主义教育，鼓励有条件的学生作为志愿者参加当地社区的防疫工作，做到思想上重视、情感上认同、行动上参与，提升大学生思想政治教育水平。

3.运用“互联网＋情感疏导”，发挥人文关怀激励作用

疫情的发生对部分学生的生活影响较大，班上有两名学生是湖北的，所在社区采取封闭管理，自己和家长一直居家隔离，家中的食物、生活必备品只能靠社区配送，心理压力很大。在与学生沟通后，我召开了一次线上班会，让两名学生分别讲述了当时的生活情况，班内同学纷纷送上问候和关注，让他们感到温暖的学生情谊，坚定了抗击疫情的决心；班上一名学生的父亲作为医疗人员参加了抗疫志愿服务队，自己则留在医院照顾刚刚手术的奶奶，心中的恐惧和对父亲的担忧始终困扰着，得知这一情况后，我时常与其聊天，做好她的心理疏导和安抚工作，相信“阳光总在风雨后”，一定会“守得云开见月明”。

4.运用“互联网＋学习辅导”，夯实全面发展学习基础

在接到学校线上教学的通知后，我第一时间嘱咐学生检查家中网络、电子设备，确保能够按时上课，并统计不具备线上上课条件的学生名单，及时反馈给任课老师。通过给学生充流量、发送课件和教学视频回放等方式保证学生线下自主学习；为掌握学生上课情况，我主动加入每个线上教学班，查看学生到课情况，当天联系缺课学生及家长询问原因并做好督促，确保学生正常上课、按时上交作业，保障线上教学的效果。期中考试结束后，对成绩不理想的学生进行电话回访，了解情况、分析原因，单独建群请任课教师进行辅导答疑，保证了知识学习的连贯性和有效性。

5.运用“互联网＋行为教导”，争做向上向善的好青年

疫情发生后，充分发挥学院官方微信公众号“青岛滨海魅力学前”的宣传和导向作用，及时把握宣传思想工作在特殊时期作用，将官方微信公众号运营和常规学生工作相结合，推出“@全体师生：抗疫同心，你我同行”系列篇、“战疫在行动”系列篇、“宅家攻略”系列篇、“节日文化宣传”系列篇等，有效缓解学生的焦虑情绪，激发学生爱国主义情怀。向学生传达党和国家关于防疫的重要指示

精神，鼓励学生党员、入党积极分子、青年志愿者和学生干部在做好防护的同时参与到当地的疫情防控一线，主动担负起大学生的责任与使命，积极挖掘抗疫志愿服务的突出事迹并进行宣传报道，从而形成热爱英雄、崇尚英雄，树立积极正面的舆论导向。向全院团支部发起线上活动："疫情防控，我有话说""疫情防控，共克时艰""武汉加油，有困难我们一起扛""植树节，我们一起种下希望""清明节，向英雄致敬，向苦难致哀""当代学子，共话责任与担当""青年节，让青春为祖国绽放"等，指导学生通过剪纸、书法等形式向抗疫英雄致敬，引导学生争做向上向善的好青年。

6.运用"互联网＋就业指导"，助力毕业生高质量就业

疫情的发生使2020届毕业生的就业形势更加严峻，学生原本联系好的实习幼儿园未能如期开学，考研学生的调剂和录取比以往推迟，山东省普通专升本考试也推迟到6月下旬，2020年上半年中小学教师资格考试取消。这些情况都给2020届学前教育专业的毕业生增加了很大的压力。我在对所有学生的就业意向进行摸排统计后，在线上进行了分类指导，根据考研成绩嘱咐学生认真复习准备复试，重点关注调剂学校的情况，同时给学生推送一些线上复试的注意事项；组织参加专升本考试的同学进行线上会议，鼓励大家安心备考，将推迟考试的时间转变为提高学习成绩的时间，稳定情绪，考试结束后在线上指导学生填报志愿；对于就业求职的学生，通过线上召开就业指导会议，充分利用山东省高校毕业生就业信息网等网络平台了解招聘信息，有针对性和实习单位取得联系，争取更多的就业岗位，推动毕业生高质量就业。

三、工作成效

(1)所带全体学生严格遵守学校疫情防控要求，按时完成线上教学任务并通过考试，2020届本科毕业生顺利完成线上论文答辩，所有学生精神面貌良好，未发生一例安全危机和心理危机事件。

(2)所带团总支通过网络认真落实"三会两制一课"，积极完成各项工作要求，1个团支部获评"青岛市五四红旗团支部"，1名学生获评"青岛市优秀共青团员"，1名学生获评"青岛市青年志愿服务先进个人"，所属团总支获评学校"红旗团总支"。

(3)所带学生中有12名学生作为志愿者参与了当地的防疫服务工作，学生的事迹和表现受到了当地社区领导和群众的一致好评，纷纷发来表扬信、感谢信等；有两名学生的事迹在学校官方微信公众号推出后得到上万人次的点击。部分学生用剪纸的方式向抗疫英雄致敬，得到西海岸新区卫生健康局的肯定和好评。

(4)负责运营的学院官方微信公众号结合疫情防控要求，编写思想引领类、

学风建设类、心理疏导类、学生活动类、宣传展示类等文章，提升了“互联网＋思政政治教育”的实效性，发挥了引领示范作用，展现了学生勇于担当的精神面貌，弘扬了时代主旋律，传递了防疫抗疫正能量。学院被评为校宣传工作先进集体，本人获评校宣传工作先进个人。

(5)所带班级中 2020 届 12 名本科毕业生考取研究生，88 名专科毕业生顺利升本，27 名学生被评为山东省优秀毕业生，平均就业率达 94.91％，位列全校第二。

四、案例启示

1.创新育人方式，紧跟时代发展

随着信息技术的不断发展，新媒体的作用不断凸显，以互联网为平台，探索“互联网＋思想政治教育”模式并展开实践，可以有效满足高校育人方式创新的要求，进一步落实高校立德树人根本任务；以学生喜闻乐见的方式开展思想政治教育，提高了学生的参与性、积极性和普及性，画好高校思想政治教育工作“线上＋线下”的同心圆。

2.发挥网络优势，激发工作活力

发挥互联网的教育功能，在各大平台上推送思政教育资源并开展学习活动，筑牢新时代大学生思想政治教育网络阵地；发挥互联网的信息功能，有效整合校内外学习资源，营造良好的学习氛围，提高学习效率；发挥互联网的平台功能，线上组织相关比赛、活动，引导学生积极参与，使网络平台成为传播和弘扬中国特色社会主义优秀文化的重要阵地；发挥互联网的宣传功能，挖掘学生的先进事迹，通过公众号展示学生风采，弘扬主旋律、传递正能量，引导学生争做向上向善的好青年。

3.推动资源整合，构建育人体系

宏观来看，高校固然是开展大学生思想政治教育的重要力量，但还需要有国家、社会和家庭的参与。互联网对此提供了交流互动平台，应构建“国家—社会—家庭—学校”四级育人体系，整合资源、群策群力，形成大学生思想政治教育的强大合力；微观来看，高校要坚持“全员、全过程、全方位”育人，把思想价值引领贯穿教育教学全过程，应构建包括课程育人、科研育人、实践育人、文化育人、网络育人、心理育人、管理育人、服务育人、资助育人、组织育人在内的十大育人体系，依托信息技术和互联网平台，加强学校内各部门之间的联动，实现信息共享，提高大学生思想政治教育水平。

获奖者简介

乔海祥，男，汉族，副教授，硕士研究生学历，中共党员。从事学生工作16年。主要研究方向为思想政治教育。青岛滨海学院财经学院院长、党支部书记，青岛市高校大学生思想政治教育工作先进个人、青岛市优秀青年工作者、青岛市教育系统优秀共产党员。主持、参与省、市科研课题14项，在各级各类期刊上发表论文10余篇，荣获山东高校辅导员优秀工作案例一等奖1项、山东高校思想政治教育优秀成果二等奖1项、山东省高校学生教育与管理工作优秀科研成果二等奖和三等奖各1项、山东省教育科学研究优秀成果奖三等奖1项。主持的党建创新项目《党建引领　党员带动　构建教育、管理、服务三位一体育人模式》入选山东省高校工委《加强和改进大学生思想政治教育优秀工作案例集》。

获奖感言

作为获奖者，非常感谢各位评审专家的认可和鼓励，感谢青岛滨海学院的领导和同事给予的指导和支持，特别感谢那些朝气蓬勃、青春向上的大学生的理解和成长。

辅导员是大学生思想政治教育的骨干力量，是学生成长成才的人生导师和健康生活的知心朋友，是一个责任神圣、使命光荣的职业。“多年坚守不忘初心，春风化雨润物无声。”我坚信自己的选择，愿意用自己的青春和激情带给学生人生的信仰、奋斗的方向和前行的力量，在陪伴学生成长成才的道路上实现自己的人生价值，用铿锵的脚步奏出生命的乐章。

让志愿之花遍地开

青岛黄海学院大数据学院　齐文彬

党的十九大报告指出要推进诚信建设和志愿服务制度化，强化社会责任意识、规则意识、奉献意识。中共中央办公厅关于印发《共青团中央改革方案》的通知，指出要推动全体团员成为注册志愿者，建设"团干部＋社工＋青年志愿者"队伍。为了落实好文件精神，我在班级志愿服务活动中也做了一些摸索。

一、案例基本情况

我校志愿者服务队伍是以班级为单位依据制度实施"学校—学院—班级"三级管理的模式运行。我主要带2018级和2019级经济统计学、计算机科学与技术专业本科班学生，共234人，其中团员213人，"志愿汇"信息系统注册213人。目前，志愿者服务队伍的培养及服务实践中存在以下问题。

（一）服务的精神还没有完全落实到学生心中

志愿服务一定是发自学生内心的渴求，是学生道德意识和无私奉献精神的体现。而现在有的学生为了积学分，为了好奇心理参加到服务队伍中来，随着年级的增高，学生学业加重，学生主动志愿服务人员逐渐减少，志愿服务成果大打折扣。

（二）志愿者服务的对象和范围还局限在校园内部活动

社区服务意识不强，校社联动活动少。班级同学有多人为"计算机创新协会"会员，但主要参与计算机义诊活动，活动覆盖面窄，对周边社区影响力小。

（三）志愿者服务的培养体制还不健全

在班级志愿服务的管理中，存在志愿服务注册信息不完善、教育培训跟不上、激励保障不足等现象，不能形成制度化、体系化的管理模式。

二、组织实施过程

（一）洒下奉献的种子——迎接新生情谊深

在每学期的迎新生活动中，一群身着"大学生志愿者协会"的志愿小分队成员穿梭在校园中(见图1),她们以“安全、有序、温馨、周到”的服务理念为指导,在南区、北区、西区分别设立了接待点,为新生讲解相关的手续和相关办理流程,给学生或家长指引宿舍分布情况,发放二级学院须知卡,并协助老师测体温、发放宣传材料,让学生一进入校园就感受到浓厚的师生情谊。

图1 志愿服务者迎新生

(二)培育奉献的幼苗——捐赠冬衣暖千里

大学生志愿者协会每年秋季组织为贫困地区捐赠冬衣活动。我班志愿者热情且负责地做好一切工作,细致入微。对同学们捐赠的现金进行收集,将捐赠者的姓名详细登记在册,将整理好的衣服和被褥打包成箱。同时做好与长江西路社区的对接工作,协助社区将物资邮寄到甘肃、青海等省份,让爱随行到受捐者的手中,温暖彼此守望的心。

(三)灌溉奉献的青树——学习雷锋润心田

组织班级志愿者学习“红色文化教育系列活动”,借助雷锋教育基地,聆听雷锋班老班长的多场雷锋精神报告。将雷锋精神融入志愿者的思想和行动中,如开展“雷锋班级”“雷锋宿舍”“雷锋个人”校园志愿服务活动,让为人民服务的精神滋润志愿者的心灵,坚定为社会服务的理想和信念。

(四)结出奉献的果实——服务意识满人间

1.充分利用志愿者的专业技能

在2020年的暑期“三下乡”活动中,我班同学组建了“计算机公益服务先锋队”。此次计算机义诊活动采用“云组队”模式,线上听从统一的指挥协调,线下分散志愿服务。志愿者们分工合作、各司其职,展现了团队协作的精神。此次活动主要进行了计算机相关知识科普、计算机软件安装、系统优化、垃圾清理、病毒检测系统重装、系统恢复、系统升级、硬盘分区硬件升级以及其他计算机相关问题。

2.组织毕业生参加西部志愿服务宣讲会,了解报名流程、优惠政策及注意事项

“青春由磨砺而出彩,人生因奋斗而升华。”鼓励毕业生用青春和热血投身

于西部建设中，让奉献精神伴我成长，服务行动满人间。

3.面对新冠肺炎疫情，志愿者义不容辞积极防控

有参与志愿服务的孟庆伟、王梓扬、尚玉飞、陈丽君、顾莹；为武汉捐资、捐物的宋立民、房晓旭、陆佩琪、齐全桂。特别是2019级的孙明绅同学，他的事迹以“战疫必胜——战‘疫’父子兵！”为题被半岛网新闻、澎湃新闻、凤凰网多次转载宣传。

三、工作成效

（一）志愿者服务管理模式和激励机制基本形成

我班在志愿服务实施过程中采用“校—院—班三级管理模式”，将志愿服务活动落实到班级每一个同学；落实“第二课堂成绩单”制度，依托“到梦空间”平台，制定与采取了志愿服务干部选拔、活动开展、志愿服务时长认定等方面相关的制度和奖励措施；整理志愿服务登记表，毕业之际，放入学生档案。通过各种途径，吸引更多的同学加入志愿服务中来。

（二）传统文化精神受到继承与弘扬

学校多年来形成了以优秀传统文化育人、以红色文化育人、以工匠文化实践育人、以创新文化协同育人的“四文化融合”育人特色。各班级开展“传承中华传统文化、坚定文化自信”班会，班级内8支队伍参加第十七届“挑战杯”全国大学生课外学术科技作品竞赛红色专项活动；以“学雷锋、引雷锋”为手段，以“做雷锋、育雷锋”为己任，将雷锋精神作为一种信仰和一种文化。

（三）通过社会组织培训，志愿服务更加专业化

在学生中宣传青年志愿服务的相关政策和文件，设计班级志愿活动四年的阶梯性规划目标，课程中融合相关服务精神、责任意识等。通过校企合作模式，与社会公益组织对接，大学生志愿者进行培训，选拔优秀的学生干部或志愿团队负责人参与到社会实践中，在技术支持、活动策划中给予指导和帮助，提升志愿服务的层次。

（四）和谐校园与和谐社会的建设更加完善

参与志愿服务学生自发组织到敬老院、聋哑学校、周边社区进行服务，经济统计学专业学生根据社区居民需求，成立“理财屋”青少年活动俱乐部，让小学生能简单了解银行的运作模式，帮助他们树立正确的消费理念。为让退休的老人了解防骗知识、金融诈骗手段，部分学生还给老人讲解理财的小方法。更多的学生则参与到西海岸新区的建设中来，积极参与公益实践大赛，如暑期“三下乡”活动、啤酒节志愿服务、机关单位暑期实习、东亚海洋博览会，让自己的公益梦落地成为现实。

图2 大学生志愿服务2020东亚海洋博览会

（五）志愿者的全面素养和能力得到有效提升

在学院良好氛围的熏陶下，班级同学积极响应，涌现出一批先进的组织和个人：计算机公益服务先锋队荣获“青岛黄海学院2020年‘三下乡’社会实践活动优秀团队”，王静同学荣获“青岛市志愿服务先进个人”，王志芳同学荣获“青岛西海岸优秀大学生科技社团干部”，尚玉飞、徐磊荣获“2020年青岛黄海学院年度抗疫人物”，付文越等33人荣获“青岛黄海学院疫情防控先锋”，魏肇琪等137人荣获“2020年度青岛黄海学院最美小黄锋”。

一个志愿者就是一个文明阵地，一群志愿者就是一片文明海洋，在我和班级同学的共同努力下，大学生志愿服务者的身影遍布校园的每个角落，在黄海的这片沃土上绽放光彩。

获奖者简介

齐文彬，女，1980 年 8 月出生，汉族，副教授，青岛黄海学院大数据学院辅导员，国家一级职业指导师，国家二级心理咨询师。曾获青岛黄海学院“感动黄海”十佳辅导员、校级优秀辅导员、管理育人先进个人、三八红旗手等 20 余项荣誉。主持及参与省级课题 4 项、市级课题 1 项、校级课题 4 项，主持校级“E 心 E 议话思政”辅导员工作室，发表大学生思想政治教育相关论文 10 余篇。

获奖感言

“让志愿之花遍地开”能够荣获山东省高校辅导员 2020 年度辅导员工作案例一等奖，要特别感谢学校辅导员队伍中的每位战友。作为一名辅导员队伍里的老兵，不仅要有仰望天空的工作情怀，更要有脚踏实地的工作智慧，将平凡的工作转化为成果，将经验上升为科学，在思考中沉淀，在沉淀中升华，用专业的力量改变自我，以出色的育人业绩，赢得学生的认可，让辅导员队伍不断根深叶茂，繁花满树。

“五心共育”，培养新时代文明大学生
——潍坊科技学院学生工作处主题教育工作案例

潍坊科技学院学工处 李俊英 徐友信 吴桂坤 刘增武 陈堃

青年是引风气之先的社会力量。一个民族的文明素养很大程度上体现在青年一代的道德水准和精神风貌上。

——习近平

过去的一年，学生工作处坚持党建引领，落实立德树人根本任务，结合学校“理想信念、家国情怀、励志奋进”三大主题教育，聚焦大学生文明素质养成教育，从知、情、意、行四个层面，开展“五心共育”工程，提高大学生文明素养的认知水平，涵养大学生文明素养的时代风尚，构建大学生文明素质教育的立体联动机制，增强大学生文明素质养成的心理意志力，提高大学生文明素质养成的践行能力，全面提升大学生综合文明素养。

一、案例基本情况

2020 年是全面建成小康社会和“十三五”规划收官之年，是全国人民众志成城、坚忍不拔书写抗疫史诗的一年。党的十九届五中全会审议通过的《中共中央关于制定国民经济和社会发展第十四个五年规划和二〇三五年远景目标的建议》，专门用一个部分对文化建设进行部署，并将“提高社会文明程度”作为文化建设三方面重点任务之一。“做新时代文明大学生”主题教育是学生工作处 2020 年学生管理工作的主线，经过一年来的探索，初步形成了“五心共育”的工作模式。“五心共育”工程是指课程强心、文化润心、导师育心、心理疏心、服务暖心五大工程，相关部门之间建立起学生文明素质教育的联合机制，在教育内容和教育方式以及教育效果评价等方面形成有效协同，共同推进“做新时代文明大学生”主题教育活动开展。

二、工作开展过程

(一)注重调查研究,坚持问题导向

为全面了解和掌握我校大学生的文明素质现状,更好地为辅导员思想政治工作提供对策,我以在校大学生作为调查对象,采取问卷调查与随机采访相结合的方式进行了调研。调研从文明言语、文明交往、仪容仪表、文明用餐、校园卫生等方面展开,共 18193 名学生参与了问卷调查。调研显示,我校大学生文明素质整体情况向好,对文明与不文明的界限分辨清晰,能意识到文明素养对自身学习、生活以及未来发展的重要。但部分学生集体观念和秩序意识淡化,自我约束能力较差,尤其是在公众场合会出现一些不文明行为。比如遵守宿舍规章制度的自觉性不够,部分宿舍"脏、乱、差"的情况仍然存在;学生自身也期待建立良好的校园秩序,但有时缺乏主人翁的责任感,其行为习惯多立足于"方便自己",维护公共秩序的意识不够;部分学生缺乏良好的行为习惯,相关部门之间也没有建立起学生文明素质教育的联合机制,影响了文明养成教育的效果。

(二)扎实推进"五心共育"工程,加强协调联动

1.课程强心工程——提高大学生文明素质的认知水平

成立课程团队,推进思想政治理论课教学改革,将大学生文明素质养成教育融入思想政治理论课当中,以地方优秀传统文化和核心价值观打造特色养成教育,探索"三效融合"教学模式创新,发挥思想政治理论课在大学生文明素养教育中的主阵地作用。同时,将文明素质教育嵌入课程思政教育项目,形成"五心微至""问耕大讲堂""新时代论坛"等思政工作品牌,重点打造一批质量高、有内涵、覆盖面广的文明素质养成教育活动,提升学生文明素质的整体水平。

2.文化润心工程——涵养大学生文明素质养成的新风尚

文化是塑造社会文明更基本、更深沉、更持久的力量。农圣文化是学校倾力打造的文化品牌。一是在农圣文化学术交流中心建设了农圣文化展馆,并组织学生分批到展馆参观学习,感受农耕魅力,传承农圣文化。二是组织开展以农圣文化为主题的系列活动。通过"农圣名人"调查,走访农圣故居,组织学生到农圣文化基地参观学习,开展现场教学;组织开展"三守一争以竖志,贾公故里以立杰"的征文比赛,开展"弘扬农圣文化与传承优秀品质"的文化作品展等活动,全方位将农圣文化资源转化为育人资源,打造弘扬农圣文化为特色的校园文化,涵育文明环境,引导学生做文明的践行者和传播者。

3.导师育心工程——构建大学生文明素质教育的立体联动机制

我们构建了集"院系辅导员+社区辅导员+易班顾问+导师"四位一体的育人团队,开展"四维导师面对面"活动,聚焦学生问题反馈、解决机制,共同商

讨文明素质教育过程中的问题解决方案。同时，探索实行朋辈导师教育新模式，充分发挥党员、团员、班干部、舍长的示范引领作用。通过朋辈宣讲、“并肩奔跑”文明结对、“文明绿色行”沙龙等活动，以身边人、身边事教育引导学生，形成对学生的正向价值引领，打造学生文明素质养成高地。各类导师的主题访谈等活动上传今日校园的“辅导猫”，增强了文明素质教育的针对性、实效性。

4.心理疏心工程——提升大学生文明素质养成的心理意志力

加强学校—院系—班级—宿舍心理健康教育四级网络建设，构建集“平台保障、教育教学、实践活动、咨询服务、预防干预”五位一体的心理健康教育工作格局。每学期开展“共战疫情，守护心灵”大学生心理状况问卷调查，分阶段排查出不同程度的“问题学生”，及时报送至学校心理危机预警库；开展“云分享心成长”心理健康节等一系列内容积极向上，具有时代性、趣味性，兼具“学、看、思、悟、践”五位一体的心理健康教育活动。寿光市人民政府网和潍坊日报相继对我校开展的大学生心理健康节系列活动进行报道。

5.服务暖心工程——增强大学生文明素质养成的践行能力

开展学生管理“六个一”活动。提出“人人参加一个社团和一个志愿服务队，参与组织一次活动和一项学校管理，当一次值周班长，有一个看家体育项目”，从而发挥学生自我教育、自我管理、自我服务、自我监督的功能，从他律慢慢转向自律。我们组织广大青年志愿者在疫情防控、文明城市、卫生城市复审迎测中全心投入、无私奉献；扎实推进“三下乡”“西部计划”品牌活动；累计选派40余名志愿者赴西藏、新疆等地开展志愿服务。

（三）健全评价机制，确保活动实效

制定文明教室、文明宿舍、文明餐厅评价指标体系，制定诸如《学生日常文明行为规范》《文明大学生标准及评选办法》等规章并将其纳入大学生综合测评评定体系、评优评奖体系、推优入党体系等制度规范中，将其真正作为考核学生综合素质和日常管理的必要条件，增强大学生自觉开展文明素质养成的主动性。在学期末举行“文明宿舍”“文明教室”“文明餐厅”评选暨优秀志愿者表扬大会，对评选表彰出的先进集体授予流动红旗。我校这一活动开展情况被大众网报道。

三、工作成效

经过一年多的实践探索，“做新时代文明大学生”主题教育成效明显，在文明大学生培育和育人成果产出方面均取得较好的成绩。

（一）学生文明素质有较大提升

学生集体观念、秩序意识有所强化，自我约束能力提高。2020年11月，全国新建本科院校联席会暨第二十次工作研讨会召开，我校学生全程参与志愿服

务活动，干净的校园、有序的管理、学生良好的文明谈吐给参会领导和专家留下了深刻的印象。同时，在疫情防控、寿光市全国卫生城市、文明城市复审等多项工作中，我校学子勇担重任，开展志愿服务，展现出青年学子的文明与担当。潍坊科技学院青年志愿服务队获评“抗击疫情最佳志愿服务组织”；王鹏程、徐靖淋荣获2020年山东省大学生“青春贡献奖”荣誉称号；向同等5名志愿者荣获“潍坊市疫情防控优秀志愿者”称号；左齐、魏笑等20名学生受到地方政府表彰。

（二）产出一批优秀育人成果

我们团队的“以心育心，润心育人——积极心理学视域下‘五位一体’心理健康育人体系”成功立项2020年教育部“高校思想政治工作精品项目”（全国共100项），我的著作《农圣文化与大学生思想政治教育创新》获评2020年山东省高等学校优秀科研成果奖（思想政治教育类）三等奖，“地方优秀传统文化融入高校思政育人的路径研究”立项入围2020年度山东省社会科学普及应用研究项目，我主持的“五心共育”思想政治工作团队获评2021寿光市女职工建功立业标兵岗。

当前，中国特色社会主义进入新时代，我们比历史上任何一个时期都更接近、更有信心和能力实现中华民族的伟大复兴。加强青年学生的文明素质教育意义重大、责任重大。下一步，我们将统一思想、凝心聚力，不断创新教育模式，掀起新一轮大学生文明素质提升工程，引导广大青年学生讲文明、知礼仪，全面提升自身文明素养，做新时代文明大学生，为培养社会主义事业优秀建设者和可靠接班人，为实现中华民族伟大复兴的中国梦作出我们积极的探索和贡献。

获奖者简介

李俊英，女，中共党员，法学硕士，副教授，中级社会工作师，曾任马克思主义学院党支部书记，现任学工处副处长。出版专著《高校思想政治理论创新与实践》《农圣文化与大学生思想政治教育创新》。参与编写了多部教材，《农圣文化与大学生思想政治教育创新》获得2020年山东省高等学校优秀科研成果奖（思想政治教育类）三等奖。承担教育部精品思政项目“以心育心，润心育人——构建积极心理学视域下‘五位一体’心理健康育人体系”。主持完成山东省高等学校人文社会科学项目1项，主持立项山东省社科联人文社会科学课题（有资项目）1项、山东省高等学校科研发展计划项目（A类有资项目）1项，承担完成地方政府重点项目5项。在国内外重要期刊发表论文十余篇。

获奖感言

感谢中共山东省委教育工委对我校学生工作处提交的工作案例的肯定，在接下来的工作中，我会继续潜心耕耘思政园，扎根学生工作，积极探索新时代大学生思想政治工作的新模式，勇于担当，善于担当，积极作为，勇于创新，从做好思想政治工作的角度为学生的成长成才铺好路、架好桥，切实在辅导员工作方面下功夫，立足本职，服务学生，铸魂育人做表率。

“云端”关爱　从“人”到“众”

——疫情视域下基于心理调适的高职班级学风建设新体验

山东理工职业学院金融会计学院　王颖

2020年，一场突如其来的疫情让我们在家里度过了“史上最长的寒假”。疫情居家期间乃至复学后很长时间，“屏对屏、线连线”成为我与学生交流的重要方式。

从1月底开始，隔三岔五就有学生与我聊起关于疫情发展的话题，大都呈现比较乐观积极的态度。可是到了3月初，明显感觉同学们开始出现焦虑的情绪。好多学生咨询开学的时间、在校若发生疫情该怎么办等问题。其中，小倩(化名)打电话聊天时的语言和状态引起了我的特别关注。两天内打了七通电话：“一开始听说延迟开学挺开心的，感觉宅在家里为国家做贡献还不容易。睡懒觉、打游戏、刷剧，时间会过得很快。但一个多月过去了，天天做这些事情特别没意思。”“感觉空虚，没有成就感。虽然开始上网课，但效率也不高。”“听课就想睡觉，丝毫没有在教室上课的感觉。”在安抚疏导小倩的同时，我也意识到在疫情防控吃紧的关键阶段，她的问题带有普遍性，需要我们及时有效地开展心理疏导和学业危机干预工作。

一、问题及分析

以小倩为代表的同学们出现的问题，主要集中在疫情居家期间和复学伊始两个阶段，具体表现在以下三个方面。

(一)疫情压力下出现的应激反应“焦虑”

在疫情压力下，我们看到了一种“情绪上的瘟疫”，焦虑、恐慌、愤怒和烦躁等各种不良情绪，这是人面对应激事件的正常心理反应。面对负面情绪，引导学生积极理解和接纳负面情绪是首要的，在此基础上的配套引导措施才会更加有效。

(二)对疫情中停课不停学的“新常态”不适应

部分学生出现学习注意力不集中、学习自主性下降、学习兴趣不高等心理问题。职业院校的学生在学习方面自控能力稍弱，需要运用从个体辅导过渡到团体辅导的方法，朋辈互助，逐步解决居家期间学生学习“耐受性”的问题。

（三）后疫情时期复学后班级学风建设面临新挑战

允许复学后，返校学生由于长时间处于“假期模式”，对学校的生活作息需要很长的时间来调节，做事拖沓、生活懒散、上课难以长时间集中注意力等问题接踵而至。未返校学生与返校学生的学习状态也存在明显差异，对待线上教学也时常是“应付”的态度。

二、组织实施过程

该案例在处理时落脚点有两个：一是要做好小倩个人的情绪安抚工作；二是以此案例为契机，做好整个班级后疫情时期学习状态的调整工作。

（一）因人施策，做好个案疏导

小倩高考失利后，自信心受挫，平时比较敏感，渴望倾诉和被认可。针对她的日常表现及个性特征，我采取了以下措施。

1.变“每日一问”为“每日三问”

疫情开始后，了解每位同学的动向及身体状况成为每日必备功课。我对小倩的问候，除了每天早上询问疫情上报内容外，还增加了当日运动项目和发生的趣事。询问即是交流，我也把自己每天同样的内容分享给她，目的是让她转移注意力并进行适度运动，保证身体的良好状态。

2.以爱之名交互心灵

每个人都是渴望被爱的，我经常给小倩分享疫情间的励志、感人故事。有一天，她突然给我发了一段话：“老师，我好佩服‘雨衣妹妹’，她和她的团队每天免费为武汉医护人员送餐，我知道坚持做一件事情好难，但是你这段时间每天坚持陪我聊天，我要向你学习，坚持每天做一件有意义的事情。”我感到特别欣慰，念念不忘，必有回响，爱的教育出成效了。

3.幕后策划助力实施

为了让小倩能够把自己的想法付诸行动，我告诉她班里有好多同学目前都出现了跟她类似的情况，希望她能协助我一起开展活动帮助同学们共克时艰。接下来，我们合作完成了网络调查问卷，指导她完成了表白墙的设计，由她负责“我和榜样有个约会”百天行动打卡的监督统计工作……每天忙得不乐乎，她告诉我每天过得充实有意义，充满动力和信心。

（二）分类引导，由点及面，逐步调整学习状态

为了帮助学生安然而有意义地渡过难关，同时把握理想信念教育开展的机遇，我在班里展开了别开生面的榜样教育，逐步引导学生调整学习状态，开启学风建设的“新体验”。

1.关注学生思想动态

建立“舍长＋生活委员＋班主任”三级联动机制，关注学生心理阴晴变化。通过网络展开广泛调查，关注各类学生思想动态的变化。

2.引导学生选树榜样

针对战疫过程中涌现出的英雄人物，以及各行各业中的感人事迹，通过微信公众号的宣传，让学生们发表感言；利用表白墙“表白我的榜样”，关心关注在一线向榜样学习的学生志愿者，及时推送和宣传相关报道，进而促使学生自己完成榜样人物的选树工作。

3.鼓励学生向榜样学习

借助视频班会开展课程思政助力榜样教育，巧妙加入学生生涯设计，要求定好学习目标，用实际行动完成向榜样学习的任务。开展“我和榜样有个约会”百天打卡活动。调查发现，6.07％的学生认为疫情对他们的学习影响严重，甚至有焦虑情绪；38.87％的学生认为疫情对他们的学习有影响，但会根据实际情况做出调整；55.06％的学生认为影响较大，需要得到有效帮助和指导。为了调动同学们参与活动的积极性，我决定采取“坚持有奖”的鼓励方式。

4.成立“孩子王动力加油站”，增强自主学习意识

百日打卡结束后，复学伊始，为延续百日打卡活动的效果，我成立了“孩子王动力加油站”，坚持每天“微语”打卡，以身作则。一早一晚在群里发声，帮助缺乏自制力的学生制定学习目标，分解完成任务，互相监督鼓励，借助团体的力量促使个体成长进步。慢慢地将每天“制定学习计划——完成学习计划”形成习惯。

四、工作成效

（一）焦虑情绪有效缓解

开展活动以来，同学们电话咨询的频率降低，焦虑的情绪明显缓解，聊天的心情也趋于轻松。

（二）良好学习习惯日渐养成

一套引导干预的“组合拳”下来，学生们在向榜样学习的过程中逐步成长为“更好的自己”。大家纷纷表示：“最初参加的时候是奔着奖品去的，可真到了第100天，却不在乎领取什么奖品，因为通过这个过程养成了良好的学习习惯，这就是最大的奖励。”大家在“孩子王动力加油站”的QQ群里也说：“在互相监督和互相打气中，不仅增强了自制力和提高了学习能力，还增进了同学之间的友情，收获满满。”

（三）班级学风建设成绩突出

从最初疫情期间的学习焦虑，到复学伊始学习状态的调整，再到良好学习

习惯的养成。“我和榜样有个约会”百日打卡活动和“孩子王动力加油站”覆盖到了班内所有学生，每个人都在周围同学的带动下朝着自己的学习目标奋勇前进。班内32名学生获得战疫思政系列活动“自律达人”，15名学生获得“向上向善好青年”等荣誉，1名学生获得国家奖学金，1名学生获得山东省政府奖学金，5名学生获得国家励志奖学金，学生参加的各级各类大赛有多项获奖。在全年级专业学习排名中，10名学生位列全年级前30名，班级平均成绩比本专业其他班级高3个百分点，获得了2020年度“优秀班集体”荣誉称号，在班级内部形成“赶、比、帮、超”和“乐教乐学”的良好学风。

五、经验与启示

（一）要重视团体和朋辈的力量

同学们在群里互相监督、互相帮助，既提升了友谊质量，提高了心理自我调适能力，也可以形成“助人—自助”的良性循环。

（二）要善于抓住特殊时期网络思政教育新契机

疫情期间引导学生以抗疫英雄为榜样，学习“战疫精神”，树立正确的偶像观；借助微信群、QQ群等新媒体平台，用喜闻乐见的方式互动地开展线上辅导，提高学生参与的积极性。

（三）要因材施教，分类施策

根据学生学习基础和学习自制力的不同，分类引导，提升学习兴趣，培养学习习惯，增强学习能力。

（四）要开展工作由点及面，由“人”到“众”

通过心理调适进行典型突破，精准发力，推进班风学风建设。

获奖者简介

王颖，女，汉族，副教授，硕士研究生学历。从事学生工作 10 年。2020 年被评为“山东高校优秀辅导员”，荣获第三届山东高校辅导员职业能力大赛二等奖、山东高校辅导员 2020 年度优秀工作案例一等奖、山东高校辅导员 2019 年度优秀工作案例二等奖，获得 2020 年度山东省心理健康节暖心战“疫”优秀成长案例。多次获得“济宁市优秀教师”“优秀共产党员”“先进工作者”“防疫工作先进个人”等荣誉称号。

获奖感言

作为学生眼中的“孩子王”，我将追求学生的点滴进步作为自己前进的动力，把学生进步的成就感视为自己事业的成就感。每一位学生都像晶体一样会发光发亮，把他们的优势和特长整合在一起，就能制作出“美味佳肴”。能够得到学生的信任是幸福的，同时也是有压力的；只有不断追求进步，不断提高自己，才能对得起学生们的敬爱。今后，我会继续把对学生的爱渗透于工作中的点点滴滴，做到走进学生内心，坐在学生身边，成为学生的坚强后盾。默默探索辅导员职业的为师之道，助力学生展翅翱翔。

送你一朵小红花

——将思政教育融入医学类新专业班级文化建设

山东医学高等专科学校学生工作处　王雪

一、案例基本情况

2020 年，是极不平凡的一年！突如其来的新冠疫情，改变了许多人的生活轨迹，也给正备考冲刺的高三学子带来了更大考验。“3＋3”改革、延迟开学、居家网课、高考延期…“生于非典、考于新冠”的他们终得“闯关晋级”，开启了新的征程。

我所带的是 2020 年新增医学类专科专业新建班级，学生来自全省 38 个不同的家庭。千禧年后出生的他们，具有鲜明的个性，出生在经济快速发展、互联网大爆发的时代，长于改革开放成果更加显著、生活水平大幅提高的新时期。大多数学生享有较好的生活条件，物质需求基本得到满足；成长环境开放民主、思维活跃，易于接受新鲜事物，多元化信息冲击影响着他们的思想观念和价值追求；缺少个人奋斗与改善生活之间因果联系的直观体验，主动成长的内驱力不足；注重个人感受，为人处世比较随性，自我管理能力较弱。

案例以发挥班级文化隐性力量为切入点，将思想政治教育融入新专业、新班级建设体系，落实立德树人根本任务，增强文化育人的针对性和实效性，于无声处润红花。

二、案例分析

班级是学生群体的基本组织单位和高校思政教育的重要载体。作为班级建设重要组成部分，班级文化是在班级成员中逐渐形成的一套被普遍认同，能够影响共同理想信念、价值取向、行为方式、学习方法等心理趋向及外在表现形式。

刚踏入大学校门的新生，在由高中向大学转变中存在不适应的情况，面对新专业发展的不确定性和对所学专业认知的局限性，或多或少产生了迷茫和焦虑。聚焦医学类新建专业新生群体，发挥职教优势，引导学生构建同向同行的班级文化，在潜移默化中熏陶感染学生，是我们辅导员开展思政教育与班级建设的新的突破口。

三、组织实施

班级文化建设是一个循序渐进的过程，几次谈话和辅导式、突击式的搞活动很难见成效。我从精神文化、制度文化、活动文化、网络文化等几方面着手，以文化人、以文育人，将思政教育落实落细，以提升学生的认同感、归属感、参与感和幸福感。

（一）以价值引领凝魂，滋润精神之花

1.于细微处迎新萌

报到前，我通过新生交流群提前找到班里的同学们并组建了 QQ 群，对学生们关心的问题一一解答。虽未曾谋面，但有了初步交流和了解。借助新生档案，报到当天我基本能叫出每一名学生的名字，并关切地提及家乡、路途等话题，让第一次离家的萌新感受到了辅导员的亲切与温暖。报到当天晚上，顺利召开了第一次班会，增强了彼此的亲近感。

2.结合主题传思想

根据学校新生入学教育及军训安排，及时掌握学生思想行为特点和情况。通过"五进"，走到学生中间，了解他们学习、生活及心理状态，有针对性地帮助学生处理好具体问题，使学生感受到我的真心实意，慢慢搭建起我们之间沟通和信任的桥梁。从伟大的抗战精神中汲取奋发前进的力量，将思政教育巧妙地渗透于日常教育的无形与点滴中，引导学生把爱国情、强国志、报国行融入具体行动，努力使社会主义核心价值观成为学生日常行为准则和自觉奉行的信念。

3.协同共育增认同

通过"专业是什么？我能学什么？我该怎样学？"等问题，引导学生客观认知所学专业。根据专业培养目标、行业发展前景和职业核心素养等内容，帮助学生层层剥离出"我想做什么？我能做什么？我该怎样做？"，进一步树立专业意识。我主动联系任课教师，发挥协同育人优势，以学习方法为切入点，指导学习专业知识，加强医德教育。以疫情期间医护工作和疫苗科研攻关的感人事迹，形象地展示所学专业的重要性和专业性，引导学生品悟医者的初心与责任担当，自觉践行伟大的抗疫精神，增强他们对医学事业的认同感与使命感。

（二）以制度建设塑骨，滋润规范之花

良好的制度文化离不开强有力的班级管理队伍。以思想好、基础好、学习好、作风好为标准，经个人申请、公开竞选、竞争上岗，着力培育一支"胸怀理想、

心系同学、品学兼优、作风扎实”的班团委队伍。考虑到军训期间同学们彼此尚不熟悉，而同学支持是做好班级工作的重要基础，所以第一届班委人选以投票结果作为主要依据，考察试用一个月，并根据实际情况及时调整。由班委牵头，经全体同学充分讨论、集体酝酿，共同制定出行之有效的班规，提高了班级日常管理的规范性和同学们的认可度；每周末召开一次班团联席会，总结讨论当周班内各项事务，并于周日晚自习时间向班级同学汇报，有助于大家更好地了解并参与班级工作；增强每一位同学的主人翁意识，发挥好舍长、课代表、社团成员等纽带作用，人人有岗、人人尽责，班内逐步形成了自我教育、自我管理、自我服务、自我监督的规范和自觉。

（三）以多彩活动筑梦，滋润特色之花

多维度的班级活动是营造良好班级文化的有效途径，结合校园文化建设，开展形式多样的第二课堂活动，激发学生潜能、提升综合能力，为学生成长搭建了广阔的舞台。共记班级日志——“让你的故事融入班级记忆”，每天由一位同学用朴实的语言、纯粹的情感抒写属于自己的班级日志，分享点滴精彩；同读一本书——“问渠哪得清如许，为有源头活水来”，每周由一位同学分享一本书，重温经典、共同成长；参与双创赛事——“千淘万漉虽辛苦，吹尽狂沙始到金”，发挥我们辅导员开展思政工作的教育优势及专业教师学科优势，组成指导团队，促进赛教融合、以赛育人；特色早活动——“流水不腐，户枢不蠹”，跳大绳、丢沙包、踢毽子……在儿时的游戏中强身健体、放松身心；宿舍劳动日——“劳动光荣，创造伟大”，坚持每周卫生大扫除，打扫卫生、净化心灵，树立起辛勤劳动、诚实劳动的观念。

（四）以网络平台聚心，滋润交流之花

运用新媒体技术打破传统的教育模式，打造更加富有时代活力的思政教育，借助微博、QQ 等学生常用社交软件，构建起班级信息发布、沟通交流、资源共享的多元化育人平台。我主动占领网络思政教育新阵地，以学生乐于接受的方式展开平等、有效的对话，在互动交流中传递正能量，将思政之花以更接地气的方式播种在学生的心田，进一步增强了班级凝聚力。创立班级微信公众号“我们的故事汇”，以图文、短视频等形式记录、展示班级生活，让班级文化活起来、动起来了，极大地增强了学生的自信心和创造力。

四、工作成效

一个个班级如同一条条鲜活的生命，他们有思想、有灵魂、有精神、有使命。经过一学期的共同努力，我们的班级逐步建立起了积极、有序、活泼、和谐的班级氛围。班级文化无形之中滋润着每一位同学的成长和发展，做最好的自己、成长为自己该有的模样。“我的集体我的班”在专业自信心、自豪感建立的同时，形成了强有力的班级向心力和凝聚力。具有专业特色的“双创”项目获得了学校科技创新大赛决赛二等奖。我们的故事正开始。

五、案例思考

1.春风化雨“暖人心”

初入大学校门，学生易出现不适应、心理焦虑等情况。日常交流中辅导员要尊重、关心学生，注意帮助他们解决实际困难，多些人情味、提高亲和力，消除学生不良情绪，及时引导他们调适心理压力，在良好的情感沟通中建立起彼此的信任与默契。

2.朋辈互助“促养成”

班级工作中大多数问题不是简单的一两次谈话就可以解决的，在依托班委有力支撑的基础上，还需要发挥朋辈互助对养成教育的积极影响。在培养学生良好的思维习惯、行为习惯和语言习惯的同时，引导学生群体逐步形成助人自助的有效循环，实现共同成长。

3.家校共育“同心圆”

良好的班级文化建设离不开班级成员的群策群力，包括家庭教育的呼应和辅助。家庭教育深刻影响着学生的身心健康，搭建网络家校互动平台，让家长“走进”孩子的校园生活，形成家校共建共育的强大合力，助力学生成长成才。

获奖者简介

王雪，女，汉族，中共党员，讲师，硕士研究生学历。参加工作以来一直担任学生思想政治辅导员，从事一线学生工作 11 年，现任职于山东医学高等专科学校学生工作处，主要研究方向为学生教育管理及辅导员队伍建设。曾参加全国辅导员岗位交流活动，参与完成省厅级课题 2 项，规划教材 1 部，发表论文 10 余篇，获得校级荣誉 20 余项，多次被评为学校优秀辅导员。2019 年、2020 年荣获山东高校辅导员优秀工作案例二等奖。

获奖感言

能够再次荣获山东高校辅导员优秀工作案例二等奖，我感到十分荣幸，这是对我莫大的鼓舞和激励，是十余年辅导员工作的积淀。感谢组委会给予的肯定与认可，感谢学校领导和同事的勉励与支持，使我更加坚定了建设大美医专、全心服务学生的信念。我将加倍珍惜荣誉、再接再厉、播种信仰、用心关爱，和时代青年共同奋进。“捧着一颗心来，不带半根草去”，努力成为学生健康成长的知心人和引路人。

求职“小白”变形记

——疫情期间线上指导解决毕业生就业难题

山东中医药高等专科学校护理系　董家秀

一、案例基本情况

周小白(化名),女,2020届毕业生,护理专业。性格内向,疫情期间居家郁闷,认为自己没有能力找工作,畏惧面试,属于“求职小白”,对未来充满迷茫。由于疫情甚至对自己即将从事的职业产生怀疑,职业价值观崩塌,紧张焦虑、失眠脱发、食欲不振,甚至觉得人生失去意义。

二、组织实施过程

(一)问题分析

从社会层面来看,疫情之下的就业确实困难,2020年预计毕业生达到874万人,堪称史上最难就业年。从行业层面来看,疫情防控常态化造就护理行业前所未有的机遇,护理人员短缺,急需扩大招聘。从学生自身层面来看,主要有三方面问题:第一,对于自己所学专业和即将从事的职业产生迷茫;第二,在毕业和疫情的双重压力之下,心理障碍使她无法求职;第三,自身能力不足,在校期间只学习,没有任何社会实践经验,导致就业困难。本案例是学生价值观、心理、能力等方面欠缺造成的就业困难的问题。当下应该做的就是以解决实际问题为切入点,培养良好的职业价值观,鼓励她点燃正能量,全面提升综合竞争力。

(二)辅导思路

1.汇聚一个焦点,提升信心

培养正确的职业价值观是促进学生顺利就业、优质就业的焦点环节,要树立恰当的职业动机,把奉献社会、服务人民、实现人生价值作为职业价值观的出发点,把解决学生实际问题作为切入点,把促进学生健康成长成才作为落脚点,这些个出发点、切入点、落脚点最终汇成一个中心点，就是促成学生最及时、最优质的就业。

2.扮演两种角色，缓解忧心

慈爱的母亲。由于疫情，学生和我们的空间距离就是我们就业工作最后和最难的一公里，我们应该给学生理解和鼓励、温暖和依靠，恰似慈爱的母亲。

领航的船长。学生已经产生了严重的心理障碍，如同在风浪中迷失方向的航船，急需一位经验丰富的船长来做主心骨。现今应该及时帮助学生解决心理问题，提高“逆商”。

3.打通三条路径，瞄准靶心

路径一：客观认识自我。引导她正确认识与评价自我，明确自己今后职业发展方向、最适合的工作和就业前景。

路径二：掌握信息政策。作为直接面向学生的辅导员，需要梳理就业信息、分析就业趋势、讲解就业政策，做好相关指导和服务。

路径三：提高综合素质。针对用人单位的需求，强化综合素质。综合素质培养是提高就业竞争力的必然方法。引导学生走出家门，积极实践，提高就业竞争力。

（三）实施过程

根据上述辅导思路，分别从价值观、心理、能力三个方面相对应地开展工作：

1.从重塑价值观的角度出发：树立职业信心，端正职业态度

我数次通过视频、语音与周小白沟通，给她讲了疫情是危机同时也是机会，护士更受人尊敬的职业；疫情期间护士们无私奉献，冲锋在前，为抗击疫情作了巨大贡献。随后讲了优秀校友的事迹，鼓励她向她们学习，例如烟台最美护士跪地抢救昏迷的外卖小哥；泗水中医院院长在街头成功抢救心脏骤停的病人；学长陈海强参加山东援鄂医疗队“尖刀班”，前往武汉金银潭医院支援……他们为自己赢得了美誉，为母校赢得了声誉，为大家树立了职业的榜样。听了这些，周小白动容了，逐渐明白了自己将来所从事职业的重要意义，重新树立起职业价值观。

2.从激发正能量的角度出发：给予耐心关怀，提供暖心服务

我倾听了她的倾诉，了解并分析她的意向和困难，对她稳定的学习成绩表示肯定，鼓励她认清自己的优势。我告诉她，要相信辅导员一定能帮助她，我就是你的依靠，她很感动。同时，联系了她的家长，与她的家长深入交流了就业形势和周小白的情况，请家长配合宽解她、帮助她。

我带她做了抑郁、焦虑测试，结果显示她现在已经处于轻度抑郁和中度焦虑状态。我联系了心理健康中心的老师，老师给她做了线上心理咨询和辅导，

积极引导周小白，形成健康的心理。我告诉她，不能做一碰就破的草莓，而要做触底反弹的弹簧，进入职场就要化“玻璃心”为“钻石心”，做到“再苦再难不伤心，抗压能力一百分”。在经历失败时不要轻言放弃，要珍惜经历，分析失败原因，积极找到解决方法，从中吸取教训经验，不断认识自我与完善自我。

3.从提升竞争力的角度出发：坚持问题导向，强化精准指导

我给她做了职业性格测试，结果显示她是 ISFJ 照顾者型人格——值得信赖和依靠、沉静、友善、谨慎、有责任感和奉献精神，护理工作恰好适合她，这一点又使小白增强了信心。她充分认识自我、发现自我，从而更加肯定自己适合的工作。随后我帮她分析个人能力与竞争压力，分析行业需求与职业规划，分析就业形势，使她做好充分的准备。

我认真梳理每一条就业信息，分析每一场双选会的趋势，讲解每一项政策，解决她在信息爆炸时代所产生的就业迷茫。她想回生源地工作，就有针对性地推荐生源地的招聘信息，结合其个人情况、行业发展，帮其分析不同单位优缺点，助其合理选择。及时推送就业岗位信息，使她了解就业形势，提高就业能力，避免她可能因社会经验不足，无法寻找到人职匹配的岗位，甚至遭遇就业诈骗陷阱的情况。

疫情期间的就业形势让竞争更加激烈，用人单位对人才各方面的要求也逐渐提高。周小白对我说还是想从事护理工作，我鼓励她首先牢固掌握专业知识与实训技术，专心准备护士从业资格证考试，充实自己；多读书，培养自己的文化素养、专业知识素养、心理适应素养等；多交朋友，多与朋友交流和相处，增强自己的交际能力；装扮自己，学会化淡妆，有计划地减肥，外貌的提升也有利于增强自信心；另外，我向她传授简历制作和面试的技巧，勇敢地走出家门，结束“苦宅”生活，主动联系用人单位应聘，多参加医院的考试和面试，锻炼多了，自然心中有底，逐渐不再惧怕接触社会。

（四）经验与启示

1.聚力心理健康，拧紧安全“总开关”

疫情期间学生思想压力大，要加强心理健康教育，关注心理安全，举办线上专题讲座，开展线上心理咨询服务，形成良好的生活习惯，增强学生的安全意识，杜绝心理问题导致的安全隐患事件。

2.弘扬正向能量，树立积极“风向标”

引导学生多读多看正能量文章，提高自身道德修养，培养积极向上的三观。开展线上主题班会，定期给学生“打鸡血”，鼓励学生在严峻的就业形势下要有“李云龙”式的亮剑精神，开展丰富的社会实践活动，使学生动起来、忙起来、充实起来。

3.创新技术手段，织好就业“互联网”

以钉钉为主要抓手，QQ和微信为辅助，做到扁平化联络管理，通过制作统计二维码或者App报表，进行动态调查，工作更高效；将学校认证、合作良好的单位招聘信息，提取关键词，精简内容，通过线上精准推送给学生。

4.完善工作机制，种好帮扶“责任田”

针对疫情期间学生在就业过程中的问题，建立“三联三解”模式，“三联”即联系用人单位、联系家长、联系就业困难学生，“三解”即解析动态需求、解读形势政策、解决实际困难。充分发挥学工人员、学业导师、家长的作用，组织和实施学业发展指导工作，帮助学生做好职业规划和求职就业。

三、工作成效

经过一系列工作，周小白外在变瘦变美，内在自信从容，参加了三甲医院青岛阜外心血管病医院的护士招聘，这次招聘共200多人报名，最终8人入选；招聘过程中她沉着冷静，表现出众，顺利签约入职，从苦闷宅家的“小白”华丽变身为职场“黑马”“新秀”。经过全面指导，我所带班级实现就业率100%，除了成功专升本的同学，其他都实现了医疗单位就业，无一在家待业。

总之，在特殊时期，要用心、真心帮助学生就业，多交流、多沟通、多帮助，为其保驾护航，助其圆梦！

获奖者简介

董家秀，女，汉族，讲师，硕士研究生学历。研究方向为思想政治教育。从事学生工作8年，主要负责部门党建、思政教育、宣传、学风建设、社会实践等工作。获得2018年山东高校辅导员工作论坛一等奖、2019年山东高校辅导员优秀工作案例三等奖、2020年第五届山东高校辅导员素质能力大赛二等奖、2020年山东省卫生健康委"我来讲党课"评选活动三等奖、2021年山东高校辅导员优秀工作案例二等奖、2021年山东高校辅导员讲党史优秀短视频展示活动一等奖。

获奖感言

本次辅导员优秀工作案例评选活动为我们提供了一个总结和学习的机会，让我们得以把工作中遇到并解决的学生工作案例做一个梳理，不同学校的优秀辅导员可以互相交流，将辅导员工作做深做细，提高专业素质和工作能力。进入新时代，面对新任务，我会继续关爱学生、帮助学生，真正做到一个辅导员应尽的义务和责任，无愧于国家和学校的信任和培养。立足本职工作，开拓创新、勇于担当，在教书育人中放飞梦想，在干事创业中建功立业。

打好抗疫“舆论战、文艺战、思想战、实践战”

——在疫情防控背景下加强基层团组织建设

淄博师范高等专科学校人文学院　宫亚文

一、实施背景

2020年受疫情影响，团学活动开展受限和支部团员联系松散，团支部活力大大降低。如何在疫情防控大背景下提升基层团组织活力，加强对青年学生的思想引导、成长服务、能力培养，便显得尤为关键。

二、组织实施过程

（一）守好宣传思想主阵地，打好抗疫舆论战

党中央明确要求在打赢疫情防控阻击战中要“统筹网上网下、国内国际、大事小事，更好强信心、暖人心、聚民心”。在疫情较为严重的2020年上半年，我院团总支充分发挥新媒体传播速度快、受众面广、互动性强的特点，利用“淄师人文之声”微信公众平台发布疫情相关推文40余篇，阅读量累计近18000次。推送内容涉及防护知识科普、正能量事迹推广、身心健康调节、防范电信诈骗、学生居家战“疫”等多个方面，并在第一时间传达省市教育部门以及学校、院系的相关工作部署。院团总支牢牢把握舆论导向，坚持正面发声，号召广大青年学生掌握防疫知识、落实防疫要求、关注身心健康、充实度过假期、助力疫情防护。

我院团总支还通过“青年大学习”和“学习强国”等平台，引导青年学生关注疫情发展、关心时事政治、争做网络“清朗侠”、传播网络正能量。要求广大团员青年做到不造谣，自觉抵制网络上的不科学、不文明言论；不传谣，及时通过自媒体平台转发官方权威信息；不信谣，理性对待网络上的不实信息，做到不轻信、不盲从。

（二）奏响文化建设主旋律，打好抗疫文艺战

在学生未返校期间，我院团总支开展了“宅有所乐”“宅有所学”系列活动，

围绕“抗疫”这一主题征集学生诗歌朗诵、歌曲演唱、居家运动、创意视频、才艺表演等多种形式的作品，号召广大青年学生以“艺”抗“疫”，其中的优秀作品还通过我院“淄师人文之声”微信公众平台进行展示。学生们用接地气、暖人心、短而精的文艺作品传达了打赢疫情防控阻击战的必胜信念，向奋斗在防疫战斗第一线的英雄致敬。

（三）拓宽思政教育主渠道，打好抗疫思想战

一场疫情是一次考验，也是一堂大课。我院团总支创造性地运用好疫情防控这一鲜活教材，充分挖掘其中丰富的育人元素和思政资源，探索“互联网＋思政”育人新模式，用青年人喜闻乐见的新媒体打造“云端思政”，让战“疫”思政产生强大的“思”能力和“政”能量。具体做法有以下几种。

1.“思政半点钟”

院团总支积极响应学校“停课不停学，停课不停教”的号召，拓宽渠道、创新方法，紧扣时代脉搏、着眼学生诉求，顺应“云思政”大趋势，利用QQ直播、钉钉等平台打造了“思政半点钟”栏目。辅导员老师作为主讲人，围绕生命教育、信念教育、道德教育、科学教育、安全教育、心理健康教育等专题开展网络思政教育，吹响战“疫”集结号，传递战“疫”正能量。

2.微团课比赛

院团总支结合习近平总书记对青年人的寄语，以“学习寄语精神，展现青春担当”为主题，面向专、兼职团干部开展微团课比赛，激励和引领广大团干部时刻牢记总书记嘱托，继承和发扬“五四”精神，坚定理想信念、站稳人民立场、练就过硬本领、投身强国伟业。

3.线上“云团课”

院团总支以支部为单位开展了“学总书记寄语，做新时代青年”的线上主题团课，各团支部利用各大网络平台，以线上教学的模式观看视频资料、线上交流讨论、整理学习笔记、课后分享感悟。

“互联网＋思政”有效增强了团组织的吸引力、凝聚力，起到了润物细无声的作用。

（四）夯实实践育人主平台，打好抗疫实践战

新冠肺炎疫情的暴发和防控为大学生参与社会实践提供了特殊的契机和舞台。在疫情之初，我院团总支通过新媒体平台发布《致全体同学的倡议书》，发起了“抗疫有我，志愿先行”主题活动，动员我院青年学生向所在社区（乡村）党团组织报到，在落实各项防控举措、加强自我防护的前提下，积极投身各地疫情防控志愿服务。在院团总支的号召下，共有42名志愿者参与当地疫情联防联控，累计服务时长662小时。学生志愿者听从指挥、服从安排，积极投身秩序维护、信息登记、测量体温、人员排查、知识宣传、物资发放等防疫工作，努力当好疫情群防群控的“战斗员”“宣传员”“保障员”，用脚步、技能、担当为打赢这场战“疫”筑起了一条条坚不可摧的青春防线。

学生返校后，疫情防控工作进入常态化阶段，为了持续推进志愿服务工作的开展，做好日常管理工作，我院团总支成立了青年志愿服务队，承担每日检测体温、通风消毒等服务保障工作，使广大学生在实践中增强使命感和责任感。

院团总支还通过综合测评加分认定、选拔表彰先进典型等措施，及时挖掘防疫抗疫先进事迹，建构“正向引导”的志愿服务激励机制，并将参与志愿服务的情况纳入入团积极分子和入党积极分子的考察指标。

三、工作成效

（1）充分发挥新媒体优势，利用“淄师人文之声”微信公众平台开展防疫宣传、思想引领、信息发布、内外交流、工作展示和青年服务等，让学生和家长能获得最新鲜的资讯和最官方的消息，做出正面的舆论引导。

（2）历时一个月的“宅有所乐”“宅有所学”系列活动，陆续收到近300份学生作品，其中的优秀作品通过微信公众平台进行展示，阅读量近6000次。活动还通过线上投票的方式选出“网络人气奖”，极大地调动了学生居家参与团组织活动的积极性，让学生虽未返校却感受到来自团组织的归属感，收获了成就感和荣誉感，也为枯燥的宅家生活增添了乐趣。

（3）“思政半点钟”、微团课比赛、线上“云团课”等活动，在教育形式上以“互联网＋思政”的模式激发了团支部活力，充分贴合青年团员的喜好，参与度极高；在教育内容上将习近平新时代中国特色社会主义思想融入防疫抗疫的先进人物典型事迹中，结合时政、以小见大，使学生深受触动和鼓舞，凝聚了战疫力量；在教育方式上学理贯通、学思结合，引导学生增强了社会责任感，强化了纪律意识，厚植了家国情怀。

（4）“抗疫有我，志愿先行”主题活动成效显著，我院团总支陆续收到了来自学生所在地乡镇政府、街道、社区的感谢信，这肯定了我院青年学生志愿者在防控疫情期间做出的卓越贡献。

四、工作启示

在疫情之下加强基层团组织建设，要求我们把握新形势、瞄准新问题、运用新技术、推进新举措，今后要充分挖掘基层团组织建设路径，依托新媒体平台，创新活动开展方式，拓展思政教育渠道，以广大青年团员喜闻乐见的方式建设坚强有力、充满活力的团组织。

获奖者简介

宫亚文，女，汉族，讲师，硕士研究生学历，国家二级心理咨询师。2018 年至今担任淄博师专人文学院辅导员。研究方向为大学生心理健康教育、教育管理。主要分管学院团总支、学生会工作和学院宣传阵地建设。曾获得山东高校辅导员讲党史优秀短视频展示活动二等奖、山东高校辅导员 2020 年度优秀工作案例二等奖、淄博市学校团干部职业技能竞赛（优秀案例征集）二等奖、校级“优秀辅导员”“优秀共青团干部”“班级工作先进个人”等。

获奖感言

每一篇工作案例都凝聚了各位优秀的辅导员同仁丰富的工作经验以及对学生工作、教育事业的热忱。通过案例的撰写，我得到了进一步提升和成长，对辅导员工作的意义与价值也有了更深的感悟。当然，我也认识到了自己的差距和不足，在今后的工作中，我会多积累、多思考、多总结，将实践经验理论化，提升自己的专业化水平，始终以热爱与智慧为工作导航，用汗水和心血引领学生成长。

以“培养职业素养、打造铁的纪律、锻造工匠精神”厚植学生爱国爱党情怀

山东电力高等专科学校学工处　杨蕾　赵婷

2020年，面对突发的新冠肺炎疫情，学生先后经历的居家“线上停课不停学”到返校“复课复学”皆给思政教育工作模式带来了深刻影响。如何更好地抓好学生思政教育，确保学生身心健康和安全稳定的同时，增强自身本领，厚植爱国爱党情怀，成为一名辅导员的使命和担当。

一、案例基本情况

本人借助我校“企业办学、校企合作”的教育资源优势，积极探索学生思想理论教育和价值引领新方法，通过编制具有行业特色的德育第二课堂教程、组建“党心·传承”志愿者服务队、构建网格化育人环境等路径，在“培养学生职业素养、打造学生铁的纪律和锻造学生工匠精神”上下功夫，实现了常态化疫情防控下学生的安全与稳定，固化了学生的社会主义核心价值观，增强了学生对“四个自信”的坚定和对共产主义信仰的坚定。

二、组织实施过程

(一)编制具有行业特色的德育第二课堂教程，培育学生“职业素养”内涵

1.牢固树立德育为先意识

坚持立德树人根本任务，结合我校企业办学和电力行业学校的特色，将国家电网企业文化与德育第二课堂进行融合，重在探索思政教育的实践育人效果。

(1)在内容上，教程由“生命教育、家国情怀、国网文化”上中下三篇12章节组成。上篇为生命教育，遵循生命教育的内在规律，适时探讨疫情背景下的生命教育内涵，分别从“生命教育的重要性”“确立正面积极的人生观”“确立安身立命的价值观”“调节知行意行”四个部分开展生命教育。中篇为家国情怀篇，

用优秀的传统文化作为导入，培养学生文化自信，增强学生对中国优秀传统文化的认同感和归属感。下篇为国网文化篇，从国家电网职业教育的角度阐述国网人的精气神，阐述国网培养“电力铁军”初衷之所在。

（2）在体例上，教程让立德树人的根本教育与红色精神、红色文化、国家电网特色的企业文化相融合，丰富完善德育第二课堂育人体系，让学生深刻了解红色岁月，保留红色记忆，深刻感受中国共产党艰苦卓绝、波澜壮阔的奋斗历程。理解在中国革命和建设征途中形成的红色文化精髓的同时，让学生深刻认知“人民电业为人民”的企业宗旨，自觉践行社会主义核心价值观，面对国外疫情的混乱局势，将弘扬时代精神与人生主旋律相契合，自我培育新时代大学生的责任与担当。

2.牢固树立育人为本意识

把人才培养置于一切学生工作的中心。在人才培养与科学研究和社会服务关系的处理上，坚持把人才培养之德育养成教育置于优先地位。让学生在实践活动中接受教育。用时代的脉搏让学生充分感受到国家电网作为关系国家安全和国民经济命脉的“国家队”，全面履行政治责任、经济责任和社会责任，让他们对电力行业人充满敬仰。

（二）构建网格化育人环境，打造学生“铁的纪律”内涵

1.“网格”＋思想政治引领

组建“党心·传承”网格志愿服务队，实现思政教育引领人员网格化，着力提升学生自我服务、自我管理、自我教育的能力。

（1）“党心·传承”网格志愿服务队由教学人员、学工人员、安保人员、后勤服务人员、优秀学生代表等网格员组成，他们以班级为基本网格单位，对网格内的学生进行思想政治教育，充分发挥党（团）组织的模范带头作用。其中，“党总支书记讲党课”中，聘请优秀毕业学生进校园开展“岱下论坛”是最精彩的组成部分，用伟人的成功案例和用自身的成长经历，向学生释疑解惑、鼓舞干劲、培养毅力、找准坐标。

（2）“党心·传承”网格志愿服务队开展“安全制度进课堂”活动。围绕常态化疫情防控、校园治安管理、信息与舆情管理等13个安全管理模块，2020年全年举办安全讲座80场，共计364课时；以贴近学生实际的典型案例和生动灵活的授课方式，在学生安全纪律意识养成和法治安全责任提高上发挥了显著作用。

（3）“党心·传承”网格志愿服务队激励我校学生在战“疫”一线，书写爱国爱党情怀，彰显新时代大学生使命与担当。2020年寒假居家期间，学生在保证安全的前提下，积极加入当地疫情防控队伍，主动冲上疫情防控一线，争做疫情防控知识的宣传员，争当家乡防疫关卡的守护者，把国网人“铁的纪律”“职业素养”和“工匠精神”传播到祖国大地的各个角落。2020 年疫情复课开学后，组织开展了“助力全国文明城市创建，争当献血战‘疫’爱心天使”的团体献血公益活动，生动诠释了“奉献、友爱、互助、进步”的志愿服务精神。

2.“网格”+日常事务管理

“党心·传承”网格志愿服务队开展安全责任区网格建设活动。大力营造常态化疫情防控下“人人讲安全、人人管安全、人人抓安全”的自律氛围，切实做好常态化疫情防控下的安全工作。

(1)教室、公寓安全责任人负责制。责任人深入教室和公寓，认真填写安全检查记录，协调消除安全隐患，进一步培养学生安全责任下的自律意识。

(2)为确保安全管理制度落实落地，制定了以班级为基本网格的班级量化考核评比办法和以宿舍为最小网格的文明宿舍评选制度，进一步增强学生安全责任下的自律能力。

(三)依托校企合作、定向培养，锻造学生“工匠精神”内涵

1.让思想政治教育内容从“课本”向“社会”延伸

运用班级云平台，讲好中国故事，传播好中国声音。把我国当前疫情防控取得的重大战略成果、生动实践案例融入思政教育，以重温党史、祭扫英烈等活动为载体，“党心·传承”网格志愿服务队多次组织感悟分享会，让爱国爱党情怀内化于心、外化于行、互化于境、同化于群。

2.让思想政治教育方式从“漫灌式”向“滴灌式”转变

在“党心·传承”网格志愿服务队带领下，通过成立优秀学生朋辈互助小组，对后进学生提供学习指导与帮助；通过成立资助育人工作小组，对经济困难学生做智力帮扶和困难补助；通过建立心理健康服务中心，对心理问题学生做好心理疏导和家校沟通，筑牢安全防线。

3.让思想政治教育路径从“线下”向“线上”延伸

“党心·传承”网格志愿服务队利用学校自媒体平台，通过组织开展诗歌朗诵和红歌联唱等活动，采用微信上墙、视频直播、公众号平台互动等方式，切实做到“网络教育不间断，思政教育不断线”，引导学生高扬社会主义先进文化旗帜，争做新时代“四有”好青年。

4.让思想政治教育来源从“单一”向“多元”扩展

“党心·传承”网格志愿服务队发挥多方联动育人机制作用，加强与学生家长、任课教师、学生干部等之间的沟通交流，全面掌握疫情防控期间学生思想行为动态，切实做到“管理无感知、服务有温度”。

三、工作成效

(1)以具有行业特色的德育第二课堂教程为引领，通过网格化的育人环境，

广泛开展“党心·传承”教育实践活动，厚植学生爱国爱党情怀。在“防疫战疫”过程中，广大学生积极响应党和国家号召，用内心的“真、善、美”诠释新时代大学生“只争朝夕、不负韶华”的责任与担当，涌现出了一大批优秀志愿者，受到政府有关部门或社会有关组织的表扬。

（2）常态化疫情防控下，学生“比学赶帮超”的学习生活氛围更加浓郁。通过对 2020 学年学生整体学习生活情况进行调查分析，与 2019 学年进行对比，保持原综合量化排名的占 60%，综合量化排名进步的占 35%，综合量化排名退步的仅占 5%。

获奖者简介

杨蕾，女，汉族，中国共产党党员。从 2015 年开始从事学生工作，高级政工师，大学学历。研究方向为积极探索“立德树人”新方法、新路径，创新学生管理机制。先后编写《十项育人工程课题研究成果汇编》《校园文化建设的品牌效应探究与实践》等；2020 年 12 月组建“石榴籽”育人科研创新团队，探索德育第二课堂理论与实践关系。在工作中遵循学生成长规律，全方位落实“立德树人”根本任务，先后发表《网络化管理模式助推学生成长》《浅谈面对大学生紧张焦虑的管理办法》等多篇学术论文。先后荣获“国网客服社会实践”优秀指导教师、2017 年山东省大中专学生志愿者暑期“三下乡”社会实践活动优秀指导教师荣誉称号。

获奖感言

我是山东电力高等专科学校一名拥有 22 年党龄、从事学生管理 6 年的辅导员，很感谢这个岗位让我在繁重的工作中成长，也很开心可以体会到“桃李满天下”的幸福感。心怀爱心，使我走进学生的内心世界，及时有效发现和解决学生们的思想问题；心怀热心，使我在工作中拥有不竭的动力；心怀信心，使我把握工作重点、逐步开展工作；心怀责任心，使我时刻把学生放在心上；保持上进心、好奇心让我在工作中找到更为科学的方法，增强工作的创新性。

从天而降的剪刀

——一件看似简单的物品损坏赔偿事件

山东商业职业技术学院数字营销产业学院　姚庆昊

一、案例背景与概述

小Q(化名)与小Z(化名)是上下铺室友,2020年9月5日,小Z在下铺桌子使用电脑时,上铺的小Q搬运被子,由于忘记被子里面夹有剪刀,以致剪刀不慎掉落,砸到了小Z的电脑,导致电脑严重受损。小Z向小Q提出索赔请求,最初小Q同意赔偿一台型号相同的全新苹果电脑,但由于价格较贵(9000元左右)随即反悔;小Z提出第二个方案:使用苹果公司折抵换购服务(经苹果专卖店专业人员鉴定后,可抵扣4200元左右),只需支付折抵后剩余的金额,小Q不同意;小Q提出第三个方案:将她的戴尔电脑与小Z的苹果电脑交换,由于价钱极其不对等,小Z不同意;小Q提出第四个方案:只支付屏幕和键盘主板的维修费,但经过苹果专卖店相关人员评估维修费约4500元,小Q提出要将电脑运送到她家所在地的电脑维修店维修,小Z不同意。

由于反复协商没有结果,小Z只得向我寻求帮助。经了解,小Q父亲在疫情期间失去工作,家庭经济压力较大。最后通过沟通和协调,最终小Q向小Z分期支付赔偿金3800元。

二、案例分析与处理

(一)案例分析

这是一起典型的损坏物品引起的侵权损害赔偿案例,责任主体一旦确认,根据相关法律规定:侵害他人财产的,财产损失按照损失发生时的市场价格或者其他合理方式计算。小Q的处理方式分明是试图用最少的损失来弥补自己犯下的错误,是不合理的。但是因为双方不仅是同学,而且还是室友,小Q家庭又突遭变故,一味要求小Q立刻以原价或者折抵后的价格赔偿小Z虽然可以很快解决问题，但高额的赔偿金也会增加小Q的心理压力，不仅有可能因此影响双方的同学感情，而且会进一步破坏整个宿舍的和谐，进而影响到班级的稳定，更有可能会引发小Q的心理问题，埋下隐患。

为避免潜在的风险，又能够合理完成损失赔偿，在整个处理过程中必须要根据小Z和小Q的行为特点和思想状态进行引导，细节把握很重要。

（二）处理过程

1.第一时间约谈，了解另一种想法

当小Z说明完情况后，我首先倾听了小Z的想法，小Z回想起掉落的剪刀仍然心有余悸，但她表示她们宿舍关系很好，并不想破坏同学的感情，只要能够赔偿她的损失即可。她知道小Q近期较为困难，但又不想因此退而求其次，让自己吃哑巴亏。

知晓了小Z的想法后，我立即与小Q约谈，小Q对本次事件的过程没有任何隐瞒，承认剪刀是她不小心掉落，责任确实在她，也解释了为什么拒绝了之前的几次赔偿方案。首先，她认为小Z的电脑已经买了3个月，不是全新的了，所以拒绝赔偿全新的电脑，而她的电脑是刚买的，所以完全可以将她的电脑赔给小Z；其次，电脑没必要在专卖店维修，自己认识的维修店完全可以将电脑修好，而且只需要花费1000多元；最后，她也坦承这件事情并没有告诉家长，是因为疫情期间父亲失去了工作，家庭经济压力激增，不想因为自己的过失给家里增添更多的负担。

2.换位思考，溯源分析原因

听完小Q的叙述，我首先对小Q没有推卸责任的行为以及对家人的理解提出了表扬，但随后又对她试图以最小的损失进行赔偿提出了批评。首先，在交换电脑的问题上，电脑品牌的不同，代表着无论是在名声、性能、售后等方面都有着明显的区别，即使价格一致，也是不能对等交换的；其次，关于维修地点的选择，小Q挑选的并不是官方认可的维修店，虽然花费了很少的代价，但如果后期又坏掉了，很难判定是不是这次损坏引起，就会为此事留下更多的后遗症，将来极有可能引发更大的纠纷。所以，要学会换角度思考问题，想要一次性解决本次纠纷，就必须走正规的官方认可的途径。

至于赔偿金，小Q作为一名无收入的学生，我建议她必须和家长坦承此事，以获得家人的谅解，对于产生的经济压力，根据学校对困难学生的帮扶政策，我可以帮助她申请学校的紧急救助资金，以便缓解困难；同时，我结合目前的就业形势，引导她不要只看现在的损失，而是要着眼于未来，要培养自己的责任心和担当意识。这次事件只是成长路上的一个小插曲，目前重要的是抓紧化解此事，投身学习中，促进个人成长。

最后我提醒小Q，万幸的是剪刀落在电脑上而不是同学的身上，如果伤及同学，后果不堪设想。嘱咐她除了要勇于承担后果，还要提高自己的安全意识，杜绝发生类似的安全事件。

3.多渠道了解，找寻最合适解决方案

和小Q沟通过以后，我立刻联系了认识的朋友，打听苹果电脑损坏后维修的最好途径，了解到以小Z电脑的型号和购买的时间，可以通过官方认证的以旧换新，花费大约3800元。随后我找来小Z，问她能否够接受这个方案，小Z欣然同意，最后我询问针对小Q现在的家庭状况，小Z是否能够接受小Q分期赔偿这笔钱，小Z表示无异议。

4.多方沟通，拨云见日

随后我叫来小Q，并与小Q的父亲通了电话，小Q与父亲都同意以旧换新分期赔偿的解决方案，并对小Z表示感谢，小Q与小Z最终签署了协议，协议规定小Q赔偿小Z金额3800元，分5个月还清，每月760元。小Q表示暂时不需要学校的救助，现在的压力对她来说小了许多，完全可以在保证学习的前提下通过勤工助学缓解。

此次事件后，我立刻组织班级召开安全主题班会，结合部分案例进行安全教育，并组织各宿舍进行安全隐患大排查，确保同学们的安全。同时，我又找来部分班委，嘱咐他们关注小Q和小Z的动态以及她们宿舍关系的状态并及时向我反馈。

三、案例反思与启示

这次事件解决得还算顺利，虽然看似简单，但是也由此产生了一些反思和启示。

（一）案例启示

1.法是法

法律是维护社会秩序的重要途径，任何事情只要触犯法律，必须依法行事，绝不能心存侥幸。学校要不断加强对大学生的法律知识教育，使其知法、懂法、守法、用法。

2.情是情

师生的情感是创建和谐进步班级的基础，没有建立良好的情感关系，就会造成心理距离，会产生负影响力，久而久之不仅影响到班级的稳定发展，而且会影响到每名同学的学习生活与成长。特殊学生更是需要关注的一类群体，他们由于自身遭遇了生活变故，往往形成以自我保护为主的认知错误，所以要掌握学生思想行为特点及思想政治状况，有针对性地对他们进行心理疏导，帮助他们调整心态，处理好他们思想认识、价值取向、学习生活、择业交友等方面的具体问题，做好学生的困难帮扶。

3.安全永远第一

有了安全，才能有更好的教育，保障学生安全，及时处理安全隐患，需要各方共同努力。辅导员要同学校、班级一起多组织消防安全、日常行为规范、自护、自救等基本安全教育，增强学生自我安全保护和自我管理意识。

4.过程比结果更加重要

对于真正有责任心的辅导员，处理问题关键并不是直接达成某个结果，而是在处理问题的过程中尝试分析各种影响因素，耐心地找出最合适的解决方法，尽量规避一切不利于学生成长与发展的结果。

(二)案例后传

经过持续的跟踪关注，我发现，由于处理得当，此事未影响小 Q 与小 Z 的学习生活以及宿舍的关系；小 Q 更是坚定了学习的信心，不仅学习成绩逐步提高，而且通过在学校超市内兼职，如期还清了对小 Z 损失的赔偿。

获奖者简介

姚庆昊，男，汉族，2011 年至今一直从事学生管理工作，中级职称，硕士研究生学历，思想政治教育方向，目前任山东商业职业技术学院数字营销产业学院组织员兼分团委书记。本人多次在山东省大学生艺术节、山东大学生社团节、暑期社会实践、信息素养大赛、基层党组织书记素质能力大赛等活动上获得荣誉和成绩。曾被评为"关爱学生标兵"，并多次评为"优秀共产党员""优秀党务工作者"。

获奖感言

很荣幸能够得到评委的认可，获得这份荣誉，我的案例其实只是大学生活中很平常的物品损坏的赔偿事件，无论通过什么样的处理手段都能够有一个赔偿结果，但是如果只是想要一个结果，而不顾及对法律的认知、对学生关系的维护、对事情处理过程的把控和跟踪、对安全事件的反思等方面，那就失去了教育本身应该有的意义。就像我们当辅导员，工作很平凡，但只是为了把学生带完，而不是带好，那就也失去了做辅导员的意义。学生在学校只有短短的三四年时间，我们可以是他们的灯，我们的一言一行可能会影响到学生的未来的某些行为表现，所以辅导员引导教育学生的过程永远是要用心的。

新冠肺炎疫情期间辅导员通过网络直播开展爱国爱党教育宣讲

山东电子职业技术学院商务管理系　颜晓辰

一、基本情况

2020年初，新冠肺炎疫情席卷全球，中国遭到疫情冲击的同时还遭受西方国家的舆论攻击，反动势力极力指责、抹黑、污蔑中国，而国内的网络舆论也充斥着焦虑、恐慌，一些别有用心之人有意挑起的负面舆情也在逐步蔓延。在这个关键时刻，本人将爱国爱党教育宣讲与网络直播有机结合，发挥线上平台的优势，在固定时段通过网络直播平台以网络脱口秀的形式对党的理论、党的历史、疫情防控等方面的内容进行宣讲，引导学生正确认识新冠疫情防控形势，彰显我国制度优势，展现自信大国形象，厚植爱国爱党情怀。

二、直播概况

本人通过网络直播间开展爱国爱党教育宣讲以来，引发了广大师生热议，并取得了良好育人效果，有不少学生家长也准时守在屏幕前跟孩子一起收看，大多数家长都对这种新型网络育人形式赞赏有加，并表示收看直播后孩子的日常行为和思想觉悟有明显改善和提高。

问卷星进行的三次问卷调查显示，学生观众满意度逐步提升(见表1)。在观众希望听到的宣讲内容调查中，有73%的学生希望听到更多关于国内疫情相关的内容，有92%的学生希望听到更多关于全球疫情相关的内容，有77%的学生希望听到更多学校教学、复学等安排的消息，有89%的学生希望听到更多身边同学的案例。

表 1　学生观众满意度

调查选项	满意度		
	3 月 15 日	4 月 5 日	4 月 26 日
对宣讲非常满意	35%	58%	77%
对宣讲满意	28%	19%	12%
对宣讲感觉一般	30%	18%	8%
对宣讲不满意	7%	5%	3%

三、实践及经验

（一）主题深刻与内容接地气相结合

马克思说："理论只要彻底，就能说服人。所谓彻底，就是抓住事物的根本。"在确定宣讲主题时，需要选择那些经过历史和实践考验的真理，在宏大的主题设定之下，对抽象、深刻、复杂的理论进行抽丝剥茧，直指问题核心的关键词或关键点，整个宣讲先要确立完整、明晰的逻辑层次，然后搭配通俗易懂的语言和丰富的案例来说明观点。

比如，我在进行"人民群众——疫情防控中践行群众观点"的宣讲时，将人民群众这个历史范畴的概念，分解为历史的推动者、历史的创造者和实践的主体三个层次，并结合疫情防控的时代大背景，首先从观众身边的社区、村委会疫情防控讲起，结合本系数十名同学参与家乡疫情防控志愿者的具体事例，逐步将话题延伸到武汉疫情防控一线工作上，尤其是山东省援助湖北医疗队志愿者的英雄事迹。官方数据显示，武汉战"疫"第一线的医护人员中，90 后、00 后达 1.2 万人，占医护队伍人数的 1/4，而直播观众大多数年龄在 20～30 岁，所以重点介绍观众的同龄人——90 后、00 后医务人员在此次疫情中有责任、有担当的鲜活案例。宣讲最后讲述全国的抗疫形势，最终落脚点回到群众路线的主题，整个宣讲侧重于用事实说话，更有说服力。

（二）态度明确与语言艺术相结合

习近平总书记指出："宣传思想工作是做人的工作的，要把培养担当民族复兴大任的时代新人作为重要职责。"在直播时，对即时发布的弹幕互动，要有明确的态度；在内容结构、语言设计和临场发挥方面，要符合网络直播的特色，多讲热点问题，多讲网友关注的事件，讲出网友的心声，进而感同身受。

比如，我在进行主题为"'傲慢与偏见'——中西对照这边风景独好"的直播时，针对西方社会对我国的各种歪曲诋毁，以及网络上所谓"公知"的一些谬论，要旗帜鲜明地站在道义和真理的制高点上予以抵制和斥责。在评价西方将疫情政治化，对中国充满傲慢与偏见时，我用"潮水退了才知道谁在裸泳"等生动有趣的语言来表达明确的观点，用“甩锅”“凉凉”等网络热词来进行调侃，让观众倍感愉悦的同时，自觉站在了宣讲者的一边。

线上宣讲与线下宣讲的最大区别在于“弹幕”互动，在直播间进行宣讲的过程中，随时会有学生、网友通过弹幕即时发表个人观点。在互动中，要把握好站位和分寸，必要时必须当头棒喝。一次直播过程中，有网友抛出这样的观点：“我们泱泱大中华要有大国风范，如果再继续这样跟西方一味强硬对抗下去，广大海外华人会变成替罪羊，所以需要适度妥协。”对此，我当场便引用毛主席“以斗争求团结则团结存，以退让求团结则团结亡”的名言，以及习近平总书记“凡是危害中国共产党领导和我国社会主义制度的各种风险挑战，凡是危害我国主权、安全、发展利益的各种风险挑战，凡是危害我国核心利益和重大原则的各种风险挑战，凡是危害我国人民根本利益的各种风险挑战，凡是危害我国实现‘两个一百年’奋斗目标、实现中华民族伟大复兴的各种风险挑战，只要来了，我们就必须进行坚决斗争，而且必须取得斗争胜利”的名言当场予以回击，得到直播间里绝大多数观众的认可。

（三）形式“高大上”与手段“小快灵”相结合

爱国爱党教育的特点决定了宣讲核心内容的“高大上”，在网络直播的环境下，观众的复杂性和流动性需要直播内容大众化、通俗化。在坚持免费原则以及内核不走样的基础上，需要合理借鉴某些有助于实现宣讲目标的直播技术、技巧。

“吸引观众”——要扩大影响力，必须吸引网友的目光，提高直播间点击率。首先，直播间的名称很重要，必须与众不同、卓尔不群，同时符合主播的个人气质。我的直播间便以此原则命名为“微‘颜’大义”，借用“微言大义”的典故，搭配主播的姓氏，并且直指“网络爱国爱党教育宣讲”的内核，让人眼前一亮并情不自禁地点击进入直播间。其次，纵观各个视频直播平台的当知名主播，都具备一定特长，我便在每次宣讲正式开始前半小时，通过才艺展示的形式吸引观众，待流量较高时再进入主题。我的直播间最高同时在线人数统计（见图 1）表明，直接开讲与才艺展示半小时后再开场，观众数量相差几百倍。

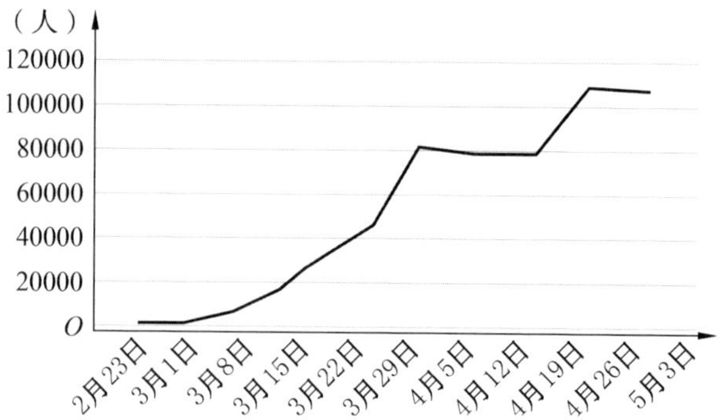

图 1　直播间最高同时在线人数统计

“增加热度”——将网友吸引进直播间后需要增加观众黏性，提高同时在线的人数。在诸多手段中，最有效的便是成立“主播带盐团”（“代言”谐音），网友有效转发一次，便会自动加入“带盐团”；有效转发越多，在“带盐团”内部的等级就越高。相应地，ID徽章、弹幕颜色、登场界面等外在表现形式会更加华丽，从而达到鼓励观众给亲朋好友广泛转发链接的目的。由于人的社交圈往往具有同质性，因此这样能够更好地增加有效点击量。

“重视反馈”——在获得稳定的关注后，需要深入了解网友群体的需求，在宣讲进行过程中，随时注意弹幕的互动并及时回应。为了在宣讲内容完整的同时做到节奏顺畅灵活，我将整个宣讲设计为多个话题小节的串联式结构，根据话题的进展，每5—10分钟进行一次弹幕互动，引导观众参与话题并以此活跃气氛，并根据网友的现场反馈合理调整宣讲内容和节奏。在每次宣讲进行中以及结束前都要通过弹幕投票的形式征集观众的意见，了解观众的想法、观点和需求。

四、工作成效

我在工作中积极应变、大胆创新，将爱国爱党教育与网络直播相融合，直播期间注意提高政治站位，以正面宣传为主聚焦正能量，传播主流价值观；坚定政治立场，旗帜鲜明反对和抵制各种错误观点，增进了学生、观众对党和国家的政治认同、思想认同、理论认同、情感认同；精准把握舆论导向，牢牢占领舆论阵地，更好地凝聚了学生群体和网络大众的智慧和力量。

同时，在直播中坚持内容通俗化、语言具象化、理念服务化，大力推动网络育人走出校园，让更多人接触和了解马克思主义和党的基本理论知识，注重贴近学生、贴近群众，讲述群众身边的故事，让观众“坐得住、听得进、记得牢”，达到“入耳、入脑、入心”的效果。

我的网络直播间自开播以来，在线人数和社会影响力逐步增长，在创新网络育人新路径、深入挖掘网络育人功能方面做出了有力尝试，为落实立德树人根本任务，培育和践行社会主义核心价值观，培养能够担当民族复兴大任的时代新人不断砥砺奋斗。

获奖者简介

颜晓辰，男，汉族，硕士研究生，讲师。从事学生工作16年。待学生如家人，每年寒暑假期对家庭困难学生进行家访，足迹遍布整个山东；致力于“党建＋育人”工作模式的研究，在青年思想舆论阵地敢于亮剑、勇于发声。近年来荣获山东高校辅导员工作论坛三等奖、山东高校辅导员讲党史优秀短视频展示活动一等奖等荣誉奖项。

获奖感言

在16年的辅导员工作中，我不仅见证了一届届学生的成长，而且也坚定了自己淬火弥坚的初心。偶尔转头望向来时路，拨开回忆的迷雾，我仿佛看到了一个刚刚踏上辅导员工作岗位，满脸稚气却目光坚定的年轻人，正大步流星地往前路追寻。曾经有人问我如此拼命工作的意义是什么？答曰：“当学生垂垂老矣，偶尔忆起大学生活，依稀记得曾有位老师姓颜，教给过自己很多道理，对一生有所进益，足矣。”

新冠肺炎疫情期间聋人大学生网络思政的探索与实践

山东特殊教育职业学院　侯玉姣　谢春宇

一、案例基本情况

2020年暴发的新冠肺炎疫情，给人们的学习、生活、工作等都带来了前所未有的巨大变化，聋人大学生因为特殊的生理、心理特点，在面对疫情的冲击时更容易出现各种不同程度的思想和心理困惑。山东特殊教育职业学院作为山东唯一一所公办的特殊教育高职院校，在校生中聋人群体占比很大。因此，做好聋人大学生的思想政治教育工作、保证学生思想和心理稳定就显得尤为必要。为了更好地做好这项工作，我们在疫情发展的不同阶段，通过不同的方式对聋人大学生群体开展网络思想政治教育，挖掘抗“疫”教育资源，探索把思想政治教育与聋人大学生心理健康教育融合，引导聋人大学生对人生追求的重新思考，感受祖国的强大，用积极乐观的态度去克服困难，在疫情期间和疫情后时代，以更加自信的面貌投入学习、工作和祖国的建设事业中。

二、组织实施

第一阶段(2020年2～5月)。由于处于疫情初期，学生对新冠肺炎这种新型传染病的信息知之甚少，而且新冠肺炎传染性强，感染人数远超2003年“非典”。这一时期，学生普遍会有一种恐惧和紧张心理，感到个人的健康和生命受到了威胁，内心产生不安全感。同时，疫情防控所采取的隔离等必要措施，打破了原有的生活、学习状态，稳定的心理失去平衡使学生产生了心理上的不适应，进而会产生焦虑、失眠等症状。

面对学生普遍存在的问题，我们认为思想政治教育的主要目标是帮助学生建立对新冠肺炎的正确认知，向学生宣讲新冠肺炎知识、宣传抗击疫情期间我国典型人物事迹，让学生在正确认识新冠肺炎疫情的基础上，正确面对疫情和疫情防控措施，达到减轻心理症状的目的。这一阶段，我们主要做了以下工作。

一是第一时间向全校学生推送《学生群体新型冠状病毒感染的肺炎防控手册》《教育部致全国大学生的一封信》等防疫宣传材料。

二是指导学院的“社团之家”微信公众号推送《抗击新冠肺炎疫情——特教学子在行动》等文章，发布科学防疫知识，讲述特教学子的战“疫”故事，发布战“疫”宣传语和宣传视频。特别针对聋人学生，专门组织手语社团和优秀聋人学生代表录制了手语“战”疫宣传视频，用学生最能够理解的方式，表明战胜疫情的信心。

三是由于聋人大学生的人际交往呈现出较强的团体性、封闭性的特点，我们尝试把积极心理学的理论以及团体心理咨询方法运用到主题教育班会中，对学生进行思想政治教育。

首先，向学生介绍新冠肺炎疫情防控进展、新冠病毒知识，帮助学生正确认识新冠肺炎疫情，使他们接受当前的客观现实，知道自己的恐慌焦虑等情绪属于正常的心理反应。

其次，通过学生在疫情期间的所见所闻、亲身感受，宣传抗击疫情典型人物事迹。引导学生发现此次疫情中蕴含的积极品质。比如 2020 年 4 月 4 日举行全国哀悼活动，寄托对遇难者的哀思，体现国家对人的生命的尊重；全国各地医护人员驰援湖北，体现了疫情下的担当与责任等。通过主题班会让学生感受到祖国的强大，引发他们对人生追求的重新思考。

最后，挖掘学生自身的积极心理因素，培养积极的心理品质。通过列举一些在疫情期间的真实故事，挖掘故事背后体现出的勇气、乐观、希望等积极心理品质，让学生看到生活中还有很多美好的事物，引导学生在面对新冠肺炎疫情带来的威胁时不恐惧、不屈服、不逃避，而是用积极乐观的态度想办法去克服。班会结束后，组织聋人学生以书写“战”疫日记、制作手工作品、拍摄手语视频等形式表达自己心得体悟，在班级群内进行分享讨论，让学生通过在团体中观察和学习他人来获得成长。

第二阶段(2020 年 5～9 月)。主要围绕个别心理问题学生的思想引导、心理疏导和疫情防控常态化背景下针对聋人大学生的后续跟踪引导两方面开展工作。

针对个别心理问题学生，我们首先与他们进行了谈心谈话。在交流过程中，我们发现学生普遍反映家长不懂手语，与孩子交流沟通比较困难，他们平时本就与家长沟通不多，在疫情长期居家环境下，学生的各种困扰更加难以向家长倾诉并得到排解。针对这一情况，我们邀请学院手语专业老师，在线上对家长进行手语培训，教给家长常用手语，提升与孩子的沟通能力。与此同时，我们在每个聋人学生班级组建起一支由班主任负责指导、班长和其他学生积极参与的学生团队；通过对团队成员进行培训，使学生熟悉常见心理问题和心理危机、情绪管理、新冠肺炎救治的知识。培训完成后，团队成员配合老师进行思想政治教育和心理健康教育，发挥朋辈交往的优势，对身边的朋辈同学进行帮扶，在潜移默化中解决心理问题。

在疫情防控常态化背景下针对聋人大学生的后续跟踪引导方面，我们重点关注复学后学生群体中出现的轻视疫情、麻痹大意的思想，以疫情的启示为主题，通过开学第一课的形式进行对学生进行引导。广泛宣传我国疫情防控取得的伟大成就、疫情期间学院聋人学生志愿者先进事迹，并通过结合学生面对疫情的亲身感受引导教育学生增强社会责任感，正确处理个人与集体的关系，养成遵守疫情防控规定的行为习惯，把学到的疫情防控知识转化为自觉支持疫情防控规定的实际行动。

三、工作成效

一是探索出一条在特殊时期针对特殊群体的网络思想政治教育有效途径和具体实施措施。

二是通过疫情期间的网络思想政治教育，学院聋人大学生整体保持了思想稳定和心理健康。同时，我们有针对性地挖掘战“疫”教育资源，结合手语视频、组织学生书写战“疫”日记等形式对学生开展教育引导，学生结合亲身体验，更加感受到社会主义制度的优越性。受伟大抗疫精神的感染，疫情期间多名聋人大学生积极参与抗疫志愿服务工作中，受到当地人民群众的广泛赞誉。

三是为今后面对突发公共卫生事件时，利用特殊时期教育资源开展聋人大学生思想和心理危机干预，建立聋人大学生长效思想政治教育体系积累了经验。

获奖者简介

侯玉姣，女，汉族，2016 年入职山东特殊教育职业学院担任辅导员，初级，大学本科学历。作为学院第一批辅导员，她将满腔热忱倾注在残疾学生工作中，围绕立德树人根本任务，发扬敬业奉献、扶残助残、乐业爱生的精神，无微不至地关怀学生的成长。入职五年来，先后荣获济南市中职班主任专业能力研学大赛三等奖、山东省残联“我为群众办实事”主题演讲比赛三等奖、山东高校辅导员 2020 年度优秀工作案例二等奖、校级优秀辅导员等荣誉。指导学生参与学院举办的各类文体活动，获奖丰硕。

获奖感言

很荣幸在山东高校辅导员 2020 年度优秀工作案例评选活动中获二等奖。感谢中共山东省委教育工委，感谢学院，感谢我的学生们，是他们给了我成长的机会，让我收获颇丰。我始终坚信，只要心中有爱，在辅导员的这条道路上就能体会工作的乐趣，感悟生活的多彩，散发青春的亮丽，创造事业的辉煌，成就人生的精彩。

聚焦“六导”，打造全能先进班集体

济南工程职业技术学院经济管理学院　刘泽宇　范林

一、案例基本情况

参加工作十年来，我一直聚焦“六导”，即做好学生的政治领导、思想引导、情感疏导、学习辅导、行为教导、就业指导，致力于打造引领型、技能型、实践型、创新型班集体。我所带的2016级会计四班、2019级会计三班两个班级被评为省级先进班集体。

二、案例组织实施过程

（一）组建强有力的学生干部团队，发挥头雁效应

从新生入学开始，培养忠诚担当的优秀学生干部是我的首要任务。在学生干部的选用上，我坚持选拔政治信念坚定、能力素质超群、服务意识牢固的学生。在后续的培养上，我做到“三个坚持”：一是坚持工作有规、考核有据，我自制了学生干部工作手册，每周一指导；二是坚持思想政治理论学习不掉队，利用“灯塔党建”“时政三分钟”“青年大学习”等平台开展学习，学习积分每月一评比；三是坚持能力培养不松懈，定期邀请其他学院优秀的学生干部开展沙龙活动，见贤思齐、促进提升。

自2011年以来，学院10届学生会主席中，我的学生有6人，5人被评为省级优秀学生干部，7人被评为市级优秀学生干部，130余人被评为院级优秀学生干部。

（二）旗帜鲜明讲政治，提高政治站位

提高学生政治认同感，是培养有情怀、有追求、有担当、有作为中国青年的必然路径。新生入校以来，我就在班级内开展“三个一”主题活动：一是开展一次党团知识专题讲座，向学生们讲解党的指导思想、党的宗旨、党的纪律等内容；二是开展一次主题宣讲活动，让每位学生通过宣讲深化对党的认识；三是开

展一次党团知识竞赛，目前竞赛已从线下转为线上，通过“学习强国”平台等进行。

截至目前，我所带过的28个班级所有学生都提交了入党申请书，以2016级会计四班为例，到毕业时，有6名学生加入了中国共产党，28名学生被列为入党积极分子，在整个专业内占比最高。2021年是中国共产党成立100周年，在中国大学生在线组织的“‘网上重走长征路’暨推动‘四史’学习教育”活动中，我在校班级学生参与率为100%，考核成绩均为优秀。

（三）抓住关键时期，培养集体荣誉感

集体荣誉感是班级建设的重要环节。有了集体荣誉感，学生就会热爱集体并发挥主动性和创造精神，从而使班集体更具凝聚力和竞争力。在集体荣誉感的培养上，我抓住了以下三个关键时期：一是军训时期，这个时期是大学期间集体荣誉感的“黄金塑型期”，每次新生军训我都会全程跟随，鼓励学生们不怕吃苦、顽强拼搏；二是各类大型活动期间，例如“五四”合唱比赛、“5·25”大学生心理健康日等，通过参加活动培养学生们的团队协作精神，培养热爱班集体的情怀；三是开展“第三课堂”建设，通过宿舍文化节、文明宿舍评选等活动，以宿舍小家着手，培养集体荣誉感的大情怀。

以2019级会计三班为例，军训期间有3人被评为军训标兵，连队被评为学院优秀连队，班内四个宿舍均为校级文明宿舍。

（四）练就过硬本领，严抓学风建设

学风折射出一个班集体的气质，而优良的学风则是塑造优秀班集体的关键。我坚持每天至少听一节课，每周至少和任课老师开展一次交流，每月至少开展一次班内学业总结。在这个过程中，既履行了做好教师教学助手的职责，也让学生能够学好一节课、深化一点认识、做到一点提高。在班级第一次考试结束以后，我会及时整理、汇总、分析班级学习成绩，在班级内采用“学业师徒制”的方法开展学风建设，学习成绩比较优异的同学带动后进同学，在帮助后进同学的同时提高自身学习能力。

截至目前，我所带过的班级总体成绩及格率达98.69%，共有8名学生获评国家奖学金，37名学生获评国家励志奖学金。

（五）实践育人出实招，人人出彩有发展

在学生毕业之前，我会通过联系校内创新创业学院和校外实践基地与实习单位，教育引导班内学生做好“四个一”工程：一是制定一个创新创业训练计划，上好创新创业的相关课程；二是参加一个社团，支持学生成立创新创业类社团；三是加入一个志愿服务队，例如大学生暑期“三下乡”、“牢记时代使命，书写人生华章”等活动；四是深入一个社区、村镇或企业。

目前，我所指导的社团有4个，其中“超幸福剧组”社团为五星级社团，我所带过的学生，担任社团副部长及以上职务的有 67 人。

（六）工匠精神为导向，以赛促学

自参加工作以来，我始终将大赛育人作为打造先进班集体的重要补充，通过鼓励学生参加各类技能大赛，激励他们走技能成才、技能报国之路。我所在的学院有大赛集训队，我会在班内组织选拔，推荐优秀学生参加集训队，通过参加职业技能大赛突破自我、为校争光。对于没有加入集训队的学生，我会邀请继续教育学院的老师走进课堂，开展宣讲，组织学生考取职业技能证书。

2016 级会计四班到毕业时，全班同学均考取了职业技能证书。2019 级会计三班目前有 16 名学生入选学院集训队，有 5 名学生考取会计初级职称，18 名学生考取财务数字化应用“1＋X”证书，班内学生王某在 2020 年第五届“科云杯”全国职业院校高职组财会职业能力大赛全国总决赛中获得三等奖，荣获“中华会计网校杯”第十届全国校园财会大赛山东分赛区决赛特等奖。

三、案例工作成效

十年磨一剑，我所带的班级从组建走向成熟，成为一个个既有激情又沉稳、既有个性又团结的优秀班集体，实现了一步步地跨越和发展。2020 年 8 月，我在第五届山东高校辅导员素质能力大赛中获特等奖；我所带的 2016 级会计四班、2019 级会计三班两个班级被评为省级先进班集体；2016 级会计专业三班的刘某，学习成绩加权平均分达 96.76 分，被评为省级优秀学生；学生王某在 2020 年第五届“科云杯”全国职业院校高职组财会职业能力大赛全国总决赛获得三等奖；2019 级会计三班的冯某担任文艺部副部长兼大学生艺术团副团长，参加了由共青团省委、省人力资源社会保障厅联合实施的“青鸟计划”，在潍坊市青州市王母宫经济发展区计划生育办公室实习，并获学院寒假社会实践个人一等奖。

获奖者简介

刘泽宇，男，汉族，讲师，工程硕士。国家创业咨询实训指导师、国家一级职业指导师、国家三级心理咨询师、SYB 创业培训讲师。从事学生工作 11 年。研究方向思想为政治教育。曾获山东高校优秀辅导员、第五届山东高校辅导员素质能力大赛特等奖、山东省大中专学生志愿者暑期“三下乡”社会实践活动优秀指导教师、济南市“杰出青年岗位操作能手”等十余项省、市级荣誉奖励，多次荣获学校优秀党员、先进工作者、优秀教育工作者等荣誉称号。

获奖感言

我从事高校辅导员工作已十年有余，高校辅导员的工作掺杂着酸、甜、苦、辣，我一直在坚守，和我的学生共同成长。2020 年对我来说是非同寻常的一年，我参加了辅导员素质能力大赛，赛后撰写工作案例并有幸获奖。这次获奖更加坚定了我走好高校辅导员职业化、专业化道路的信心和决心。今后，我将继续为助力学生实现“人人出彩”的发展定位服务，踏石留印、抓铁有痕，用实干和勤奋书写高校辅导员的奋进之笔。

唤醒仍在大学"装睡的你"

青岛港湾职业技术学院信息与电气工程学院　杜元贞

一、案例背景与概况

小姜(化名)是高职院校电气自动化技术专业的一名学生,担任班级班长工作,性格活泼开朗,有较强的组织能力,动手操作能力比较强,热衷于参加各项"第二课堂"活动,但对专业学习及技能提升工作处于一个被动接受的过程。进入大二以后,小姜的学习成绩和班级综合排名下滑严重;对于自己的工作及喜欢的"第二课堂"活动也表现出"混着干"的态度;对自己将来毕业之后的打算比较迷茫,情绪比较消极、烦躁。

我在与小姜谈话后了解到,小姜高中时学习成绩比较差,进入高职学校后对所学专业未能及时形成专业意识,认为自己学得不好,将来也从事不了本专业的工作,看到身边的同学有的已经开始准备求职面试材料就业,有的准备专升本,有的计划入伍……对于自己究竟何去何从,小姜内心非常焦灼。

二、案例分析与处理

我所描述的案例是典型的高职院校学生对高职教育类型定位不清晰,对自身职业生涯缺少规划,容易陷入迷茫区的问题。如何帮助高职院校学生正确认知高职教育类型和认知大学成长之路,做好个人的职业生涯规划,走好大学之路,让学生有效把握自身实际,不陷入迷茫区,是每一名高职院校辅导员都应当认真思考的问题。

(一)及时介入,了解学生思想误区

发现以上问题后,首先我及时介入,主动找小姜了解其思想困惑、入校以来其个人的收获与不足等问题,让小姜同学自己表述出现问题的原因。其次,结合小姜自己表述的一些原因及事由,我为他详细介绍了高职院校主要是"以培养适应生产、建设、管理、服务第一线需要的高等技术应用性人才"为目标,要认

清高职教育与高等教育的不同之处。同时，我结合我个人的大学成长经历，对他阐述如何走好大学之路，除积极参加第二课堂活动，提升综合素质外，也应强化专业学习，不断提升专业技能。大学期间对学生的评价不只是以学习成绩论英雄，评价标准是多重的，因此我告知小姜他在第二课堂活动方面的优异表现也是成功大学生活的体现。通过这些谈话，小姜同学进一步提升了成长自信。

（二）正面引导，解决学生思想困扰

通过每周找小姜谈一次话的方式，帮助小姜重新定位职业教育，重新调整专业学习方法。针对小姜始终认为自己高中时期学习成绩差，所以专业学习很难学好的问题，我向他介绍了我带过的一名 2018 级学生的事例，该生曾获得山东省技能大赛二等奖。通过他的事例告诉小姜进入大学后是一个全新的起点，要抛开高中时的失败经历或辉煌成绩，站在新的起点上，重新谋划自己的大学之路，及时改进自己的学习方式和学习方法，特别是要善于发挥自己动手能力比较强的优点，结合高职教育中“注重技能培养、技能操作”的实际，敢于拼搏、敢于成长。

（三）辅助规划，制定有效成长之路

借助职业生涯规划理论，帮助小姜开展职业性格测试，了解职业兴趣所在；为小姜详细讲解学校一日生活制度，帮助小姜合理规划每日作息时间，规划好每天如何正向成长。期望通过以上措施，帮助小姜合理规划自己的职业发展目标，并结合学生成长实际，以职业发展目标作为总体导向，将成长具体措施细化到每天的大学生活之中，让每天的成长更加有针对性、更加有效。

（四）榜样力量，用“身边的事”教育“身边的人”

用“身边的事”教育“身边的人”，营造“比学赶帮超”的良好氛围。通过安排高年级学生到低年级班级开展学习经验交流会、成长经验分享会，邀请优秀毕业生、优秀实习生回校分享求职经验、就业经验，用“身边的事”感染“身边的人”，让存在同样困惑的同学通过学习身边人的成长经验，助力自己摆脱困境，有效成长、成才。

邀请企业专家、企业工匠进校园开展校园报告会，我点名要求小姜参加报告会，并写出学习心得及下一步努力的方向。通过学习成功人士案例，反思自身，制定成长措施，让小姜通过自己思考找到解决困惑的方法。

（五）持续关注，适时鼓励坚定前行

持续关注小姜每日的行为、心理状态及学习情况，通过了解班级同学对小姜的评价及定期与小姜谈心，小姜逐渐走出了思想误区，工作上开始变得更加积极，也开始积极参加“第二课堂”活动，对自己专业的学习也开始重视，并且积极报名了本专业的一些技能考试，力争获得相应的证书。

三、案例反思与成效

小姜的问题是高职院校学生普遍存在的问题，他们进入大学后，成长目标不清晰，没有成长动力，对大学之路如何走、如何规划自己的专业学习及以后的职业道路感到迷茫无助。其根源在于应试教育过于注重学生学习成绩，忽略学生自我成长需要。学生进入大学后，缺乏正确的自我认知，不能正视职业教育且存在一定的偏见和错误认识，对自身职业生涯缺少有效规划。

（一）思政教育提内涵，铸学生成长之魂

党建统领，坚持“党建＋”和“大思政”思维，形成“全员、全过程、全方位”育人格局；发挥好辅导员（班主任）的思政育人主体作用，强化对学生所思所想所需的了解和把握；深入推动“课程思政”与“思政课程”有效结合，发挥“身边人”的教育作用，帮助学生坚定成长自信。

（二）学风建设精技能，健学生成长之智

高职教育不同于其他高等教育，要以就业为导向，将强化学生技能作为重要工作内容。除做好专业教学工作外，可以通过积极举办“工匠精神进校园”活动，铸匠心、强匠技、育匠人；依托好技能大赛，以赛促学、以赛促建；发挥好优秀学生骨干的作用，“以老带新”，用经验进行“传、帮、带”。

（三）日常管理抓规范，固学生成长之本

高职教育的人才培养目标决定了要强化学生纪律、习惯的培养，要深挖养成教育的内涵，重点强化学生良好习惯和优良作风的形成。辅导员作为与学生关系最为紧密的人，对学生既要“严管”又要“厚爱”，应及时关注学生的所思所想所需，正面激励与负面约束相结合，帮助学生营造学习成长的良好氛围，助推学生个体全面成长、整体全员成才。

（四）素质提升重全面，赋学生成长之能

结合新时代教育要求，要从强化学生文明素质提升等基础工作抓起。坚持“月月有主题、周周办活动、天天都精彩”的思路，丰富“第二课堂”活动内容，帮助学生提升综合素质；通过组织志愿服务活动和举办社会实践活动，积极引导学生了解社会、认知社会，增强社会奉献意识，提升社会责任感。

（五）职业规划系统教，开学生成长之路

以就业为导向是高等职业教育健康发展的方向，要前置职业规划教育内容。学生入校后，通过开展专业介绍活动，帮助学生正确认知所学专业；通过开展职业生涯规划，帮助学生树立正确的职业理想，合理规划自己的大学生活；通过围绕职业目标，强化自身职业能力培育；就业前通过开设就业指导课，为学生开展就业形势政策分析、求职面试能力提升等工作。总而言之，要将职业规划教育作为一个整体，系统贯穿到学生整个大学生涯中，为学生走好大学之路，寻找适合职业道路奠定良好基础。

获奖者简介

杜元贞，男，汉族，中共党员，从事学生工作15年，讲师，大学本科学历。研究方向为思想政治教育。自2006年就职青岛港湾职业技术学院从事学生工作以来，获国家级教学成果二等奖1项、山东省教学成果特等奖和二等奖各1项。所指导的青年志愿者服务队曾获山东省大中专学生志愿者暑期“三下乡”社会实践活动“优秀服务队”称号。

获奖感言

在全面建设社会主义现代化国家新征程和实现中华民族伟大复兴的道路上，作为一名高职院校学生工作者，要始终坚持“立德树人”根本任务，牢记“为党育人、为国育才”的初心使命，积极探索新时代大学生思想政治工作新方法、新途径，立足本职、积极作为，做好学生健康成长的指导者和引路人，点燃学生成长心灯，照亮学生未来之路，培育更多担当民族复兴大任的时代新人。

匠心筑梦，实干兴邦

——“工匠精神”培育辅导员工作室的探索与实践

青岛职业技术学院海尔学院　隆娜娜　费晓玉

一、案例基本情况

自2016年以来，“工匠精神”四度写入政府工作报告，体现了国家对高素质技术技能人才的需求。努力培养适合国家需要的“大国工匠”，是时代赋予高职院校的神圣职责。在贯彻落实《中国制造2025》《山东省新旧动能转换重大工程实施计划》《教育部、山东省人民政府关于整省推进提质培优建设职业教育创新发展高地的意见》的大背景下，我以“精于工、匠于心、品于行”为目标，成立了学院首批辅导员名师工作室，探索将“工匠精神”融入大学生思想政治教育全过程，构建工匠精神培育实践路径，力求使严谨、专注、精益求精成为每一名学生的自觉追求，使思想政治教育工作在“匠心筑梦，实干兴邦”中落地生根。经过2018～2020年三年的建设实践，“工匠精神”培育辅导员工作室取得了一系列国家、省、市级成果，探索了一系列人才培养的实践项目，顺利通过了学校的验收。

二、组织实施过程

“工匠精神”培育辅导员工作室的团队以主持人所在的海尔学院（机电学院）辅导员队伍成员为主组建，邀请两名其他理工科院系辅导员及1名学生处工作人员参与。团队精心打磨建设计划、分步推动项目实施，具体建设情况如下。

（一）文化育人：厚植工匠精神文化氛围

坚持以文化人、以文育人是习近平总书记提出的加强高校思想政治工作的重要举措。有一种观点认为，“工匠精神”的缺失实质上是工匠文化的缺失。为了营造“精于工、匠于心、品于行、化于文”的工匠文化氛围，我们采取了以下举措。

1.以文明修身作为树立工匠意识的抓手

辅导员在开展大学生文明修身工程的教育活动中全面融入了工匠意识培养。一是以“学习文明规范、树立文明意识、塑造文明形象、创建文明校园”为抓手，推动学校文明建设有效化。通过以爱国、爱党、爱岗位为主要内容的教育，培养学生的“工匠精神”，并以此为内容纳入学生综合测评，形成导向。二是每年举办文明礼仪大赛。通过大赛普及基本礼仪知识，使学生学礼、知礼、讲礼、守礼，全面提高综合素质，增强人际沟通的能力和交往艺术。在社会生活实践乃至今后的职业生活中，树立良好的个人形象，展示良好的人际沟通能力。外塑形象、内强素质，增强职业竞争能力。三是设立文明礼仪示范岗。海尔学院领导带领辅导员和学生干部组成文明礼仪示范岗，每天在实训基地和致用楼门前向师生鞠躬问好，通过身体力行引导学生养成良好的文明礼仪习惯，将文明礼仪内化成学生自觉的行为。

2.以海尔大讲堂作为培育“工匠精神”的文化平台

海尔大讲堂以“传递先进理念，分享成功经验”为主题开展系列活动，通过“请进来”的方式积极与企业、社会接轨，邀请许振超、周勇等“大国工匠”以及企业行业专家学者、校友、院内教师开展系列讲座，分享他们在各自领域做出的成绩和对人生的感悟，使学生们近距离感受企业文化和发展经营理念，学习职场知识，分享成功经验，传递爱国、敬业、文明、诚信的精神品格，思考并规划自己的职业生涯。2017 年至今，海尔大讲堂共举办讲座 50 余场。

(二)实践育人:打造培育工匠能力载体

工作室探索构建了基于实践育人的“三项一展”的项目化培育模式，其主要内容包括实践教学项目(教学中的实践环节、学生参与名师工作室、协同创新中心等科研项目)、大赛提升项目(专业技能大赛、创新创业大赛等)、志愿服务项目(专业技能背景下的志愿服务)和卓越成果展(振超班科研成果展示大会)。

1.以全国高校首个“振超班”作为提升工匠培养层次的舞台

“振超班”是以全国总工会原副主席、全国劳模许振超先生名字冠名成立的精英班。“振超班”的成立，有针对性地提高其学习、技术、科研、管理服务能力和职业决策能力。自该班成立起，工作室主持人就作为振超班的助教团队负责人。该班采取个性化的培育方式，每年从全院选拔 40～60 名优秀学生，设置相应的专业课程、通识课程和实践课程，毕业学生将举办振超班科研成果展。振超班有效培养了一批具备较强的科研、实践和创新能力，具有良好的职业素养和“工匠精神”的智能制造高素质技术技能型人才。

2.以课程作为培养工匠精神的平台

除专业课程作为培养工匠精神的主渠道外，团队成员通过开设“振超素质提升课”和“新时代工匠精神”选修课，承担“职业生涯规划”“就业指导”课程，将工匠精神引入其中，让企业文化进入班级。通过课程学习“工匠精神”的内涵与精神理念，培养学生的专业和职业意识。同时，辅导员每学期开展“工匠精神”主题班会研讨，并在所带班级开展工匠精神主题班会，加强大家对“工匠精神”的解读，把不同企业各具特色的经营准则、经营作风、企业精神、道德规范、发展目标等企业文化引入校园。

3.以各类技能大赛作为磨砺“工匠精神”的擂台

辅导员积极鼓励和推荐学生参与科研项目、志愿服务项目和专业技能大赛、创新创业大赛的备赛工作。为有能力、有特长的学生在课堂外提供了进一步学习的空间和创新创意的舞台，为优秀学生“做中学”提供了真实的企业项目和科研环境，让学生亲身感受工匠精神的魅力、体会工匠的实践能力和创新创业能力，锻炼了学生技能，激发了学生的学习兴趣，形成了良好的学习风气。

（三）管理育人：形成培育工匠精神的评价体系

日常行为养成对塑造人的精神具有重要作用，为将工匠精神培育融入学生日常管理，工作室引入以整理、整顿、清扫、清洁、素养、安全为内容的“6S”企业管理方法。这一管理方法起源于具有深厚工匠文化的日本，指的是针对企业中每位员工的日常行为方面提出的严格要求，力求每位员工对日常小事养成一丝不苟的习惯，对于提高企业标准化运作、安全化生产、高品质形象等方面具有促进作用，是具有日本特色的工匠精神。学生日常行为“6S”管理法，即在学生的学习、实训、班级、宿舍中梳理一套明确的管理要求，例如，“课后一分钟”整理清洁，要求桌椅归位、黑板干净、垃圾清理等内容；实训课“三必带、十不准”，明确实训过程中的规范；宿舍内务“十法则”，让诸如“人走电断，安全第一”的意识深入人心。日常管理的考核可以由学生会主要负责，以此倡导学生进行“自我教育、自我管理、自我监督、自我服务”。通过这套“6S”管理法，加强培养学生注重细节、作风严谨、吃苦耐劳等与工匠精神紧密相关的素养，达到“知者行之始，行者知之成”的效果。

三、工作成效

（一）培养了一批工匠型的优秀学生

以培养学生的工匠精神为抓手，一批学生的综合素质、动手技能和创新意识明显提升。我所带的工业机器人 17-1 班郭金鑫、张伟民在 2019 年全国职业院校技能大赛高职组工业机器人技术应用比赛中获得团体一等奖，实现了全校国赛金奖零的突破；王梦雪、郭金鑫获评山东省高等学校优秀学生和山东省大学生优秀科技社团干部；所带班级电气自动化技术 17-1 班被评为山东省高等学校先进班集体，工业机器人 17-1 班团支部荣获青岛五四红旗团支部称号。2018～2020 年连续三年的就业稳定性问卷调查显示，学生首次就业后的稳定性情况明显提升，毕业生吃苦耐劳、谦虚好学的精神受到企业的高度评价。

（二）形成了一批工匠精神科研成果

工作室成员围绕“工匠精神”的培育立项课题四项，发表论文两篇。其中，山东省人文社会科学课题“‘工匠精神’融入高职工科学生思想政治教育的路径研究”（18-ZX-GJ-19）顺利完成课题结项。相关论文分别在2018年和2020年荣获山东高校辅导员工作论坛案例二等奖、三等奖。

（三）提升了辅导员的工作能力

弘扬“工匠精神”正能量，辅导员率先垂范，在思政工作中做到敬业专注、精益求精。每个学期围绕“工匠精神”主题开展不少于两次主题班会，每个月召开一次研讨会确定班会主题、总结班会课情况，在就业指导课中开设企业文化进班级专题。三年来开展“工匠精神”主题班会百余次，开展“工匠精神”主题讲座、分享会十余场。在锤炼过硬职业精神，不断提高工作质量和成效，科学有效地服务学生的成长成才的同时，也提升了辅导员自身的工作能力。

获奖者简介

隆娜娜，女，汉族，硕士研究生学历，毕业于山东大学，讲师。2013 年起成为辅导员，目前担任青岛职业技术学院海尔学院团总支书记、学工办主任。主持校级辅导员名师工作室，以“工匠精神”培养高职院校工科学生的职业素养为研究方向。曾获得 2018 年山东省第四届高校辅导员素质能力大赛一等奖、山东省大中专学生志愿者暑期“三下乡”社会实践活动优秀指导教师、青岛市优秀青年岗位能手等 30 余项各级荣誉。

获奖感言

作为引领大学生成长成才的关键力量之一，辅导员在政治上要立场坚定、信仰坚定，在道德上要品行端正、率先垂范，在学术上要严谨自律、精勤不倦，用爱心、热心、耐心、细心、诚心和责任心，成为学生的人生导师和知心朋友。作为众多辅导员队伍中的一员，有幸获得这样的荣誉，既是鼓励更是鞭策。我会以此作为前行的动力，继续把“工匠精神”的培养作为高职院校工科学生职业素养深入研究方向，在探索中深入把握辅导员工作的科学内涵与方法，努力成为一名组织信赖、学生爱戴的辅导员。

“信”动力赋能学生成长成才

淄博职业学院学生工作处　朱琳

一、案例背景

2010年,学院引进CRP数字化校园信息平台,实现了对学生在校学习相关信息的管理,学生综合素质测评也实现了从线下有纸化计算到系统无纸化自动生成数据的突破,信息化技术提高了学生工作效率。但随着学生发展需求的,近年来收到来自学生、辅导员和各院系不同层面的问题:学生反映系统的量化排名与实际表现吻合度不高,对自身发展的实际意义并不大;辅导员反映学院有关学生数据不畅通,形成数据和信息孤岛,在实际工作中采用率不高,在一定程度上增加了工作量,降低了工作效率;院系反映学院针对所有学生、所有专业和系院都采用一套标准去定义,不能做到对学生有针对性地指导,对学生发展也未做到全程关注和分析,从数据层面不能为学生、系院提供有效的帮助。

二、案例分析

以上所反映的是信息化技术应用在学生工作中时出现的现实问题,尤其是反映了学工系统中学生综合素质测评模块的标准化、规范化、应用性和发展性在实际工作中的突出性问题。针对上述问题需要破解几个难题:(1)目前的学生综合素质测评标准是否符合当代大学生发展的需求?(2)学生的测评结果和排名数据是否准确可取?(3)学院是否可以打通有关学生发展的相关数据?(4)学院能否建立对学生发展轨迹的追踪,为学生和院系提供私人订制的数据服务?

三、解决思路与办法

(一)完善关键要素,扩容增效学生成长

学院紧紧围绕新时期高等职业教育改革发展对大学生成长成才的新要求,

坚持科学文化知识学习与思想品德修养的统一、理论学习与社会实践的统一、全面发展与个性发展的统一，对《学生综合素质测评管理办法》进行了全面修订，将原来 2 个维度、114 条的学生综合素质量化指标，扩充到学生的思想政治素质、科学文化素质、身心健康素质和实践能力素质这 4 个维度、24 个要素、233 条学生全面发展量化指标，制定了《淄博职业学院学生全面发展诊断办法》。此办法涵盖了学生德智体美劳 5 个方面，增加了“四史”教育、劳动教育、美育和体育教育等测评要素，涵盖了学生在校期间的表现情况，尽可能将学生在校表现通过量化的形式展现出来，为学生发展提供全面的、制度性的指导意见。

(二)打通数据壁垒，赋能增效学生工作

为解决学生数据更新不及时、数据治理参差不齐、数据融合存在壁垒等问题，学院于 2012 年成立了信息化办公室，承担了学院信息化建设的统筹规划、综合协调和监督管理的职能，基本消除了信息化应用盲区和信息孤岛，实现了数据的源头唯一及互联互通，保障了数据的准确性、全面性。学工系统的学生数据皆来自学籍系统，而学工系统的请假及学生发展质量评价等数据会同步到智能课堂和学生发展中心等，智能课堂的考勤数据又会反推给智能课堂。这就实现了每天的定时同步，保障了数据的准确性、及时性，提高了工作效率。

(三)升级学工系统，赋能增效学生工作

在学生全面发展量化标准扩容和数据壁垒打通的基础上，学院全面升级了学工系统，新学工系统涵盖了学生工作的各个方面，从学生的基本信息查询到辅导员的日常工作，从学生的评选树优到学生的奖助贷保免，从学生宿舍的调换和报修到心理咨询的预约，实现了学生信息的“一键查询”和学生工作的“一键办理”。

(四)创建诊断体系，提质增效学生成长

学院统一设定学生发展质量标准值和预警值，各系院根据专业要求设定本专业学生发展的合格标准值。学生利用 SWOT 分析模块进行自我鉴定并确定本学期的发展目标。依托学工系统，对学生发展质量进行量化赋分，每学年自动生成学生发展质量诊断总分(学生发展质量诊断总分＝思想政治素质分值×20%＋科学文化素质分值×60%＋身心健康素质分值×10%＋实践能力素质分值×10%)。根据学生自我确定的发展目标和实际所呈现的量化情况，实行学生全面发展模块化预警。对出现预警的学生，除了学生本人自警之外，辅导员与学生家长密切配合，通过谈心谈话等多种形式共同做好学生的教育引导，家校合力共同提高学生的素质。对于已经达标的模块，学生再次“自我设定目标——达成目标”，不断地循环提升，提质增效，助力学生成长成才。

四、实施成效

(一)建成了"支持·评价·服务"为一体的学生发展中心

该中心主要包括基础概况、学生发展标准、学生成长成才规划、诊断与改进、办事大厅、管理监控 6 个方面。其中,"诊断与改进"模块是中心模块,主要从当前现状、成绩分析、预警分析、多维度对比、个人发展质量报告 5 个方面进行分析;该模块能够呈现学生发展指标数据的多维度对比,生成学生动态的发展轨迹,实时呈现学生的不足并进行红色预警,定期生成学生个人发展报告,为学生下一阶段的发展提供数据参考。同时,学生发展中心还是网上综合服务办事大厅,学生可以通过大学生发展中心查看课程表和打印成绩单,完成缴费充值、公物报修、建议投诉等事务办理,实现了在线自助服务,极大地方便了学生在校期间的业务办理。

(二)形成了具有淄职特色的学生发展质量诊断体系

该体系实施后,改变了以结果性和定性评价为主的评价体系,建立起基于数据分析的立体、直观和过程性的具有淄职特色的学生发展质量诊断体系。我院是全国高职院校"诊改工作"试点院校,该项工作得到了"诊改工作"委员会的一致认可,2019 年全国诊改专委会对我院内部质量诊断体系与改进试点工作进行现场复核,我院的学生发展质量诊断体系顺利通过验收。近年来,全国近百所高职院校来我院学习学生全面发展诊断体系和学生发展中心的建设情况,具有淄职特色的学生发展质量诊断体系在全国高职院校形成了可复制、可推广的经验和做法。

(三)创建了学生自我发展的定制模式

学生个体发展目标明确、标准清晰,可以有的放矢地发挥个体优势,对个体发展的劣势进行诊断改进并根据个人发展报告规划职业生涯,从而建立了以学生为中心的个性化自我发展定制模式,催生了学生自主学习的内生动力。2019 年,学生在全国职业院校技能大赛中荣获一等奖 2 项、二等奖 2 项、三等奖4 项,在山东省职业院校技能大赛中获一等奖 3 项、二等奖 11 项、三等奖 17 项;2020 年,学生在全国职业院校技能大赛中荣获一等奖 3 项,在山东省职业院校技能大赛中获一等奖 6 项、二等奖 10 项、三等奖 15 项。实现了学生的自我诊断、自我改进和循环提升。

(四)提升了学生的综合素质

学生全面发展质量评价体系的四个维度,较好地概括了学生在校期间各个方面的表现。学生通过纵向、横向和差异性对比进行自我诊断,通过模块化预警了解个体发展的不足,明确下一步努力的方向和目标,从而实现学生的自我管理、自我发展和自我完善的循环提升。"麦可思"专业化年度报告显示,学院

2018 届、2019 届、2020 届毕业生总体就业率分别为 97.29%、97.81%、98.60%，均高于 2017 届的 97.22%。学生的综合素质明显提升。

五、案例反思与启示

（一）学院重视是引领

学院的信息化建设是系统性工程，各职能部门的单打独斗不能形成信息化工作的联动，只有学院的重视才能在人力、物力、财力等方面形成合力，才能把信息化工作做实、做牢、做深。

（二）顶层设计是关键

在进行学生发展质量诊断体系设计过程中，一方面要激发学生自主学习的积极性，养成自我诊断的习惯，促使学生实现全面发展的目标；另一方面要利用学生发展的大数据改进提升学院的人才培养质量，达到教学相长、共促学生成长成才。

（三）服务学生是目的

学生工作要服务学院立德树人这一根本任务成长成才这一重要目标。既要打造一支思想能力素质俱佳的辅导员队伍，也要营造围绕学生、关照学生、关爱学生的良好氛围，只有具备了服务学生成长成才的信息化技术，才能做到“栽下梧桐树，引得凤凰来”。

（四）技术支撑是引擎

信息化平台建设是运用大数据思维，前瞻性、创新性地做好学生工作的有力保障。没有信息化的技术支持就无法实现学生工作在数据高速公路上的畅通无阻和奔驰飞跃。因此，只有加大信息化平台建设力度，才能更好赋予学生发展“信”动力，助力学生成长成才。

获奖者简介

朱琳，女，淄博职业学院学生工作处副处长，副教授，管理学硕士。长期从事大学生思想政治教育工作。发表学术论文 10 篇，参与省级课题 3 项，主持厅（市）级课题 4 项，出版专著 1 部，担任副主编教材 2 部，课题、论文荣获市厅级奖励 4 项。

获奖感言

这次撰写的题为《"信"动力赋能学生成长成才》的工作案例能够获奖，我感到非常高兴与荣幸，这不仅是对我工作的认可，更是对我们学校在学生工作信息化建设方面的认可和鼓励。带着这份荣誉，我会在今后的工作中更加努力做好本职工作，把学生工作中具有创新性、突破性的做法与大家共享，形成可供参考、可供借鉴、可供复制的案例，希望通过自己的绵薄之力为学生工作做出贡献。

“三维两库双循环”驱动，让共青团推优入党工作落实落小落细

山东工业职业学院工商管理学院　魏静静

2020年3月，一封来自武汉雷神山医院的感谢信寄到淄博，对山东工业职业学院的青年大学生表示感谢。信中说，山东工业职业学院学生自发组织募捐的防疫物资4500只手套已经收到，予以确认，并表示感谢。发起这次募捐的是学校工商管理学院大二的杨同学。杨同学的倡议得到了众多团员青年的响应。大家虽然身处各地，但都以各种方式积极参加当地的疫情防控志愿服务活动，充分展现了当代青年的责任担当。作为入党积极分子的杨同学说，自己能为抗击疫情尽绵薄之力感到非常自豪，并且正是工商管理学院的教育培养机制让同学们有了更大的凝聚力和向心力，在关键时刻能够团结起来冲锋在前。作为工商管理学院负责党员、团员教育培养工作的辅导员，我感到十分欣慰。

一、案例基本情况

高职院校学制为3年，学生党支部基本都是预备党员，推优入党、积极分子培养工作开展不力。2019年9月，共青团中央印发了《共青团推优入党工作实施办法(试行)》(以下简称《办法》)，对团员推优的条件及工作程序等进行了进一步的明确。我作为该项工作在二级学院的负责人，深感必须迅速建立起更加严密的机制，以确保工作落实落细。

通过调研发现，我院的推优工作主要存在过程刻板不严谨、教育培养缺乏系统性、团员模范的作用发挥不明显、思想引领不到位等问题。分析其原因，症结就在于培优、选优、推优这三个环节彼此缺乏互动，没有达到循环提升的效果。我立即以市级辅导员名师工作室主持人的身份，组织团总支和辅导员们开展研究性实践，最终建立起“三维两库双循环”工作机制，让工商管理学院共青团推优入党工作走上了高效、高质、高能的快车道。

“三维”即将培优、选优、推优三个环节作为三个维度进行全局性规划，而不是将其作为三个阶段分别进行把控；“两库”即建立教育培养资源库、优秀团员

人才库，为三个维度提供核心动力；“双循环”是指经选拔产生的优秀团员带动其他团员青年，获得推荐的优秀团员引领全体团员青年，通过人员互动实现三维良性运转。工商管理学院现有团支部 56 个、团员 1426 人，数量均居全校第一。在此基数之上，这一工作机制进一步激发了广大青年大学生的学习热情，为学院的党团工作注入了新的生机和活力。

二、组织实施过程

（一）筑台培优，多元聚力，让教育“活”起来

瞄准培优维度，整合有效资源，建设教育培训资源总库，根据团员青年的不同特点，为其量身定制培养计划，借助相应平台，线上线下灵活开展学习，提升自身素质，让工作落到实处。

一是依托“青马”工程、“雏雁”工程、“青年大学习”等精品项目资源，结合学校“三十百”课程思政示范工程，全面发挥党校、团校作用开展思想政治教育；二是用好志愿服务、学生社团、第二课堂成绩单资源，凸显“一心双环”效能强化实践育人；三是借助优慕课在线教育平台等，着力建设个性化资源，通过线上测试、学习、解答，线下讲授、讨论、实践，开辟学生乐见和乐于参与的学习渠道；四是依靠市级辅导员名师工作室资源，建好“青年 yes”辅导员公众号，引导、启发青年学生，积极主动完成自我改进、实现自我完善、坚定理想信念、提升思想道德修养。

各类资源的总体调度和统一规划使用，让培养计划覆盖了选优和推优两个维度，为团员青年构建起立体化的学习空间，真正使学习教育活化。

（二）提质选优，建章立制，让人心“火”起来

靶向选优维度，针对不同学习阶段的青年特点分别选拔素质高、能力强的优秀团员组建人才库，用团组织的“大我”塑造团员个人的“小我”，让工作落到小处。

一是一人一档加强管理，定期更新个人成长数据和组织培养记录，严格控制数量和质量，并通过访谈、座谈、问卷调查等方式及时了解团员青年的年龄结构、思想状态等，掌握最新情况；二是夯实根本跟踪培养，在前期培优的基础上继续加强学习教育，根据学生思想成熟程度，划定重点圈层，提供教育目标，及时分析出现的问题，有针对性地进行培育；三是建立动态考核评价体系，科学设置评价指标和任务清单，明确加分项和减分项，通过学习成绩测评、德育考核、学生民主评议、辅导员考核四种方式，从思想政治水平、精神面貌、学习生活状态、工作表现等四个方面对入库人才进行全方位评价；四是组织入库人才参与培优，为广大团员青年开展学习教育服务，以自身经验现身说法，提升全体团员青年的学习积极性，形成培优和选优两个维度间的良性循环。

对选优过程进行全方位监控，建立了“能者入”“庸者出”的科学生态，让选优入库不是一劳永逸的结果而是循环提升的过程，激发团员青年的活力和创新意识，彼此不断碰撞出思想的火花。

(三)增效推优，纵横联动，让师生“伙”起来

对正推优维度，严格落实各项规章制度，各部门齐抓共管、密切协作，确保过程公平、公正、公开，让工作落到细处。

一是制定完善工作细则，逐条分解落实要求。为推荐工作提供标准，及时学习研究有关文件、文献资料，确立合理、有效、符合学校实际的推优程序。二是构建管控矩阵，强化组织领导。二级学院党总支负责指导、团总支负责监督、团支部负责具体实施，不断增强对推优工作的综合管理水平，实现工作科学化、程序化、制度化。三是强化条块协同，党政工团聚力，纵向调整配置组织职能和岗位责权，横向建设组织发展专职管理队伍，专人专管，确保有理论指导、有实践验证、有问题反馈、有整改落实。四是树立标杆，充分发挥优秀团员青年的表率作用，从思想上、行动上模范引领全体，促进青年学生间的平等交流和共同进步，形成推优与培优、选优三个维度间的良性循环。

推优过程虽然存在竞争，但由于团总支、辅导员、任课教师及各部门工作人员的积极参与和青年学生间的良好互动，所以全体团员青年都有很大收获，共青团队伍的政治性、先进性得以充分展现，更加密切了师生和生生之间的联系，进一步建立了积极的伙伴关系，使推优工作更加高效。

三、工作效果

(一)党团实践工作实现创新

“三维两库双循环”工作机制真正将《办法》中的各项要求落实落小落细。“三维”的确立进一步回答了在推优入党工作中“推什么人”“谁来推”“怎样推”的问题；“两库”的建设为团组织筛选了培育对象，提供了可共享的资源，确保了教育内容统一、政治突出；“双循环”动态管理进一步优化了工作标准和工作程序，解决了纳新衔接中的细节性问题。2020年，工商管理学院的该项工作被评为学校“共青团特色项目”。

(二)党团组织活力得以增强

“三维两库双循环”工作机制进一步突出了党组织的领导作用，通过自上而下强化管理，自下而上突出反馈，更加密切了党团组织的联系，党支部的战斗堡垒作用和团支部的组织活力得以充分发挥。2020年，工商管理学院学生党支部被评为学校过硬党支部、淄博市红旗党支部，工商管理学院学生团支部多次被评为淄博市优秀团支部、山钢优秀团支部。

(三)团员青年素质全面提升

“三维两库双循环”工作机制凸显了优秀人才的带动作用，经过精心培育引

导，工商管理学院团员青年的整体素质得到全面提升，多名团员青年被评为“优秀团员”“省级优秀学生”。学生先后在经典诵读大赛、电子商务职业技能大赛中获得省级一等奖，志愿服务参与率达到100%，展现了青年学生的爱国情怀，传递了青春正能量。山东教育电视台、大众网等多家媒体对该工作经验及学生典型事迹进行了重点报道。

“三维两库双循环”工作机制目前已经不同程度地在学校各二级学院实施，并通过交流学习等途径在兄弟院校中推广使用，取得了良好的效果。

获奖者简介

魏静静，女，汉族，教育学硕士，副教授，淄博市辅导员名师工作室负责人、山东省家庭教育志愿服务队成员、山东省社科普及志愿服务成员、山东省创新创业教育导师。从事学生工作17年，现任山东工业职业学院工商管理学院党总支副书记，负责党建、大学生思想政治教育和日常管理工作，主持省市级科研课题9项，发表论文15篇。先后被评为山东高校优秀辅导员、山东教育系统优秀共产党员、山东省属企业优秀党务工作者、山钢集团劳动模范、淄博市优秀辅导员、淄博市高校十佳团总支书记、淄博市优秀共青团干部。

获奖感言

《“三维两库双循环”驱动，让共青团推优入党工作落细落小落地落实》案例是在山东工业职业学院工商管理学院的具体工作中形成的，是基层党建工作和大学生思想政治教育的创新性实践。感谢学校为工作开展提供的良好环境和条件，感谢学校师生给予的大力支持，更感谢中共山东省委教育工委搭建的展示交流的平台。我们将以这次交流为契机，不断加强学习，努力探索创新，争取取得更加有效的成果，更好地为青年学生的成长服务，为社会培养更好更多的高素质毕业生。

把团小组建到宿舍里

——问题学生团小组教育转化案例

枣庄职业学院团委　孙晓康

一、案例简述

案例一：我班一位女同学，向舍友透露想要通过非法小微贷款获取资金用于个人微整形的想法，其宿舍舍长（团小组长）及时将信息反馈于我，避免了我班同学掉入"套路贷"的陷阱。

案例二：有一位同学想要通过翻墙的方式外出，我从团小组获取信息后，第一时间通过班会告知学生疫情防控期间的纪律要求，同时告诉学生正常外出的报备方式，有效解决了学生的合理诉求。

二、案例分析

大学生除了正常的上课时间以外，大部分时间会留在宿舍，宿舍已经成为大学生生活和学习的主要场所，成为学生在第一课堂以外全面提升综合素质的重要阵地。但目前高校宿舍存在的问题日渐突出，学生心理问题触目惊心，安全事故频发。以上两个案例均暴露了学校对学生疏于思想教育及团队管理中存在的问题。

三、案例背景

1927 年 9 月，秋收起义部队在三湾改编时，毛主席创造性地提出"支部建在连上"的原则，为实现党对军队的领导奠定了重要的组织基础。"支部建在连上"是一个最佳组织形式和机制，使党的路线、方针、政策落实到基层有了不可替代的制度构架，能够更好地联系群众，发挥党员的桥梁和纽带作用。毛主席曾在《井冈山的斗争》中指出："红军所以艰难奋战而不溃散，'支部建在连上'是一个重要原因。"

现在我们要把“团小组建到宿舍里”，从而在宿舍里继续做好思想引领工作，形成良好的宿舍学风和生活氛围，为每一位宿舍成员带来积极正面的影响。“团小组建到宿舍里”就是要把学生思想政治工作重心降低并拓展和延伸到宿舍，夯实工作基础，充分发挥共青团组织的重要作用，破解末端传导难题，提高学生工作的针对性和时效性。

四、案例延伸

“团小组建到宿舍里”的工作思路可以从以下几个方面深入落实。

（一）做好小组团建，养成良好习惯

团小组是学生最基本的组织形式，是学生自我管理、自我教育、自我服务的组织载体。宿舍是学生集体的最小单位细胞，做好宿舍团小组的“微团建”可以帮助宿舍成员之间形成统一的行动指南，有效增进相互间的了解，相互包容、相互信任、相互尊重，从而拉近彼此关系，打造团队精神和团队意识。

培养学生的主人翁意识，净化学生的心灵，增强学生道德认知。有效引导学生自我管理能力的生成和良好行为方式的养成，从宿舍内卫生、纪律等身边事做起，养成良好的行为习惯，形成健康的生活方式，培养良好的秩序意识和行为选择能力。学生在宿舍集体内同吃、同住、同学习，彼此交往时间相对较长；由于接触零距离，相互了解、理解程度更深，默契空间大，更利于良好习惯的养成。

（二）抓好思想引领，强化意识形态

依托宿舍团小组着力构建意识形态建设的有效载体，坚持以社会主义核心价值观为指导，科学精准引导青年学生增强“四个意识”、坚定“四个自信”、做到“两个维护”。

1.开展主题教育，讲政治强信念

学生宿舍成为学生思想交流、心理互动、人际沟通的主要场所，是提升政治意识、构筑“三观”、健全人格的课堂。近期我们班级组织各个宿舍团小组先后开展了“学习贯彻十九届五中全会精神——奋进新时代开启新征程”“坚定职业理想，铸就工匠之魂”“学习两会，全心向党”“学习雷锋”等学习研讨活动。今年恰逢建党百年，已计划在各个宿舍内推动开展“党史天天读”活动。

2.开展“青年大学习”网上主题团课

团小组每周督促大家投入“青年大学习”网上主题团课的学习，在学习中找准人生航向，坚定“听党话、跟党走”的理想信念。在第九季、第十季的青年大学习中，保证了100%的参与率。

（三）形成优良学风，相互“比学赶超”

学生的学习积极性和主动性易受外界影响，在宿舍里，每一位成员都有自己的小天地，他们都有着自己独特的一套学习模式，它们之间是互相影响又互相制约的关系。这样一来，宿舍里的各位成员就会有相互匹配和相互约束的特性。比如宿舍大部分成员拥有端正的学习态度、科学的作息时间，那么宿舍另一小部分不爱学习、无明确目标、堕落散漫的学生也会受这大部分学风良好的舍友的影响，会慢慢地养成良好的作息习惯，增强自我约束力，重视学习。

促进宿舍集体形成良好学风，从而形成"比学赶帮超"的良好局面，学生有了学习的动力，就会往学习上使劲；同学之间你赶我追，增进了同学之间的友谊交流，提高了学生的融合度。良好的学风建设促使大学生增强对所学专业的信心，在自己的学业上有所进步，在个人的成长上有所收获。有了团小组这样一个学习型的团体，就可以使学生在校始终能保持着爱学习、主动学习的稳定性和持久性。

（四）建设第二课堂，提升综合素养

通过在宿舍内营造健康、高雅、文明的宿舍文化，开展雅化、美化宿舍活动，开展一些主题鲜明的活动设计充实宿舍文化生活，学生从中陶冶情操、增长知识、受到教育。我班通过宿舍团小组先后开展了"525心理健康大家说""疫情防控""安全教育""结核病防治"等健康知识科普活动，"小我融入大我，青春献给祖国"团小组志愿服务，"无偿献血光荣"等主题活动。

学生进入大学后要适应两个环境，一个是个人环境，另一个是集体环境，而宿舍团小组就是大学生必须适应的集体环境，它是大学生在学校里的"小社会"，是通向"大社会"的桥梁。宿舍里的人际关系，看似简单却又复杂。宿舍团小组可以引导大家有意识地去提升沟通能力，自主适应变化，感受竞争，以积极的状态融入其中，构建和谐的宿舍人际环境。

（五）信息反馈及时，维护学生权益

宿舍是学生在校每天都要回归的"小家"，舍友也是学生在校最值得信赖的"家人"，学生在生活化的轻松氛围中思想行为表现自然。宿舍内部信息流量大，其思想意识形态、心理健康状态、消费及财务状况、感情生活困扰、人际关系现状等信息都易于收集，宿舍团小组可以第一时间对发现的舆情、矛盾、安全隐患等进行反馈，便于我们辅导员进行信息梳理研判，做到防微杜渐，第一时间化解风险，将各种风险消灭在萌芽状态，切实维护学生的正当权益。

在宿舍里抓好团小组建设是一件十分有意义的事情，借助宿舍团小组这样一个新型的组织来开展思想政治教育和学生工作是一种创新的表现，它值得我们进一步往下不断地探索和研究。作为高校辅导员，我们要不断尝试创新模式，加强研究和分析，丰富"三全育人"工作体系内涵，共同创造良好的成人、成才环境。

获奖者简介

孙晓康，男，汉族，山东滕州人，副教授，硕士研究生学历。2008 年 7 月到枣庄职业学院工作，现任校团委书记。创业培训师、国家二级创业咨询师、国家三级心理咨询师。山东省第十四届团代会正式代表、枣庄市共青团第十二届委员会委员、枣庄市第七届青联常委。多次获评山东省大中专学生志愿者暑期“三下乡”社会实践活动优秀指导教师、“挑战杯”山东省优秀指导教师，被表彰为“山东省青年志愿服务先进个人”，两次获枣庄市委、市政府予三等功奖励，嘉奖一次。

获奖感言

收获奖项，除了欣喜，更多的是坦然，因为努力就会有回报。作为一名学管工作人员，我们背负责任，因此不懈努力。我们每天做的一些日常小事，却关乎每一位学生的发展，我们深知只有创新方法、悉心教导，学生们才能更好地学习生活。此次获奖是对以往工作的肯定，更是对今后工作的激励。面对来时路，我们不负韶华；面向未来路，我们勇敢无畏。我将与广大同仁携手，创造幸福美好、多姿多彩的校园。让我们的学子在学校生活的每一天更加丰富多彩！

心中有火，眼里有光，前往皓月星辰，初心不忘！

以辅导员工作室创新推进大学生思政工作的探索与实践

东营职业学院学生科　李万立

一、案例基本情况

作为东营职业学院“青春 e 空间辅导员工作室”主持人，2020 年，我秉承“筑梦引领、立德树人”的理念，围绕培育时代新人的总体目标，以辅导员工作室为平台，创新思政工作模式和路径。经过一年多的探索与实践，在网络思政、教师思政、课程思政三个方面积累了一定经验与案例，中国教育后勤协会官网、东营日报、搜狐网、山东网等媒体进行了相关报道。

一是奏响网络思政音符。创设“e 路微言”公众号，发布原创思政育人文章 36 篇，字数达 7 万多字，阅读量达到 7 万余次；录制“劳动的青春最美丽”等主题团课在腾讯视频发布，提高人才培养质量。

二是奏响教师思政音符。创设了“e 享茶社”辅导员创新论坛，提升辅导员队伍思想政治素养，促进辅导员队伍职业化、专业化、专家化建设。2020 年主持完成的四项省级思政育人课题，获得山东省教育科学研究优秀成果奖四项，公开发表思政育人学术论文 7 篇，获得第四届山东省“公寓的故事”征文一等奖一项。

三是奏响课程思政音符。打造康养产业特色劳动教育品牌，立足服务区域发展与乡村振兴，将“大国三农”情怀融入农学类专业教育过程，提升了育人水平。

二、组织实施过程

以“奏响思政工作音符，唱响新时代黄河大合唱”为工作主线，创新思政工作模式和路径，有效提升思想政治工作质量。

(一)奏响网络思政音符,推进网络育人

1.“e路微言”微信公众号

“东职e站”是我创设的一个微信公众平台,目的是以走近、认可、信任、吸引青年人,坚持以“弘扬正能量、讲好思政故事”为主旨,通过每周发布一篇原创思政文章,顺势而为,讲好黄河故事、山东故事、中国故事,做好网络思政。致力于搭建一个“师生之间、同学之间、老师之间”沟通交流的平台,谈谈“学生的事、校园的事、老师的事”,促进师生共同发展进步。

2.录制思政教育视频,在多媒体平台发布

结合康养产业等专业特点,录制“劳动的青春最美丽”主题团课,将“劳动教育”与中华传统美德“孝”文化融入专业教育,以线上主题团课形式展开,由专业教师现场示范操作,教学生学会一门手艺,练熟一门技能。利用周末、节假日回家后为父母亲手制作一份可口的蛋糕、点心,感谢父母养育之恩。

(二)奏响教师思政音符,建设“e享茶社”辅导员创新论坛

本着教育者先受教育的原则,我以工作室为平台,设立了“e享茶社”辅导员创新论坛,创新推进教师思政工作。

“e享茶社”辅导员创新论坛以“全员学习、全方位学习”为主线,每2周组织1期活动,全体辅导员参加,系统学习党的路线方针政策和辅导员年度人物工作案例等。拓宽思路、开阔视野、提升境界、提高认识,提升了辅导员思想政治素养和政策理论水平。

每一期活动由一名辅导员担任主持人,以辅导员基础工作交流、分享、沟通为主线,就辅导员普遍关心的话题、日常管理心得、工作方法、个案经验进行分享和交流,学习先进做法,相互提出建议、意见,以老带新、以新促老,改进工作方法,提高管理效率,全面提升辅导员实际工作能力,提升思政育人质量。

(三)奏响课程思政音符,打造康养产业特色劳动教育品牌

结合我院食品营养与检测、健康管理、园林技术、药品生产技术专业特点,我策划组织了“做新时代小工匠,打造特色劳动教育品牌”活动,以劳动技能培育、劳动实践锻炼、劳动思想宣讲等形式,将劳动教育融入课堂教学、技能训练、技能竞赛、社团活动、专业活动。目前共组织大小活动20余项,近1100名学生走进滨州市无棣县车王镇对口扶贫项目、东营市东营区牛庄镇谭家村农业科技示范基地、东营职业学院大学生劳动教育基地(中草药实践基地),参与生产过程,承担劳动任务与环节,劳动教育融入专业教育,提升了育人质量。

部分特色活动如下:

1.滨州市无棣县车王镇对口帮扶项目“精准扶贫　科技支农”大学生社会实践活动

学生们深入滨州市无棣县车王镇对口帮扶,现场为当地群众讲解中草药种植知识、畜牧养殖知识、农业种植知识、畜牧养殖注意事项，深入田间对种植工人进行现场技术培训，讲解丹参、薄荷的种植技术与注意事项，并同种植工人们一起清除田间杂草，培育三农情怀，致力于乡村振兴。

2.“助力乡村振兴，技术指导到田间”志愿服务活动

学生们深入东营市东营区牛庄镇谭家村农业科技示范展示基地，查看苗情，为种植户讲解田间管理的注意事项及病虫害防治措施，为种植户提供科学有效的技术服务，对农户提出的关于作物种植、管理等方面的问题做出详细解答，理论知识与实践活动紧密结合，传播科技知识，助力乡村振兴。

3.“中国梦·劳动美·奋斗情”劳动教育实践活动

依托中草药实践基地，建立了东营职业学院大学生劳动教育基地，2020 年共组织 6 期活动。学生深入田地，参与劳动环节，承担劳动任务，亲身体验农业劳作的辛苦，感受劳动之美，树立劳动最光荣、劳动最崇高、劳动最伟大、劳动最美丽的观念。

三、工作成效

（一）网络思政成果显著，提升了大学生思想政治水平

在“e 路微言”“高校辅导员联盟”发布原创思政育人文章 36 篇，字数达 7 万多字；关注群体涵盖学生、教师、学生家长等，阅读量达到 7 万余次；有效提升了大学生思想政治水平，增强了学校影响力。

（二）促进了辅导员队伍职业化、专业化、专家化建设

通过“e 享茶社”辅导员创新论坛，提升了辅导员队伍思想政治素养，有效提升了我院辅导员队伍职业化、专业化、专家化水平。

2020 年我主持、参与完成的四项山东省思政育人课题，获得山东省教育科学研究优秀成果奖四项，在《文存阅刊》《时代人物》《中国科技人才》《科学与财富》等刊物公开发表思政育人学术论文 7 篇，获得第四届山东省“公寓故事”征文一等奖一项。

（三）思政教育贯穿人才培养过程，有效提升育人质量

把劳动教育融入专业培养全过程，初步打造了康养产业特色劳动教育品牌，让广大青年大学生体验劳动、尊重劳动、崇尚劳动、热爱劳动，引导学生弘扬劳动精神，培养学生的“大国三农”情怀，引导学生以强农兴农为己任，懂农业、爱农村、爱农民，增强学生服务乡村振兴的使命感和责任感，促进学生全面成长成才。

（四）宣传推广情况

《东营日报》以《以工作室建设推进大学生思想政治教育》《以劳动教育促进大学生全面成长》为题进行了报道，中国教育后勤协会网站以《东职生物与生态工程学院：全方位推进思政育人，提升育人质量》进行报道。

获奖者简介

李万立，男，汉族，副教授，硕士研究生学历。2012年从事学生工作。研究方向为思想政治教育，现任学生科科长，“青春e空间”辅导员工作室主持人。曾获得山东省高校辅导员工作论坛二等奖、山东省辅导员优秀工作案例二等奖等20余项荣誉。创办“e路微言”公众号，发布原创网络思政文章45篇，阅读量达11万人次，公开发表学术论文30多篇，主持、参与市级以上课题10多项。

获奖感言

十一年的高校辅导员工作经历，改变了我对辅导员的认识。在陪伴学生成长，引领学生追梦的道路上，我也逐渐成长为一名追梦者。辅导员工作不是谁都能干好的，唯有能者居之，唯有德者胜之。今后，我将不忘初心、牢记使命、恪守职责，以爱心领航，以扎实、严谨的态度做好学生管理与育人工作，努力成长为学生思想政治教育和管理工作的组织者、实施者和指导者，努力成为学生的人生导师和健康成长的知心朋友。

你砥砺前行，我倾心相助

烟台职业学院汽车与船舶工程系　李云霞

如果说教育的力量是一颗心引领另一颗心，一个灵魂唤醒另一个灵魂，作为一名志为人梯的高校辅导员，我愿用心、用情、用脑去引领、唤醒学生。前几天，学生小超给我发消息说："要不是您那么信任我、支持我、帮助我，让我得以改变自己，我早就变成社会上的小混混了。"回想与小超相处的整个过程中，我关注他、信任他、帮助他，并利用朋辈之间积极的心理效应和监督引导，影响他的想法和行动，而他的变化和成长也是我作为一名辅导员最大的收获。

一、案例基本情况

金秋十月，新生小超从遥远的大草原辗转来到学校。报到时话并不多，略带羞赧。与其他报道的新生不同，他很快就甩着匆忙的身影帮助其他新生指路、搬行李、找宿舍。接下来的军训中，他快速进入状态，训练中能吃苦、动作标准，因此被评为"军训标兵"。为有小超这样的学生，我开始感到自豪。

但之后与小超的一次谈话，让我心里有了芥蒂。他告诉我中学时因旷课、喝酒、打架被学校开除过，产生了自卑心理，后经父母劝说转入新学校，以体育特长生考入大学。我马上翻看了他的档案，果真如他所言。就在这时，班里有很多同学推荐他当班长。小超红着脸来找我，让我给他个机会，让我相信他。

二、处理处置过程

（一）真心相待，架通信任桥梁

我欣赏小超的坦诚，并用发展的眼光看待他的成长。尽管小超有一段不光彩的过去，但他现在渴望被肯定，不能让他过去的经历困扰和阻碍他的成长。我明确告诉小超，我相信他成功考入大学，激发了新的斗志，有了新的责任意识。如果他真心愿意为班集体工作，为同学们服务，可以参加班委竞选。如果他在同学中很有威信，又愿意为班集体贡献力量，集体荣誉感也很强，在学习和生活中还能做榜样,那么我赞成他当班长。小超听完这些后,感激而又羞涩。

(二)吐故纳新,塑造空杯心态

与小超谈心时,我发现尽管小超目前表现挺好,但是他对过去的经历并没有完全释怀,这令他颇为自卑;而目前同学的信任又令他有所自满。面对小超的双重心态,我决定推动他塑造空杯心态。因为班长的心态引发的一言一行必须经得起全班同学的考验,我要求他把自己想象成"一个空着的杯子",将之前的"垃圾""浑水"和目前"多余的水"倒掉;不回首、不驻足,放空一切,从零开始,将积极的学习态度、良好的学习能力、得体的个人修养灌入大学里新的学习和生活的空杯中。小超耐心去体会,并认真阅读了《空杯:归零的哲学》《如何想到又做到》这两本书。在和他探讨书中内容时,他微笑着告诉我,他学到的方法很有效。

(三)运智铺谋,实现角色期望

在新生班级中,班长为班风学风的建设提供最初的榜样,非常容易成为道德和行为的标杆。对班长的选择必须谨慎,不能简单决定,更不能感情用事。我明确告诉小超,如果想获得我的支持,需要完成我布置的三项任务:记住班里所有人的爱好、创建一个学习型社团、带领全班同学做一次志愿活动。接下来的日子,小超特别用心。他做了一个带有全班同学照片、自我评价和爱好兴趣分析的笔记本送给我,正是因为这个笔记本,我更好地了解了自己的学生;他又找了两名专业课教师做指导,创建了一个由60多名成员组成的专业社团;他还联系了附近的一家敬老院,组织班级的志愿者在做好疫情防控的同时陪伴老人、服务老人。在小超做这些任务时,我也曾多次让他的学长给他建议和鼓励。总的来说,他完美地完成了各项任务,没有让我失望。

(四)刀刃内向,强化朋辈监督

没有监督的信任等于放任。旁观奔跑在青春跑道上的小超,我还是看到了他眼里些许的迷茫,听到了他心里蹦出的杂音。我让小超写出自己最需要改正的两个缺点。他写下了"知识底子薄"与"脾气急躁"。为强化监督他改正这两个缺点,一方面我制作了大学生时间管理策略视频,让他领悟时间管理技术;另一方面我借助朋辈力量,跟小超分享了多名往届优秀学生干部事迹,又和他同桌小全相约一起监督小超的学习时间管理,还和他舍友小辉相约记录他一周内的人际交往情况。在我们的努力下,小超逐渐进入学习状态,他在课上认真听讲,并充分利用业余时间去图书馆学习。小超在和其他同学交往时,也非常有耐性,因此得到了同学们的一致好评。

三、工作成效

小超通过班委竞选如愿当上了班长。之后既刻苦学习,又能把班级的事情做得令大家满意。他的专业成绩在班级遥遥领先，还在参加的技能大赛中获得荣誉，所带的班级在量化成绩评比中获得了第一名。他递交了入党申请书，并成为一名入党积极分子。他还在职业生涯规划中明确表示在大学毕业时要报名直招士官，投身军旅。

无论是架通信任桥梁、塑造空杯心态、实现角色期望还是强化朋辈监督，都对小超产生了不可替代的影响，都让他逐步成长。在面对问题学生和想改过的学生来说，辅导员的信任和支持尤其重要。一方面，可以维护他们的自尊心和自信心，避免伤及他们的心理弱点；另一方面，因势利导，充分调动他们的心理效应和积极情绪，把辅导员的要求与期望转化为他们发展自己的内在渴求，产生行动力，辅以朋辈监督和行动检视，从而向良好的方向转化，发挥教育的真正力量。

获奖者简介

李云霞，女，汉族，讲师，硕士研究生学历，从事学生工作10年，曾获山东省第二届高校辅导员能力大赛二等奖、山东省高职院校辅导员职业能力大赛二等奖、山东省高校学生教育与管理工作优秀科研成果二等奖、山东高校辅导员工作论坛优秀论文二等奖等；曾被评为山东省高校优秀辅导员、山东省大中专学生志愿者暑期“三下乡”社会实践活动优秀指导教师、烟台市优秀共青团干部、烟台市杰出青年岗位能手等。

获奖感言

这次评选为扎根学生工作的辅导员提供了思考问题和解决问题的舞台。我的案例在这次评选中获奖，是对我工作的肯定及今后工作的鞭策。作为距离学生最近、陪伴学生最长的一线辅导员，有千针一线的忙碌、多重护航的压力、恨铁不成钢的焦虑，但更有桃李真情的感动、见证成长的快乐、互相成就的感恩。以后我会更加积极地探索新时代大学生思想政治育人的新模式、新方法，提升学生工作质量。

兴趣使然，德技双馨中促学风建设

山东商务职业学院机电工程系　魏彦波

一、基本情况

我所带的2018级机电设备维修与管理专业有85名学生，他们大部分来自中等职业学校，身上带有明显的职业院校学生特点——动手能力强、技能水平高，但是文化基础相对薄弱，自我约束能力较差，课余时间不知道如何利用，很多人逐步沉迷于网络游戏打发课余时间，导致整体学风下降。如何结合学生个人兴趣充实大学时光，是我一直探索的课题。我从专业教师到教研室主任，再到学生管理队伍中的一员，结合自身对专业的了解，积极组建兴趣小组，多措并举开展系列竞赛、志愿服务、创新创业等实践活动来促进学风建设。

二、组织实施

（一）依托兴趣爱好组建兴趣小组，形成“老带新”工作机制，开展技能培训

1.组建兴趣小组

结合学生专业特点，经过调研，我组建了“家电维修”“科技创新”“新媒体”等3个兴趣小组。每个小组设组长、副组长各1名，组员10～20人。针对2018级机电设备维修与管理的学生开展兴趣小组宣讲，尽可能吸收学生进入各自喜欢的兴趣小组。

2.开展技能培训

工作中我建立了“老带新”工作机制，各个兴趣小组的组长都是师傅，他们由上一届师傅带出来又培养下一届师傅，师傅带徒弟，至此兴趣小组人员年年更新，技术不断积累提升，优良的学风得到传承。同时我开辟了第二课堂培训模式，利用学生的课余时间开辟第二课堂，对各个兴趣小组开展技能培训，个别专业性较强的项目会请相关专业的老师予以指导，学生学习兴趣高涨，学习氛围浓厚。

(二)多措并举,在实践中激发学习兴趣,培养优良学风

1.引导学生积极参加科技与创新大赛,“德技双馨”促学风

每年共青团山东省委、山东省教育厅、山东省科学技术协会以及各类行业协会都会举办很多机电产品创新创业类的大赛,我指导学生参加山东省乃至全国职业院校技能大赛多次,曾荣获国赛一等奖。结合自身指导技能大赛的经验,引导学生积极参加各类科技与创新大赛。2020 年第十二届山东省大学生科技节——“赛冠杯”第七届山东省大学生电子与信息技术应用大赛中,指导科技创新兴趣小组的学生开发设计了一款智能快递小车,产品高效地完成快递到末端用户的配送流程,在任意时间为用户配送快递或餐饮,突破了传统的人力快递配送方式。创新设计的初衷是减少疫情期间人员取件的聚集,用科技创新助力大学生校园疫情防控,体现学生们的家国情怀。学生从图纸绘制、电气控制、选件组装等各个环节都表现出浓厚的兴趣和精益求精的工匠精神,很多学生为他们的创新点赞。技术技能提升了学生的信心,彰显了学生的道德品质,在他们的辐射带动下,班级学风建设工作也明显有了改进。

2.带领学生常态开展双报到志愿服务,“家电维修”创品牌

依托我主持的“支部领建+双报到家电维修”项目,积极带领家电维修兴趣小组的学生开展“家电维修”志愿服务活动。平时我带领学生到家属区收集废旧家电,利用这些废旧残缺的小家电开展技能培训。首先让学生修,不会的再进行讲解,在修中提升技能,形成了“技能培训—维修实践—再培训提升—再实践”的螺旋提升志愿服务模式。兴趣小组在 2020 年先后与农大社区、海兴社区等开展双报到家电维修活动 6 次,活动主题分为“安全用电科普进社区”“电脑网络维护进社区”“家电维修服务进社区”三个部分。现场,学生们向居民发放安全用电宣传单页并讲解用电安全,为居民提供电脑和小家电维修服务。双报到志愿服务过程中,学生们将专业技能转换为服务力,用行动传播爱和奉献,用实践检验学习效果,在实践过程中感受专业的魅力,树立了自信心,明确了自身的定位和自我价值。同时,活动的开展也传播了的学校的声誉,商务家电维修的品牌效应逐步显现。

3.激励学生利用新媒技术开展创作,“短视频大赛”促创业

2020 年新冠肺炎疫情给全球经济带来沉重打击,我结合自身对省内中小型企业的调研,发现了各个中小企业都要面对疫情背景下的挑战和新时代信息化技术带来的机遇,企业需要改革创新谋发展。我带领的学生很多对新媒体技术感兴趣,有的喜欢抖音并研究抖音的运营模式,有的喜欢拍照并且学习 PS 技术,有的喜欢短视频剪辑。我把这些学生集合在一起,给他们讲解短视频文创策划,告诉学生短视频创作在技术上顺应 5G 视频时代企业商业发展趋势,在价值上能满足企业文创宣传需求。结合学生兴趣,激励学生开展短视频文创策划,引导学生把短视频文创项目分为公益性和商业性两个模块运行。公益方

向，主要开展农产品直播带货（大学生扶贫）、政策解读、红色文化宣传等社会实践宣传等业务；商业方向，主要依托抖音平台建立官方 MCN 机构，为客户量身定做宣传方案和提供专业的短视频宣传代运营服务。学生们的业余时间从此丰富起来，很多忙得不可开交。董同学作为宣传部部长，结合自身对抖音和拍照的热爱主动请求加入“新媒体”兴趣小组，利用课余时间开展培训，并很快建立了自己的团队，积极拓展市场资源。在这期间她承接了校内外很多短视频制作、毕业季拍照及照片处理等业务，后来干脆着手开始创办自己的公司。学生们丁事创业的热情让我看到了他们的能力和自信，电脑不再是玩游戏的载体，而是装满了各类工作软件；手机不再是刷视频的载体，而是抖音运营的主要工具。

三、工作成效

专业内组建的 3 个兴趣小组直接参与总成员达到 48 人次，专业总占比达到 56.5%，依托各个兴趣小组开展的“技能大赛、志愿服务、创新创业”等实践活动的影响面达到 100%，专业成绩平均分大大提升，整体上促进了专业学风建设和理想信念的培养。

“科技创新”兴趣小组为创新创业育情怀。在第十二届山东省大学生科技节——“赛冠杯”第七届山东省大学生电子与信息技术应用大赛中，校园智能快递运输车作品荣获山东省二等奖。目前院部大赛氛围浓厚，学生共参加创新创业类大赛 20 余项，荣获一等奖 10 余项，学风积极向上。在第十二届“挑战杯”山东省大学生创业计划竞赛中，“短视频直播一站式孵化机构”荣获银奖，参赛学生注册了“山东省花晨月夕文化传媒有限公司”，开始了创业的新征程。整个参赛过程中他们团结协作、刻苦钻研、精益求精的精神令人感动，我相信技能强国的梦想一旦注入心灵，就会开花结果。

“家电维修”学以致用创品牌，德技双馨促学风。家电维修小组的同学们运用电器维修技能进行检测、诊断、维修，解决了居民电水壶、电饭煲、电暖气、电饼铛、挂烫机、跑步机等很多电器故障，得到了社区的赞许，提升了商务家电维修的口碑。“家电维修”志愿服务同时也打通了“学校—社区”双报到协同育人路径。用技能服务社区的同时邀请社区老党员、先进典型进校园、进课堂，形成双向联系、双向服务的协同联动机制，提升学风建设的同时注重思想育人，弘扬师生回馈社会的大爱精神。机电工程系团总支荣获 2018 年度和 2020 年度烟台市“五四”红旗团总支。

学生们高超的技艺技能、良好的精神风貌和优良的品德得到了企业和社区的好评，活动事迹被山东教育电视台、大众日报、人民网、中国教育在线等新闻媒体报道。商务学子“有爱心、懂感恩、肯吃苦、敢担当”的核心品质得到践行，专业的学风建设再上新的台阶。

获奖者简介

魏彦波，男，汉族，副教授，山东大学工学硕士。从事学生管理工作5年，研究方向为学生思想政治教育。2017年从事专职组织员兼团总支工作，2021年以来全面分管学生工作。以立德树人为根本任务，强化理论研究与实践，先后主持参与校级、市级、省级课题5项，发表论文10篇。先后荣获院级优秀党员、宣传思想先进个人等荣誉称号。指导学生参加山东省"挑战杯"大学生创业计划大赛荣获银奖1项、全国职业院校技能大赛荣获一等奖1项、其他省级创新创业类大赛荣获二等奖及以上5项。

获奖感言

职业院校是培养大国工匠、能工巧匠的摇篮，作为职业院校学生管理服务工作者，任重道远。今后，将以"三全育人"理念为指导，遵循高职院校学生成长规律，大力推进思政课程与课程思政"双思政"建设，深入开展新时代背景下高职院校大学生思想政治教育的协同联动实践研究，培养学生坚定的理想信念，培育又红又专的大国工匠、能工巧匠。

构建“一心三环双融合”劳动教育体系，引领专业学风建设

潍坊职业学院农林科技学院　陈大雷

党的十八大以来，习近平总书记立足新时代历史方位，对劳动和劳动教育做出了重要论述。作为一名高职院校园林专业的专职辅导员，我对当前园林专业学生学风建设和专业学习方面进行了深度调研，构建并实施了基于园林专业特色的“一心三环双融合”劳动教育体系。通过劳动认知所学专业、通过劳动体验收获快乐、通过劳动学会尊重他人、通过劳动实现人生价值，最终达到营造浓厚专业学习氛围和形成勤劳朴实、热爱劳动、脚踏实地、一丝不苟优良学风的目的。

一、案例基本情况

学院园林专业共有3个年级，15个班，727人。2018年，我以“专业学习与个人发展”为题开展调研，调研结果显示各年级学生都存在着不同程度的专业认知狭隘、劳动观念缺失、学习动力不足等问题，影响着学生个人发展和整体学风建设。这些问题主要表现为以下三方面。

一是专业认知狭隘、没有学习目标。39％的学生存在上学就是混日子的想法，没有学习计划，不能主动学习；31％的学生对专业的认知还停留在种树、栽花、砌墙等具体单项工作，没有系统的专业认知；30％的学生认为考高分就是学好了专业，不重视专业技能训练。

二是专业方向不清、学习动力不足。32％的学生感觉园林专业不是目前的热门专业，出现了迷茫、空虚等不良心态；51％的学生没有自我认知，在园林设计、园林施工、园林养护等专业方向上摇摆不定，出现不安的学习情绪；17％的学生感觉从事园林工作“很土”，没“钱途”，萌生过更换专业或退学的想法。

三是价值观的错误引导、有被动学习倾向。受不良社会风气等诸多因素影响，大约有40％的学生在不同程度上存在劳动观念缺失、劳动意识淡薄、缺乏基本劳动技能、鄙视劳动工作者等问题；大约有40％以上的学生表示自己在专业

技能训练时，遭到过其他同学的嘲讽而出现了自卑、厌学情绪；大约有18%的学生心理上抵触诸如“翻地、放线、种树、打药”等专业实践劳动，被动完成老师布置的学习任务。

透过以上不良学风的表象，我看到事情的本质在于不健全的劳动教育体系制约着以劳树德、以劳增智、以劳强体、以劳育美的育人实效发挥，影响了立德树人根本任务的实现。

二、组织实施过程

围绕习近平新时代中国特色社会主义思想，在深入开展社会主义核心价值观教育基础上，结合高职学生特点，我通过抓好第一课堂、丰富第二课堂、促进第三课堂三个环节，构建了与专业教育相融合的劳动教育体系（见图1），推进专业学风建设。

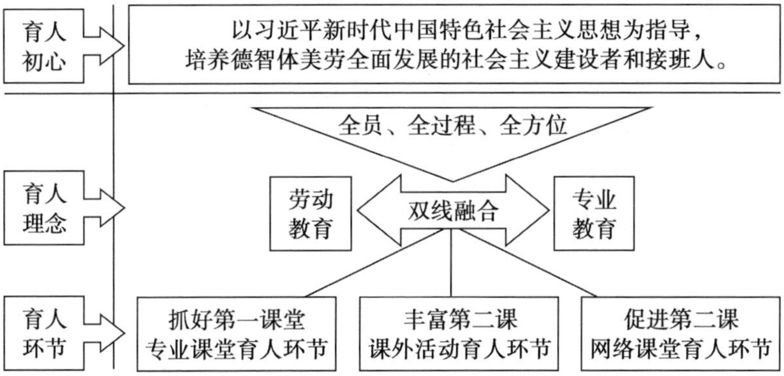

图1　与专业教育相融合的劳动教育体系示意图

（一）抓好第一课堂专业课堂育人环节，引导学生对园林专业认知和劳动观念培养

一是在新生入校后两周内，请专业骨干教师轮流讲授“入学第一课”，让学生从不同的角度对园林专业有较为完整的认知。

二是通过“劳模讲座”“优秀学子母校行”“企业家进校园”等方式，请行业劳模、优秀毕业生、优秀企业家为学生讲课，分享他们成功经历和劳动事迹。

三是编写劳动教育校本教材，设计了“劳动实践观察”“校园园林施工实践”“园林工程测量”“手工创意”等12个“活动＋技能”劳动教育项目，将认知规律与实践经验科学融合，让学生逐渐形成正确的劳动价值观。

（二）丰富第二课堂课外活动育人环节，提高学生对专业方向的把握和对劳动技能的培养

一是劳动教育与社团活动融合。两年来我结合学生个人喜好先后成立了

"景观设计""园林施工""植物病虫害防治""耐盐碱植物引种与快繁""食用菌生产""蔬菜种植""艺术插花""园林测量""创新创业"9个专业社团，鼓励学生通过社团活动参与学校实训基地建设、专业老师课题研究、技能大赛、社会服务、创新创业等工作。让学生通过不同的载体，在参加各项活动中学习专业知识并获得成绩，体验劳动成果的艰辛与不易，从而培养学生崇尚劳动，珍惜他人劳动成果的优良观念。

二是劳动教育与社会实践融合。我积极组织学生结合自身所学的专业知识，发挥专业优势，参加暑期"三下乡"社会实践活动和寒假社会实践活动。近三年来，先后收到表扬信、感谢信50余封，事迹被"中青网"和各地方媒体报道30余次，团队两次被评为省级、市级优秀社会实践团队。学生通过社会实践活动，用所学专业知识开展志愿服务得到了社会的认可，体验到了劳动带来的快乐和喜悦，从而对自己所学的专业有了新的认知和定位。

（三）促进第三课堂网络课堂育人环节，增强学生对专业学习的认同和对劳动习惯的培养

在抓好第一课堂和开展第二课堂的同时，我通过学校官方网站、微信公众号、抖音、快手等网络平台，开展宣传"劳模先进事迹"、评选专业"劳动之星"、班级或个人"劳动成果展示"等活动，加强了网络阵地建设，使学生劳动风采得以展现，专业认同感大大增强，形成了你追我赶的专业学习氛围，促进了劳动习惯的养成。

三、工作成效

（一）形成了良好的专业基础学习氛围，学生整体学习成绩稳步提升

2020年，园林专业有178人参加了专升本考试，最终有153人录取，通过率高达85.9%；通过毕业生跟踪调查发现，2020年园林专业毕业学生考研录取人数达到62人；近三年学生的双证（毕业证＋专业技能证）毕业率达到93.1%。

（二）形成了良好的专业技能训练氛围，学生整体专业技能迅速提高

在第45届、46届世界技能大赛园艺项目山东省选拔赛荣获一等奖；在2017～2018年全国职业院校技能大赛园林景观设计与施工赛项荣获一等奖，在全国职业院校技能大赛园林景观设计与施工赛项2019年荣获二等奖；在2019年全国职业院校林草技能大赛中，园林植物保护项目获一等奖，景观设计项目获二等奖；在山东省"互联网＋"大学生创新创业大赛中获金奖1项、银奖2项、铜奖3项；在山东省科技创新大赛中获二等奖2项、三等奖5项等。

（三）形成了良好的专业技能服务氛围

坚持专业教育与劳动教育双线融合育人理念，在成立园林施工、景观规划设计、食用菌栽培、蔬菜栽培、园林植物病虫害9个专业社团的基础上，充分发挥园林专业“名师多、教授多、博士多、专家多”的师资优势，组建园林植物保护技术服务团队、花卉栽培技术服务团队、蔬菜生产技术团队、苗木生产技术服务团队等6个专业社会实践团队，依托潍坊职业农民学院、山东省黄大年式教师团队、山东省职业教育名师工作室、山东省职业教育技艺技能传承创新平台、山东省滨海耐盐碱植物引种繁育工程技术研究中心等多个专业平台，围绕乡村振兴、精准扶贫、服务“三农”、科技助农、进社区等社会服务10000余人次。

（四）形成了良好的专业就业创业氛围，学生整体对口就业率显著提高

以2017级园林专业的杨某某和2016级园林专业的张某某为代表的19名学生实现了自主创业。近三年应届毕业生专业对口就业率均在85%以上，用人单位对顶岗实习学生和毕业生的满意度保持在96%以上。

经过“一心三环双融合”劳动教育育人体系三年的打造和实践，园林专业学生勤劳朴实、热爱劳动、脚踏实地、一丝不苟的优良学风已经形成。接下来，我将继续思考新时代劳动教育的基本内涵和多维属性，探索培养合格社会主义建设者的方式方法。

获奖者简介

陈大雷，男，中共党员，汉族，软件工程硕士，承担学院1600余名学生的学团工作，在辅导员工作岗位上工作15年，所带班级在历年评优中多次荣获省、市级“先进班集体”“优秀团支部”等称号。指导学生参加“挑战杯”等比赛获国赛银奖1项、铜奖1项；获省赛金奖1项，银、铜奖20余项；指导学生参加社会实践活动，多次获省、市级优秀团队。个人多次获市级以上优秀辅导员、社会实践优秀指导教师、大学生创新创业导师等称号。

获奖感言

作为一名有着15年从业经历的专职辅导员，能获得这个奖项我很高兴，我想用三个词来表达我的心情，一是感谢，感谢各级领导、同事和学生对我的帮助、信任、支持和鼓励；二是荣幸，能在辅导员工作岗位上做出一些成绩，我感到非常荣幸；三是希望，希望以此次案例评比为契机，让我的案例起到抛砖引玉的效果，能够让更多的辅导员优秀案例呈现出来，达到互相学习、互相促进、互相交流的目的。

定向培养士官思政教育实践育人课程体系的探索实施

潍坊工程职业学院士官学院　韩玉竹　孟强

学习宣传习近平新时代中国特色社会主义思想是高校思想政治教育的重要内容，而推动习近平新时代中国特色社会主义思想进教材、进课堂、进头脑是辅导员老师的重要职责。我院作为国家首批定向培养士官的地方院校和全国首家军民融合培养高素质士官人才的示范基地，定向培养的士官涉及通信技术等四个专业，2020 年为火箭军、陆军部队输送定向培养士官 400 余人。

一、案例基本情况

当今世界正面临百年未有之大变局，国际形势复杂多变。一方面各种敌对势力打着民主、自由的幌子，采取多种隐蔽手段，无孔不入地进行渗透；二是定向培养士官普遍缺乏实践历练，既没有对党史的深入系统学习，又没有在复杂环境中的斗争经验，从而导致政治敏锐力、鉴别力和免疫力不强，其政治品格面临考验。作为负责军政教育的兼职辅导员，在日常教育中，把定向士官培养为对党忠诚、听党指挥的合格士官作为人才培养的首要目标，扎实推进习近平新时代中国特色社会主义思想进教材、进课堂、进头脑的“三进入”工作尤为重要。在近几年的教育摸索中，我们团队研究设计并实践开展“四模块＋三结合”思政教育实践育人课程体系，全面推进定向培养士官“三进入”工作，不断提升定向培养士官的思想政治素养。

二、组织实施过程

根据定向士官思政教育培养标准，我们团队对原有军政课程、活动和训练进行分类和设计，打破类别和形式，重构定向培养士官思政教育实践课程体系。在内容上，统一设定为四个模块，即理论武装、教育引导、文化熏陶、实践砥砺；在运行上，结合士官生思想特点和学习规律，采用三结合的方式，即课内外相结合、校内外相结合、线上下相结合。力求在“进”上下工夫，在“入”上求实效，构建起体系化设计、工程化推进、常态化延伸的大教育格局。

（一）课程体系内容

四模块是由4个大项，16个子项组成的思政教育实践育人课程体系，重点抓取了理论武装、思想引导、文化熏陶和实践砥砺四个方面，立体化打造新时代革命军人所必须具备的政治修养和能力。

1.始终坚持理论武装固本，打牢思想根基

主要是通过上好高校思想政治理论课、用好理论学习日和抓好骨干模范带头来大力强化理论武装。整个过程涵盖了高校思政课程、军事理论课程、军事共同课程、军事技能课程四个子项目，采取边学习、边领悟、边实践的方式把理论学习融入士官人才培养全过程。

2.始终坚持思想引导培元，增强明辨是非能力

主要是通过严抓意识形态、搞好时事政策教育、关注特殊时期重点时段来加强教育引导。整个过程涵盖了党建团建、时政教育、毕业入伍、新时代军人主题教育四个子项目。进一步强化了军人意识、团结意识和作风养成。

3.始终坚持文化熏陶强基，进一步坚定理想信念

通过诵读国学经典、学习军事文化、传承培真文化来实现。整个过程涵盖了中华经典篇目、先进模范事迹、军事文化修养、培真文化传承四个子项目。形成了“部队化编成、规范化管理、军校化教学、全方位育人”的管理育人方式。

4.始终坚持实践砥砺培优，努力锻造过硬的意志品质

注重定向培养士官过程体验，强化活动锻炼，加强比武竞赛，涵盖了军地交流、应急处突、志愿服务、军事比武四个子项目。实现学生所学理论的实际运用与转化，培养士官特别能吃苦、特别能战斗、特别能奉献的战斗精神。特别是在面对新冠肺炎疫情时，引导定向培养士官参与地方社区、学校志愿服务工作，始终坚持在防控一线。一名定向培养士官获评山东省大学生“青春贡献奖”。

（二）课程体系运行

四个模块的内容通过“三结合”的方式运行实施。

1.坚持课内与课外相结合

课内，加强以中国特色社会主义理论为核心的课程体系建设研究。与定向培养士官协作单位和部队统筹教学内容和课程设置，合力抓好顶层设计；建立完善思政课教师和辅导员协同的“教辅结合”机制，成立“思政课、军事理论课、军事共同课、军事技能课”课程协同小组，共同制订教学计划，定期开展教学研讨，促进思政课堂和德育工作的有机结合。

课外，百花齐放春满园。注重发挥士官培真讲坛、“三个半小时”、主题实践活动等第二课堂平台作用，催生士官生爱党爱国、向往军营、励志建功的革命情怀；小班化实施班级导师制，将每周四定为士官生理论学习日，组织学生开展知

识竞赛和演讲辩论，引导激励他们自觉追求先进理论、坚定理想信念。

2.坚持校内与校外相结合

我们把专家请进校内。充分利用与火箭军士官学校的“同城”地域优势，共同组织军地院校学习交流会，邀请全国人大代表、“兵王”等入校进行宣讲。每学期组织野外军事训练活动，把政治教育、传统教育融入军事综合训练内容。

与此同时，我们把学生带到校外。分批分次安排士官生赴部队体验军营生活，赴沈星纪念馆等红色基地参观学习，传承红色基因，坚定他们矢志军营、建功立业的信心和决心。

3.坚持线上与线下相结合

线上，推行“互联网＋课程思政”，把“微”系列新媒体资源嵌入思政课，开发了教案库、红色潍工等多个思政教育系列，增强名师名课在线开放课程的可塑性；建成了“‘理’上‘网’来”互动公众平台，打造以微信、微博等媒介为载体的新媒体矩阵，方便师生交流、生生交流，努力让正能量占领士官生的课外阵地。

线下，依托成立的“炫耀迷彩，砺剑潍工”士官志愿服务大队，开展了一系列志愿服务活动，承担了部分地方军事训练等重大任务，在应急处突、无偿献血、服务社区等方面走在前列，进一步增强了使命感、责任感和光荣感。

三、工作成效

（一）培养了大批政治素养合格的军事人才

“四模块＋三结合”思政教育实践育人课程体系的实施，增强了定向培养士官对习近平新时代中国特色社会主义思想的理论认同、情感认同和行为认同，为军队培养了一批能够担当强军重任、政治过硬的优秀军事人才。目前，我院共为火箭军、陆军部队输送定向培养士官 1600 余人。入伍后，近 200 人受到嘉奖，200 余人被评为优秀士官，十余人在旅团以上比武中获奖，3 人荣立个人三等功，5 人考入军官院校。十余人参加了 2019 年国庆阅兵。2020 年入伍定向培养士官在校期间，有 29 人光荣加入党组织，8 人获得国家奖学金，132 人获得国家助学金，68 人获得国家励志奖学金，省级以上技能竞赛获奖 14 次。

（二）“四模块＋三结合”思政教育实践育人课程体系被推广

该课程体系从 2018 年提出，到 2020 年被逐步完善，部分定向培养士官院校来院交流和学习，该课程体系也因此得以在多个院校推广实施。

获奖者简介

韩玉竹，女，汉族，讲师，硕士研究生学历。2008年开始从事学生管理工作至今，现担任士官学院副院长、军政教育兼职辅导员。主要从事定向培养士官的军政管理与教育工作，工作中开展了定向培养士官人才培养模式、思政教育与活动实践育人等教科研探索和实践。个人多次荣获省级大赛优秀指导教师、市级优秀青年工作者等荣誉称号。

获奖感言

做学生成长路上的引路人是我的职责，与学生共同成长是我的荣幸。在学生管理与服务这条路上，我会时刻牢记和践行共产党员的初心使命，不忘教师立德树人之本职。在学生管理与服务工作中忠于岗位、踏实工作、开拓创新，为青年学生搭建成长平台，在新时代征程上绽放最美青春。

从普通大学生到西藏戍边官兵的蜕变

——让青春在绿色军营中闪光

威海职业学院学生工作处　赵楠

定向培养士官自2012年试点以来，创新了人才生成渠道，提高了军士人才培养质量效益，是近年高职教育的一大亮点和特色。作为武警士官的辅导员，如何使学生坚定理想信念，如何教育引导他们将爱国心、报国情、强国志转化为建功军营、报效祖国的强大动力并落实到实践中，无疑是一项任重而道远的工作。

一、案例基本情况

初识张同学是2020年5月，因为疫情的原因，他已经在家里待了整整5个月，而那时距离入伍的时间仅剩7个月。在开学初体能强化时，他时常以考驾照、考证书等为由请假不参训，或者点名结束后自行活动；有一次在训练结束前，带领班级4名学生擅自离队。同时，学习上状态也一直“不在线”，没有积极性，自由散漫。经了解，班级内有“训练很累”“队列训练浪费时间，没有多大作用”等思想的学生不在少数。

我充分认识到这名学生的思想和行为会影响其顺利入伍，甚至会在学生群体中产生扩大化效应。为此，我快速摸清班级和年级学生基本情况，创新班级思想教育的方式，谈心谈话、制度先行、以点带面、以小见大，激发个体活力，提升队伍的凝聚力和战斗力，为学生在部队建功立业提前打下良好基础。

二、组织实施过程

（一）案例分析

此案例在武警士官班学生中具有一定的代表性。从表面上看，是张同学不服从统一管理、个人自由散漫出现的违纪行为并影响到他人；从深层次看，是张同学思想认识出现问题、理想信念不坚定、思想根基不牢固的问题；从横向上看，张同学的想法也代表了部分军事素养不强、纪律性不强、对自身要求不高的学生的群体认识。因此，此案例问题本质是学生思想教育问题，属于思想理论教育和价值引领案例。

（二）实施过程

把思想引领、坚定理想信念放在首位，以“入伍初心、军人使命”教育为主线，坚持解决思想问题与解决实际问题相结合的原则，合理引导，有针对性地解决学生思想层面的问题；坚持严格纪律要求和尊重学生想法相结合的原则，因材施教解决学生实际需要；坚持“个体教育”和“群体引导”相结合的原则，点面结合提高全体武警士官学生的思想认识和精神风貌。具体操作如下。

1.面对面交流，助学生成长，提升学生纪律意识

发现问题后，我第一时间与该生谈话，严肃批评。结合校规校纪和士官学生管理制度，明晰后备军人的基本要求和必备素质，要求其树立底线意识和纪律意识。透过学生不想参加训练的表象，分析问题和原因，探讨训练意义、服从意识和习惯培养等话题。在交谈的过程中，他从起初的振振有词到后来的观点认同，但仍然想通过语言上的对抗掩饰内心的矛盾和茫然。

2.深入学生中，建立信任感，解决学生实际关切

针对张同学不想训练的另外原因是有考证的需求后，我提出必须在保证正常学习的前提下，与他共同商定如何做好时间管理。我主动联系负责训练的教师，通过细化训练方案、考核评比等方式激发学生参训的积极性，并鼓励他参加环校园接力赛等集体活动，证明自己的实力和水平，为学院争光。他通过自己的努力顺利通过驾照考试，也和我进一步交流了接下来的打算，表示一定会珍惜在学校期间的时光。

3.明入伍初心，践军人使命，强化学生价值引领

在解决该生阶段性的训练、考证、学习等实际问题的同时，我着力开展中长期的初心使命教育，帮助他和班上同学打牢热爱军队的思想基础。我以“疫情下的中国力量和中国精神”为题举办讲座，开展“军人的信念”等主题班会和学生干部例会，组织到刘公岛等爱国主义教育基地参观学习，推行读一本好书、看一部电影、唱一首歌曲、说一个故事的“四个一”国防教育活动。结合疫情防控、抗洪抢险、保卫边防中的生动案例，深入开展爱国主义教育和理想信念教育，营造建功军营、建功基层的浓厚氛围。这些在平凡的岗位上坚守的英雄人物引发了武警士官们的强烈共鸣。

4.辅学生成长，圆学生梦想，深化长期育人效果

每天的新闻联播、每周的主题班会，我都会让同学们说感受、谈感想。那次班级学习完，张同学在讲台上讲了一个祖孙三代“组团”守边疆的故事，感人至

深;在分享入伍去向选择时,面对很多沿海等省份,他笃定地说道:“我想去西藏当一名边防战士,我愿意把西藏作为首选!”简单的话语,不像有半点玩笑,热烈的掌声是给张同学最大的鼓励和赞许。

我发挥突出先进典型的引领作用,邀请部队退役士官、优秀毕业校友、退役复学学生等,以讲座、在线视频等形式,分享部队发展、工作经验和亲身经历等,既有宏观指导,也有微观引领;主动深入宿舍、操场等一线,和学生谈心,将思想工作做实做细;组成优秀学生领雁小分队,以先进带动后进,一个学生不掉队;及时督导检查,认真反馈解决,紧盯突出问题,密切家校联系。

随着时间的推移,他内心的矛盾和茫然已经慢慢消失,训练和学习更加积极。此外,他发挥自身优势,带动班级内体能较差的同学加训,成为军训外训教官,在服务集体中不断提升大局意识和奉献意识,班级学生整体进步也很大。2020 年 12 月,他坚定地选择西藏作为入伍去向地。现在他在济南总队集训,即将带着矢志戍边的梦想奔赴军营。

三、工作成效

(一)扎实学生工作的方式方法,助力学生成长成才顺利入伍

作为辅导员,我虽然和张同学相处时间不长,但是面对学生问题,我们和学生站在一起,做问题的解决者,做思想的引领者。武警士官学生因为身穿橄榄绿而备受关注,但却不能忽略其学生和准军人的身份特点。辅导员要以规为引、谈心谈话、因材施教,有针对性地开展教育,通过不同实施方法,帮助学生认识问题、解决问题,为学生提供支持和指导。在大家的共同努力下,张同学提高了思想认识,不仅个人在学习、训练中有提升,在中队和大队也发挥带头作用,青春终将在部队更加闪光。

(二)创新班级思想教育方式,思想认同和行动自觉进一步增强

班级学生思想教育中,辅导员不仅要有制度约束,更要从学生实际出发,把思想性、趣味性和教育性结合起来,引导人、启发人,循循善诱,以情感人、以理服人。在讲座、视频、分享、交流、书信等过程中,学生不只是听众、观众、旁观者,更是全身心投入的参与者、讲述人。师生共同上好“初心课”、“使命课”和“担当课”,以“四个一”主题教育活动,用身边人讲身边事,用正能量传递正能量,以小见大,感染力更强,学生积极性进一步提高,班级凝聚力和向心力进一步增强。

(三)丰富爱国主义教育的内涵和形式,责任担当意识进一步提升

加强青年大学生的爱国主义教育,坚定理想信念是基础,投身报国实践是关键。张同学能够转变自己的行为和思想,和他的战友们选择在强军实践中绽

放青春梦想，深层次的原因更多是他对祖国、对民族深深的热爱和忠诚。我们要在不同层面大力开展爱国主义教育，挖掘文化品牌内涵、激发榜样引领育人活力，将爱国主义教育的内容形象化、具象化、生动化，真正做好学生思想政治教育和价值引领。学生在教育、活动等过程中，将爱国心、报国情、强国志转化为建功军营、报效祖国的强大动力。

获奖者简介

赵楠，女，汉族，副教授，硕士研究生学历。2007 年 7 月担任辅导员，主要负责学生思想政治教育、日常管理等工作，坚持“一切为了学生，为了学生发展”的工作理念，将“爱岗敬业、甘于奉献”视为工作信条，对工作真心热爱、对学生真诚付出。获得山东省首届高职院校辅导员职业能力大赛一等奖，先后获得 2013～2014 年度山东省高校思想政治教育工作先进个人、第八届山东高校优秀辅导员、山东省大中专学生志愿者暑期“三下乡”社会实践活动优秀指导教师等荣誉称号。

获奖感言

从事学生工作的 14 年，在与学生 4000 多个日子的相伴相守过程中，收获桃李芬芳，结下浓浓情谊，是一份幸运，也是一份馈赠。辅导员这份工作，让我遇到不同个性、不同经历的学生，让我在每次班会、每场活动、每次谈心、答疑解惑中和学生共同成长。辅导员工作不仅是一种职业，而且也是一份事业。未来，我会继续对工作充满热情，不断总结、扩大视野、沉淀自己，增强育人的本领，用心用情陪伴和引导学生成长成才。

建功新时代　青春志愿行

——"水利小屋—1＋4＋N"节水护水志愿服务项目

山东水利职业学院水利工程系　李辉

一、案例基本情况

为响应新时代治水方针和节水型社会建设，倡导"绿水青山就是金山银山"理念，提高社会节水护水意识，应充分发挥山东水利职业学院作为水文化研究与水情教育基地的自身水利行业优势，以"进机关、进学校、进社区、进企业、进农村"为行动纲领，就水知识普及、水资源节约、水环境保护、水生态修复等方面开展调研，开展"水利小屋—1＋4＋N"节水护水志愿服务项目。

作为节水志愿者大队的指导老师，我指导项目立足本地，辐射周边，以乡镇、街道为基点共建"水利小屋"，开展"1＋4＋N"志愿服务，"1"即"山东省水文化研究与水情教育基地"；"4"即"水利小屋"开展的河流水环境保护、水生态修复、节约水资源教育、节水护水公益宣传4项基本服务内容；"N"即在4项基本服务的框架内开展的多项具体活动。项目开展以来，学生对职业目标更加明确，对伟大祖国更加热爱，取得明显成效。

二、组织实施过程

（一）问题调研

项目在山东省日照、临沂等地以"进机关、进学校、进社区、进企业、进农村"为行动纲领，开展节水护水调研，发放3500份问卷，实地调查36条河流和农业节水灌溉项目。调研中发现以下问题。

1.水知识普及率不高

广大居民对基本水情知识问答试卷通过率仅为10.1%，节水护水意识薄弱。

2.水资源浪费现象比较普遍

部分农田节水灌溉条件落后，仍有很多旱不能浇、涝不能排的农田；有些节水灌溉设施运行维护不及时，节水效能不能充分发挥；生活用水浪费严重，长流水和“跑、冒、滴、漏”现象严重；水资源综合开发利用率较低，浪费严重。

3.部分河道水环境现状不容乐观

经实地调查，部分河道存在“乱倒垃圾、乱挖乱采、侵占河道乱建、向河道乱排污水”等现象。

4.水生态修复功能脆弱

经实地调查，部分河道存在断面不规整、堤防单薄、河槽内杂草丛生等现象，同时存在多处堆放垃圾、开荒种地、私建乱建及破坏水利设施等违法现象。部分河道还存在黑臭水体现象，降低了水体自净能力，严重影响河道行洪及防汛安全。

（二）制定目标

针对以上调查发现问题，项目制定了总目标和分目标。

1.总目标

通过志愿服务活动提高节水、护水意识，维护日照市及山东其他地市河流健康，形成节水、护水风尚，实现“山青水秀”生活美景。

2.分目标

(1)建设“水利小屋”，壮大志愿服务队伍。每年建设的“水利小屋”不少于 8 个，并以之为载体开展节水护水宣传活动。

(2)开展水知识普及，提高人们节水护水意识。利用“世界水日”“中国水周”等重要时间节点开展节水护水宣传。相关宣传活动宣传每年不少于 6 场，开展公益讲座每年不少于 3 次。

(3)提高水资源利用效率，节约水资源。利用“山东省水文化研究与水情教育基地”，开展节约水资源宣传教育活动。开展青少年水务课堂，每年不少于 10 次；开展节水宣传活动，每年不少于 140 次。充分发挥志愿者专业优势，开展节水灌溉技术咨询与推广服务，助力农业节水。

(4)开展河湖巡查志愿服务，保护水资源。针对“乱倒垃圾、乱挖乱采、侵占河道乱建、向河道乱排污水”等现象，和地方河长办联合，开展“清清河流”巡河志愿服务，每年不少于 10 次；每年定期进行河道巡查，清理河道垃圾、制止乱挖乱采和向河道乱排污水等；对河道沿岸居民开展水鸟关爱、植被保护、渔网清理等水环境保护宣传活动，每年不少于 10 次。

(5)发挥志愿者专业优势，开展水环境生态修复志愿服务。积极和水利行业管理部门和水利工程施工企业合作，开展河道治理、水生态修复专业技术咨询、技术推广服务，助力“山青、水绿、村美”建设。组织每年不少于 1200 人次的水知识培训;开展每年不少于10次的水生态修复工作、河道治理技术咨询工作,促进美丽乡村建设。

(三)实施过程

1.开展节水护水公益宣传

利用"世界水日""中国水周"等重要节点开展"五进"公益宣传活动。

2.开展节约水资源教育

(1)进机关:普及节水常识和节水小妙招,增强节水护水意识。

(2)进学校:利用自编《山东水情教育读本》等宣传手册,开设"青少年水务课堂",利用水情教育基地开展节水宣传研学活动。

(3)进社区:针对生活中水管存在的"跑、冒、滴、漏"现象开展节水宣传。

(4)进企业:在工业生产中开展节水技术咨询和指导,加强水循环利用。

(5)进农村:开展农业节水灌溉技术咨询与推广,服务高标准农田建设。

3.河道水环境保护

(1)开展"清清河流"行动。对河流水资源、水污染、水环境、水生态等方面问题进行排查并对沿岸垃圾进行清理,制定防治方案。

(2)对河道沿岸居民、厂矿企业开展水环境保护宣传,制止向河道乱排放生活污水、工业生产废水等行为。

(3)开展水鸟关爱、植被保护、渔网清理等活动。

4.开展水生态修复技术咨询与服务

(1)开展河流巡查。详细排查河道运行情况、河流污染源、穿河建筑物等对水生态造成的影响,采集数据、绘制地图、制定方案。

(2)开展水务治理。开展饮用水水质修复新工艺的咨询与培训,开展水毁工程重建、水生态修复技术咨询与宣传等工作。

(3)开展水生态修复技术培训。面向水利工作者、志愿者开展山洪灾害防治、水环境治理、水生态修复等专业技术培训。

三、工作成效显著

(一)社会参与性较强

目前共建成水利小屋33个,注册登记志愿者由最初的450人发展到2010人,参与志愿服务达到2万余人次。项目每年接待中小学、高中研学及社会公众共计万余人次,接受水情教育,形成了"青年河长团""清清河流"等多个志愿服务品牌。

(二)项目成效显著

1.水知识普及率不断提高

沿河居民对基本水情知识问答通过率从10.1%上升至62.8%,青少年基本水利知识普及率从31.3%上升至84.8%。

2.水资源节约效果明显

充分发挥志愿者专业优势，为农业生产产生经济效益75万余元；社区居民节水意识增强，“跑、冒、滴、漏”现象大大减少，产生了良好的社会效益。

3.水环境得到有效维护

有效治理河流47条，处理垃圾点60个，解决“四乱”问题79处。

（三）社会影响力广泛

（1）目前已建成33个水利小屋，项目全市知晓度在85%以上，志愿服务活动被多个国家级、省级媒体报道；服务团队多次被评为“山东省青年志愿服务先进集体”和省级“优秀服务队”，在山东省节水护水志愿服务领域一直走在前列，成为节水护水示范项目。

（2）不断开展水生态治理技术咨询与服务，水生态修复取得明显成效。“水利小屋”志愿者积极参与农村饮用水修复及处理工艺优化推广项目，使5个乡镇的水厂水质得到改善，每年节省成本20.9万元。参与完成潍坊市临朐县九山镇、柳山镇灾后水毁工程重建、河道护坡修复等工作。面向水利工作者、志愿者开展山洪灾害防治、水环境治理、水生态修复等专业技术培训，共培训3863人次，取得良好的社会效益。

获奖者简介

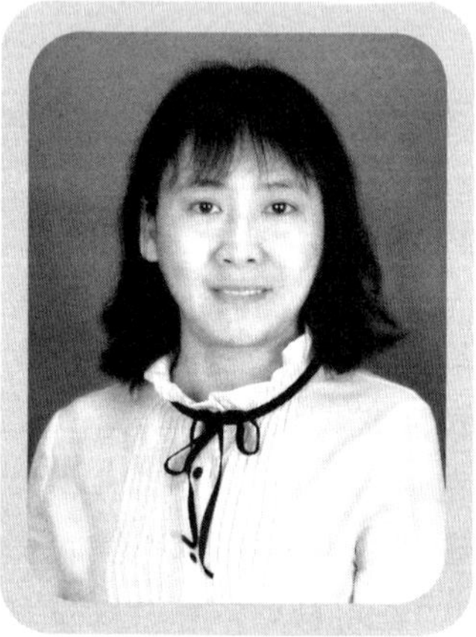

李辉，女，汉族，副教授，硕士研究生学历。从事学生工作10年，研究方向为思想政治教育，主要从事学生日常管理工作。曾荣获教育部全国高校校园文化建设优秀成果奖、山东高校第三届思想政治理论课教学比赛一等奖第一名、山东高校辅导员年度人物、山东省中华经典诵读大赛一等奖、山东省高校辅导员纪念红军长征胜利80周年演讲比赛二等奖、山东省第四届大学生艺术节优秀指导教师、日照市优秀党务工作者等荣誉称号。

获奖感言

选择辅导员岗位，人生无悔；致力做好青年学生的引路人，初心永恒。此次获奖，是对我探索学生工作理论、方法指导下解决问题的方法与策略的肯定，更是对我今后学生工作的鼓励。我要用一名普通辅导员的全部青春、热情和信念，让莘莘学子心中有祖国、手中有技能、脚下有方向、行动有力量，用永恒的初心点亮每位学子梦想的天空，努力开拓大学生思想政治教育工作的新局面。

“精准滴灌”让资助育人扎根开花

日照职业技术学院通用航空学院　代艳

资助育人工作是促进学生成长成才的重要手段。目前，高校资助育人正把“扶贫、扶智、扶志”作为发展方向，创新工作机制，全面推进精准资助和资助育人工作，努力兑现“不让一个学生因家庭经济困难而失去终身发展机会”的承诺。

一、案例背景与概述

小宇，男，××专业学生，来自河南省商丘市的一个贫困家庭，父母务农，哥哥为在读研究生，本人是建档立卡家庭经济困难学生。大一上学期伊始，母亲突遭车祸这一噩耗使这个家庭的情况更加糟糕。小宇的心理压力较大，一方面惦记妈妈的伤情，想回去照顾；另一方面感觉自己应该尽力减轻家庭负担，萌生了退学的念头。

在此情况下，我们积极行动，与小宇进行多次谈心，解开了小宇的思想困惑；通过获取学院支持，实施精准帮扶，为其量身定制了能力素养精准培育计划。在我们的帮助下，小宇逐渐减轻了心理负担，继续安心在学校学习的同时，更加积极追求进步，成功当选学院学生会主席，光荣加入中国共产党，考取了无人机驾驶执照，获得了国家励志奖学金、国家奖学金、山东省数学建模大赛一等奖，日照市“互联网＋”创业大赛一等奖等多项荣誉。目前，小宇正在积极备战专升本考试，希望继续在专业发展的道路上追梦。

二、案例分析和处理

资助育人作为高校思政工作十大育人体系的重要内容，是我们日常重点工作之一。如何呼应学生发展需求，因人施策，是推进精准思政的关键课题。对于小宇的情况，我们坚持“一把钥匙开一把锁”，根据马斯洛需求层次理论，先满足其生存性需要，再关切发展性需要，兼顾短期发展与长期发展。主要采取以下做法。

（一）紧急救助，化解学生当前困难

各类奖助减补通常是在每年10月份集中评选，发放时间需要等到年底，如果这样，小宇当前的困难就很难解决。我们在获取学院支持的同时，积极与学校资助中心取得联系，第一时间为小宇申请了特殊困难资助金5000元，解了小宇的燃眉之急。

（二）爱心扶智，关注学生日常困难

我们通过和小宇及其舍友多次谈心谈话，拉近和小宇的心理距离，获取小宇的信任；通过和小宇哥哥的多次交谈，了解了小宇的特点，并启动家校联动机制，共同缓解小宇的心理压力，还帮小宇申请了勤工助学岗位。小宇工作认真负责，三个月后成功当选学院勤工助学岗负责人，有效地减轻了生活压力和心理负担。

（三）暖心扶志，关切学生未来发展

在解决小宇生活问题的同时，我们还特别关注小宇的学业发展，主动联系专业教师了解情况，将小宇的勤工助学岗从教室调至实训室，方便他进一步提升自身技能。小宇越来越明确自己的发展方向，利用业余时间主动学习无人机驾驶技术，成功考取了无人机驾驶执照。

（四）精准赋能，促进学生全面发展

在综合分析小宇的实际情况后，我们和小宇共同探讨，制定了符合其自身发展的职业生涯规划，一是鼓励他积极参加学院学生会主席团竞选，通过在学生会的工作，提升其沟通协调和团结合作能力；二是发挥学科优势，指导其参加数学建模大赛，并获得山东省比赛一等奖的好成绩；三是充分发挥其专业技能优势，鼓励其积极参与社会实践活动，为农村提供无人机植保、无人机航拍测绘等服务，助力乡村振兴；四是为他提供专业指导，鼓励其参加创新创业大赛，并获得了日照市“互联网＋”创业大赛一等奖；五是鼓励他积极参加社会公益活动，回报社会，小宇每年的志愿服务时长超100小时。疫情期间，他还积极加入抗疫志愿者队伍，得到所在地方和学校的一致好评。在我们的精心帮助和小宇的奋发努力下，小宇的学习成绩和综合测评成绩均位列专业第一名，成功获得国家奖学金。

三、案例反思与启示

积极争取政策，保证精准滴灌。在案例发生的第一时间，我们能及时准确地分析判断，对小宇实施精准帮扶，发起“特殊困难资助金”的申请，起到了至关重要的作用。特殊困难资助金是我们学校真正用于“救急”的资助金，尤其在我国脱贫攻坚战取得了全面胜利的背景下，高校资助育人工作从“大水漫灌”转变为“精准滴灌”更显得尤为重要。

坚持问题导向，促进精准帮扶。在具体的工作实践中，我们根据学生的个体特点，制定了个性化的帮扶方案和精细化的帮扶内容，确保精准帮扶。从贫困生认定开始，保证“精准”到位，设置贫困生成长记录，满足他们差异性需求。积极响应“全面建成小康社会，一个不能少；共同富裕路上，一个不能掉队”的伟大号召。

加强协同育人，促进精准赋能。教育是避免贫困代际传递的最好手段，教育赋能是避免贫困的重要途径。作为高校辅导员，我们在“扶志”与“扶智”方面能做的工作很多：一是可以与专业教师联动，重视学生专业技能培养，精准施策，帮助学生补齐短板，制定合理的职业生涯规划，切实增强学生的“造血”功能；二是可以与家长联动，完善学生的社会支持系统，给予学生更多关爱，提升学生的心理健康水平；三是二级学院要联合学校资助管理中心、教务处、团委等部门，整合资源，建立协同育人机制，为协同育人提供制度和政策方面的保障。

高校资助育人工作依然任重道远。在资助育人工作中，我们要真正把“立德树人”根本任务和“人人成才”的教育目标融入资助工作全过程，真正实现从“大水漫灌”转向“精准滴灌”，推进精准资助，确保各项帮扶措施落到实处，助力学生成长发展，真正形成“解困—育人—成才—回馈”的良性循环，把资助工作做得更有温度、更有深度、更有力度。

获奖者简介

代艳，女，汉族，中共党员，讲师，硕士研究生学历。工作中恪守“立足岗位，敬业爱生”的工作信念，坚守辅导员岗位已有 14 年，致力于大学生思想政治教育、大学生心理咨询与心理健康教育等方面的研究。入选山东高校大学生党史学习教育巡回报告团讲师，荣获第二届山东高校辅导员职业能力大赛三等奖、山东高校辅导员讲党史优秀短视频展示活动三等奖。被授予山东高校优秀辅导员、2020 年度山东省大中专学生志愿者暑期“三下乡”社会实践活动优秀指导教师等荣誉称号。

获奖感言

本次案例获奖是对我工作的极大肯定与激励。得知案例被收录选编，我倍感荣耀。我将以此为起点，坚守辅导员岗位，继续恪守“立足岗位，敬业爱生”的工作信念，言传身教，立德于行，做学生的引路人；用心倾听，倾情关爱每一位学生，做学生的知心人；暖心育人，温暖每一名学生，做学生的贴心人；爱岗敬业，做无私奉献的痴心人。工作中，我会更加重视工作经验的总结和能力的提升，重视工作中难点和痛点的解决研究，重视成果的推广应用，为学生工作的提质增效做出更大贡献。

温暖心灵，向阳花开

——以爱的教育指引高校学风建设案例探索

临沂职业学院智能制造学院　吕士华　王金川

学风是高校立校之基石，发展之灵魂，贯穿高校教书育人的全过程。加强学风建设是深化高等教育改革的需要，是学校持续发展的必要条件，更是学生成长过程中的重要保障。

一、案例基本情况

（一）案例简介

我曾任信息工程学院的辅导员，根据调查，目前学生普遍存在的主要问题有：

主体意识强，但是到了责任出现的时候，多选择逃避；缺乏自信，表达能力差；所带学生是校企合作的学生，学生学业重，压力大。学生出现厌学情况。

（二）案例定性分析

此案例反映的是学风建设和学风提升类的问题。

（三）问题关键点

加强人格建设，创新和落实爱的教育，深耕学生品质和素质，把我们的学生培养成阳光、自信、有梦想和信念的人。

二、组织实施

（一）解决思路

“爱的教育”的核心就是以学生为主体，将舞台交给学生，老师站在幕后；学生是演员，老师是导演。这样不仅能提升学生的自信心，还能锻炼学生的综合能力。根据学生的切身问题，不断给予鼓励和肯定，释放每一个学生的潜能。

（二）实施办法

作为信息工程学院的辅导员，我要深耕“爱的教育”，不断创新学风建设方式和教育模式，培养学生拥有爱并能传递爱的能力。在新生入学以后，建立“体验式活动、课前六分钟、个人誓约、心灵沟通”“四位一体”的成长全过程跟踪体系，潜移默化地影响着每一位学生，让来到我们身边的每一个鲜活的生命更加可爱。

1.体验式活动，让学生在活动中成长

为增强学生班级责任感、集体荣誉感和个人成长幸福感，通过和其他辅导员共同探讨，确定了一系列的主题活动。

(1)入学教育主题活动

为加快新生融入集体、凝聚班级和健全人格，在新生入学第一个月开展“班级风采”“大学我来了”“风中劲草”“信任人椅”等主题活动。

(2)班级主题活动

秉承在活动中学习，在活动中成长的宗旨，举办“班级辩论赛”“包水饺”“我和学长学姐有个约会”“文明宿舍评比”等主题活动。

(3)专业主题活动

为了树立专业自信、行业自信，唤醒学生学习的热情，举办“PPT设计与演讲比赛”“PS创意设计大赛”“网页设计大赛”等活动。比赛紧扣爱国、同心战疫、感恩、科技强国等主题。

在每个活动结束时，集体进行分享感受，并将感受通过新媒体传到网络，让身边的人看到自己成长并获得鼓励，真正做到在活动中分享、在分享中感动、在感动中成长。在活动中，学生不仅释放了压力，更树立了学习的信心。

2.课前六分钟，突破自我展个人风采

为增强学生的自信心，提高演讲表达能力，开展课前六分钟演讲，引导和要求每位学生上台演讲。每次演讲两位同学，每人三分钟，演讲完毕后由老师、同学予以点评，做到“一主一讲众生议，循序渐进慢提高”。

演讲的形式多样，体裁不限。大一以塑造人生观为主，爱国爱家爱校爱班爱他人，在本班内进行；大二以塑造幸福观为主，进行换班演讲。两年来，每位学生得到了40多次的锻炼，学习自信心和演讲表达能力实现一个质的飞越。

3.个人誓约，埋下一颗激励的种子

学生在进行“课前六分钟”之前会大声喊出自己的誓约，誓约内容为学生感觉自己是什么样的人，或者是想成为什么样的人。通过将自己的誓约大声喊出来这种方式，会产生一种激励作用，对于学生未来“想成为什么样的人”也有一个积极的暗示作用。通过长期自我暗示，学生对学习和生活充满勇气和力量，当遇到困难的时候，能秉持内心最初的坚持来克服困难。

4.心灵沟通，学生访谈常态化

学风建设首先要解决思想方面和心理方面的问题，通过访谈，走入学生内心世界，发掘学生内心真实的画像，有利于快速形成良好的学风班风。

(1)常规访谈

在每年内，定期对学生进行四次全面访谈：第一次访谈是学生基本情况访谈，第二次访谈是学生学习情况访谈，第三次访谈是学生升学意向访谈，第四次访谈是学生职业规划访谈。

(2)重点访谈

当学生出现违反纪律、情绪消沉等情况时，及时与学生就该问题进行访谈，了解学生出现问题的原因，并且鼓励、督促学生主动解决问题，使学生能够克服困难，保持积极向上的学习心态。

(3)建立访谈跟踪记录表

记录表用来记录每次学生诉求、访谈的内容、访谈的效果、下次访谈的策略等。通过持续沟通，对每个学生的状态都能够清晰明了，有利于进一步教育学生。

(三)实施方法

体验式教学法。深耕活动和学风建设的深度融合，让每位同学都融入活动中去，在不同的活动中收获不同的感受，获得全方位的成长。

激励教学法。无论在活动中还是教学中，充分挖掘每个学生的特点，不断地鼓励他、唤醒他，激发其潜能，在其内心种下爱的种子。

互换教学法。辅导员角色改变，从老师转变为教练；不再是说教和操控，更多地给予引导和指导，使学生更轻松，沟通更顺畅，更好地走入学生的内心世界。

三、案例成效

(一)眼中有光，心中有爱

通过一系列活动，学生自信心明显增强，表达和演讲能力显著提高，集体荣誉感和责任感更强。学生在活动中潜移默化受到的教育对其人格的形成产生了深远的影响。

(二)形成了有效访谈机制

通过常规访谈和重点访谈，有效掌握了每位学生的情况，并通过记录表持续跟踪，在学生成长、成才的路上保驾护航。

(三)建立良好的班风学风

通过持续探索和创新，班级综合成绩名列前茅，班级学生在“蓝桥杯”大赛、职业技能大赛、电子与信息技术应用大赛等赛事中斩获颇丰。

四、案例启示

(一)躬身入局,深入学生是基础

学生管理工作不能等到出现问题的时候让学生来找老师,而是要主动深入到学生中去,一起感受、一起分享,只有这样才能真正走进学生的内心。

(二)培育积极人格,实现根本改变

辅导员不单纯是帮助学生适应大学生活、学习专业技能,更重要的是要提高学生的心理健康水平、完善学生的积极人格。在过程中要不断唤醒和激励学生,让每一位学生都拥有爱、传递爱、有梦想、有健全人格。

作为教育工作者,我要成为学生成长路上的陪伴者、见证者、守护者和引导者,我要将“爱的教育”落实、落地、落细,承担起立德树人的重要责任。

获奖者简介

吕士华，现任临沂职业学院智能制造学院党总支副书记、副教授。在工作中积极探索团学管理的方式方法，主持市级课题三项，在国家级刊物发表论文多篇，参与编写教材一部，指导学生参加的创新创业大赛、“互联网＋”大学生创新创业大赛获山东省一等奖两项、二等奖一项、三等奖三项，获得临沂市优秀党务工作者、优秀辅导员称号。

获奖感言

辅导员工作不分昼夜，不分上下班，既是宣传员，又是调解员，还是生活、就业指导员。工作中既有委屈，也有欢乐，还有收获。辅导员工作是一门艺术，更是一门技术，作为一名辅导员，就意味着奉献。他是学生生活的管理员、学业的指导员、就业的参谋员、心理的疏导员。培养学生要在细节管理中渗透各种春风化雨的途径。要结合实际，分类指导，有针对性地服务学生。因此，做一名合格的辅导员任重而道远。

“四位一体”打造先进班集体工作案例探索

临沂科技职业学院财经信息学院　代佳原

一、案例概况

临沂科技职业学院财经信息学院 2020 级会计某班共 45 人，是学校首批招生设立的班级之一，作为班级辅导员，我深感使命光荣、责任重大。新生入学以来，按照学校工作部署，结合学习生活实际，创新运用选“苗子”、搭“台子”、树“梯子”、亮“牌子”的“四位一体”管理模式，逐步把班级打造成一个有目标、有激情、有梦想、有追求、有关爱的优秀集体。现已选拔培养班干部 10 名、学生会干部 9 名、校级社团干部 8 名，占比达到 31%；班集体及学生先后荣获军训会操表演比赛一等奖、校优秀班集体流动红旗等多项荣誉。

二、实施过程

（一）深耕细挖选“苗子”

大学生群体处于三观形成的关键时期，榜样引领至关重要。为此，入学前，我注重抓好两项工作，一是拉群建档、育好“苗圃”，二是逐一精选、挑出好苗。班级成立初期，组织建立微信群，了解学生学习、性格、家庭、特长等基本信息，为每名学生建立个人档案，并结合群内任务完成情况，在入学前就挑选出一批好“苗子”，初步拟定班长、团支书等班委候选人进行考察，引导他们发挥示范带动作用。入学时，5 名班委候选人带领全班 22 名学生参加迎新志愿服务工作，受到校领导和师生一致好评。同时，提前收集学生照片，与学生一起制作迎新海报、微信视频等，在开学时循环播放；为每名学生准备开学小礼物，让学生充分感受到来自学校、班级的温暖和关爱。

（二）创造机会搭“台子”

唱好大学“主打歌”，必须搭好像样的舞台让他们体验和展示。一是搭好思想平台。注重思想引领，抓好思政教育，聚焦学生思想动向和心理需求，及时发现问题，及时采取措施。围绕提升学生的自信心和为人处事能力，定期邀请校内外专家和领导开展专题辅导，利用晚间自习课先后开办了专升本计划、如何过好大学三年、职业生涯规划、心理健康等8场专题讲座，深受学生欢迎和喜爱，进一步统一了思想、振奋了精神、凝聚了力量。二是搭好宣传平台。一方面，通过快手、抖音等平台制作系列短片、宣传画，积极在学校官方微信公众号上发表文章，增加班级宣传机会；另一方面，建立班级日志，通过图文、照片等多种方式记录集体和个人取得的成绩、荣誉等，形成档案材料，在加强正面宣传的同时，也有效提升了学生认同感和归属感。三是搭好活动平台。积极鼓励学生参加学校组织的经典诵读、文体、社团等各类活动，有效陶冶情操、锤炼体魄、激发斗志。所带学生先后获得经典诵读演讲比赛团体及个人2个二等奖、1个三等奖，校级《学生手册》知识竞赛比赛三等奖等多项荣誉；我班王同学作为新生唯一代表在院校开学典礼发言，李同学被选拔为校第一届国旗护卫队擎旗手，杨同学入选国旗护卫队，马同学被表彰为全校军事训练先进个人，班长常同学当选校财经信息学院第一届学生会主席，另有8名学生分别在院学生会担任职务，6名学生成功当选校学生会干部。

（三）择优推荐树"梯子"

要想学生优秀，老师首先要帮忙搭好梯子。工作中，最大限度争取"两个支持"，一方面，争取班内支持。坚持优秀的路上一个都不能少，通过"以优带弱"的方法促进全体同学全面发展。对学习后进、缺乏自信的学生，通过班委传帮带、提供社会实践、鼓励参加比赛等各类措施，帮助迎头赶上，确保一个都不掉队。另一方面，争取学校和老师支持。本着"只要学校有好的政策就去争取、只要有好的活动必参加"的原则，鼓励学生积极参与学校举办的各项活动。比如，在"山东省首届大学生安全知识竞赛"活动中，我班多名同学踊跃报名，特别是张同学在校初赛中取得了全校第2名的好成绩，后又作为6名种子选手之一，代表我校参加了全省复赛和决赛，在154所学校参加的比赛中取得了全省团体第五名、职业院校全省第一名、个人一等奖的好成绩。

（四）建章立制亮"牌子"

为巩固入学以来取得的各项成绩及管理班级获得的成效，将行之有效的经验转化为制度，保障班级稳定发展。在班级文化建设方面，先后明确了"良心无愧信心无畏，恒信无敌青春无悔"的班风，"让学习成为习惯，让优秀成为自然"的班训和"做对同学有爱的人，做让学校骄傲的集体"的班级目标，"不负韶华，乘风破浪，会计某班，振翅翱翔"的班级口号，充分调动学生主观能动性，最大限度地凝聚共识。在班级制度管理方面，针对我班班长常同学因兼任学生会主席一职而分身乏术的客观实际，制定了"值日班长制"制度，即班委齐头并进、各司其职管好本职工作，无论哪个班委，只要安排相应的任务均可以像班长一样调度整个班级，充分激发内生动力。同时，将每周一第七节课定为主题班会课，定期向学生传达学校规定、要求，截至目前已召开班会 15 次，有效解决困难和实际问题 31 条。在学习方面，制定了班委带头抓成绩的制度，即班委的成绩需要在班级排前 20 名，班长及团支书的成绩需要在班级排名前 10 名；所有班委必须拿到奖学金，否则下一学年自动落选。在上一学期期末考试中，我班整体成绩较好，班委排名全部达标，实现了学习、工作两不误。在教室卫生和宿舍内务管理上，制定了半军事化管理标准，规定教室卫生及宿舍内务整理要达到军训要求和水准，我班 8 个宿舍均获得过“优秀宿舍”流动红旗，并多次迎接院系师生观摩学习。

三、工作成效

经过一个学期的努力和历练，我越发感受到班级发生了显著变化。主要表现为以下三点。

(一)师生感情越来越深

我本着以人格魅力感染学生，以教学魅力吸引学生，以真情投入激励学生，以言传身教培育学生，坚持经常性与学生谈心谈话，与家长沟通交流，特别是通过班级日记记录每天发生的趣事，迅速与学生打成一片，吃在一起，互相分享一些小秘密，关系亦师亦友、十分融洽。这些都有效夯实了做好学生工作的基础。

(二)同学关系越来越好

每周定期开展班级活动，组织丰富多彩的班级文化生活。先后组织了畅聊茶话会、包饺子大赛、班级满月宴、元旦晚会；以宿舍为单位开展了才艺展示、手工艺展示等活动，加深了相互了解，增进了同学之间的感情和默契，班级向心力、凝聚力不断增强。

(三)集体荣誉感越来越强

通过不断地引导和激发，学生的集体荣誉感愈发强烈，各项活动都踊跃争先、积极参与，各类活动报名比例位居全校第一，形成了“唯旗是夺、勇争第一”的良好氛围。30 名学生参加全校疫情防控演练活动；14 名学生成为“十九届五中全会精神宣讲”学生志愿者；14 名学生参加经典朗诵比赛，4 人获奖；2020 年度全院学生会表彰的 16 名学生中，我班占了 4 名，占比达到 25%。

获奖者简介

代佳原，女，汉族，中共党员，双硕士研究生。现为临沂科技职业学院宣传统战部科长、经济管理系骨干教师、2020 级会计 2 班班主任、中级经济师、理财规划师、山东省政府采购专家库成员、临沂市巡察人才储备库成员、临沂市欧美同学会理事、临沂大学物流学院外聘教师。在国家级期刊发表论文 5 篇，申请发明专利 1 项。曾获校级优秀班主任、优秀青年教师、招生工作先进个人，获学院“第一届青年教师教学能力大赛”专业组一等奖。

获奖感言

坚守初心，立于三尺讲台授业解惑；心之所向，无惧教书育人道阻且长。虽然从事教育事业仅有一年半时间，但感恩在我生命中遇到的每一位学生、家长、领导和同事，以及我亲爱的家人们，是他们的陪伴、包容和鼓励，让我可以站在我所热爱的教育这片沃土上感动着、收获着、幸福着。此次获奖于我而言不仅是一次鼓励、一次激励，更是一次新的开始，愿为心中那份对学生们炽热的爱，能使我更加努力向光前行，始终做他们前进路上的引路人、同行者。

疫情防控常态化背景下高职学生综合素质测评数据化改革的探索

——德州职业技术学院电气工程系“表单+”育人工作案例介绍

德州职业技术学院电气工程系　李克强

一、基本情况

新冠肺炎疫情暴发以来，德州职业技术学院党委认真贯彻落实好国家、省、市关于做好新型冠状病毒感染的肺炎疫情防控工作的部署和要求，第一时间发布《德州职业技术学院关于做好新型冠状病毒感染的肺炎疫情防控工作的通知》，自此全校上下正式进入“Ⅰ级响应”，学工管理部门随即要求各系学生科、辅导员、班主任要通过多种渠道对学生开展健康教育，宣传普及疫情防治和防控要求，引导学生正确理解、积极配合、科学参加疫情防控、实时统计学生假期行程和身体状况。

面对新的任务与挑战，作为辅导员，我立足立德树人根本任务，紧密联系工作实际，积极开拓工作思路，利用微信小程序实现“跨界融合”，形成了集疫情防控、思政教育、生活服务、职业规划于一体的“表单＋”育人工作模式（见图1）。

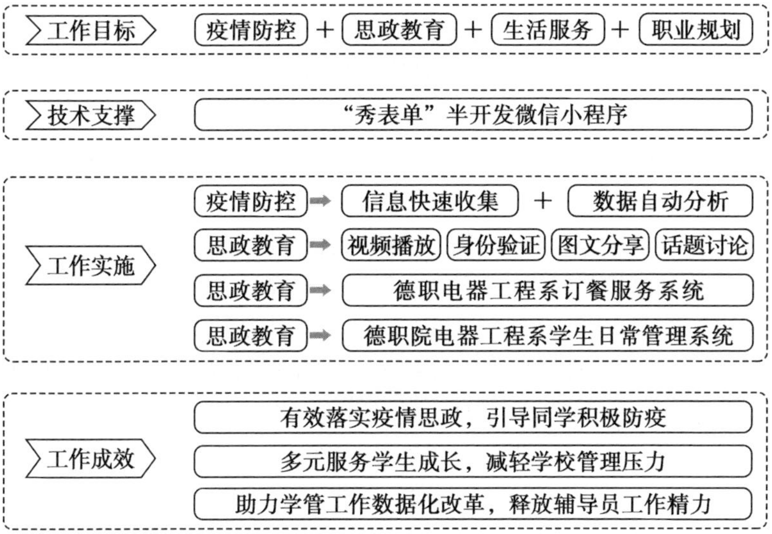

图 1 “表单＋”育人工作模式

二、组织实施(处理处置)过程

(一)聚焦减压提效,亲身测试选择表单工具

疫情突如其来,面对空前严格的疫情防控工作要求,德州职业技术学院学工团队起初主要以各年级、班级微信网络落实工作,随着微信、金山、钉钉等程序一系列功能的开发,各种“表单”功能逐步被广泛应用,但在实际操作过程中均存在以下两大个问题。

1.数据汇总易,分析处理难,辅导员工作压力大

几乎全部表单产品都只关注数据收集效率的问题,但对于疫情防控的具体工作要求而言,发现问题后及时分析处理才是工作的核心。德州职业技术学院共有在籍学生 16000 多人(包括校外实习学生),基层辅导员与学生人数配比仅为 1∶200,由于各种原因学生误填、迟报等情况频繁出现。但出于隐私保护的考虑,学生干部不便参与管理,导致基层辅导员信息整理分析压力巨大。

2.内容枯燥,“参与感”不强,学生使用体验太差

在疫情发展的初始阶段,由于全方位的严格管理和宣传教育,同学们能主动填写表单,配合数据收集。但随着国家精准施策,有效治理,多数生源地的疫情得到了快速有效控制,这让尚处寒假之中的学生出现了放松心态,绝大多学生开始对表单填报工作认可度降低,填报率一度大幅下降。

针对上述问题,我亲身测试了 26 个微信小程序,4 款手机应用,最终选择了

一款名为“秀表单”的微信小程序，我利用其“半开发”的特点，通过多种基础组件的组合，制作了数据“半公开”的《德州职业技术学院电气工程系在校学生疫情防控信息调查表》，即在设置“定向转发”的基础上，只开放学生填报与否和填报时间的信息，让学生干部参与到督促工作中，减少了辅导员的工作压力。同时，通过微信群发布“每日数据分析”，植入课程思政元素，不断充实我校“三全育人”的内涵，增强学生的参与感。

（二）优化表单模型，积极开展“疫情思政”

为了更好实现教育效果，我不断丰富表单功能。“视频展放”部分会每天更新疫情防控知识、国际国内时事、爱国主义教育、潮流文化引领等内容的视频素材；“身份验证”部分可根据填表人选择的不同年级层显示更有针对性的数据调查；“图文分享”部分引导学生每日上传读书学习、运动健身的趣味打卡；“话题讨论”部分收集并回应学生们关心的各类问题。通过这样的设计，表单成为疫情期间学生和老师之间沟通联络的综合性平台，更成为我们开展“疫情思政”的重要阵地。

我还利用自己国家二级创业咨询师的身份，与“秀表单”技术总监取得联系，交流产品应用和市场推广等问题，在我的积极参与下，“秀表单”增加 4 项基础组件，更新 3 项功能设置选项。

2020 年 3 月 25 日，基于“表单＋”在思想引领工作中取得的积极影响和在数据采集工作中的极佳效果，经校疫情防控办公室研究决定，向全校推广，为后来的复学工作提供了重要的数据保障。

（三）持续开发功能，做好服务育人

在党中央的坚强领导下，全国人民众志成城，疫情防控阻击战获得了可喜战果。5 月 28 日，德州职业技术学院 11000 名学生顺利完成复学。但由于学校第二食堂在疫情发生前按原规划进行改造，一时难以投入使用，就餐安全成为了学生、家长最关心的事。意识到这个问题后，我积极与食堂沟通，进而制作了“德职电气工程系订餐服务系统”，学生在微信登陆小程序后，即可根据菜单提前下单，选择自己喜欢的食品。我再安排值班学生干部到学校食堂将食品统一领回，在公寓门口以班级为单位进行分发。订餐学生无需到食堂，就可以在宿舍门口领回食品，避免了聚集。

（四）促进综合素质测评的数据化改革

尝到“大数据”甜头的我，在疫情进一步稳定之后开始思考，如何将“表单＋”更加广泛地应用到学生日常管理工作中去，调高工作效率，减轻辅导员工作压力。本着这一想法，我又制作了“德职院电气工程系学生日常管理系统”，包括公寓和教室卫生评分、每日考勤统计、归寝打卡、个人量化考核等内容，助力学管工作数据化改革。

三、工作成效

（一）有效落实疫情思政，引导同学积极投身疫情防控工作

2020 年春季复学前，用“表单＋”的大数据思维开展工作，教育引导广大学生感党恩、跟党走，不仅在网络上形成了良好的舆论氛围，而且学习抗疫知识、做好科普宣传，投身志愿服务等更成为学生的行动自觉。寒假期间全校共有 1246 名同学不同程度参与了家乡的疫情防控志愿服务，其中 32 位收到当地有关部门表彰；电气工程系学生王立强，更是将自己创业所获的 20 万元利润全部捐给武汉。

（二）多元服务学生成长，减轻学校管理压力

学生复学后，校园成为疫情防控的主战场，我始终把学生的生命和健康安全放在第一位，用“表单＋”的工作模式编织最密的保障网。“德职电气学生健康一日三测表”实时监测同学们的多种健康问题，“德职电气工程系订餐服务系统”更是做到了让数据多跑路、学生零跑腿，切实降低了聚集性就餐带来的疫情防控风险，保障了复学后师生的生命和健康安全，赢得了广大学子及家长的认可和好评，更得到了学校领导的认可，也受到了包括大众网在内的多家媒体的专题报道。

（三）助力学管工作数据化改革，释放辅导员工作精力

我将“表单＋”的工作模式与我系学生综合素质测评方案有效结合，大大提高了学生管理工作数据采集的效率，为学生管理工作的精准实测提供了准确、高效的数据基础，增强了教育引导的时效性。这不仅让学生更加深刻感受到了努力与成功之间的必然联系，而且也更大限度地节省了基层辅导员的精力消耗，为他们进一步思考和总结工作成果提供了更多可能。

目前，电气工程系学管团队正在我的推动下，基于“表单＋”的工作模式进一步思考开发更加稳定全面的学生管理应用软件，把服务学生综合职业能力发展作为核心理念，总结和利用学生在校发展规律，统筹学管资源，重新规划“第二课堂”布局，结合学校发展实际，完善团学组织建设改革机制，设计丰富多样的“第二角色”。针对不同专业、不同职业学生的发展需要制定参与方案，密切关注学生成长体验，强化自我认知，将“细而不严”的综合素质测评方式贯穿整个育人过程，引导学生进行客观、冷静的确定职业生涯规划，并以此为基础，以多元化的职业定位为发展导向，以服务产业（专业）全面发展为宏观目标，最大程度地激发学生自我发展、自我成就的欲望，激发学生成长成才的内驱动力，从而提高职业院校学生培养的质量。“表单＋”的工作模式还可以不断引导学生认识到个人发展和国家进步之间的辩证统一，最终让学生树立服务大局的职业理想和奉献祖国的坚定信念，更好地实现高职院校培养社会主义合格建设者和可靠接班人的根本任务。

获奖者简介

李克强，男，汉族，中国共产党员。2011 年就职德州职业技术学院，现任德州职业技术学院团委兼职副书记、电气工程系学生科副科长，国家二级创业咨询师、国家二级维修电工、国家三级心理咨询师。是山东省“优秀辅导员”荣誉获得者、德州市第七届和第八届青年联合会委员、德州市优秀共青团干部、共青团山东省委“青年讲师团”成员、德州市委宣传部百姓宣讲团成员、山东省党的十九届五中全会精神“青年宣讲团”成员；德州市创业导师、德州市首届“诚信使者”；德州市体育局跆拳道协会副主席、街舞运动协会副主席，德州市街舞团成员。

获奖感言

十年的辅导员工作经历让我收获了陪伴学生成长的快乐，更让我深刻感受到作为全程参与中华民族伟大复兴的一代，作为青年学生的引路人，我们的每一次努力都会成为第二个百年目标加速实现的重要因素。“成功不必在我，而功力必不唐捐。”在这伟大的时代浪潮中，能够成为青年学生成长成才的人生导师和健康成长的知心朋友，我无比荣幸、无比骄傲，我将在实践中继续锻造自己，做一位永远值得学生信赖的老师。

种好“劳育”花，收获“粮心”果

——“1731”劳育模式下班风建设案例

聊城职业技术学院经济管理系　王学强

“小米粒”关系到“大民生”，开源节流、勤俭持家一直是家庭富裕、国家强大的重要法宝。习近平总书记提倡“厉行勤俭节约，反对铺张浪费”的社会风尚，多次强调要保持艰苦奋斗、勤俭节约的作风。作为一名思政专业背景的辅导员，我时刻牢记用习近平新时代中国特色社会主义思想铸魂育人这一重大使命，在日常生活中，关注学生的点点滴滴，为他们提供及时的生活指导，促成良好习惯的养成。应用“1731”劳动育人模式，培养他们勤劳节俭意识，为学生健康成长、全面发展提供周到的服务。

一、案例概述与本质

（一）案例基本概述

2020级新生开学一个月后，我在班级里发放了一份关于大学生节俭意识的调查问卷，调查结果（见图1～图4）显示，部分同学的节俭意识十分淡薄，剩餐现象较为明显，“光盘”不彻底。在接下来的调查和面谈中，我发现学生对此不以为意，认为“剩下点，并不是什么大不了的事”，“我有钱，我愿意，谁也管不着”。

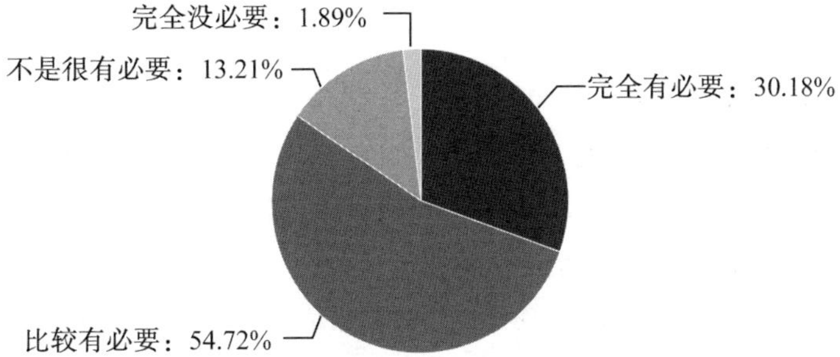

图1　对节约必要性问题的认识问卷调查结果

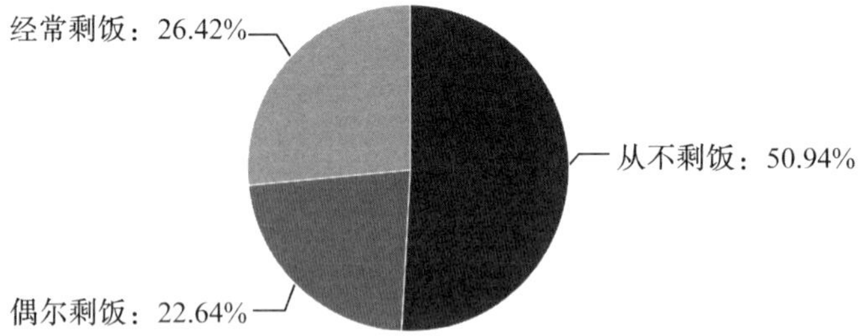

图 2　对食堂剩饭问题的认识问卷调查结果

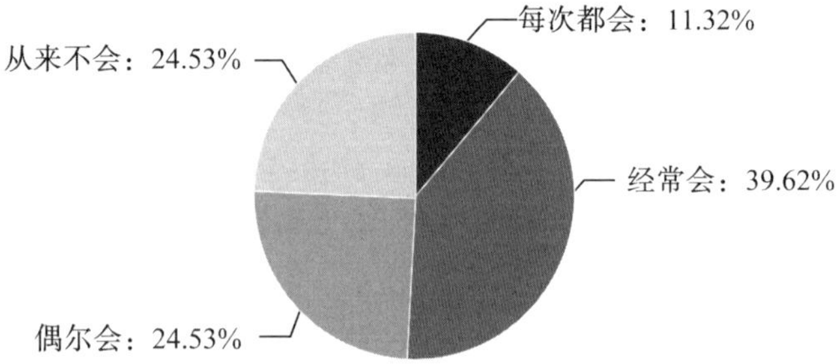

图 3　对聚餐打包问题的认识问卷调查结果

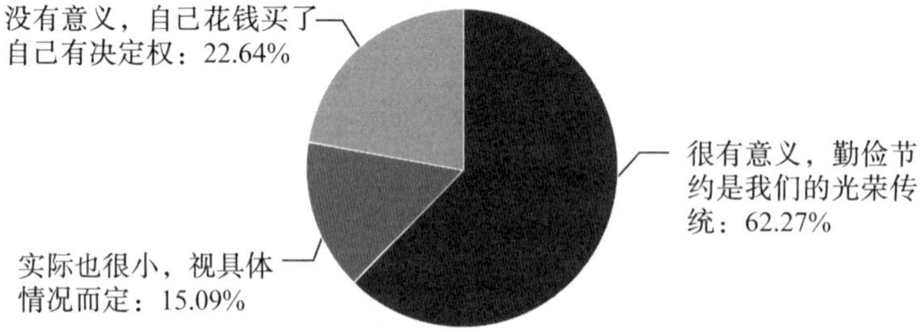

图 4　对“光盘行动”的认识问卷调查结果

(二)案例本质分析

粮食浪费行为背后折射出的是学生劳动价值观的缺失。粮食安全事关国家命运，服务和关心学生，要从学生身边的小事做起，培养他们勤劳节俭好习惯。

1.社会不良风气影响劳动价值判断

改革开放的深入，让奢靡、腐败之风侵蚀着大学生的价值观、劳动观，劳动情怀相对缺失。当下天价片酬、一夜暴富等“吸睛”话题层出不穷，不良炒作一定程度上影响了社会劳动风气。学生对劳动内涵的曲解，滋生“劳动就是脏与累”“劳动者身份卑微”等错误思想，贪图享乐、坐享其成，给大学生的劳动价值的判断带来强烈冲击。

2.新时代人工智能的“困扰”

大数据、工业4.0(智能制造)迅速发展的新时代，人工智能已经部分代替了人类每日繁重的劳动，在一定程度上满足了人的需要。随着“互联网+”的大发展，许多大学生误以为只要在电脑面前“动动手指”，在电话里“动动嘴巴”，工作不用怎么动脑动手就可以赚得可观收入，没有认识到科技成果的背后是科研人员的辛苦攻关及无数一线工作者辛勤的劳动。

3.粮食安全，事关国运

尽管我国粮食生产连年丰收，但是对粮食安全还是始终要有危机意识，全球新冠肺炎疫情所带来的影响更是给我们敲响了警钟。

二、案例处理与成效

(一)“1731”劳动育人模式初建

面对班级部分同学节俭意识淡薄的现象，本着服务和管理学生的思想，我与班委多次研讨，拟通过“一核心七举措三融入一提升”的“1731”劳动育人模式，营造“勤劳节俭、爱护粮食”的班风，帮助学生“懂劳动、会劳动、爱劳动”。

在管理服务中，我坚持以立德树人为核心，通过打造一个特色品牌、完善一个育人机制、学习一批劳模案例、开好一堂主题团课、搭建一个实践平台、体验一次家庭劳作、写好一篇劳动心得、建设一个评价体系的“八个一”工程，实现知识融入、实践融入、评价融入，切实推动劳模精神、工匠精神入脑入心。在培养学生节约意识的基础上，提升学生劳动境界，进而形成崇尚劳动、尊重劳动的价值观念；增强学生对劳动人民的感情，报效国家、奉献社会。

(二)“1731”劳动育人模式实施

我重点围绕“八个一”工程开展工作，基于学生们会计专业的专业背景，我以王某某、宗某等3名建档立卡学生为帮扶对象，打造“金融助力脱贫攻坚”特色品牌活动，拟通过学业帮扶、贫困资助、家庭扶助等活动，服务和深入3名学生家中，为实现脱贫献出绵薄之力；劳动育人需要家庭的积极配合，让劳动教育落地生根，我通过微信家长群、电话联系等方式，加强与家长的沟通，让家长认识到劳动教育的重要性，支持和鼓励孩子参加基础性劳动、创造性劳动、公益性劳动，培养其劳动奉献的精神，着力打造家校二元联合育人机制；我以邢卫兵、张义标等基层劳动模范代表为案例，参考高等教育出版社出版的《新时代高校劳动教育通论》，组织学生以接力的方式，轮流主讲，每月召开一次劳动主题团课，丰富学生劳动理论知识，在学习中领会劳动的内涵、工匠的魅力；在系里的牵头下，搭建了“美丽乡村”实践平台，拓宽学生劳动实践的广度，提升劳动实践的深度，以创建文明城市为主线，组织学生每月赴某市经济开发区某村开展环境清理志愿服务活动，让学生在体验中感受劳动之美；鉴于班级成员都是00后，且大部分是独生子女，我给他们安排了一次“特殊任务”，要求他们在假期中完成一次粮食种植或收获，体会劳动之辛，感受粮食的来之不易；结合“劳动”“粮食”“节俭”“奉献”等关键词，我让学生结合学习感悟、生活体验，完成一篇高质量的劳动心得，记录到学生劳动成长档案中；在劳动育人评价上，我采用可量化的整体评价，按照“理论为基础、体验为载体、成果为分数”的评价思路，注重过程性评价和分层评价，实施“教师评价＋自我评价＋生生互评”的多元评价模式，学生的参与次数、完成质量等都作为考核点，以此鼓励学生最大限度地参与劳动。这七项内容环环相扣，让劳动基本理论、实践质量、评价成效有机融合，全方位服务学生，并引导学生树立劳动伟大、劳动光荣、劳动幸福的正确劳动观。

（三）案例获得成效

经过大半年的实施，班级中铺张浪费的风气荡然无存，劳动光荣、勤劳节俭的风尚正感染着每一名同学。我在与同学们的座谈中，他们分享了自身的感受，认为劳动是幸福的，劳动者是最美丽的。“历览前贤国与家，成由勤俭破由奢”，“虽然现在生活是一天天变好了，但我们没有任何浪费的权利”，“我们要居安思危，杜绝‘舌尖上的浪费’，让节约粮食成为永久的习惯。”为此，我又进行了一次问卷调查（见图5～图7）。

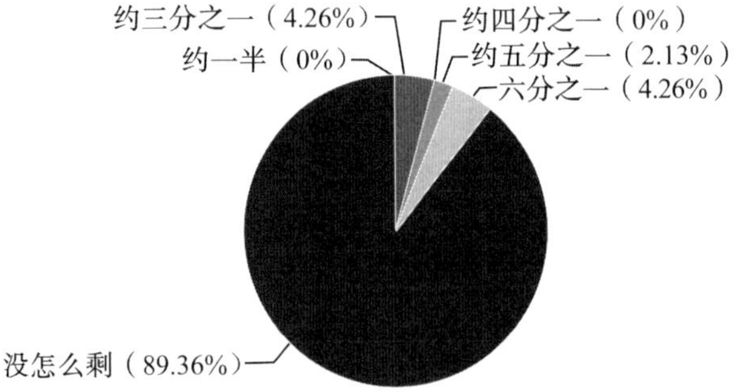

图5　饭菜剩余量问卷调查结果

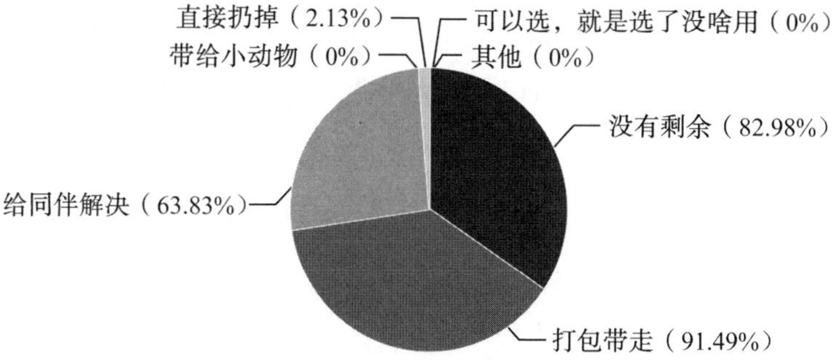

图 6　剩余饭菜处理方式问卷调查结果

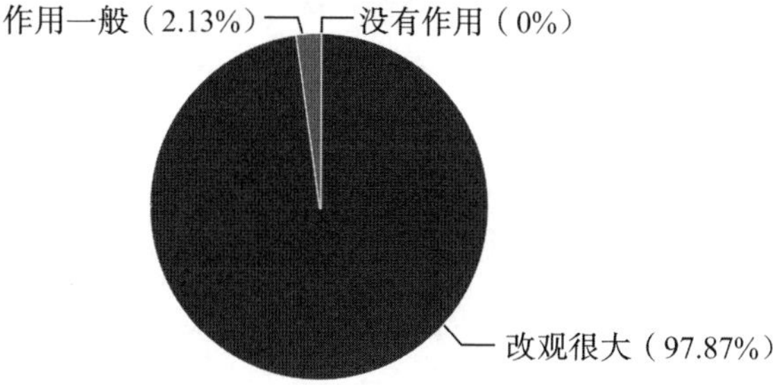

图 7　“1731”劳育模式的作用问卷调查结果

三、案例反思与启示

新时代中国特色教育的发展需要劳动教育的润色。高校要通过引入劳动教育，引导学生树立扎根基层、服务人民、勤劳奋斗、奉献社会的理想信念，培育勇担使命的劳模精神和精益求精的工匠精神。

（一）培育劳动伟大理念：“劳动托起中国梦”

“劳动托起中国梦”，劳动成就未来。新时代的青年是有为的青年，是实现“两个一百年”奋斗目标的坚实力量。国家富强、民族振兴、人民幸福的“中国梦”的实现离不开一代又一代脚踏实地、艰苦奋斗的劳动者。在新时代、新舞台，在实现全面小康社会的今天，要积极培育青年学子勤奋劳动、扎实工作，锐意进取、勇于创造的劳动精神，有助于学生在社会工作岗位上“发光发热”，树立“以辛勤劳动为荣、以好逸恶劳为耻”的价值观，在追梦、筑梦、圆梦的路上，用诚实劳动的毅力和开拓创新的勇气，为中国经济社会发展汇聚强大正能量。

（二）营造劳动光荣风尚：“劳动是一切成功的必经之路”

劳动不仅创造了丰富的物质财富，更创造了宝贵的精神财富，尤其是在劳动中涌现出了一批批劳动模范和大国工匠，他们不仅用行动建设美丽中国，更是培育出“爱岗敬业、争创一流，艰苦奋斗、勇于创新、淡泊名利、甘于奉献”的劳模精神和追求卓越、精益求精、用户至上的工匠精神。在青年学子的劳动教育中，融入劳模精神和工匠精神教育，强化大学生劳动品质与劳动精神的塑造，营造劳动光荣的社会风尚和敬业求精的社会风气，有助于大学生通过劳动成长成才、全面发展。

（三）树立劳动幸福观点：“幸福都是奋斗出来的”

“幸福都是奋斗出来的”，幸福离不开劳动，劳动教育让广大青年学生认识到劳动不仅创造出自己的幸福生活，更是个人实现价值、获得幸福的源泉。广大青年学子要在形式多样的社会实践中，树立全心全意为人民服务的崇高理念，通过积极劳动、无私奉献来彰显个人价值和社会价值，成全个人和家庭的小幸福，成就祖国和人民的大幸福。

获奖者简介

王学强，男，汉族，讲师，硕士研究生学历。2019 年 3 月开始担任聊城职业技术学院辅导员，主要研究方向为大学生思想政治教育，曾获山东高校辅导员优秀工作案例二等奖、山东高校辅导员工作论坛二等奖、山东省涉学生安全优秀调研报告、第五届“爱我国防”聊城市大学生主题演讲大赛优秀指导老师、聊城职业技术学院年度先进个人、聊城职业技术学院优秀党员等荣誉。

获奖感言

幸福的老师有三个标准——以学识激励人、以道德教化人、以爱心感染人，选择当一名辅导员会成为最接近幸福的人。新时代的辅导员要当好学生健康成长的引路人，深入学生内心，收获学生的认可和支持，体会工作的快乐和满足。在今后的工作中，我将不忘从教初心，牢记育人使命，提升育人本领，敢于责任担当，用爱对待每一名同学，在平凡的岗位上享受教书育人的幸福，为培养新时代德智体美劳全面发展的青年学子贡献力量。

小小维修，大大思政

——青岛黄海学院智能制造学院“小家电义务维修团队”“三全育人”模式简介

青岛黄海学院智能制造学院　赵绍利

一、案例概况

我院“小家电义务维修团队”始建于 2013 年 11 月，团队成立之初只是作为志愿服务的一项活动。团队成员最初以科技类社团成员和普通志愿者为主，其目的仅限于帮助学校附近居民维修日常家用电器。2017 年，中共中央、国务院在《关于加强和改进新形势下高校思想政治工作的意见》中首次明确提出坚持全员、全过程、全方位育人，并在《高校思想政治工作质量提升工程实施纲要》提出切实构建十大育人体系。作为学院辅导员同时兼任团委工作的我，立足“小家电义务维修项目”这个平台，积极探索将社会实践和思想政治教育相融合，打造“三全育人”新机制。

我首先优化调整了团队结构。指导老师由党团负责老师、专业课程教师、科技类社团指导老师、创新创业指导老师构成，团队成员以学生党员、入党积极分子、团员干部骨干为主，志愿者协会骨干，科技创新社团骨干成员作为技术人员支持团队工作，下设对外联络组、场地服务组、接待记录组、维修技术组和宣传报道组等。

同时，在开展志愿服务活动中，我和其他几位指导老师积极引导教育团队成员聚焦学习主责主业，将在义务维修中遇到的技术难题化作我们成员科技创新的科研动力，在志愿服务、社会实践、学科竞赛和科技创新的道路上同向同行、齐头并进，将科技育人、课程育人、实践育人、党团组织育人、创新育人、服务育人融入小家电义务维修平台。近年来，我们小家电义务维修团队的成员参加全国和省市各类学科竞赛近百次，成绩斐然。我们实现了科技创新的理论教育与为民服务的实践养成的结合，在潜移默化中传递实践育人理念。

小家电义务维修团队始终秉承志愿者精神，聚焦服务社会、成长自我，用心做事。开展公益维修活动，便利社区群众生活，奉献社会。服务范围包括学校及学校周边的4个大型社区，服务群众人数达1.2万人，服务团队将“知行合一”与热心奉献完美结合。现已组织开展小家电维修志愿服务活动40余场次，每次活动的参与者均达30余人，每次义务维修的小家电数量达50余件，累计参与者600余人，维修小家电达800余件，受益人群达6000余人。

疫情期间，身处家乡的队员们仍不忘自己的志愿者身份，积极投身家乡“战疫”第一线，主动报到、听从指挥，努力做好疫情防控的“行动者”、健康的“守护者”、家庭的“关爱者”、智慧的“潜修者”和科学的“传播者”，以实际行动传播青春正能量，展现新时代青年的使命与担当。

随着“小家电义务维修”项目的成熟和完善，我们立足专业优势，积极拓宽育人新途径；随着家用电器智能化程度的不断提高，我们的志愿服务项目增加了科普知识进社区、进小学，3D技术宣讲等活动，为社区居民和小学生宣传安全正确使用电器的方法和普及前沿科技知识。

二、主要措施

（一）三全育人，党团先行

作为主抓学生思想政治教育的团委老师，我在探索“三全育人”新模式，搭建育人新平台时，始终把加强党组织的领导和团组织的指导放在首要位置。牢牢把握立德树人的根本任务，紧紧抓住思想政治这根生命红线。志愿服务团队的指导教师由我院党总支书记、团总支书记、党员骨干教师担任；志愿服务团队的负责人及各组组长等骨干人员均为学生党员、预备党员和入党积极分子。他们引导团队成员及广大学生在参与活动中厚植家国情怀、增强风险意识、增长专业技能知识，培养奋斗精神。

（二）整合育人资源，努力构建十大育人体系

在学院党总支领导下，我紧紧围绕立德树人根本任务，着眼“三全育人”途径的探索，守正创新，整合育人资源，把“小家电义务维修团队”从最初的单一志愿服务团队打造成现在的“三全育人”教育平台。

优化志愿者服务团队结构，充分发挥党团的价值，实现思政教育功能和专业课程老师的业务指导功能有机结合，依托科技创新社团和青年志愿者协会，发挥学生社团的创新精神、志愿者精神和团队协作精神。

学院和学校周边的珠山文苑社区党支部签订党建共建共享协议，充分挖掘校外育人资源，扩大教育阵地，推进“三全育人”综合改革，把学院党团组织育人、课程思政育人、社会实践育人、创新创业科研育人、红色文化育人有效结合，打造出一支全员参与的育人团队。

(三)完善评价机制和活动成果的应用

科学合理的评价机制是实施“三全育人”的有力保障。我院对“小家电义务维修团队”平台的搭建给予了大力支持,并结合该平台从多方面不断健全“三全育人”评价机制。

在教师方面,学院将任课教师辅导社团和辅导员指导学生参加社会实践活动均纳入分类考核和年终考核体系,自2019级学生开始,学院实行本科生导师制,导师配备率达到100%。这一育人举措不仅增强了学生的归属感,更强化了老师的责任感。

在学生方面,我院将参加小家电义务维修活动纳入“第二课堂”成绩单制度,将社会实践、志愿服务、素质拓展等育人元素有机结合,努力把“软指标”变成“硬杠杠”。通过“三全育人”平台的搭建,实现让学生“忙起来”的目标,把原来可有可无的活动变成学生关心的学分,从而进一步完善学生素质教育制度,促进学生综合素质的提升。

三、取得的成效及荣誉

穆尼尔·纳素夫说过:“真正的幸福只有当你真实地认识到人生的价值时才能体会到。”

历经7年的磨砺,方有彩虹现云端。我院“小家电义务维修团队”在服务群众、奉献社会的同时,也获得了属于自己的荣誉和成绩,得到了社会各界的肯定和好评。

2020年5月,我院小家电义务维修志愿服务项目被共青团青岛市委、青岛市青年志愿者协会联合授予“青岛市优秀青年志愿服务项目”荣誉称号。

2020年11月17日,团队的活动事迹被大众日报、半岛网等媒体报道,引起了良好反响。

团队骨干和某某同学被授予2019年度“全国大学生自强之星”称号。团队骨干付某某同学被授予2019年青岛西海岸新区“最美青年”荣誉称号。

团队骨干钱某某被授予2020年青岛西海岸新区“最美青年志愿者”荣誉称号。

团队成员自2014年至今参加全国和省市各类大赛共计130余次,获得国家级、省级等各类奖项996项,获奖人数达到1350人次。

四、启示与思考

“三全育人”是党中央、国务院在新时代、新形势下提出的重塑育人格局和育人体系的重大决策,是落实立德树人根本任务的重要措施。

我院依托“小家电义务维修志愿服务团队”打造“三全育人”教育平台,立足学院自身专业优势，充分发挥专业特长，在探索育人新途径和创新育人新模式的基础上为进一步做好“三全育人”工作提供了经验做法，有效整合了各方面的育人资源和教育要素，初步实现了组织育人、科研育人、课程育人、实践育人，育人模式可借鉴、可复制。

同时，我们也应该清醒地认识到，“小家电义务维修志愿服务”育人平台还存在一些问题：参与学生的人数有限，开展活动的频率有待提高，开展活动的范围有待扩大，开展活动的质量有待提升，组织架构和运行体制还需要进一步完善，育人成果还没有得到完全展示和开发。

下一步，我们将致力于在“小家电义务维修志愿服务”育人平台的基础上，完善“三全育人”模式和体系，进一步整合教育育人资源，把教学、管理、服务等各方面资源融为一体，形成教育合力，提升活动的质量，扩大活动的影响力，并积极挖掘构建新的育人平台，在坚定理想信念、厚植爱国主义情怀、加强品德修养、增长知识见识、培养奋斗精神、增强综合素质上下功夫，教育引导学生争做“爱国、励志、求真、力行”的时代新人。

获奖者简介

赵绍利，男，汉族，硕士研究生学历，副教授，高级经济师，全球职业规划师(GCDF)。从事辅导员工作 13 年，目前担任二级学院团委书记，负责学生的思想教育、价值引领、职业规划等工作。主要研究方向为大学生职业生涯规划和思想政治教育。工作以来，多次被评为校级“优秀辅导员”“管理育人先进个人”。2017 年荣获校级辅导员职业能力大赛二等奖，2019 年荣获学生工作案例校级二等奖，2018 年荣获共青团山东省委授予的“振兴乡村，建言献策”优秀个人。

获奖感言

收获 2020 年度山东省优秀辅导员工作案例二等奖，在倍感欣慰与激动的同时，我更多感受到的则是辅导员身上的责任与使命。我们成长在“两个一百年”的历史交汇点，时代伟大、责任神圣、使命光荣，我们唯有奋辑前行，争做“四有”好老师，方能不负党和国家对我们的信任与重托，做好学生成长的领路人。在复杂多变的国际形势下，我们要提高政治站位，做好学生价值引领的引路人。

情系考研生，助推考研梦

——为学生考研保驾护航

烟台南山学院健康学院　王家文

在教育部颁布的《普通高等学校本科教学工作随机性水平评估方案》评估指标体系中，学风是重要的一级指标。学风建设将培养重心放在人才的培养和提高学生的科学知识水平和素养上，对学生的成长起着重大的作用，对学校的发展和建设产生深远的影响。为了推动学校高质量发展，我校近几年高度重视教风、学风、校风建设，将教风和学风建设作为学校教育改革和发展的永恒主题，实施分流考研、帮助学生合理定位科学发展是学风建设的重要组成部分。

一、案例基本情况

食品科学与工程1601班的小郭同学，高考分数是487分，存在对自己的专业基础不自信的情况，大学毕业时在继续深造还是直接就业间徘徊。我通过与小郭多次谈心谈话，把往年考研成功逆袭的案例多向她介绍，转变其思想，提高其自信心，并对她大学期间的班级工作思路进行指导，终于小郭同学变得自信起来，班级工作有条理，考研意向明确。在典型榜样的带动下，小郭同学成功动员包括其宿舍在内的同学加入考研大军，成就了5个"学霸宿舍"的重大突破。

二、组织实施过程

树立考研意识，打好考研基础。辅导员是学校学风建设的直接执行人，我在学生入学初，通过问卷调查的形式对学生职业规划进行了调研，通过调研结果将学生分类为就业意向型和升学意向型。针对本科班的升学意向型的学生，我针对性地召开专门的座谈会进行调研，发现学生虽有考研意向，但是作为民办高校学生，学生本身又普遍存在入学基础薄弱、自信心不足、学习目标不明确等情况。针对这一现象，我实行广面撒网、重点突破的方法：一是不放弃就业意向型学生，多次召开班级考研动员主题班会，让他们认识到考研可以提高个人的创新精神、综合素质、增强核心竞争力等，以此提高学生考研内动力；二是通过分享往届学生考研成功的案例和成功经验，树立学生信心；三是树典型，抓住影响力大的学生进行重点突破——案例中提到的小郭同学是班长，工作有思路、有方法，群众基础好，但是她存在对自己的专业基础不自信的情况。我通过与小郭同学多次谈心谈话，转变其思想，提高其自信心，她最终在考虑好利弊后选择继续深造。其班级、宿舍的不少同学在她的带动下，也都根据自己的个人情况，做好了长远的学习生涯规划，确立了考研志向。针对倾向于升学的学生，我要求他们在大学期间要坚持学习好英语、思政等基础课程，认真学习专业基础课，为考研做好准备。

大二时，我组织了“考研经验交流”主题班会，邀请考研成功的校友为学生分享考研经验；同时，对班级日常专业、英语等成绩突出者进行重点表扬，树立学习典型，以此强化学生的考研意识。

大三下半学期开学初，我重点组织召开“考研动员会”，重申学校、学院各项考研帮扶及奖励等相关政策，在学生选择报考院校、基础课、专业课复习等方面开展有针对性的指导；同时，鼓励学生抱团复习，互相鼓励、互相监督，坚定考研意志。

笔试成绩揭晓后，针对考研上线学生，我第一时间围绕复试技巧及注意事项、调剂政策解读等内容开展“一对一”精细化指导和个性化服务，帮助更多的学生实现考研升学梦想。

学生怀揣考研梦、老师帮扶考研人，在典型榜样同学的带动下，最终该班级考研参与率达到56％，考研录取率达到46.6％，实现了学校历史性的突破；小郭同学也拿到了华中农业大学的录取通知书，13名同学考入国内高水平大学，更是涌现出包括小郭同学在内的5个“学霸宿舍”，宿舍全体成员均考研成功。

三、工作成效

四年磨一剑，从学生入学初期的考研动员、增强学生自信心、指导选择报考学校，到联系任课老师进行专业课辅导、督促按计划复习，再到临考前的千叮万嘱、复试前的面授机宜，因人而异、精准辅导。我对学生“坚持住，一切都会变好”的许诺陪伴了学生四年大学时光，为学生的四年考研之路保驾护航。通过这一过程，我认识到以下几点。

第一，良好的班风有助于坚定学生考研信心，要加强培育班级学风建设。学风建设是班级建设的一项重要和长期性工作，是学生成长成才永恒的主题，是影响人才培养质量的关键因素。班级学风建设与考研相辅相成、相互促进。鼓励学生考研既是学风建设的手段又是目标，考研过程锻炼了学生的学习态度、学习能力和知识掌握程度，推动了班级学风建设。备考学生有了端正的学习态度，明确了学习目标就能主动感染、带动身边每一位同学，继而推动班级学风建设。

第二，树典型，一个都不能少。“考研之路如长夜之漫漫，但你不会感到孤单，因为有同学和老师跟你一起……”“坚持住，一切都会变好的”“既然选择了远方，便只顾风雨兼程……”“要多找几个志同道合的研友一起学习，这样可以有很强的学习动力……”等是我经常与学生分享的话语。开始班级考研氛围不浓厚，除了要通过主题班会广泛宣传、动员外，还要重点突破树典型，以点带面。

第三，注重过程管理，加强经验总结。“当一群人为着同样的目标而矢志拼搏时，竞争心理是不可避免的，想着要超过他们，就会暗自苦学，如果自己因懈怠而落后了，也会危机感、紧迫感陡增，立刻想着追上去。”学生虽然心中报考的院校不同，但我引导学生及时告知我各自复习的进度及困扰，我定期每月中旬和月底组织召开考研心得交流座谈会。考研心得交流座谈会一方面是给学生减压，另一方面是明确方向。学生们通过座谈会了解考研路上的酸甜苦辣，收获成长进步。考研交流会刚开始仅有三三两两的学生参与发言，几轮座谈会过后达到全员参与，同学们表现踊跃，积极提问。这都是加强班级学风建设、学生抱团取暖、相互鼓励的结果。

第四，以人为本、点对点精准指导。面对突如其来的疫情，为了最大限度降低疫情对考研学生复试的影响，在考研笔试成绩公布后我第一时间召开考研学生复试线上主题班会，精心组织、合理安排，联系任课老师对学生悉心指导，做到了“线上不打烊，指导不掉线”，确保了考研复试、调剂工作的顺利进行，推动了考研复试工作的稳步发展。同时，后期通过抖音、快手、QQ 直播等多种形式的线上直播课，召开复试调剂经验交流会、心理疏导谈心会等会议，重点在英语口语及专业英语应试技巧、专业知识及实验技能的应知应会辅导、综合素质能力的梳理、心理问题疏导等方面为考研学生提供科学的服务与指导。坚持以人为本，根据不同学生的报考学校及专业、选考类型、个人职业规划和考研分数，进行“一对一”“点对点”的精准指导，最终收获了第一志愿复试通过率 75.0%、调剂成功率 69.2%的好成绩。

获奖者简介

王家文，男，汉族，讲师，硕士研究生学历。从事学生工作时间 11 年。2014 年 5 月获得烟台南山学院师德建设标兵，2015 年 10 月和 2020 年 3 月获得山东省龙口市优秀团干部，2018～2021 连续四年获得烟台南山学院优秀辅导员，2020 年 10 月获得山东省大学生跨境电商创新实践大赛（本科组）优秀指导教师，2021 年 1 月获得烟台南山学院学生教育管理先进个人，2021 年 8 月获得山东高校辅导员 2020 年优秀工作案例二等奖。

获奖感言

入职辅导员岗位第一天我许下诺言，要不忘立德树人初心、牢记为国育才使命。在 11 年的实际工作中我始终坚持对学生严管厚爱的教育方式，遵守“守初心、担使命、找差距、抓落实”的工作原则，争做“三全育人”的践行者。我始终做好学生的表率作用，用自己的职业道德感染身边的学生。对学生负责，对学生的家庭负责，关心和帮助学生，承担起立德树人的工作职责。我将继续助力学生考研梦想，为学生考研深造保驾护航，为国家培养人才和实现中华民族伟大复兴的中国梦贡献自己的力量。

连续七年实现新生学业规划指导全覆盖

山东财经大学燕山学院　张红旗

一、目标与思路

好的开头是成功的一半。大学的管理模式、授课方式、发展目标等与高中有着质的区别，大一新生在入学之初往往会感到茫然，亟待及时的指导。自大一新生入学开始直到学生毕业，高校根据学生的个体特征，结合学生在不同阶段成长的特点及发展需要，分阶段安排一定的课时，逐步进行学业规划、职业生涯规划、就业指导课堂教育与实践指导教育，以减少他们在学业与职业发展上的盲目性，增强他们学习的积极性与针对性，提高学习效率，全面提升大学生就业竞争力。2014～2020年，我连续七年对山东财经大学燕山学院的本科入学新生开展学业规划指导讲座，取得了良好效果。

二、实施方法与过程

（一）讲座的基本情况

我是一名有着20多年学生管理工作经验的学工人，见过大量的学生成长成才案例，也见过许多学生因为没有明确的规划与目标大学生活平淡无奇甚至不能毕业的失败案例，对学业规划的重要性，有切身的体会与清醒的认识。2014年，我到燕山学院担任党委副书记，分管学生工作。也是从那时候起，每年在新生入学不久，我都会为新生做学业生涯规划指导讲座，做到学业生涯规划指导讲座对新生的全员覆盖。通过学院统一安排，为2014级至2020级新生做学业规划指导讲座60场次，受益学生约1.1万名。

（二）讲座的主要内容

讲座以提醒学生要以实现大学生活的成功为总目标，处理好以下几个问题：(1)从高中以考学为唯一目标的被动学习，转变为大学以全面发展为目标的自主积极学习；(2)处理好过度依赖电子产品及不能正确处理恋爱两个难题；

(3)认清升学、就业、创业三个发展出路各自的特点与要求，并就考研、出国留学、创业等问题给同学们提出建议；(4)如何培养与提升专业能力、沟通交流与团结协作能力、阅读与写作能力、执行能力、展示自我能力等五种能力。在此基础上，鼓励学生养成以学习为中心、全面发展的好习惯；结合自己的情况尽早确立目标，制订实现目标的计划，不断提高自身文化素质和道德修养。讲座通过几个成功校友的典型案例鼓励大家，成功重在行动与坚持，扎实做好计划中的事项。

(二)后续工作

讲座之后，要求学生根据自己的实际情况，利用SMART方法制定自己的大学学业规划，然后由带班辅导员给予具体指导。后期指导学生利用GTD的具体做法管理自己的时间与行为，通过收集、整理、组织、回顾与行动五个步骤，提升时间利用效率，帮助学生顺利实现自己的学业规划目标。同时，为保证讲座质量，更好突出学业规划与学风建设工作，我在2016级新生中成立了学习发展先锋营，亲自担任营长，让学生根据自己的学业生涯规划路径主动报名，组建成考研先锋营、考公先锋营、创新创业先锋营，针对不同规划的学生进行精准指导，因材施教。

三、主要成效及经验

(一)主要成效

(1)2014～2020年，对新生的学业生涯规划讲座实现全覆盖，得到新生与学生家长的广泛认可。

(2)讲座在帮助新生解决角色转换期困惑的同时，为他们未来四年的学习与生活指明方向，增强了同学们学习的积极性，减少了学习的盲目性，为引导和帮助新同学规划好自己的大学生涯、谱写精彩大学生活新篇章开了一个好头。

(3)迈出了实现学业生涯规划与就业指导全程化和全员化的第一步。

(4)自2014级开始，燕山学院学生考研率逐年提高，近两年考研上线率超过10%，录取率超过5%，考取“双一流”高校和知名财经院校研究生的人数显著增加，显示出及早开展学业规划的成效显著。

(二)主要经验

(1)学业规划指导的时效性非常重要，一定要抓住大一新生入学不久的关键时期及时开展。

(2)学业规划要结合学生自身的特点，这也是因材施教与尊重个性发展原则在学业规划上的具体体现。大学生成才的目标不是单一的，要鼓励学生“青春因奋斗而精彩，因多彩而美丽”。

获奖者简介

张红旗，男，汉族，山东财经大学燕山学院党委副书记，副教授，法学博士。从事高校学生工作24年，先后任山东财政学院学生处副处长、山东财经大学就业指导处副处长等职务，曾获校优秀共产党员、优秀党务工作者、优秀辅导员、山东省大学生社会实践活动优秀指导教师、大学生创业竞赛优秀指导教师等荣誉。在核心期刊发表文章5篇，参与完成国家社科基金课题1项，主持完成省教育科学等课题3项，多次获得省高校工委颁发的思政优秀成果奖。

获奖感言

能够获得优秀工作案例奖，我感到非常荣幸，衷心感谢中共山东省委教育工委。学生工作优秀案例评选是一项非常有意义的活动，一是把各高校的工作经验展示出来，供大家学习借鉴，将会有力提升各学校学生工作水平；二是激发了广大学工干部争先创优的积极性，彰显了学生工作的活力，今后一定会有更多的优秀案例；三是优秀案例经验的推广，为学生的全面发展创造了更好的条件，是功在当代、利在千秋的大事。希望优秀工作案例评选活动越办越好。

“校内＋校外”齐发力，助推党的建设再上新台阶

——高校基层党组织建设案例

山东财经大学东方学院工商管理学院　梁维江

党的十九大报告指出：“党的基层组织是确保党的路线方针政策和决策部署贯彻落实的基础。要以提升组织力为重点，突出政治功能，把企业、农村、机关、学校、科研院所、街道社区、社会组织等基层党组织建设成为宣传党的主张、贯彻党的决定、领导基层治理、团结动员群众、推动改革发展的坚强战斗堡垒。”作为高校党的基层组织，探索新形势下党建新路子，着力提升组织力，发挥好基层党组织的战斗堡垒作用，进而以党建带动业务性工作至关重要。

山东财经大学东方学院工商管理学院学生党支部（以下简称“我支部”）探索“校内＋校外”党建模式，把党员教育和管理由校内延伸至校外，校内校外齐发力，更好地推进党支部组织力的提升。

一、基本思路

基层党组织是党的细胞，担负着直接贯彻执行党的方针政策、落实党的决策部署的重要功能。高校基层党组织作为以大学生党员为主的基层组织，更要发挥好学生党员的重要作用，引导青年党员更好、更准确落实党的决策部署。仅仅依靠校内资源对大学生党员进行教育管理有一定的局限性，比如党员教育管理大多时候停留在理论教育和口头教育层面，缺少接地气、实践性的资源和条件，导致党员教育管理片面化，教育的效果不明显，进而阻碍了支部组织力的提升，影响了党建的效果和质量。把党员教育和管理由校内向校外延伸，广泛运用校外资源，通过大学生愿意接受的方式和手段强化管理教育，校内校外齐发力，互相补齐短板，有力地促进了支部组织力提升，党员教育管理的效果更加显著。

二、具体实施情况

（一）校内

利用校内条件抓好党员日常管理。一是通过“三会一课”等制度强化政治理论学习，不断提高党员的政治理论水平，增强党员党性觉悟；二是通过定期性和长期性的校内实践活动和志愿服务活动增强党员的宗旨意识，强化党员爱校荣校意识，比如定期开展清理校园死角卫生等志愿服务活动，让党员平时看得出来，关键时刻站得出来；三是通过各种形式的培训学习提升党员工作能力和学习能力，增强服务同学、帮助同学的意识，如组织党员观看党史、党建教育题材的纪录片等；四是通过设立党员示范岗、党员标准化宿舍、党员服务岗等形式发挥党员先锋模范带头作用。

（二）校外

仅仅依靠校内资源对党员进行管理教育存在一定缺陷，党员只了解校园，不了解社会，缺乏对社会的责任感和责任心。为了补齐短板，强化党员的社会责任感和责任心，做到关心社会和服务社会，我支部积极探索把党员教育由校内延伸至校外，发挥校外资源在党员教育管理中的重要作用。

2018 年，我支部通过多次与学校驻地周边的社区支部联系协调，加入了泰安市高新区龙泉中心凤凰社区区域化党建共同体，与其辖区内的多个党支部共同成为区域化党建共同体的成员单位，实现基层党组织共建，优势互补、资源共享、共同提升，党支部建设从校内延伸至校外，探索走出了一条“校内＋校外”建设的新路子。区域化党建共同体是一个新名词，是基层党支部为探索建设过硬党支部，与不同行业的基层党组织实现资源优势互补与共同建设联合成立的区域性的党建共同体。凤凰社区区域化党建共同体成员单位包含了高校、企业、村居、培训机构、事业单位、机关单位、医院等多个行业和领域的党支部。

成为凤凰社区区域化党建共同体成员单位以后，借助各个党支部的优势资源，党支部的活动更加丰富多彩，党员教育管理的方式更加具体，党员教育管理的效果更加明显，更多党员更加愿意参加社区活动。如借助区域化党建共同体可以经常性参与社区的党课学习，政治理论学习等；学生党员可以更加方便参与党建共同体开展的社区困难党员帮扶活动、关心关注留守儿童活动、社区垃圾分类宣传活动、义务植树活动、“大手拉小手，为安全护航”志愿服务活动等。这些活动更能吸引大学生党员，他们从中不仅得到了锻炼，更直接了解了社会，了解了社情，了解了国家经济社会发展变化，更加增强了社会责任心和自豪感，进一步坚定了“四个自信”。区域化党建共同体利用五四青年节、建党节、国庆节和元旦等重要节日开展文艺类活动，正好发挥了大学生党员的优势，为社区群众带来文艺表演，活跃了气氛，促进了社区的文化建设。在区域化党建共同体中开展帮扶活动，学生党员通过开展每月一次的固定主题党日“节省一分，为爱接力”的活动，把节省下来的生活费自愿捐献出一部分来帮助困难党员和困难学生，两年来共向6名家庭困难小学生捐款3000元，去年疫情发生以来向湖北慈善总会捐款3000元。这些体现了大学生党员的社会责任，更加坚定了他们的理想信念。

三、主要成绩和效果

“校内＋校外”基层党建模式的开展，极大提升了党组织的组织力和凝聚力，党员思想觉悟得到了极大提升，进一步增强了“四个意识”，坚定了“四个自信”，增强了学生的社会责任感和责任心，了解了社情民情，形成了更加注重务实、敢于担当的作风，学习目标更加明确，学习动机更加端正，学习成绩不断进步，党支部更加具有活力，2019年我支部被学校党委授予先进基层党组织荣誉称号，成为山东财经大学过硬党支部建设单位。

党员带动学风考风进一步转变。通过开展党员“亮明身份进考场”活动发挥了党员在诚信考试中的模范带头作用，考风进一步好转。通过党员帮扶学业预警学生，学业预警学生成绩有了极大提高。党员带动入党积极分子和入党申请人进而带动所有同学积极参加各种专业和非专业比赛，并在全国全省ERP大赛、人力资源技能大赛、“互联网＋”大赛、市场营销大赛等大赛中获奖。党员大学生英语四级一次性通过率在80％以上，党员期末考试零挂科，党员零违纪。

毕业生党员的质量进一步提高。2020年，有3名毕业生党员考取选调生，以黄文秀同志为榜样，志愿扎根基层、奉献社会；1名毕业生党员考取研究生；1名毕业生党员加入志愿服务西部计划，毕业生党员就业率100％。

在凤凰小学门口开展的“大手拉小手，为安全护航”志愿服务活动已经坚持了两年多，累计开展活动30余次，得到了凤凰小学领导老师以及家长和社会的广泛赞扬与认可，党员作用得到了有效发挥。

四、小结

通过探索“校内＋校外”基层党建模式，党支部组织力得以提升，党员教育和管理质量得以提高，今后我支部将在继承先进经验的基础上继续探索提高，把高校基层党建工作做好做扎实。

获奖者简介

梁维江，男，汉族，中共党员，大学本科学历，讲师。现任学工办主任、学生党支部书记、团总支书记。2017 年 4 月获全国民办高校优秀辅导员荣誉称号，2020 年 4 月获山东省大中专学生志愿者暑期“三下乡”社会实践活动优秀指导老师荣誉称号，2020 年 5 月获山东省高校辅导员 2019 年度优秀工作案例二等奖，2018 年 12 月获泰安市大中专学生志愿者暑期“三下乡”社会实践活动优秀指导老师荣誉称号，2019 年 9 月获山东财经大学东方学院突出贡献奖，2019 年 7 月获山东财经大学东方学院优秀党务工作者荣誉称号，2019 年 8 月获山东财经大学东方学院“互联网＋”大学生创新创业大赛优秀指导老师荣誉称号。

获奖感言

做好基层党组织建设对推动各项工作都有着十分重要的作用。近年来，我们不断探索加强高校基层党组织建设新路子，探索出一条“校内＋校外”党建新路子，把党建工作由校内延伸到校外，校内和校外互相补充、共同发力，有效地提升了基层党组织的组织力和凝聚力，特别是让学生党员真正得到了教育，思想觉悟进一步提高，认识到了学生党员该发挥什么样的作用。在高校中，我们既是辅导员，又是基层党务工作者，不仅担负着学生的思想政治教育和日常管理，还应该把党建工作抓实抓好，通过抓好党建工作进一步促进团建、学生管理教育、校园文化建设、班级建设等工作，推动各项工作向前发展。

构建“三层级四平台”创新创业教育体系，全面提升学生“四创”能力

济宁职业技术学院生化系　姜曼

目前，在高职学生就业形势较为严峻的大背景下，社会更需要具有创新创业素养的综合型人才。辅导员作为学生的领路人，在学生成长的道路上担当着重要角色。通过深入剖析当前创新创业教育中存在的问题，经过研究摸索，我首次创新地提出“四创”能力的概念，即培养学生的创意意识、创新精神、创业能力和创效本领。

一、案例基本情况

自2010年至今我一直担任辅导员工作，主要负责食品、医学营养、药品等专业的学生工作。我所带的学生均为应用型工科专业，具有很强的实践性，学生就业方向更注重实践能力，更适合学生自主创业。经过几年的摸索，我总结出“三层级四平台”创新创业教育体系（见图1）。以提升学生创意、创新、创业、创效的“四创”能力为主线，按照“创意能力、创新能力、创业能力”三个层级进行递进培养、培育，多元联动搭建创新创业教学平台、创新创业活动平台、创新创业实训平台、创新创业实践平台，科学系统地构建“三层级四平台”创新创业教育体系。全面提升学生的创意意识、创新精神、创业能力和创效本领。

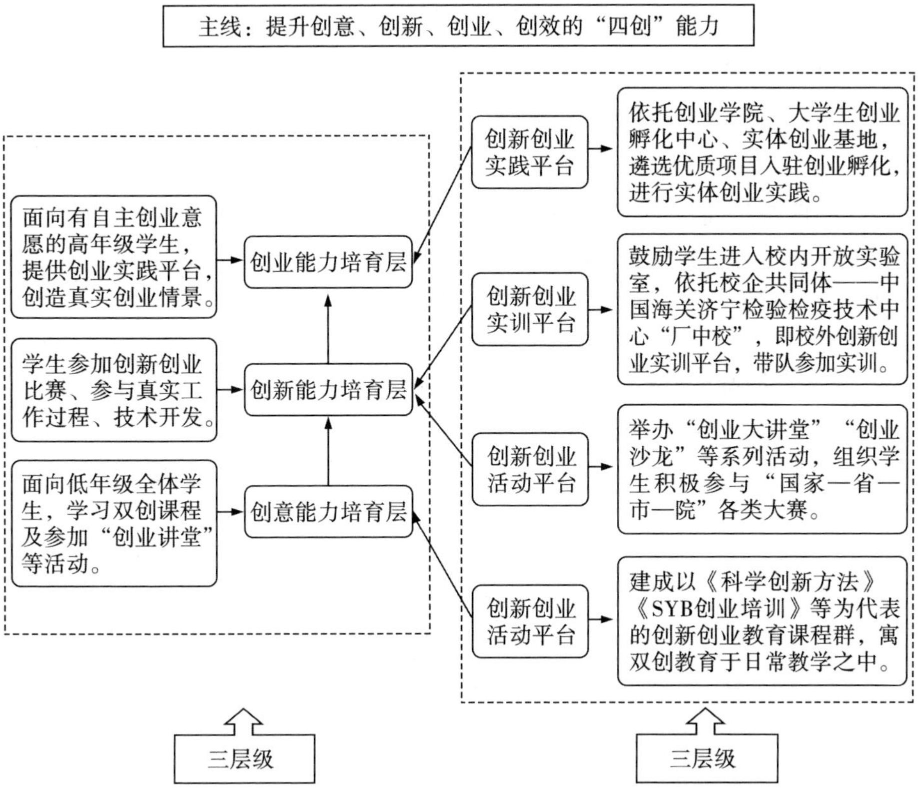

图1 “三层级四平台”创新创业教育体系

二、“三层级四平台”创新创业教育体系的研究价值

（一）丰富高职院校创新创业教育体系的理论研究

国内创新创业教育体系研究前沿性不足，研究内容与问题解决策略重复率高。创新创业体系研究绝大多数集中在本科院校，针对性不强。因此，研究“三层级四平台”创新创业教育体系的构建可为高职院校的双创研究提供借鉴和参考，具有较高的理论价值。

（二）培养高职“四创”型高素质人才

“三层级四平台”创新创业教育体系的研究可提高学生综合素质，增强学生创意、创新、创业、创效的能力，优化职业规划，提高自身职业竞争力，培养“四创”人才。

（三）促进地方区域经济的有利发展

高素质“四创”人才有利于企业获得优质人力资源，提高企业创新发展能力。创新创业教育体系的建立将会衍生出越来越多的创新创业项目，项目在付诸实践的过程中可促进地方区域经济的发展。

三、组织实施过程

(一)“三层级”的递进教育,逐步提高学生“四创”能力

1.创意能力培养层

第一层级是“创意能力培养层”,对应的支撑平台为创新创业教学平台、创新创业活动平台。创意能力培养层是面向低年级全体学生开展培养的,重视普惠性。大一新生刚刚入学时,对很多事物感到好奇,有着很强的求知欲。为提高学生的创新创业意识和兴趣,我积极组织学生参加系统的创业培训,如 SYB 创业培训;定期邀请创新创业指导专家、创业成功人士、优秀校友等通过讲座等形式和学生面对面交流,将创新创业教育融入学生日常学习中,使学生了解创新创业内涵,提高创新创业热情,激发创新创业灵感,培养学生的创意思维。

2.创新能力培养层

第二层级是“创新能力培养层”,对应的支撑平台为创新创业活动平台、创新创业实训平台。进入大二之后,学生已积累了足够的创新创业理论知识。我积极号召并带领学生参加各级各类创新创业比赛,以我所带的医养班、食品班学生为例,有校级“创意甜点”大赛、市级创业大赛、省级以“挑战杯”为龙头的各类比赛。学生们在此阶段收获的不仅是一张张的获奖证书,更是个人创新素养、实践能力的提升。在此阶段,我还依托校内外实训中心,带队参加校内外实践,使学生有机会体验真实的工作过程及熟悉技术开发领域,提高学生的实践能力、实验过程设计能力,增强职业竞争力。

3.创业能力培育层

第三层级是“创业能力培育层”,对应的支撑平台为创新创业实践平台。此阶段学生已是高年级,经过前期的积累,一部分学生有强烈自主创业的意愿;但由于自身经济、能力等条件欠缺,想法不能实现。我会积极联系对接大学生创业孵化中心、创业基地等,辅助学生申报、力争创业项目落地,创造真实创业情境。增强学生的创业能力,为离校后的创业、创效积累经验。

(二)“四平台”的科学搭建,为学生“四创”能力提供强有力支撑

1.创新创业教学平台

我和团队其他老师一起建立多元化的创新创业课程体系。把创新创业教育与人文、科学教育相融合,建成以“科学创新方法”“SYB 创业培训”等系列课程为代表的创新创业教育课程群,通过主题教育、职业体验、拓展训练等形式寓双创教育于日常教学之中,多设置创新性、开放性实际问题。

2.创新创业活动平台

(1)为丰富创新创业教育活动,我积极协调组织“专家进校园”“创业沙龙”

等系列活动。使学生的创新创业思维得到启蒙，有更多的创意金点子，潜移默化中增强学生的“四创”能力。

(2)依托“挑战杯”“科创比赛”等大赛，形成“国家—省—市—院”四级联动的竞赛活动模式，分级选拔，力争让大部分学生参与到竞赛中来。在学院竞赛项目实施办法和激励机制的保障下，竞赛趋于常态化，学生参与各类竞赛活动的积极性高涨，提高了学生的“四创”能力。

3.创新创业实训平台

(1)我鼓励学生在课余时间进入校内开放实验室，引导学生充分将实践操作与创新创业融会贯通，锻炼学生的实践动手能力。学生不出校门也可以在教师指导下进行双创技术开发，为后期参加各类竞赛提供技术基础和保障。实践证明，校内创新创业实训平台在学生“四创”能力培养方面起到了良好的推动作用。

(2)以医养班学生为例，依托中国海关济宁检验检疫技术中心“厂中校”建成校外创新创业实训平台，满足学生校外实训、技能竞赛的需要。大一下学期、大二两个学期平台均会安排相应的实训任务，学生参与真实项目，提前进入营养素分析的实际工作过程。我每次带领学生参加校外实训时都会与企业指导教师交流，了解学生动态，以改进下一步工作计划。经过校内外实训，学生具备规范操作仪器、团队协作、创新精神等素质能力，为将来创新创业打下坚实基础。

4.创新创业实践平台

为有效推动学生自身项目转化落地，依托创业学院、大学生创业孵化中心、实体创业基地，搭建创新创业实践平台。技术成熟、市场前景良好的优质创业项目可申报入驻创业孵化，进行实体创业实践，实现成果转化。这种方式降低了学生的创业风险，把学生的创业“磨合期”消化在学校期间，提高了学生创业的成功率，为今后学生的自主创业奠定良好的基础。

四、工作成效

2020年荣获山东省职业院校技能大赛“农产品质量安全检测”竞赛项目团体三等奖。

2018年荣获第十届山东省大学生科技节“布勒杯”食品加工与安全创新设计大赛二等奖。

荣获第十届山东省大学生科技节“布勒杯”食品加工与安全创新设计大赛优秀指导教师。

2018年荣获“创青春·海尔”山东省大学生创业大赛铜奖。

2018年荣获“挑战杯——彩虹人生”山东省职业学校创新创效创业大赛三等奖。

2018年荣获第十届山东省大学生科技节“布勒杯”食品加工与安全创新设计大赛三等奖。

2020年荣获第十二届大学生科技节——“鲁南制药杯”首届山东省大学生医养健康创新创业大赛创意组三等奖。

2019年荣获济宁职业技术学院大学生创新创意创业大赛一等奖。

作为学生就业路上的引路人，我们既要培养学生的创意意识、创新精神，增强学生的竞争力，又要提高学生的创业能力、创效本领，使创业者立于不败之地。“三层级四平台”创新创业教育体系的研究可以提升学生“四创”能力，促进学生敢创新、想创业、能创业、创成业。

获奖者简介

姜曼，女，汉族，硕士研究生学历，讲师。从事学生工作 11 年，现任济宁职业技术学院生化系辅导员。主要研究方向为大学生思想政治教育、创新创业教育。多次指导学生参加创新创业大赛并取得优异成绩，被评为优秀指导教师。曾获第五届山东高校辅导员素质能力大赛二等奖、山东省高校辅导员优秀工作案例二等奖、山东高校辅导员讲党史优秀短视频展示活动三等奖、山东省职工教育与职业教育优秀科研成果三等奖、济宁职业技术学院“十佳辅导员”等荣誉。

获奖感言

感谢中共山东省委教育工委提供的展示平台，非常荣幸能在这里与各位同仁学习交流。这次成绩的取得离不开学校领导的关心培养，离不开同事们的支持帮助，离不开学生们的努力，也离不开自己的坚持。我自参加工作以来就担任辅导员，十余年来一直默默坚守。经过多年实践，我摸索出一套适合高职学生发展的创新创业教育体系，也取得了一些成果。但未来的育人道路还很漫长，我将竭尽所能，帮助我可爱的学生们早日成才。

携笔从戎，耀眼“国防绿”

——记一名高职学生从校服到军装的思想变化

潍坊工商职业学院汽车工程系　刘茹

一、案例背景

2020 年 6 月 12 日疫情过后的第一堂课，小 A(化名)因上课睡觉被任课老师叫醒，在接下来的课堂中，小 A 又打游戏吵闹，被老师点名批评，老师话音未落该生竟在课堂上摔门而去。

二、案例分析

小 A，男，19 岁，五年一贯制生源，2019 年 9 月考入我校，基本情况(见表 1)如下。

表 1　小 A 基本情况分析

情况分析	优点	缺点
思想方面	有正确的世界观 思想态度端正	缺乏主观意识，易受周围人影响 人生观迷茫，情绪波动大 自信心不足
学习方面	专业课动手能力强 成绩 15/33 乐于接受新事物	基础课薄弱 自制力差 自卑心强
生活方面	乐于助人，群众基础好 吃苦耐劳	宿舍内务差 爱吸烟、玩游戏 兴趣爱好少

我与小 A 进行过多次沟通交流，他总是置若罔闻、不做任何解释。犯错后小 A 倒是都会主动承认错误：“我知道上课睡觉不尊重老师，但是不睡觉我就想

和周围同学说话，又担心影响其他人，连累他们被老师批评。”但是，小A屡教不改，在校犯错次数有增无减。

小A的这种情形，在高职院校中已是屡见不鲜，而且小A当下的这种状态，有几个关键问题迫切需要解决：(1)如何有效帮助小A树立正确的价值观？(2)如何引导小A向身边优秀的同学靠拢？(3)如何激发小A的主观意识，找到正确的解决办法？

三、解决思路与实施

（一）多方面评价，挖掘问题症结所在

首先，我翻阅了辅导员工作记录，仔细查看了小A入校以来被约谈的记录，包括约谈原因、谈话内容记录、小A的承诺书，对比了每次约谈的时间间隔。

其次，我找到与小A关系较好的同学、班干部，了解小A在生活、学习中的表现，听取了同学、老师对他的客观评价。

最后，我与小A的家长进行了沟通，主要了解原生家庭的教育和对小A的评价。

（二）找准方向，树立正确的价值观

通过前期的调查和反馈发现，该生多次袒露“我学习不好，已经成为定局了”“来职业院校就是混学历”“毕业就去企业上班”三种错误想法，这三种想法禁锢着小A的思想。

第一步：我对小A回避问题、自暴自弃的做法给予批评与否定。

第二步：我把自己收集到家庭、老师和同学对他的客观评价中的优点进行了放大式的肯定。

第三步：随着对小A事件的处理，我发现班级里有不少像小A一样的学生存在思想和意识上的误区。针对这种情况，我在班里开展了主题班会，班会分三阶段进行。第一阶段：我联系了三位家长、三位老师、四名本专业毕业生(15级同专业毕业生)与五位企业工作人员(包括一线工人2名、工段班长1名、车间主任1名、企业人力资源管理主管1名)，请他们谈一谈对高职学生的看法；第二阶段：我请学生畅所欲言谈谈自己来职业学院读书的初心，并且一起观看了《大国工匠》系列视频；第三阶段：我们一起解读了国家关于职业教育发展规划的相关文件，2019年出台的《国家职业教育改革实施方案》中明确指出：“职业教育与普通教育是两种不同的教育类型，具有同等重要地位。”从家庭、社会、国家三方面入手纠正学生个人思想上的认知偏差，引导学生树立正确的价值观。

（三）强化激励，帮助学生实现自我价值

随后，我与小A身边的同学加强沟通，营造健康向上的学习、生活氛围；请

班长和团支部书记密切关注小A的变化，当该生取得进步时，我就在微信中给予肯定并给一些建议。比如他上课如果不睡觉，我就会告诉他今天老师在办公室表扬他；当他在朋友圈晒照片时，我会以点赞或者留言的方式拉近师生距离，试着走进他内心的真实世界。渐渐地小A对我敞开了心扉，在了解到他的梦想是成为一名海军战士后，我对他竖起了大拇指。部队是一所培养人才的大学校，能够参军入伍是实现自己人生价值一个重要途径，当下越来越多的青年学子投笔从戎，身穿“国防绿”守卫祖国的安全，我同他一起分析了国家大学生应征入伍的政策和要求，找出他参军入伍的差距，帮助他一起缩小差距。

（四）持续关注，助力人生成长每一步

我密切关注小A，多方面了解他的转变是否解决了他思想上的三大问题。与此同时，我陆续约谈了班级里和小A有同样思想困境的同学，通过小A的改变，引导他们走出思想认识误区，重新定位，实现自己的价值。

四、实施成效

（一）循序渐进，水到渠成

经过半个学期的努力，小A在各方面有了一定提高。虽然小A上课还是会睡觉，但是只要经过周围同学或者老师提醒，他就会立刻坐好听课；在听到自己感兴趣的专业课程时，他会主动举手与老师互动。在思想上，因为有了明确的奋斗目标，小A每周坚持跑步，早起帮舍友打水；用口香糖代替了香烟，与老师沟通时已经有了学生应该有的模样；课间主动擦黑板，整个人充满了朝气。

（二）星星之火，燎原之势

在小A的影响下，2020年9月，我们班级有包括他在内的3名同学，通过全国征兵网站报名参军并通过了各项选拔，让自己的青春之花在军营绽放，为强国强军贡献自己的力量。

2020年12月，下连队前，小A与我进行了长时间的沟通，整个人思想觉悟和个人价值观发生了非常大的变化，他说：“老师，我穿上军装，肩上责任重了。”入伍后，小A空闲时间经常与班级同学聊天，跟同学讲新思想，聊他每天的学习和训练。2021年，我们班又有一名同学应征入伍。

五、案例反思与启示

小A的案例是高职院校学生非常普遍存在的思想意识不明确，主观意识差，易受周围环境影响的问题，究其原因是不能正确认知自我，对职业教育的认识存在不解和偏见。

（一）凸显适应性，引导学生正确认识职业教育

《中共中央关于制定国民经济和社会发展第十四个五年规划和二〇三五年

远景目标的建议》中明确了“建设高质量教育体系”的政策导向和重点要求，提出“加大人力资本投入，增强职业技术教育适应性，深化职普融通、产教融合、校企合作，探索中国特色学徒制，大力培养技术技能人才”。当前，全国职业院校约有 11500 所，在校学生约有 2857 万人。在服务国家战略上，全国职业学校开设了 1200 余个专业和 10 余万个专业点，基本覆盖了国民经济各个领域，每年培养约 1000 万名高素质技术技能人才。在现代制造业、战略性新兴产业和现代服务业等领域，一线新增从业人员 70％以上来自于职业院校毕业生。这都充分彰显了国家对高职教育的重视。

（二）立德与创新，高职院校辅导员工作的生命线

立德树人的根本任务是引导学生树立正确的价值观，这项根本任务实施起来任重道远。正确认识和评价自己是当前高职学生解决思想意识偏差问题的关键；学生思政工作需要不断创新，要将工作的触角延伸到学生学习、生活中，去挖掘高职学生的闪光点和学生成长过程中遇到的实际困难，掌握学生的思想动态，了解学生的需求，理解学生的心理。

与此同时，要破立并举，日常工作中要潜移默化让学生形成正确的自我认知，强化对环境的适应能力。“三百六十行，行行出状元”，适合学生发展的才是最好的。

（三）与时俱进，始终保持一颗年轻的心

高校辅导员特别是高职院校的辅导员开展学生工作时要与时俱进，打开解决问题新思路，必须根据新形势的需要，调整工作思路，根据学生特点，探索辅导员工作新模式、新方法，让自己真正成为学生心中无话不谈的朋友。在互联网飞速发展的大数据时代，现代教育已经成为一项开放的、现实的、全方位的社会活动，高职学生问题往往是由多方面因素造成的，所以在日常工作中要着力构建学校、家庭、社会三位一体的教育体系，拉近学生与学校、家庭、社会的距离，实现协同育人的目标。

获奖者简介

刘茹，女，1987年生，硕士研究生学历，毕业于天津职业技术师范大学。主要研究方向汽车维修工程教育教学。先后主持和参与省市科研项目、课题6项，发表论文和参与教材编著多篇，从事辅导员工作十余年，有一定的班级管理经验和突发状况应急能力。

获奖感言

感谢组委会让我有幸分享自己做辅导员的点滴生活，做辅导员的日子，让我有幸趟过那些鲜衣怒马的优秀学子的时光，时光流转，没有最好只有更好。身为辅导员，要用心做好每一件事，做学生心中最靠谱的人，事事有回应、时时有担当，不负时光。或许我们不能改变青春的长度，但可以让青春绽放得更美。